CRIATIVIDADE:

IMPLICAÇÕES, APLICAÇÕES E IMPACTO SOCIAL

CRIATIVIDADE:
IMPLICAÇÕES, APLICAÇÕES E IMPACTO SOCIAL

Solange Muglia Wechsler | Tatiana de Cassia Nakano
Sergio Fernando Zavarize

Artesã

Criatividade: Implicações, Aplicações e Impacto Social

DIRETOR
Alcebino Santana

DIREÇÃO DE ARTE
Tiago Rabello

COORDENAÇÃO EDITORIAL
Michelle Guimarães El Aouar

REVISÃO
Palloma Landim

CAPA
Karol Oliveira

IMAGEM DE CAPA
Morgan Kauss

PROJETO GRÁFICO E DIAGRAMAÇÃO
Conrado Esteves

C928

Criatividade : implicações, aplicações e impacto social / organizadores: Solange Muglia Wechsler , Tatiana de Cassia Nakano , Sergio Fernando Zavarize. – Belo Horizonte : Artesã, 2022.

400 p. ; 23 cm

ISBN: 978-85-7074-062-5

1. Psicologia. 2. Educação. 3. Empresas. 4. Saúde. I. Wechsler, Solange Múglia. II. Nakano, Tatiana de Cássia. III. Zavarize, Sergio Fernando.

CDU 159.9.018

Catalogação: Aline M. Sima CRB-6/2645

IMPRESSO NO BRASIL
Printed in Brazil

(31)2511-2040 (31)99403-2227
www.artesaeditora.com.br
Rua Rio Pomba 455, Carlos Prates - Cep: 30720-290 | Belo Horizonte - MG
/artesaeditora

Sumário

Apresentação

Solange Muglia Wechsler
Tatiana de Cassia Nakano
Sergio Fernando Zavarize
Organizadores

A criatividade é um fenômeno complexo e multidimensional, que adiciona inúmeras contribuições para a nossa vida. As suas aplicações, em diferentes contextos, demonstram que esse fenômeno abrange não só elementos cognitivos e características de personalidade, como também interage com fatores ambientais, familiares, profissionais, sociais e culturais. Dada sua relevância, tanto em relação ao desenvolvimento social quanto individual que pode ser alcançado por meio da criatividade, tal construto vem sendo alvo de interesse de pesquisadores, educadores, formuladores de políticas públicas e líderes organizacionais.

A criatividade também vem sendo ressaltada como uma capacidade essencial para o enfrentamento dos desafios atuais, de maneira que sua promoção permite que o indivíduo possa desenvolver, plenamente, seu potencial, bem como possibilita que as dificuldades sejam visualizadas como desafios e oportunidades. Nesse sentido, sua compreensão enquanto ferramenta de autorrealização e manutenção da saúde mental se mostra, cada vez mais, predominante no preparo de cidadãos mais questionadores e futuros líderes da sociedade.

A relação inseparável entre criatividade e inovação deve também ser ressaltada, considerando que ideias inovadoras dependem, em primeiro lugar, da geração de uma ideia criativa. Considerando que a inovação demonstra o impacto econômico de uma ideia criativa que beneficia a sociedade, em forma de processo ou de produto, pode-se compreender a importância do desenvolvimento dessa habilidade para o crescimento social de um país.

Todos esses fatos demonstram que a criatividade deve ser estudada, identificada e desenvolvida, pois promove a melhoria da qualidade de vida, não só em nível individual, como também, em um aspecto mais amplo, de toda uma nação. Assim sendo, o propósito deste livro é demonstrar, sob diferentes dimensões, os elementos teóricos e científicos que fundamentam o estudo da criatividade, bem como apresentar suas implicações práticas, enfatizando o impacto social da criatividade nos mais diferentes âmbitos.

A primeira parte deste livro traz as contribuições teóricas, embasadas em sólidas referências científicas para todos aqueles que querem se aprofundar mais no estudo da criatividade. Isso posto, a obra pretende contribuir para o avanço dos estudos nessa área, trazendo revisões de pesquisas sobre formas de identificar e desenvolver a criatividade, nos seus aspectos mais gerais, como em situações mais específicas. Dessa maneira, visa demonstrar como a criatividade pode ser estudada e também desenvolvida, tendo diferentes objetivos, não só voltados para a estimulação e o desenvolvimento de talentos em crianças e jovens, mas também para o fomento de atitudes e comportamentos científicos e inovadores.

Três capítulos compõem a primeira parte do livro. O capítulo de **Solange Muglia Wechsler** apresenta o contexto histórico e as teorias atuais que discutem a criatividade sob diferentes pontos de vista, ou seja, como um fenômeno individual, intrapessoal, social ou integrador. A seguir, dois capítulos de professores estrangeiros são apresentados. O primeiro é a contribuição dos estudiosos espanhóis **María José Ruiz Melero, Rosario Bermejo** e do português **Leandro da Silva Almeida**, que discutem se a criatividade é uma capacidade geral ou específica, demonstrando que essa pode ser considerada, do ponto de vista científico, como uma habilidade para formular hipóteses e solucionar problemas, podendo ser desenvolvida, principalmente, no âmbito educacional. Concluindo essa primeira parte, encontra-se a contribuição do professor norte-americano **Steven I. Pfeiffer**, que apresenta intervenções baseadas na psicologia positiva e descreve um importante instrumento, de sua autoria, para auxiliar professores na identificação de crianças superdotadas, intitulado *Gifted Rating Scale* (GRS-II).

A segunda parte deste livro enfoca os contextos sociais da criatividade, em seus aspectos mais amplos. Para atingir esta finalidade, os capítulos abrangem os contextos de saúde, educação e ambiente, como também evidenciam a importância da criatividade desde a infância até a velhice. Portanto, essa seção visa demonstrar que a criatividade deve ser compreendida como uma competência essencial para o século XXI, que pode ser desenvolvida nos indivíduos a fim de prepará-los para solucionar os dilemas presentes em nossa sociedade. Cinco capítulos compõem a segunda parte deste livro.

Os três primeiros capítulos enfocam a criatividade como habilidade que pode ser aplicada visando benefícios em diferentes áreas, focando seus impactos. O primeiro é apresentado por **Tatiana de Cassia Nakano**, o qual aponta que o desenvolvimento da criatividade pode se constituir como um diferencial para o sucesso na vida pessoal, social, acadêmica e profissional de um indivíduo, no sentido de auxiliá-lo a encontrar sua autorrealização e oferecer contribuições para a sociedade. O impacto da criatividade na área da saúde, bem como seus efeitos sociais são enfocados no capítulo de **Sergio Fernando Zavarize** e **Anderson Martelli**, atestando que a criatividade traz benefícios em diferentes áreas relacionadas à saúde física do indivíduo, contribuindo para o bem-estar mental e melhoria da qualidade de vida. No capítulo a seguir, de **Karina Naveilado da Rocha** e **Solange Muglia Wechsler**, é esclarecido ser possível desenvolver a criatividade, por meio de uma série de estratégias, trazendo relatos de programas que visam encontrar alternativas para diversos tipos de problemas sociais.

Dois outros capítulos complementam a segunda parte deste livro. No primeiro, as autoras **Tatiana de Cassia Nakano**, **Janaina Chnaider** e **Isabel Cristina Camelo de Abreu** destacam como a criatividade é uma importante característica a ser valorizada na terceira idade, pois pode auxiliar o sentido de autoeficácia e realização, que são atributos essenciais para o envelhecimento bem sucedido. Em conclusão, encontra-se o capítulo de **Maria Cecília Pires** e **Rodolfo Finatti**, que trazem suas contribuições sobre o impacto de um ambiente estimulador que uma cidade criativa pode oferecer, quer seja para o trabalho, lazer ou atividades culturais, apresentando também uma proposta de mapeamento de espaços que estimulam a economia criativa de uma cidade.

A terceira parte do livro enfoca as aplicações da criatividade nos contextos educacionais. Dessa forma, abrange diferentes ambientes e áreas nas quais essa propriedade pode ser estimulada, desde o ensino fundamental até o superior, como também os diferentes públicos envolvidos. Sete capítulos compõem essa parte da obra. No primeiro, as autoras **Janete Tonete Suárez** e **Solange Muglia Wechsler** argumentam que a mentoria aos professores pode trazer impactos significativos, duradouros, extensivos e inclusivos para todos os estudantes, principalmente os talentosos, detalhando um programa de mentoria aos professores para estímulo do potencial criativo de alunos talentosos do ensino médio. A seguir, dois capítulos retratam a criatividade em programas para desenvolvimento de alunos com altas habilidades/superdotação. O capítulo de **Angela Magda Rodrigues Virgolim** aponta a necessidade de práticas com metodologias inovadoras que tornem o ensino mais motivador e que despertem o interesse dos alunos, principalmente dos superdotados, estimulando a sua motivação para aprender, exemplificando sua aplicação com o Programa de Incentivo ao Potencial Criador do Aluno Superdotado. Por sua vez, as autoras **Vera Lucia Messias Filho** e **Taís Crema Remoli Ferreira** relatam os resultados de programas implementados visando a inclusão de pessoas com necessidades especiais, tanto os portadores de deficiência quanto os superdotados, indicando que o enriquecimento na classe comum pode atingir esse objetivo por meio de práticas pedagógicas que valorizam a criatividade no trabalho pedagógico.

As diferentes possibilidades para estimular a criatividade no ensino superior são discutidas nos próximos capítulos desta parte do livro. Com essa finalidade, as autoras **Nívea Pimenta Braga** e **Denise de Sousa Fleith** enfatizam que, na educação superior, devem existir condições para o pleno desenvolvimento criativo dos estudantes, ilustrando com os resultados de um estudo conduzido com professores da educação superior para promover e discutir estratégias para o desenvolvimento da criatividade na universidade. Com propósito similar, a autora portuguesa **Maria de Fátima Morais** destaca a necessidade da sensibilização e treino para desenvolvimento das competências criativas nos estudantes universitários, trazendo exemplos de um programa para incentivar futuros professores a criarem aulas de infusão curricular, isto é, aulas que simultaneamente lecionem conteúdos programáticos obrigatórios e que também promovam o desenvolvimento de competências criativas nos alunos.

Os capítulos que concluem essa seção enfocam o contexto do ensino superior e, mais especificamente, a importância das Artes na educação e formação do indivíduo. No capítulo de **Felipe Zamana** é realçada a necessidade de compreender o potencial criativo dos estudantes, expondo, como exemplo, um estudo no qual foi investigado se os estudantes do ensino superior em Portugal se autodescrevem como pessoas criativas, e suas autopercepções sobre a presença ou não da criatividade nas salas de aula. Nessa parte, por fim, encontra-se a contribuição dos autores **Erick Orloski** e **Stela Maris Sanmartin**, que discutem o papel do ensino das Artes como meio de promoção da criatividade na educação, considerando que as Artes, como área de conhecimento, tem enorme potencial para cumprir um papel humanizador ao facilitar a experiência de nos colocar no lugar do outro e, por conseguinte, aproximar-nos do sentimento de empatia e solução de problemas, essenciais nestes tempos de exacerbadas crises sociais.

Os diferentes temas apresentados nessa obra demonstram que a criatividade é multifacetada e que possui implicações de grande impacto social. Além disso, a grande quantidade de estudos e programas apresentados confirmam ser possível identificar e desenvolver a criatividade nos mais diferentes ambientes. Espera-se, portanto, que os leitores possam usufruir desta obra e que, a partir das ideias aqui apresentadas, possam se sentir inspirados a desenvolverem sua própria criatividade, tanto do ponto de vista pessoal, como também profissional e social, tornando-se, assim, agentes transformadores da nossa realidade.

Parte 1

CRIATIVIDADE: IMPORTÂNCIA E ABRANGÊNCIA DE CONTEXTOS

Compreendendo a Criatividade: Formas e Dimensões

Solange Muglia Wechsler

A criatividade é um fenômeno complexo, capaz de ser entendido sob diversas perspectivas. A natureza multifacetada da criatividade pode ser demonstrada pela sua definição envolvendo processos cognitivos, características de personalidade, elementos ambientais e interação entre estas diversas áreas. Assim sendo, podemos conceituar a criatividade como fenômeno individual, intrapessoal, social ou integrador, e o estudo de suas dimensões focam nesses diferentes aspectos. Dessa maneira, percebermos que a criatividade traz benefícios tanto do ponto de vida individual quanto social e cultural, demonstrando a importância da sua identificação e desenvolvimento para a melhoria da qualidade de vida, nos seus mais diferentes contextos.

Conceituações de Criatividade: Amplos Debates

O estudo da criatividade sempre despertou interesse. Encontramos, nas definições mais antigas sobre criatividade, o termo latino *creare* = fazer, e o termo grego *krainen* = realizar. Essas duas definições demonstraram a constante preocupação, desde os primeiros relatos da humanidade, com as ações e sentimentos de uma pessoa ao criar, ou seja, como explicar o pensar, produzir e se realizar criativamente (Wechsler, 2008).

Em uma perspectiva histórica, na Grécia antiga, a criatividade era reconhecida através dos monumentos aos deuses e obras arquitetônicas, sendo entendida como um dom concedido pelas musas ou seres mitológicos. Já na Idade Média, sob a influência da igreja católica, a criatividade foi compreendida como algo imutável, dependendo de Deus e suas graças divinas, sobre a qual a vontade humana nada podia influir (Boorstin 1992). Na Idade Moderna, com o movimento da valorização do homem e dos seus sentimentos, a criatividade passou a ser vista como forma de intuição. Nesse sentido, o sujeito criativo seria aquele que teria uma capacidade de intuição altamente desenvolvida (Eysenk, 1995; Kneller, 1978).

Por sua vez, no período renascentista, a criatividade é considerada algo incontrolável, advindo de intuições, ou seja, a originalidade de pensamento, a ruptura com maneiras tradicionais de agir explicariam porque o indivíduo criativo estaria no reino da loucura (a associação entre loucura e criatividade foi posteriormente explicada por Foucault). Finalmente, na Idade Contemporânea, a criatividade é entendida como fenômeno de origem psíquica, de caráter individual, como se encontra refletido nas obras de Freud, embora ainda seja vista como resultando de sublimação de instintos sexuais que seriam expressos, de forma aceitável para a humanidade, por obras artísticas, literárias ou culturais (Freud, 1958; Kubie, 1961).

O avanço das teorias psicológicas sobre a compreensão do homem propiciou outras visões sobre o fenômeno criativo. De uma percepção da criatividade como algo incontrolável, podendo gerar a loucura, esse fenômeno passa a ser compreendido como expressão da saúde mental, possível de beneficiar não só a autorrealização individual, como também a sociedade como um todo. Sem dúvida, essa mudança na compreensão da criatividade foi influenciada pelas contribuições dos psicólogos humanistas (May, 1975; Rogers, 1954).

A criatividade também começa a ser estudada do ponto de vista científico e, como tema de pesquisa, demonstra-se como um fenômeno apto à avaliação e desenvolvimento, a partir do famoso discurso de Guilford (1950), para a *American Psychological Association*. Assim sendo, a criatividade passou a ser percebida como algo desejável, que podia ser identificado e estimulado, gerando, dessa maneira, um considerável número de enfoques teóricos para a explicação desse fenômeno. Tais enfoques para o estudo da criatividade podem ser classificados nas seguintes dimensões: individual, social, intrapessoal e integrador.

Criatividade Como Fenômeno Individual

Nos primeiros estudos de Guilford (1960), ao propor a estrutura da inteligência, já encontramos a criatividade como uma das dimensões no seu "Modelo de Estrutura do Intelecto *(Structure of Intellect Model).* Nesse modelo, a criatividade é definida como algo individual, resultante de um processo cognitivo, equacionado ou sinônimo de pensamento divergente. O pensamento divergente seria caracterizado por buscar várias soluções para um problema, contrastando com o pensamento convergente, que busca uma única solução certa, ou a melhor solução (Guiford, 1967).

A compreensão da criatividade como uma forma de pensamento divergente influenciou inúmeros pesquisadores até os dias de hoje, os quais avaliam a criatividade por testes de pensamento divergente (Runco, 2012; Barbot et al., 2019). Podemos citar Torrance (1966) como expoente desse modelo no desenvolvimento de seus testes de criatividade figural e verbal. Para esse educador, a criatividade poderia ser entendida como um processo criativo de resolução de problemas, um "processo de tornar-se sensível as falhas, deficiências na informação ou desarmonias; identificar as dificuldades ou os elementos faltantes; formular hipóteses a respeito das deficiências encontradas; testar os resultados encontrados" (Torrance, 1966, p. 5).

Nesse sentido, Torrance defendeu a ideia de que criar envolve necessariamente a procura por solucionar algum problema, seja este de qualquer natureza. A compreensão da criatividade como forma de resolução de problemas também foi enfocada nos trabalhos de Osborn (1963), o qual elaborou a famosa técnica de Tempestade de Ideias (*brainstorm*), e pelas propostas do grupo Parnes, Noller e Biondi (1977), que propuseram os passos da Técnica da Resolução Criativa de Problemas (*Creative Problem Solving- CPS).* Avanços nesta última técnica foram desenvolvidas por vários pesquisadores

(Treffinger & Isaksen, 2005), sempre ressaltando que, em cada uma das etapas, deveria ser feito o processo de divergência, na procura de novas perspectivas, e de convergência, para avaliar a qualidade das ideias encontradas.

A conceituação da criatividade como fenômeno individual foi também a proposta de Piaget (1976), ao considerar que existem vários estágios no desenvolvimento cognitivo de uma criança. Desse modo, a criatividade já estaria presente em uma criança quando ela tenta se adaptar ao ambiente e buscar o equilíbrio em suas tarefas para descobrir o mundo. Portanto, a perspectiva de Piaget é de natureza biológica, carregando também um aspecto desenvolvimentista, ao propor que ao brincar a criança já estaria percebendo a realidade e a compreendendo, de forma criativa.

Dentre as propostas mais atuais sobre o fenômeno individual da criatividade, ressaltam-se os trabalhos de pesquisadores que propõem que a criatividade seja considerada em níveis (Plucker & Beghetto, 2003; Kaufman et al., 2011), classificados como: *grande criatividade (Big-C)*, que reflete os grandes feitos da humanidade, e *pequena criatividade* (*Little-c)*, que faz parte do dia a dia, a qual também está presente nas ações de uma criança, por exemplo. Posteriormente, dois outros níveis de criatividade também foram propostos por Kaufman e Beghetto (2009): *mini-criatividade (mini-c)*, que incluem os insights criativos decorrentes de um processo de aprendizagem, e *criatividade profissional (Pro-C)*, para descrever indivíduos que são criativos profissionalmente, mas não atingiram o status de uma eminência na área.

Criatividade Como Fenômeno Social

Destaca-se, no início da época científica sobre o estudo da criatividade, a procura pela compreensão do valor social da criatividade. Dentre as primeiras definições, salientamos a de Stein (1953), ao afirmar que "o produto criativo é um trabalho novo que é aceito como adequado ou útil, e que pode satisfaz a necessidade de um grupo, em uma determinada época histórica" (p. 311). Esse autor explicava que "novo" era entendido como algo que não existia previamente sob a mesma forma. Entretanto, essa definição foi questionada posteriormente por Klausen (2010), pois não ficava claro o que era um trabalho útil e também porque trazia a noção de que a criatividade dependia do apoio social.[1]

O foco na importância social da criatividade foi ressaltado pelo cientista russo Vygotsky (1987), o qual propôs que a criatividade deveria ser concebida como um fenômeno social e, portanto, deveria ser compreendida de forma contextualizada, dentro de uma determinada época histórica. Na sua proposta sócio-histórica, todo ato criativo decorreria de uma transformação ou elaboração social, e os talentos criativos surgiriam quando existissem condições sociais favoráveis ao seu desenvolvimento, podendo esses talentos serem encontrados desde a infância (Vygotsky, 1990). A imaginação de um indivíduo, por sua vez, já poderia ser observada nas brincadeiras infantis, e tornando-se uma função mental superior na adolescência, quando acontecem transformações qualitativas com o desenvolvimento do pensamento conceitual (Martínez, 2009).

O impacto, ou influência do social da criatividade, também é salientado no modelo sistêmico de criatividade do húngaro Csikszentmihalyi (1994), o qual define a criatividade como um fenômeno resultante das interações entre o indivíduo, o campo (ou audiência) e a sociedade. Portanto, a criatividade só aparece quando existe um equilíbrio nessa dinâmica. Em outras palavras, a sua expressão não depende, exclusivamente, do talento de uma pessoa, mas sim na aceitação dos controladores do campo (*gatekeepers*), ou juízes, que a avaliam dentro de certos valores culturais. Vemos, assim, a influência do meio e dos valores, destacada no modelo sistêmico de Csikszentmihalyi (1999) para o reconhecimento da criatividade (Fleith & Neves-Pereira, 2020). Posteriormente, esse autor contribuiu para a compreensão do aspecto individual da criatividade, relacionando-a com a Psicologia Positiva.

Criatividade Como Fenômeno Social e Intrapessoal

O enfoque na criatividade como uma produção, não somente individual, mas também intrapessoal, foi apresentado no modelo teórico

---

[1] Gostaríamos de ressaltar que o famoso pesquisador Morris Stein, da New York University, esteve conosco em 2004, na PUC-Campinas, quando fizemos a primeira discussão sobre a fundação da Associação Brasileira de Criatividade e Inovação.

de Amabile (1983). Essa autora enfatizou os seguintes fatores determinantes na criatividade: *a motivação intrínseca* e a *motivação extrínseca.* No primeiro tipo de motivação, encontram-se pessoas controladas internamente, ou seja, sua energia e vontade de criar derivam de fatores internos. No segundo tipo de motivação, encontram-se as pessoas que são, principalmente, controladas por influências externas, ou seja, sua vontade de criar deriva do desejo de obter sucesso ou de serem reconhecidas. Essas duas formas de motivação não são antagônicas, mas podem ser combinadas. A motivação intrínseca é necessária em uma tarefa criativa, mas pode ser combinada com a extrínseca, que visa o reconhecimento de uma produção criativa (Amabile, 1989).

A conceituação de criatividade pelo seu valor social foi enfatizada por Sternberg na sua "Teoria de Investimento da Criatividade" (Sternberg & Lubart, 1991). Nessa proposta, a criatividade poderia se comparada com o comportamento do investidor no mercado de ações, no qual as ações são compradas por valores muito baixos e somente depois valorizadas, envolvendo, portanto, alguns riscos, mas também maiores ganhos posteriores.

Para que ocorra algo criativo, segundo Sternberg (2006), existe a necessidade de seis habilidades ou elementos distintos: 1) habilidades intelectuais; 2) conhecimento; 3) estilos de pensamento; 4) características de personalidade; 5) motivação; 6) ambiente. As habilidades intelectuais ou cognitivas, descritas como sintética, analítica e prática, juntamente ao conhecimento, auxiliam na tomada de decisões. Os estilos de pensar, (legislativo, executivo e judiciário) e certas características de personalidade, tais como perseverança, disponibilidade para correr riscos, e coragem ou crença em si mesmo, são também influenciados pelo contexto. Percebemos, então, o foco na dinâmica interindividual e intrapessoal, relacionadas ao ambiente no qual ocorrerá a ação criativa.

Criatividade Como Fenômeno Integrador

As diversas abordagens sobre a criatividade demonstram que esta pode ser vista de forma integradora. Na nossa conceituação de criatividade (Wechsler, 2009b), propusemos um modelo teórico de interação entre diferentes dimensões envolvidas na criatividade, visando uma proposta de saúde mental. Nesse sentido, nosso modelo está embasado na

Psicologia Positiva, que considera a criatividade como uma das formas de se conseguir a saúde mental e a autorrealização.

Conforme apresentado neste Modelo Integrador da Criatividade (vide Figura 1), existem diferentes interações entre elementos que favorecem a expressão criativa e que podem culminar no sentimento de autorrealização individual. No círculo, à direita, vemos a importância das *habilidades cognitivas*, tais como inteligência e aptidões, responsáveis por influenciar as áreas nas quais o indivíduo possui maior facilidade. Grande parte dessas habilidades são baseadas em componentes biológicos. Por exemplo, a facilidade para a área musical depende de maior sensibilidade auditiva, enquanto a facilidade para área esportiva depende da musculação específica para aquele esporte e a facilidade para área mecânica depende da capacidade viso-espacial etc.

Figura 1 – Modelo Integrador de Criatividade

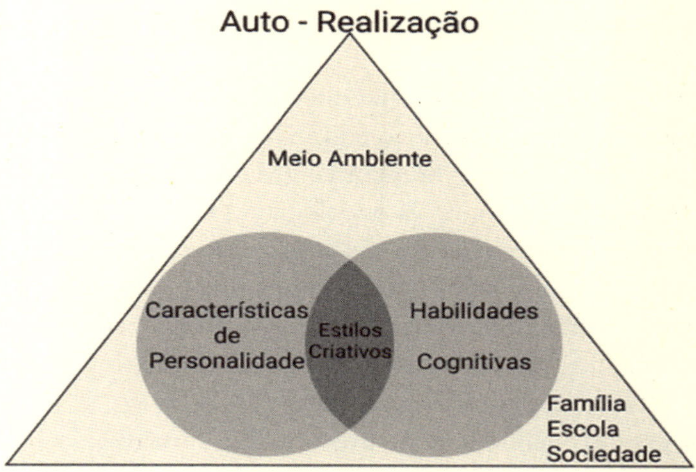

Nota. Fonte: Wechsler, 2009b.

No círculo à esquerda, destacamos as *características de personalidade* que vão influenciar o indivíduo a conseguir expressar a sua criatividade. Destacamos algumas características de personalidade, tais como motivação, vontade de se arriscar, abertura às novas experiências, preferência por ideias originais, inconformismo, entre outras. Entretanto, devem ser consideradas as interações dessas características com as habilidades cognitivas através dos estilos preferenciais de pensar e criar, os quais influenciam as maneiras como o indivíduo escolhe expressar a sua criatividade (Wechsler, 2007).

Essas interações, todavia, não são suficientes para que haja a expressão criativa positiva, isto é, uma produção que traga benefícios positivos para o indivíduo e/ou sociedade. É necessário, então, que existam condições favoráveis para o seu desenvolvimento oferecidas pelo *ambiente* – entendido como a família, a escola e a sociedade – a fim de que o indivíduo possa exercer e expressar a sua criatividade, de forma positiva e construtiva. Ressaltamos, assim, que a presença de um ambiente com valores propícios capazes de canalizar a criatividade para algo produtivo é essencial para a expressão criativa. Caso contrário, temos interações que trazem resultados negativos, por exemplo entre as habilidades cognitivas em diálogo com as características de personalidade e os estilos, como nas ações de Hitler (alta habilidade cognitiva, interagindo com coragem e estilo dominador), que foram canalizadas para a destruição em um ambiente hostil, sem valores humanitários.

Em uma etapa final, se essas interações são benéficas, nesse modelo teórico, o indivíduo criativo poderá atingir a *autorrealização*. Como proposto pelos psicólogos humanistas (May, 1975; Rogers, 1954), e salientado posteriormente pela psicologia positiva (Csikszentmihalyi, 1994), a autorrealização decorre do sentimento de ter conseguido encontrar o seu próprio caminho, expressando a criatividade de modo individual como também original. Esse estágio final corresponderia à saúde mental, demonstrando, assim, o elo essencial entre esses elementos para a plena realização criativa (Wechsler et al., 2015).

Questionamentos podem surgir sobre as várias expressões criativas que também aparecem em ambientes não estimuladores de criatividade, ou até repressores. Nessas condições, o sofrimento do indivíduo para conseguir expressar a sua criatividade é bastante grande, encontrando situações que podem levá-lo aos transtornos de personalidade ou à doença mental. Por sua vez, as dificuldades podem existir dentro do próprio indivíduo, em termos de barreiras ou problemas psicológicos que dificultam a sua expressão criativa. Novamente, vemos nesse modelo teórico que embora o indivíduo produza obras criativas, estas são geradas sob grande pressão ou dificuldade psicológica, possíveis de gerarem doença mental, como no caso do famoso pintor Van Gogh. Portanto, a autorrealização, considerada como saúde mental nesse modelo teórico, pode ser facilitada quando existem situações favoráveis à expressão criativa individual.

Apesar do grande avanço das teorias sobre criatividade, ainda existe, na opinião de leigos, algumas crenças ou teorias implícitas sobre a criatividade. Essas crenças podem existir, de maneira distinta, entre profissionais de diferentes áreas ou até entre culturas. Por exemplo, observamos entre estudantes universitários brasileiros a crença de que a criatividade aparece sem nenhum esforço ou concentração, em situações relaxantes tais como uma viagem, ao passo que os estudantes holandeses acreditavam que a criatividade dependia de esforço concentrado e poderia aparecer em situações de trabalho, sob pressão de tempo (Santos et al., 2020). Tais resultados demonstram que é necessário maior conhecimento sobre a criatividade na universidade, desmitificando e esclarecendo que se trata de algo sem controle, totalmente intuitivo.

Dimensões da Criatividade

As diversas abordagens no fenômeno da criatividade levaram Rhodes (1961) a propor que o seu estudo poderia ser definido segundo o *Modelo de 4 P's* (Pessoa, Processo, Produto, Press ou ambiente). O estudo da *Pessoa* seria focado nas características de personalidade; o *Processo* abrangeria mecanismos facilitadores ao aparecimento da criatividade; o *Produto* estaria relacionado com as formas de apresentar a criatividade; e o *Ambiente criativo (Press)* referiria às condições estimuladoras da criatividade, o contexto no qual a pessoa está inserida.

Vários autores têm se debatido sobre a quantidade de dimensões e teorias explicativas sobre a criatividade. Segundo Kozbelt, Beghetto e Runco (2010), por exemplo, a compreensão da criatividade poderia ser entendida sob nove enfoques teóricos: Desenvolvimentista, Psicométrico, Econômico, Componentes, Cognitivo, Resolução de Problemas, Expertise, Tipológico e de Sistemas. Entretanto, ao nosso ver, algumas dessas classificações geram sobreposições, levantando dúvidas quanto ao fenômeno a ser explicado.

De acordo com nossa definição, apresentaremos, a seguir, as dimensões da criatividade com foco na pessoa, nas habilidades cognitivas, no processo criativo e no ambiente, pois facilitam a compreensão da criatividade, como temos afirmado em várias das nossas publicações (Wechsler, 1998, 2008; Wechsler & Souza, 2011; Wechsler & Nakano, 2011a).

A Pessoa Criativa

Quais são as características de uma pessoa criativa? Pode-se identificar a presença da criatividade por tais características? Essas são as principais perguntas que encontramos entre os estudiosos para melhor definir o que caracteriza uma personalidade criativa.

Na evolução das teorias psicológicas, destaca-se a influência da *corrente humanista* sobre a compreensão da criatividade. Um dos grandes expoentes desse movimento foi Carl Rogers (1954), que enfocou a criatividade como uma das forças positivas que existem no ser humano, sendo, portanto, sinônimo de saúde mental e com uma tendência para atingir a autorrealização. Outros grandes humanistas que se destacam pelos seus trabalhos relacionados à criatividade podem ser citados, como Rollo May (1975), que definiu a criatividade como um encontro intenso com uma ideia ou imersão total, e Maslow (1968), que elaborou um modelo teórico em forma de pirâmide das necessidades humanas, colocando a criatividade no ápice, isto é, como a forma mais elevada de expressão humana.

Posteriormente, a *Psicologia Positiva*, tendo seu expoente em Martin Seligman (2002), ressaltou novamente as características saudáveis que podem conduzir à autorrealização e a felicidade, influenciada pela corrente do humanismo (embora esse fato não seja, muitas vezes, reconhecido). Na Psicologia Positiva, duas grandes áreas de investigação são i) bem-estar, e ii) forças e virtudes humanas (Seligman & Csikszentmihalyi, 2000), obtidas segundo o desenvolvimento de características psicológicas importantes, tais como a criatividade, resiliência, otimismo, esperança, e bem-estar subjetivo (Hutz et al., 2014).

Na *visão da Psicologia Positiva,* a criatividade é um fenômeno legítimo e passível de investigação psicológica, que se agrega a outros fenômenos, como a felicidade, a autorrealização e as emoções e sentimentos positivos (Csikszentmihalyi, 2014). Assim, a criatividade é considerada uma das forças de caráter que permitem ao indivíduo um funcionamento ideal, firmando-se como um fator de proteção (Peterson et al., 2007; Snyder & Lopez, 2008), relacionada também com a esperança e o otimismo (Santos & Wechsler, 2020; Zanon et al., 2020).

Notamos, então, que a criatividade passa a ser enfocada como uma força para saúde mental, ou seja, algo desejável, que pode ser desenvolvida, assim como as outras forças de caráter, como proposto pela Psicologia Positiva (Wechsler et al., 2015). Atualmente, é grande a produção de estudos com foco nas implicações da criatividade para diferentes contextos, por exemplo, no campo educacional (Nakano, 2018a) e nas organizações (Spadari et al., 2019; Vazquez & Hutz, 2018).

Características da Personalidade Criativa

Existe uma grande diversidade de características relacionadas à pessoa criativa. Entretanto, deve ser ressaltado que tais características raramente acontecem juntas, sendo somente uma orientação para a compreensão da dinâmica cognitiva e da personalidade criativa. Um dos primeiros estudos sistematizados para analisar as características das pessoas criativas foi o do MacKinnon (1978), realizado com arquitetos altamente criativos, comparados com outros grupos da mesma profissão. Suas conclusões indicaram que as características que mais se destacavam entre os criativos eram a imaginação, independência de ideias, entusiasmo ou grande motivação, preferência por complexidade e abertura às experiências.

Diversas são as características positivas relacionadas com a personalidade criativa na literatura (Romo, 2018, Runco, 2014; Wechsler, 2008). As características de personalidade que mais se destacam são: *autonomia* (desejo de procurar encontrar as próprias respostas), *inconformismo* (questionamento de padrões comuns de pensar e agir), *sensibilidade interna e externa* (empatia e preocupação com o outro e com o ambiente), *alta motivação* (do tipo intrínseca, gerada pela curiosidade), *alto senso de humor* (procura de analogias incomuns que levem ao elemento surpresa e riso), *confiança em si mesmo* (gerada pela crença interna de que as suas ideias tem valor), *imaginação e fantasia* (gosto por pensar situações não encontradas, impossíveis até o momento), *preferência por complexidade* (tolerância por situações que não estão ainda definidas), *gosto por sensações de desafio ou risco* (vontade de testar os limites de uma ação), *sentido do destino ou missão criativa* (sentimento de que deve contribuir para a sociedade com suas habilidades), *abertura às experiências* (preferência por novas ideias) e *personalidade andrógena* (no sentido de homens e mulheres criativos possuírem perfis psicológicos similares).

Deve ser realçado que características negativas também podem aparecer aliadas à criatividade, também chamadas "lado escuro da criatividade" (*dark side of creativity*), tal como foi apontado por alguns autores (Cropley et al., 2010). Essas características são capazes de levar às destruições sociais (ex: crimes, atos vingativos) ou pessoais (esquizofrenia, distúrbios patológicos etc.). O conhecimento de tais características pode nos ajudar a detectá-las e agir preventivamente. Entretanto, essas características patológicas também podem existir sem a presença da criatividade, demonstrando que não existem associações entre a doença mental e a criatividade.

Gênero e Criatividade

A questão do gênero e criatividade encontra-se presente entre os estudiosos da área. A grande indagação sobre a criatividade feminina deriva da observação do reconhecimento da sociedade, bem maior para a criatividade masculina do que a feminina. Por exemplo, na quantidade de Prêmios Nobel concedido a homens (N= 858) versus aqueles dados às mulheres (N=52), pode-se observar que 1% somente foi concedido ao talento feminino, segundo os dados relatados até 2018. Para as mulheres, as maiores premiações foram dadas para as áreas de humanas (Paz e Literatura), enquanto para homens as maiores premiações foram as áreas de ciências exatas (Física, Fisiologia e Química), como apontado por Areppim (2020). Denota-se, assim, a grande dificuldade, até os dias de hoje, para o reconhecimento da criatividade e potencial feminino.

É preciso considerar, entretanto, que as diferenças de gênero na expressão criativa, principalmente referente à criatividade feminina, estão mais relacionadas às questões educacionais e culturais do que propriamente às suas habilidades criativas. Conforme já apontado por vários pesquisadores (Baer & Kauffman, 2008), não existem diferenças significativas entre os gêneros em testes que visam medir a criatividade. Logo, as diferenças encontradas podem ser explicadas pela presença de estereótipos e valores culturais, ao criar barreiras que impactam a expressão criativa em mulheres (Nakano et al., 2018b; Romo, 2018).

Os preconceitos sobre habilidades diferenciadas por gênero, geram, por sua vez, distorções sobre os verdadeiros potenciais. Dessa maneira, os talentos para as áreas humanas são mais incentivados nas meninas do que nos meninos, provocando sentimentos de menos capacidade e de menos interesse em pessoas do sexo feminino, como, por exemplo, o desinteresse por disciplinas das áreas exatas, ao contrário do que ocorre com o sexo masculino, trazendo inúmeras barreiras à expressão criativa das mulheres (Alencar et al., 2010; Alencar & Fleith, 2003). Tais barreiras impactam não só a escolha da profissão como também seus comportamentos no trabalho, no qual as mulheres encontram o popular "teto de vidro", ou seja, uma dificuldade percebida pelos estereótipos masculinos que impedem que a mulher possa alçar cargos de gerência ou decisão em uma empresa (Amabile, 2010).

Deve ser ressaltado, porém, que as atitudes parentais exercem uma grande influência no desenvolvimento criativo dos filhos, tais como o incentivo à imaginação, o estímulo à exploração dos interesses, o incentivo à autoconfiança e à autonomia (Bender et al., 2013; Martinsen, 2011). Estudos biográficos de pessoas eminentemente criativas verificaram que a capacidade de liderança e a sensibilidade interna e externa eram características de personalidade mais presentes em pessoas que atingiram a excelência (Almeida & Wechsler, 2015; Mundim & Wechsler, 2019). Também os professores atuando como mentores para reconhecimento dos talentos nas mais diferentes áreas são essenciais para o despertar e desenvolvimento do potencial criativo nos seus alunos, tanto do sexo masculino quanto do sexo feminino (Suarez & Wechsler, 2019).

No nosso trabalho anterior com mulheres que se destacavam (Wechsler & Guerreiro, 1986), percebemos que estas estavam em conflito na identificação com a mãe, assim como outras barreiras internas, como o medo do sucesso e o sentimento de engano (relacionado à baixa autoestima). Entretanto, essa realidade está mudando. Em estudos posteriores com mulheres criativas brasileiras que ganharam premiações comparando com outras mulheres não premiadas (Mundim & Wechsler, 2015), observamos que as primeiras se distinguiam pela originalidade de pensamento, empatia, intuição, capacidade de liderança, maior motivação intrínseca, curiosidade e sentido de missão criativa. Por sua vez, comparando mulheres premiadas em duas culturas latinas, Brasil e Portugal (Mundim et al., 2020), percebemos que essas mulheres apresentavam características similares entre si, ao contrário do que acontecia quando eram comparadas às mulheres não premiadas dentro do seu próprio país. Outro tema presente nos dois grupos de mulheres criativas foi a sua percepção da importância de fazer a diferença e contribuir para o seu país, no sentido de alcançar sua missão criativa, indicando que os traços da personalidade criativa parecem ser transculturais.

Habilidades Cognitivas

A inteligência já foi compreendida sob diferentes ângulos. Uma proposta que ficou bastante conhecida foi a de Gardner (1993), na sua Teoria das Inteligências Múltiplas, na direção de que deveríamos estudar a inteligência de uma forma mais abrangente, definindo oito tipos de inteligência: espacial, verbal, lógica, musical, intrapessoal, interpessoal, cinestésica e naturalística. Embora essa teoria tenha se tornado bastante conhecida por demonstrar diferentes maneiras de se compreender a inteligência, ela foi posteriormente criticada devido à falta de embasamento empírico.

Atualmente, a teoria mais reconhecida internacionalmente e com maior embasamento científico é a CHC (Carroll-Horn-Cattell), que resultou de uma síntese das propostas desses autores feita por McGrew (2009). Segundo esse modelo, a inteligência poderia ser explicada por três camadas, existindo uma primeira com mais de 70 habilidades específicas, uma segunda camada com dez fatores amplos e uma terceira com um fator geral. Ainda de acordo com a teoria do CHC, a criatividade estaria relacionada a um dos fatores gerais, denominado de memória de longo prazo *(Glr),* seguindo a proposta de *Schneider* & McGrew (2018).

Contudo, essa associação de criatividade com memória é questionada, uma vez que a solução de problemas requer a descoberta de novas relações, geralmente mais conectadas com habilidades de inteligência fluida (Gf) do que com memória (Nusbaum, & Silvia, 2011). Além disso, é importante observar que apenas a fluência de ideias está sendo avaliada nas principais baterias de teste de inteligência e nunca a flexibilidade ou a originalidade, que são os principais componentes da criatividade, demonstrando que a criatividade precisa ser avaliada além da inteligência, de modo integrado (Kaufman, 2015).

Inteligência e Criatividade

Uma das principais discussões, até os dias de hoje, refere-se ao grau de associação entre inteligência e criatividade. Dessa maneira, questiona-se a existência de um limiar ou umbral, a partir do qual poderiam ser encontradas pessoas criativas e inteligentes. Alguns autores definem que a inteligência e a criatividade são construtos altamente relacionados, ou seja, que pessoas criativas são também inteligentes, enquanto outros afirmam ser construtos independentes, que não é preciso ser inteligente para ser criativo ou vice-versa (Kaufman et al., 2018). Outra proposta (Getzels & Jackson, 1962) defende que a criatividade e a inteligência estariam relacionadas na população em geral até o QI de 120, e que acima desse QI a relação entre criatividade e inteligência seria consideravelmente baixa. Entretanto, no estudo de meta-análise, ou seja, revisão rigorosa de pesquisas na área, Kim (2005) observou que a relação entre criatividade e inteligência é pequena, porém positiva.

Nossos estudos têm demonstrado que inteligência e criatividade são habilidades que estão relacionadas de forma moderada ou baixa. Realizamos estudos comparando crianças e jovens na Bateria de Habilidades Cognitivas de Woodcok-Johnson assim como nos Testes de Criatividade Verbal e Figural de Torrance (Wechsler et al., 2010), pelos quais verificamos, para a amostra geral, que as relações entre inteligência e criatividade foram significativas, porém moderadas, não ocorrendo essa relação nos indivíduos com altos resultados em inteligência. Em estudo posterior com idosos (Souza & Wechsler, 2013), observamos que criatividade verbal e figurativa possuíam relações positivas e moderadas com diferentes habilidades da inteligência, mas a escolaridade dos indivíduos também influenciava esses resultados. Esses achados estão em consonância com outros autores internacionais mencionados anteriormente (Getzels & Jackson, 1962; Kim, 2005), que afirmavam a não necessidade de ser altamente inteligente para ser também altamente criativo.

Questionamentos surgem se a relação entre inteligência e criatividade deveria ser avaliada por áreas específicas ao invés de capacidades gerais (Lubart, 2007). Em dois estudos, um com crianças superdotadas e outro com regulares (Nakano et al., 2015), utilizando-se as Baterias para Avaliação das Altas Habilidades e a Bateria de Avaliação Intelectual e Criativa), foi observado que a relação entre inteligência e criatividade dependia do tipo de criatividade sendo medido. No primeiro estudo, a correlação entre inteligência e criatividade verbal foi moderada, o que também ocorreu no segundo estudo. Resultados similares foram relatados por Nakano e Brito (2013), ao comparar criatividade figural com testes de raciocínio. Logo, considerando que as medidas de inteligência estão pouco relacionadas à criatividade, é recomendado que a sua avaliação do potencial cognitivo seja feita de forma integrada, com instrumentos ou medidas mais completas sobre a criatividade de um indivíduo, a fim de melhor conhecer o seu potencial, como proposto por Milan e Wechsler (2018).

Avaliação da Criatividade

Considerando a importância da avaliação, podemos levantar algumas questões: É possível avaliar a criatividade? Qual é a relevância de se avaliar a criatividade? De que formas avaliar a criatividade?

Tais questionamentos nos remetem, primeiro, a uma questão básica, se a criatividade é uma disciplina científica, a partir da qual podemos traçar inferências ou interpretações sobre os sujeitos. De acordo com os parâmetros exigidos pela ciência, uma disciplina científica deve atender aos critérios de simplicidade e generalização (Wechsler, 2009 a). Assim sendo, a quantidade de estudos já gerada sobre criatividade indica que ela é passível de ser definida e desenvolvida, atendendo assim aos critérios de disciplina científica (Isaksen & Murdock, 1988). Dessa maneira, quebram-se os mitos de perceber a criatividade como algo misterioso, indefinido, ou restrita somente às áreas artísticas, o que tem trazido grandes barreiras para o desenvolvimento da criatividade como ciência (Sternberg, 2006).

A relevância da avaliação da criatividade, ou melhor, as justificativas para avaliar a criatividade, podem ser respondidas de várias formas:

ampliar o conhecimento sobre as capacidades humanas, identificar a diversidade de talentos e suas expressões, compreender comportamentos que possam trazer inovações para a sociedade, melhorar o ensino e a aprendizagem em todos os níveis, e desenvolver o potencial humano nos mais diferentes contextos (Puccio & Murdock, 1999). Além dessas vantagens, agregam-se outras, como apontado por Nakano e Wechsler (2006), no sentido de que a identificação da criatividade permite orientar indivíduos criativos para que possam compreender suas atitudes, emoções e comportamentos, os quais atuam como facilitadores de alta produtividade criativa na vida adulta.

Formas de Avaliar a Criatividade

A avaliação da criatividade pode ser feita de diferentes formas: *métodos informais*, *formais*, *medidas qualitativas ou medidas quantitativas* (Lubart, 2007). Os *métodos informais* podem ocorrer a qualquer tempo e envolvem a observação de comportamentos em diferentes situações. Já os *métodos formais* envolvem coleta de resultados de modo sistematizado, advindos de questionários, escalas, ou testes padronizados ou não (Nakano, 2018a). Por sua vez, os *métodos qualitativos* envolvem entrevistas livres, estudo de casos, observações do processo de criar de indivíduos, como também análise das biografias de pessoas de destaque. Já os *métodos quantitativos* são mais rigorosos, pois abarcam testes padronizados, inventários e escalas que permitam classificar o nível de habilidade do sujeito. A complementação dos métodos é recomendável para uma avaliação mais ampla da criatividade (Wechsler, 2009a).

A revisão recente (Barbot et al., 2019) indicou os desafios que existem nos estudos sobre avaliação da criatividade: a existência de uma considerável amplitude de conceitos e comportamentos genéricos sendo medidos, e as diferentes formas para se avaliar a criatividade. Dentre as formas mais utilizadas para avaliação da criatividade são encontrados os questionários ou escalas de autorrelato, a avaliação de produtos por consenso de juízes, e os testes de pensamento divergente (Kaufman, 2019; Reiter-Palmon et al., 2019).

No *método de autorrelato*, o indivíduo avalia a sua própria criatividade como também se autodescreve a respeito de sua personalidade e seu processo criativo. Há uma grande quantidade de pesquisas que se utilizam desse método (Kaufman, 2019). Já a *avaliação de produtos por consenso de juízes* foi desenvolvida por Amabile (1982) e basicamente envolve o acordo de juízes, *experts* na área, ou o domínio do produto a ser avaliado. Embora existam questionamentos sobre essa técnica, como o baixo nível de precisão teste-reteste (Kaufman et al., 2007), esse método tem sido utilizado para áreas para as quais não existem instrumentos padronizados para avaliar a criatividade, tais como a gastronomia, a fotografia, a música, o esporte etc. Os *testes de pensamento divergente* são os mais utilizados para avaliação objetiva da criatividade. Essas medidas tiveram na sua origem a proposta de Guilford (1960), já mencionada anteriormente, que compreendia a criatividade como forma de pensamento divergente, em que se destacava a fluência, a flexibilidade, a originalidade e a elaboração de ideias.

A conceituação de Torrance para elaborar seus testes de criatividade foi além do Guilford, pois reconheceu que existia, na verdade, uma constelação ou amálgama de habilidades e características que influenciava a expressão criativa, provinda não só da área intelectual, como também da personalidade e do ambiente e que essas características criativas poderiam ser avaliadas nos seus testes, os chamados *Torrance Tests of Creative Thinking Figural and Verbal* (Torrance, 1966). Torrance realizou um importante estudo longitudinal, com intervalo de 22 anos, após aplicação dos seus testes de criatividade figural, provando que existiam relações significativas entre características nos desenhos e produção criativa na vida adulta (Hébert et al., 2002).

Deve ser destacado que, na área da criatividade verbal, nos testes originais de Torrance, somente eram avaliados os indicadores do pensamento divergente (fluência, flexibilidade, originalidade). Porém, durante o nosso doutorado com esse professor, pudemos estender a avaliação da *criatividade verbal* para outros indicadores, demonstrando que poderiam também ser encontradas características nas frases dos indivíduos que estavam relacionadas com a sua produção criativa na vida real. Posteriormente, validamos os testes de criatividade verbal e figural de Torrance para o Brasil utilizando o mesmo critério empregado na pesquisa longitudinal de Torrance (Wechsler, 2006b).

Os testes de Torrance são as medidas mais utilizadas internacionalmente para avaliação da criatividade (Wechsler & Nakano, 2020). No Brasil, é considerável a quantidade de pesquisas geradas com esse teste. Destacamos o *Teste de Criatividade Figural Infanti- TCFI* (Nakano et al., 2011), que foi validado em comparação com o teste figural de Torrance, para crianças do ensino fundamental. Ressaltamos que esses instrumentos já foram aprovados pelo Conselho Federal de Psicologia (SATEPSI), sendo os mais usados no país para avaliação da criatividade. Nessa lógica, novas normas para esses instrumentos são necessárias para a próxima década.

Avaliação da criatividade por figuras – Teste de Torrance, versão Brasileira (Wechsler, 2004a);

Avaliação da criatividade por palavras – Teste de Torrance, versão brasileira (Wechsler, 2004b);

Teste de Criatividade Figural Infantil – TCFI (Nakano et al., 2011)

Estilos de Pensar e Criar (Wechsler, 2006a).

É importante ressaltar que existem vários instrumentos para avaliação da criatividade validados para o país, alguns desses para teses e dissertações (Alencar et al., 2010). Contudo, a falta de normas brasileiras impediu que esses instrumentos fossem posteriormente utilizados pelos profissionais de Psicologia no país.

O Processo Criativo

As fases ou estágios que culminam na produção criativa têm sido a preocupação de muitos estudiosos. Um dos primeiros estudiosos do processo cognitivo para a criação de ideias foi Wallas, que em 1926 o definiu em quatro etapas básicas: *Preparação, incubação, iluminação, verificação.* O estágio de *preparação* seria a identificação do problema a ser analisado e a procura de informações sobre ele. Já a *incubação*, envolveria um processo inconsciente de trabalhar com o problema. A *iluminação*, então, descreveria o momento de "*aha*", o encontro da solução de um problema que deveria ser seguido pela etapa de *verificação*, ou seja, o momento de colocar em prática a solução encontrada (Runco, 2014).

É importante distinguir o processo de "*Incubação*" como uma das fases mais importantes no processo criativo. Na concepção de Wallas (1926), a incubação era produzida pelo inconsciente, que continuava trabalhando durante um período de intervalo após um grande espaço de tempo, no qual havia existido um esforço consciente de resolver um problema (Wechsler, 2008). De toda forma, esse processo é diferente de uma preocupação criativa, como destacado por Olton (1979), pois nessa fase nenhum pensamento consciente é dedicado ao problema em questão, geralmente ocorrendo quando o indivíduo está ocupado com outra atividade.

Outro modo de estudar o processo criativo foi proposto por Csikszentmihalyi (1996), com o seu conceito de *flow* (fluir). Esse estado é caracterizado pelas sensações que o indivíduo desfruta ao criar algo, o prazer e o envolvimento no processo de criar, havendo nesse momento um sentimento de alta concentração, de fluir, sem que possa ser perturbado por qualquer distração (Csikszentmihalyi, 2014). O sentimento de tempo se perde, uma vez que transcorre uma sensação de desafio entre nossas habilidades e aquelas exigidas pela tarefa, não se limitando a uma determinada área de trabalho.

A experiência de *flow* no trabalho está relacionada com o sentimento de bem-estar subjetivo, engajamento e motivação intrínseca. Isso porque no estado de *flow*, o indivíduo se envolve no trabalho por gostar de fazer algo, e não necessariamente por estar dependendo de recompensas externas (Bakker, 2008). Portanto, indivíduos podem obter a sensação de *flow* no trabalho quando se envolvem em *job*, isto é, ressignificação do trabalho para si próprios. Tal fato foi observado pelas relações positivas encontradas entre a situação de *job crafting crafting* (redesenho do trabalho), com o bem-estar emocional, social e psicológico, que são facilitados ou mediados pelo estado de *flow* (Devotto, Freitas & Wechsler, 2020).

Estilos de Pensar e Criar

Estilos são maneiras preferenciais de pensar e se comportar em determinadas situações. Logo, essa conceituação envolve preferências que podem ser modificadas segundo a situação ou determinado momento maturacional da vida de cada indivíduo. A noção de estilos é mais abrangente do que outras noções, tais como personalidade, traços ou habilidades, visto que está relacionada com possibilidades de ação ou pensamento, ao contrário de outras que indicam uma forma mais estática de lidar com a realidade (Wechsler, 2009b).

Uma medida conhecida relacionando os estilos com a criatividade, mas com o foco na área organizacional, foi desenvolvida por Kirton (1976), que propôs a identificação de dois estilos básicos: Inovador e Adaptador. Os indivíduos com estilos inovadores são aqueles que buscam identificar e definir problemas, propondo novas ideias, enquanto aqueles com estilo adaptador possuem um pensamento factual e detalhista, demonstrando maior preferência em utilizar soluções conhecidas a testar novas ideias.

Uma proposta, em forma de escala, para avaliar os estilos preferenciais de pensar e criar, baseando-se nas características das pessoas criativas, foi por nós desenvolvida (Wechsler, 2006a, 2009b). Administramos essa escala para um grupo de pessoas que obtiveram reconhecimento de sua criatividade, através de prêmios e distinções, em nível local ou nacional, e comparamos suas respostas com um grupo regular, ou seja, que não tinha recebido nenhuma distinção. Os resultados indicaram a presença de cinco estilos de pensar e criar. Posteriormente, verificamos que a escala de estilos poderia ser reduzida de 100 para 60 itens, diminuindo o tempo de sua administração (Wechsler & Byrne, 2017).

Os seguintes estilos puderam ser identificados:

1) *Cauteloso-Reflexivo*: Prefere trabalhar com prudência, reflexão e ordem;
2) *Inconformista-Transformador*: Prefere questionamento, uso da imaginação;
3) *Lógico-Objetivo*: Pensamento pragmático, implementa ideias;
4) *Emocional-Intuitivo*: Empatia, uso das emoções e intuição;
5) *Relacional-Divergente*: Ouve opiniões grupo, procura combinar alternativas.

Alguns pontos interessantes foram encontrados no estudo sobre os estilos de pensar e criar que devem ser destacados, como a existência de vários estilos os quais podem ser encontrados em pessoas criativas. Também observamos que, embora as pessoas criativas sejam descritas, na visão dos leigos, como aquelas de estilo inconformista-inovador, encontramos indivíduos que produzem de outras formas ou estilos, por exemplo, cauteloso-reflexivo. Notamos também a possibilidade de integração desses diferentes estilos em equipes organizacionais, considerando que os estilos são complementares e que ajudam no processo de criatividade, como também de inovação. Nossas pesquisas verificaram que os estilos de pensar e criar são capazes de fornecer informações importantes sobre a motivação, o desempenho acadêmico, e também sobre o tipo de liderança em organizações (Siqueira & Wechsler, 2004; Wechsler, 2007).

Diversas pesquisas já foram realizadas para averiguar fatores influenciáveis nos estilos de pensar e criar. Nesse sentido, percebemos que existiam diferenças de estilos por gênero, e também por faixa etária do indivíduo, (Wechsler, 2009c). Entre estudantes, quando comparadas nas áreas de Psicologia e Administração, também foi verificada a influência da interação gênero e tipo de curso, principalmente no Estilo Relacional-Divergente (Nakano et al., 2010). Também diferenças regionais de estilos, entre estudantes de Psicologia, foram encontradas (Nakano, 2010).

No que se refere aos profissionais, por seu turno, foram encontradas relações positivas entre criatividade e estilo Inconformista--Transformador, principalmente entre estudantes de Gestão (Almeida & Nogueira, 2016). Já os profissionais da área contábil apresentavam estilo Lógico-Objetivo, como seria esperado (Nakano et al., 2011). Por sua vez, um estudo realizado com estudantes de licenciatura de universidades públicas e particulares indicou a presença de diferenças de curso, gênero e tipo de universidade nos estilos *(Alencar & Fleith, 2016).*

Além disso, o clima familiar está relacionado aos estilos, pois as famílias mais competitivas, com interesses diversos e atividades culturais e intelectuais, apresentam o estilo inconformista-transformador em predominância, enquanto aquelas mais tradicionais apresentam preponderância do estilo Lógico-Objetivo (Lobo & Lobo, 2012). Dessa maneira, pudemos verificar a importância de reconhecer os estilos de pensar e criar assim como os elementos que os influenciam, em diferentes contextos.

O Ambiente Criativo

O ambiente criativo pode ser visto sob diferentes enfoques, no trabalho, no lar e na escola. Portanto, as condições facilitadoras para a criatividade se manifestam nas mais diversas formas, demonstrando que é possível identificar e desenvolver a criatividade por meio de diferentes estratégias, adequadas a cada contexto.

Criatividade no Trabalho

Várias dimensões da criatividade no trabalho são possíveis de serem analisadas, focando tanto no ponto de vista do indivíduo criativo como também no ambiente organizacional. Nota-se uma ênfase maior nos estudos brasileiros sobre o ambiente favorável à criatividade, e mais recentemente na importância da Psicologia Positiva, com as dimensões do bem-estar subjetivo, qualidade de vida e motivação no trabalho (Spadari et al., 2019). Entretanto, observa-se um desiquilíbrio quando se compara a autopercepção de criatividade no trabalho e como ela é percebida pelos seus gestores, haja vista que muitas vezes as pessoas subestimam o seu próprio potencial criativo e demonstram pouca confiança na sua capacidade de criar e inovar no ambiente organizacional (Rocha & Wechsler, 2019). Assim, um aspecto importante é modificar a autopercepção do indivíduo, auxiliando-o a redesenhar o trabalho (job crafting) de forma que o torne mais estimulante (Devotto et al., 2020). Existem outros elementos possíveis para ajudar tanto as organizações formais quanto as informais na melhoraria do clima para a criatividade no trabalho, tais como o suporte para ideias, a abertura para correr risco, a tolerância e o tempo para ideias novas (Crespo, 2017).

A questão da inovação no trabalho, por sua vez, é central para a maioria das empresas. Em vista disso, é importante distinguir a criatividade da inovação, como indicaram Nakano e Wechsler (2018). Uma questão básica tem sido levantada: Inovação e criatividade são sinônimos ou são processos independentes? A inovação depende da criatividade? As respostas para essas perguntas apontam que inovação e criatividade não são sinônimos, mas sim processos interligados. A inovação se refere ao resultado de um processo, quer seja um produto ou serviço dentro de um contexto (Amorim & Frederico, 2008), enquanto a criatividade diz respeito ao surgimento de uma nova ideia, sem existir a necessidade de uma aplicação prática (Amabile, 2010). Contudo, deve ser lembrado que a inovação precisa da criatividade;

é preciso uma nova ideia que seja útil para a sociedade e, portanto, a inovação depende da criatividade (Dionne, 2008).

Várias discussões sobre as relações entre criatividade e inovação foram apresentadas nos trabalhos apresentados no I e II Congressos da Associação Brasileira de Criatividade e Inovação – CRIABRASILIS (2020). Logo, foi possível demonstrar nesses dois eventos que a criatividade tem influência direta sobre a inovação e que ela pode existir em qualquer área. Infelizmente, na discussão que existe entre os empresários ou mesmo pesquisadores, não é enfatizada a ligação entre esses dois fenômenos, fazendo parecer que a inovação é algo distinto, isolado, sem precisar do estímulo às ideias criativas. Tal fato pode ser observado na Lei 10.973 da Inovação, sancionada em 2004 e modificada pelo marco da inovação em 2018, que trata a inovação como algo tecnológico ou científico, visando estimular a parceria entre empresas e universidades, sem fazer qualquer menção ao estímulo da criatividade ou de uma educação mais criativa (Diário oficial, 2018).

Criatividade na Educação

A necessidade de uma educação criativa tem sido enfocada, cada vez mais, nos tempos atuais. A importância do pensamento criativo, que procura novas ideias, aliado ao pensamento crítico, que julga as ideias encontradas, torna-se crucial para a sociedade do século XXI, tal como apontado no relatório da OECD (Organization for Economic and Cooperation Development, 2019). Nesse cenário, cabe aos pais e, principalmente, à escola, preparar as crianças para um mundo em mudanças, no qual a tecnologia, juntamente da ciência e dos valores humanos, pode contribuir para a qualidade da vida na sociedade.

Dentre os teóricos que mais se destacaram, em nível internacional, na área da criatividade na educação foi Paul Torrance, quem enfatizava que todos os estudantes são criativos, nas mais diferentes áreas, cabendo ao professor descobrir esses potenciais e estimular a motivação do aluno para aprender (Torrance, 1965). O autor realçou que o professor criativo possui certas características que estimulam o aluno, como: reconhecimento das potencialidades dos estudantes, encorajamento ao estudante para seguir em frente, flexibilidade no currículo, entusiasmo pelas ideias dos alunos e auxílio na concretização das ideias criativas dos estudantes (Torrance, 1970). Também Torrance propôs um *Modelo de Incubação para o Ensino Criativo*, composto de três etapas: i) antecipação para o conteúdo; ii) aumento das expectativas pelo conhecimento; e iii) manutenção do entusiasmo pela aprendizagem (Torrance & Safter, 1999). Um programa internacional, criado por Torrance e sua esposa, utilizado até hoje em vários países, é o *Future Problem Solving Bowl*, que visa preparar os estudantes, das mais diversas faixas etárias, a resolver problemas futuros (Future Problem Solving Program International - FPSPI, 2020). Sendo assim, Torrance atestou ser um visionário e idealista pela grande importância da educação criativa na formação do cidadão (Wechsler & Nakano, 2020).

A necessidade de um clima criativo na sala de aula tem sido enfocada também em estudos brasileiros. Fleith e Alencar (2005), por exemplo, enfatizaram a necessidade da identificação de barreiras à criatividade dentre os professores a fim de ajudá-los a oferecer um ensino mais criativo. Os estudiosos indicaram que as barreiras mais encontradas entre professores do ensino fundamental foram: atitudes autoritárias, hostilidade em relação ao aluno que faz muitas perguntas, currículo inflexível, foco exagerado no conhecimento em detrimento da produção de conhecimento, baixas expectativas quanto ao potencial do aluno, e ênfase na obediência ao invés do incentivo à curiosidade (Alencar & Fleith, 2008). No entanto, deve ser ressaltado que essas barreiras são encontradas não somente no ensino fundamental, mas também nos demais níveis de ensino, inclusive superior (Wechsler & Souza, 2011; Wechsler & Nakano, 2011a).

A importância da educação mais criativa esbarra no modelo tradicional de ensino e, principalmente, na formação de professores. Além disso, deve ser dada atenção ao ambiente ou cultura na qual a escola está inserida, que influencia na expressão ou repressão da criatividade, isto é, nas condições que podem facilitar o desenvolvimento da criatividade por meio de educação de qualidade (Lubbart, 2010). As concepções de criatividade por professores em diferentes níveis de ensino também demonstram diferenças. Por exemplo, no ensino fundamental e médio, os professores afirmaram conhecer a importância da criatividade, mas têm dificuldade de aplicá-la na sala de aula devido a sua formação deficiente nesta área. Por sua vez, dentre os professores do ensino superior, foi observada a tendência dos alunos se avaliarem como sendo mais criativos do que seus professores (Wechsler & Nakano, 2011b).

O interesse pela criatividade na educação tem crescido nas pesquisas brasileiras nas últimas décadas (Martinez, 1997; Silva & Nakano, 2012; Nakano & Wechsler, 2007; Wechsler & Nakano, 2003), sendo esse tema o mais pesquisado do que outras áreas de aplicação da criatividade. As pesquisas sobre esse tópico têm focado prioritariamente nos adultos, ou seja, nos professores, acompanhados dos adolescentes e das crianças. Dentre os professores, aqueles que trabalham com o ensino fundamental e com o ensino superior são mais pesquisados do que os profissionais do ensino médio.

Há também uma predominância de estudos teóricos, tanto nas bases informatizadas de teses e dissertações da CAPES quanto em artigos publicados nas bases SCIELO e PePSIC. Nos estudos qualitativos, encontra-se a predominância de questionários e entrevistas como instrumentos, ao passo que nos quantitativos existe maior uso de testes e escalas, sendo o Teste de Criatividade de Torrance (verbal e figural) e o Teste de Criatividade Infantil- TCFI os instrumentos mais utilizados. As técnicas mais empregadas para estimulação de criatividade têm sido oferecidas por meio de oficinas e programas. Ainda, a revisão dos estudos nessa área demonstrou ser possível identificar a criatividade em alunos, professores e nos currículos, assim como desenvolver diferentes estratégias de tornar a educação mais criativa. Isso indica, portanto, que a criatividade é uma área científica que permite estudos não só para a sua identificação, como também para o seu desenvolvimento (Wechsler, 2009a).

Altas Habilidades e Superdotação

A necessidade de reconhecer e estimular as crianças que apresentam altas habilidades e superdotação foi admitida pela Política Nacional de Educação Inclusiva desde 1976, na Lei de Diretrizes e Bases. Uma série de leis, decretos e resoluções foram adotadas e revisadas durante esse período, e a conceituação mais atual, admitida pela Secretaria de Educação Especial, considera que as crianças com altas habilidades/superdotação são aquelas que possuem "potencial elevado e grande envolvimento com as seguintes áreas de conhecimento isoladas ou combinadas: intelectual, liderança, psicomotora, arte e criatividade"

(Resolução nº 4, 2009). Essa definição tem guiado os educadores e pesquisadores nos trabalhos diferenciados nos Núcleos para Atendimento às Crianças com Altas Habilidades – NAAH/S existentes em várias capitais do país (Delou, 2014), visando oferecer atividades educacionais especializadas e complementares para estimular o potencial de crianças que apresentam esse quadro (Virgolim, 2007).

O reconhecimento da multidimensionalidade do fenômeno das altas habilidades (AH) e da Superdotação (S) é um consenso entre os estudiosos e pesquisadores da área, em que surgem os dilemas para a sua identificação (Costa & Lubart, 2016; Gagné, 2018). As visões contemporâneas sobre esse fenômeno não mais se restringem ao uso do QI, adicionando fatores motivacionais e de personalidade que podem contribuir para a expressão do potencial do indivíduo (Subotnik et al., 2018). O foco do estudo sobre a superdotação deixa de ser em torno de algo fixo ou biológico para uma visão de desenvolvimento, tomando a superdotação como um processo de desenvolvimento de potencial expresso em desempenho e realizações durante a vida (Peiffer & Wechsler, 2013).

No que diz respeito a essa discussão, o termo "talento" é por vezes utilizado como sinônimo de altas habilidades/superdotação pelas Políticas Nacionais de Educação Especial (Resolução n.º 2001), e envolve uma capacidade em desenvolvimento, mais consonante com uma proposta educacional do que de algo imutável. Os talentos surgem quando as diferentes habilidades que um aluno tem possam ser reconhecidas e estimuladas, sendo a motivação e a criatividade os componentes essenciais para esse processo (Morais et al., 2015).

Dentre os maiores educadores da área de superdotação, merece destaque o trabalho de Joseph Renzulli, que vem elaborando programas para identificação e atendimento de superdotados há várias décadas na University of Connecticut (Renzulli & Reis, 2018). O autor definiu dois tipos de superdotados: acadêmico (tiram boas notas, reconhecidos por professores, maior consumidor de conhecimentos) e o criativo-produtivo (inventivos, originais, muitas vezes resistentes às convenções, produtor ou reconstrutor de pensamentos) (Renzulli, 1978). Segundo Renzulli (1986), a superdotação ocorre na existência de três conjuntos de traços que se interagem, são eles: habilidade acima da média, motivação e criatividade. Esses traços podem ser desenvolvidos por meio de um programa chamado *Modelo de Enriquecimento Triático*, que envolve três etapas de atividades de enriquecimento educacional por meio de projetos de acordo com o interesse de cada estudante. Escalas para observação e nomeação de professores para alunos potencialmente superdotados foram desenvolvidos pelo pesquisador e sua equipe (Renzulli et al., 2002), sendo utilizadas mundialmente para identificação de crianças com altas habilidades/superdotação, inclusive no Brasil. O mesmo ocorre com os programas de desenvolvimento das altas habilidades, também conhecido como *Modelo de Portas Giratórias* (Wechsler & Fleith, 2017; Wechsler et al., 2018).

No nosso país, programas de atendimento para crianças e jovens com altas/habilidades e superdotação são oferecidos pelo NAAH/S, ou pelo NEECAHS para alunos do ensino fundamental e médio, na rede pública, localizados, predominantemente, em diferentes capitais brasileiras. Ressalta-se, também, o programa do CEDET (Centro de Desenvolvimento do Potencial e Talento), desenvolvido em Lavras-MG, coordenado pela prof. Zenita Guenther. Ainda no ensino superior existem experiências bem-sucedidas utilizando, inclusive, de bolsas de Iniciação Científica Junior, outorgadas pelo CNPQ (Delou et al., 2018). No entanto, são várias as dificuldades para o atendimento dessas crianças, perpassando não somente pelos obstáculos de utilizar medidas válidas para identificação do quadro pelos professores (Nakano et al., 2016; Suarez & Wechsler, 2019), como também pelos déficits de formação dos professores em atender esses estudantes (Alencar & Fleith, 2003). Um grande número de iniciativas nesse sentido tem sido proposto, demonstrando certo avanço nesta área, mas muito ainda deve ser feito para que indivíduos com altas habilidades/superdotação sejam reconhecidos e atendidos. Deve ser salientado o importante trabalho que o Conselho Brasileiro para Superdotadação-ConBraSD (2020) está realizando nessa área para orientar a comunidade sobre o tema.

Impacto Social da Criatividade

Em suma, como pudemos verificar, nas diferentes propostas apresentadas neste capítulo, a criatividade abarca diferentes formas de ser estudada, e seu impacto social é inegável. A criatividade é uma das forças da Psicologia Positiva e demonstra que estar relacionada com as habilidades de otimismo, esperança, empatia, compaixão e solidariedade, essenciais para que o indivíduo sinta a importância da sua contribuição para a sociedade. Por sua vez, algumas das características da personalidade criativa, tais como a sensibilidade, inconformismo e sentido de missão criativa são encontradas em líderes que fizeram grande diferença na sua cultura e no seu país, visto que questionam as maneiras tradicionais e os hábitos em busca da transformação da realidade e do bem-estar da humanidade.

Como foi discutido, a inovação está altamente ligada à criatividade. A capacidade de inovar, depende, então, de uma ideia criativa que pode ser implementada e desenvolvida, nos mais diferentes campos. A inovação é essencial para o crescimento social e econômico do país. Em uma época de pandemia, como presenciamos o forte impacto em toda a sociedade pelo Coronavírus, a sobrevivência da humanidade dependeu, sobretudo da criatividade e da inovação na ciência, em termos de propostas para busca de vacinas. Podemos constatar, portanto, que a criatividade e, por consequente, a inovação, devem ser reconhecidas e desenvolvidas.

Lideranças criativas podem ser identificadas e estimuladas por meio de uma educação mais criativa. Logo, o atendimento educacional para estudantes que possuem altas habilidades/superdotação é uma condição essencial para que possamos encontrar soluções criativas para os problemas atuais que estamos enfrentando, como também para os dilemas futuros. Em conclusão, podemos afirmar que a educação criativa e de maior qualidade, na qual possa existir o reconhecimento e estimulação dos talentos, nas mais diferentes áreas, pode ser o grande diferencial do nosso país para atingir um maior nível de desenvolvimento e de impacto social que todos precisamos e desejamos.

Implicações Práticas

Este capítulo compreendeu uma série de concepções sobre a criatividade e suas dimensões. Sugerimos também algumas ideias para o leitor aprofundar no conteúdo apresentado:

- Entreviste profissionais das mais diferentes áreas para verificar qual o seu conceito sobre criatividade;
- Pergunte uma pessoa que você considera criativa sobre o seu processo de criar;
- Grave um vídeo de uma pessoa criando algo e observe a sua imersão ou *flow* no processo de criar;
- Ajude professores que você conheça a desenvolver o pensamento divergente em suas disciplinas;
- Faça uma roda de conversa entre profissionais e veja quais foram os mentores que mais influenciaram essas pessoas;
- Converse com uma criança que você considera talentosa e tente descobrir as suas percepções e sentimentos sobre quais tipos de aulas que mais gosta;
- Reflita sobre o seu estilo preferencial de pensar e criar e como você pode fazer melhor uso dele na sua vida pessoal ou profissional;
- Escolha uma biografia de alguém que se destacou em uma determinada área e tente encontrar nela as características das pessoas criativas;
- Converse com mulheres de diferentes idades para verificar quais são os bloqueios que mais percebem na expressão da sua criatividade na realidade;
- Procure desenvolver algo que lhe dê prazer ou paixão para encontrar a sua autorrealização criativa;
- Auxilie um professor a identificar os talentos nos seus alunos e propor maneiras de melhorar o ensino para desenvolvimento desses talentos;
- Estimule as pessoas das suas redes sociais a pensar de que maneiras contribuir para a resolução de algum problema social.

Essas são apenas algumas sugestões. Tente sempre ir além e dê asas a sua imaginação!

Referências

Alencar, E. M. S., Bruno-Faria, M. F., & Fleith, D. S. (2010). *Medidas de criatividade.* Artes Médicas.

Alencar, E. S., & Fleith, D. (2008). Barreiras à Promoção da Criatividade no Ensino Fundamental. *Psicologia: Teoria e Pesquisa, 24*(1), 59-66. https://doi.org/10.1590/S0102-37722008000100007

Alencar, E. S., & Fleith, D. (2003). *Criatividade: Múltiplas perspectivas* (3rd. ed.). EdUnb.

Alencar, E. M. L. S. (2010). Inventário de barreiras à criatividade pessoal. In E. M. L. S. Alencar, Bruno-Faria, M. F., & D. S. Fleith (Eds.), *Medidas de criatividade* (pp. 35-54). Artes Médicas.

Alencar, E. S., & Fleith, D. (2016). Relações entre motivação, estilos cognitivos e percepção de práticas pedagógicas promotoras de criatividade. *Estudos de Psicologia (Campinas), 33*(3), 503-513. https://doi.org/10.1590/1982-02752016000300013

Almeida, L., & Nogueira, S. I. (2016). Criatividade e estilos de pensar e criar em futuros gestores músicos e arquitetos. *Estudos de Psicologia (Campinas), 33*(3), 477-488. https://doi.org/10.1590/1982-02752016000300011

Almeida, L. S., & Wechsler, S. M. (2015). Excelência profissional: A convergência necessária de variáveis psicológicas. *Estudos de Psicologia (Campinas), 13*(4), 763-771. https://doi.org/10.1590/0103-166X2015000400019

Amabile, T. M. (1982). Social psychology of creativity: a consensual assessment technique. *Journal of Personality and Social Psychology, 43*(5), 997-1013. https://doi.org/10.1037/0022-3514.43.5.997

Amabile, T. (1983). *The social psychology of creativity.* Springer- Verlag.

Amabile, T. (1989). *Growing up creative: nurturing a lifetime of creativity.* Crawn Publishers.

Amabile, T. (2010). Creativity. *Annual Review of Psychology, 61*, 569-598. https://doi.org/10.1146/annurev.psych.093008.100416

Amorim, M. C. S., & Frederico, R. (2008). Criatividade, inovação e controle nas organizações. *Revista de Ciências Humanas, 42*(1/2), 75-89. https://doi.org/10.5007/2178-4582.2008v42n1-2p75

Areppim (2020). *List of Nobel Prizes.* https://stats.areppim.com/listes/list_nobelxprize.htm

Associação Brasileira de Criatividade e Inovação-CRIABRASILIS. (2020). *Nossos eventos*. http://www.criabrasilis.org.br/curso/i-congresso--internacional-de-criatividade-e-inovacao/

Baer, J., & Kauffman, J. (2008). Gender differences in creativity. *The Journal of Creative Behavior, 42*(2), 75-105. https://doi.org/10.1002/j.2162-6057.2008.tb01289.x

Bakker, A. B. (2008). The work-related flow inventory: Construction and initial validation of the WOLF. *Journal of Vocational Behavior, 72*(3), 400-414. https://doi.org/10.1016/j.jvb.2007.11.007

Barbot, B., Hass, R. W., & Reiter-Palmon, R. (2019). Creativity assessment in psychological research: (Re)setting the standards. *Psychology of Aesthetics, Creativity, and the Arts, 13*(2), 233-240. https://doi.org/10.1037/aca0000233

Bender, S. W., Nibbelink, B. L., Towner-Thyrum, E., & Vredenburg, D. (2013). Defining characteristics of creative women. *Creativity Research Journal, 25*(1), 38-47. https://doi.org/10.1080/10400419.2013.752190

Boorstin, D. J. (1992). *The creators: A history of heroes of the imagination*. Random House.

Conselho Brasileiro para Superdotação-ConBradSd. (2020). *Missão*. https://www.conbrasd.org/

Costa, M. P., & Lubart, T. I. (2016). Gifted and talented children: Heterogeneity and individual differences. *Anales de Psicologia*, *32*(3), 662-671. https://doi.org/10.6018/analesps.32.3.259421

Cropley, D. H., Cropley, A. H., Kaufman, J. C., & Runco, M. A. (2010). *The dark side of creativity*. Cambridge University Press.

Csikszentmihalyi, M. (1994). The domain of creativity. In D. H. Feldman, M. Csikszentmihalyi, & H. Gardner (Eds.), *Changing the world: a framework for the study of creativity* (pp. 135-158). Praeger.

Csikszentmihalyi, M. (1996). *Creativity: Flow and the psychology of discovery and invention*. HarperCollins.

Csikszentmihalyi, M. (1999). Implications of a system perspective for the study of creativity. In R. J. Sternberg (Ed.), *Handbook of creativity* (pp. 313-335). Cambridge University Press.

Csikszentmihalyi, M. (2014). *The systems model of creativity: the collected works of Mihaly* Csikszentmihalyi. Springer.

Delou, C. M. C. (2014). Plano de atendimento educacional especializado integrado ao plano individual de ensino com vistas à aceleração de estudos:

Sugestão adaptada ao modelo de Joseph Renzulli. In A. M. R. Virgolim & E. C. Konkietwitz (Eds.), Altas *habilidades/Superdotação, Inteligência e Criatividade*. Papirus.

Delou, C. M. C., Cardoso, F. S., Melo, W. V., Pessanha, J. A., Garcia, J. M., Ferreira, R. L., & Castro, H. C. (2018). As altas habilidades/superdotação no ensino superior; possibilidades e avanços no Brasil. In A. M. R. Virgolim (Ed.), *Altas habilidades/ Superdotação. Processos criativos, afetivos e desenvolvimento de potenciais*. Juruá Editora.

Devotto, R. P., Freitas, C. R., & Wechsler, S. M. (2020). The role of job crafting on promoting flow and wellbeing. *Revista de Administração Mackenzie*, *21*(1). http://doi.org/10.1590/1678-6971/eRAMD200113

Dionne, S. D. (2008). Social influence, creativity, and innovation: boundaries, brackets and non-linearity. In M. D. Mumford, S. T. Hunter, & K. E. Bedell-Avers (Eds.), *Multi-Level issues in creativity and innovation: Research in multi-level issues* (pp. 63-73). JAI Press. http://doi.org/10.1080/00223980.1953.971289

Eysenck, H. J. (1995). *Genius: The natural history of creativity*. Cambridge University Press.

Fleith, D., & Alencar, E. M. S. Alencar. (2005). Escala sobre o Clima para Criatividade em Sala de Aula. *Psicologia: Teoria e Pesquisa*, *21*(1), 85-91. http://doi.org/10.1590/S0102-37722005000100012

Foucault, M. (1981). *Microfísica do poder*. Edições Graal.

Freud, S. (1958). The relation of the poet to daydreaming. In S. Freud. *Creativity and the unconscious*. Harper & How.

Future Problem Solving Program International-FPSPI. (2020). *FPSPI Virtual International Conference-2020*. https://www.fpspi.org/

Gagné, F. (2018). Academic talent development: theory and best practices. In S. Peiffer (Ed.), *APA Handbook of Giftedness and Talent* (pp. 163-184). American Psychological Association.

Gardner, H. (1993). *Inteligencias múltiples: la teoría en la práctica*. Paidos.

Getzels, J. W., & Jackson, P. J. (1962). *Creativity and intelligence: Explorations with gifted students*. John Wiley and Sons, Inc.

Guilford, J. P. (1950). Creativity. *American Psychologist*, *5*(9), 444-454. http://doi.org/10.1037/h0063487

Guilford, J. P. (1967). *The nature of human intelligence*. MacGraw Hill.

Guilford, J. P. (1960). *The structure of the intellect model: its use and implications*. McGraw Hill.

Hébert, T. P., Cramond, B., & Neumeister, K. L. S. (2002). *E.Paul Torrance: his life, accomplishments, and legacy*. National Research Center on the Gifted and Talent.

Hutz, C. S., Midgett, A., Pacico, J. C., Bastianello, M. R., & Zanon, C. (2014). The relationship of hope, optimism, self-esteem, subjective wellbeing, and personality in Brazilians and Americans. *Psychology*, *5*(6), 514-522. http://doi.org/10.4236/psych.2014.56061

Isaksen, S., Murdock, M., Firestien. R., & Treffinger. D. (1990). *International conference on creativity*. Center for Studies in Creativity.

Kaufman, J. C. (2015). Why creativity isn't in IQ tests, why it matters and why it won't change anytime soon probably. *Journal of Intelligence*, *3*(3), 59-72. https://doi.org/10.3390/jintelligence3030059

Kaufman, J. C. (2019). Self-assessments of creativity: Not ideal, but better than you think. *Psychology of Aesthetics, Creativity, and the Arts, 13*(2), 187-192. https://doi.org/10.1037/aca0000217

Kaufman, J. C., & Beghetto, R. A. (2009). Beyond Big and Little: The Four C Modelo of creativity. *Review of General Psychology*, *13*(1), 1-1. https://doi.org/10.1037/a0013688

Kaufman, J. C., Beghetto, R.A., & Pourjahali, S. (2011). Criatividade na sala de aula: Uma perspectiva internacional. In S. M. Wechsler, & V L. T. S. (Eds.), *Criatividade e aprendizagem: Caminhos e descobertas em perspectiva internacional* (pp. 53-72). Editora Loyola.

Kaufman, J. C., Lee, J., Baer, J., & Lee, S. (2007). Captions, consistency, creativity and the consensual assessment technique: new evidence of reliability. *Thinking Skills and Creativity*, *2*(2), 96-106. https://doi.org/10.1016/j.tsc.2007.04.002

Kaufman, J. C., Luria, S. R., & Beghetto, R. A. (2018). Creativity. In S. Peiffer (Ed.), *Handbook of giftedeness and talent*. American Psychological Association.

Kim, K. H. (2005). Can only intelligent people be creative? *The Journal of Secondary Gifted Education*, *16*(2/3), 57-66. https://doi.org/10.4219/jsge-2005-473

Kirton, M. J. (1976). Adaptors and innovators: A description and measure. *Journal of Applied Psychology*, *61*(5), 622-629. https://doi.org/10.1037/0021-9010.61.5.622

Klausen, S. H. (2010). The notion of creativity revised: A philosophical perspective on creative research. *Creativity Research Journal, 22*(4), 347-360. http://doi.org/10.1080/10400419.2010.523390

Kneller, G. F. (1978). *Arte e ciência da criatividade.* Ibrasa. Khouri.

Kozbelt, A., Beghetto, R. A., Runco, M. A. (2010). Theories of creativity. In J. C. Kaufman, & R. J. Sternberg (Eds.), *The Cambridge Handbook of Creativity* (pp. 20-47). Cambridge University Press.

Kubie, L. S. (1961). *Neurotic distortion of the creative process.* Noonday Press

Lobo, F., & Lobo, M. (2012). Clima social na família e estilos de pensar e criar. Estudos de Psicologia. *Estudos de Psicologia (Campinas), 29*(3), 341-351. http://doi.org/10.1590/S0103-166X2012000300004

Lubart, T. (2007). *Psicologia da criatividade.* ArtMed

Lubbart, T. (2010). Cross cultural perspectives on creativity. In J. C. Kaufman, & R. J. Sternberg (Eds.), *The Cambridge Handbook of Creativity* (pp. 23-52). Cambridge University Press.

Mackinnon, D. W. (1978). *In search of human effectiveness: identifying and developing creativity.* Creative Education Foundation.

Martinez, A. M. (1997). *Criatividade, personalidade e educação.* Papirus.

Martinez, A. M. (2009). Vygotsky e a criatividade: Novas leituras, novos desdobramentos. In Z. G. Giglio, S. M. Wechsler, & D. Bragotto (Eds.), *Da criatividade à inovação* (pp. 11-38). Papirus.

Martinsen, O. L. (2011). The creative personality: A synthesis and development of the creative person profile. *Creativity Research Journal, 23*(3), 185-202. http://doi.org/10.1080/10400419.2011.595656

Maslow, A. H. (1968). *Toward a psychology of being.* Van Nostrand.

May, R. (1975). *A coragem de criar.* Editora Nova Fronteira.

McGrew, K. S. (2009). CHC theory and the human cognitive abilities project: Standing on the shoulders of the giants of psychometric intelligence research. *Intelligence, 37*(1), 1-10. http://doi.org/10.1016/j.intell.2008.08.004

Milan, Q. G., & Wechsler, S. M. (2018). Avaliação integrada da inteligência e da criatividade. *Revista de Psicología (Lima), 36*(2). 525-548. http://doi.org/10.8800/psico.201802.005

Morais, M. F., Miranda, L. C., & Wechsler, S. M. (2015). *Criatividade: Aplicações práticas em contextos internacionais.* Vetor.

Mundim, M. C. B., & Wechsler, S. M. (2019). Mulheres criativas gerentes em organizações. In G. F. Spadari, T. C. Nakano, & M.F. Bruno-Faria (Eds.), *Criatividade nas organizações* (pp. 239-261). Vetor.

Mundim, M. C. B., Wechsler, S. M., & Morais, M. F. (2020). Environmental and psychological factors that influence the creative Excellence of Brazilian and Portuguese Women. *The Journal of Creative Behavior, 55*(1), 92-104, http://doi.org/10.1002/jocb.437

Mundim, M. C. B., & Wechsler, S. M. (2015). Excelencia criativa em mulheres brasileiras. *Estudos e Pesquisas em Psicologia, 15*(3), 797-813. http://doi.org/10.12957/epp.2015.19409

Nakano, T. C. (2010). Estilos de pensar e criar. Diferenças regionais? *Estudos e Pesquisas em Psicologia, 10*(3), 682-699. http://doi.org/10.12957/epp.2010.8908

Nakano, T. C. (2018a). *Psicologia positiva aplicada à educação.* Vetor Editora.

Nakano, T. C. (2018b). A criatividade pode ser medida? Reflexões sobre métodos utilizados e questões envolvidas. *Arquivos Brasileiros de Psicologia, 70*(1), 128-145.

Nakano, T. C., & Brito, M. E. (2013). Avaliação da criatividade a partir do controle do nível de inteligência em uma amostra de crianças. *Temas em Psicologia, 21*(1), 1-15. http://doi.org/10.9788/TP2013.1-01

Nakano, T. C., Campos, C. R., Silva, T. F., & Pereira, E.K. G. (2011). Estilos de pensar e criar no contexto organizacional. Diferenças de acordo com o cargo profissional? *Estudos Interdisciplinares em Psicologia, 2*(2), 171-193.

Nakano, T. C., Campos, C. R., & Santos, M. V. (2016). Escala de Avaliação de altas habilidades/superdotação - versão professor: Validade de Conteúdo. *Estudos interdisciplinares em Psicologia,* 7(1), 103-123.

Nakano, T. C., Oliveira, K. S., & Zaia, P. (2018). A questão do gênero na criatividade. In A. Virgolim (Eds.), *Altas habilidades/Superdotação* (pp. 141-161). Juruá Editora.

Nakano, T. C., Santos, E., Zavarize, S., Wechsler, S. M., & Martins, E. (2010). Estilos de pensar e criar em universitários das áreas de humanas e sociais aplicadas: Diferenças de gênero e curso. *Psicologia: Teoria e Prática, 12*(3), 120-134.

Nakano, T. C., & Wechsler, S. M. (2006). Teste Brasileiro de Criatividade Figural: proposta de instrumento. *Interamerican Journal of Psychology, 40*(1), 103-110.

Nakano, T. C, & Wechsler, S. M. (2007). Criatividade: Característica da produção científica brasileira. *Avaliação Psicológica, 6*(2), 261-270.

Nakano, T. C., & Wechsler, S. M. (2018). Creativity and innovation: Skills for the 21st Century. *Estudos de Psicologia (Campinas), 35*(3), 237-246. http://doi.org/10.1590/1982-02752018000300002

Nakano, T. C., Wechsler, S. M., & Primi, R. (2011). *TCFI- Teste de Criatividade Figural Infantil.* Vetor.

Nakano, S. M., Wechsler, S. M., Campos, C. R., & Milan, Q. G. (2015). Intelligence and Creativity: Relationships and their Implications for Positive Psychology. *Psico-USF, 20*(2), 195-206. https://doi.org/10.1590/1413-82712015200201

Neves-Pereira, M., & Fleith, D. S. (2020). O modelo sistêmico de Mihaly Csikszentmihaly. In M. Neves-Pereira, & D. S. Fleith. (Eds.), *Teorias da Criatividade.* Alínea.

Nusbaum, E. C., & Silvia, P. J. (2011). Are intelligence and creativity really so different? Fluid intelligence, executive processes and strategy use in divergent thinking. *Intelligence, 39*(1), 36-35. https://doi.org/10.1016/j.intell.2010.11.002

Olton, R. (1979). Experimental studies of incubation: searching for the elusive. *Journal of Creative Behavior, 13*(1), 9-22. https://doi.org/10.1002/j.2162-6057.1979.tb00185.x

Organization for Economic and Cooperation Development-OECD. (2019). Fostering students' creativity and critical thinking: what it means in schools. https://read.oecd-ilibrary.org/education/fostering-students--creativity-and-critical-thinking_62212c37-en#page1

Osborn, A. F. (1963). *Applied imagination.* Scribners.

Parnes, S. J., Noller, R. B., & Biondi, A. M. (1977). *Guide to creative action.* Charles Scribner's Sons.

Peiffer, S., & Wechsler, S. M. (2013). Youth leadership: a proposal for identifying and developing creativity and giftedeness. *Estudos de Psicologia (Campinas)*, 30(2), 219-229. https://doi.org/10.1590/S0103-166X2013000200008

Peterson, C., Ruch, W., Beermann, U., Park, N., & Seligman, M. E. P. (2007). Strengths of character, orientations to happiness, and life satisfaction. *The Journal of Positive Psychology, 2*(3), 149-156. http://doi.org/10.1080/17439760701228938

Piaget, J. (1976). *To understand is to invent: the future of education*. Penguin Books.

Pimenta de Devotto, R., Machado, W. L., Vazquez, A. C. S., & Freitas, C. P. P. (2020). Work Engagement and Job Crafting of Brazilian Professionals. *Revista Psicologia: Organizações e Trabalho, 20*(1), 869-876. http://doi.org/10.17652/rpot/2020.1.16185

Plucker, J. A., & Beghetto, R. A. (2003). Why not be creative when we enhance creativity? In J. H. Borland (Ed.), *Rethinking gifted education* (pp. 215-226). Teachers College Press.

Puccio, G. J., & Murdock, M. (1999). Creativity assessment: an introduction and overview. In J. G. Puccio, M. Murdock, M. (Ed.), *Creativity assessment: readings and resources* (pp. 5-24). Creative Education Foundation.

Reiter-Palmon, R., Forthmann, B., & Barbot, B. (2019). Scoring divergent thinking tests: A review and systematic framework. *Psychology of Aesthetics, Creativity, and the Arts, 13*(2), 144-152. http://doi.org/10.1037/aca0000227

Renzulli, J. S. (1986). The three-ring conception of giftedness: A developmental model for creative productivity. In R. J. Sternberg, & J. E. Davis (Eds.), *Conception of giftedness* (pp. 53-92). Cambridge University Press.

Renzulli, J. S. (1978). What makes giftedness: Reexamining a definition. *Phi Delta Kappan, 60*(3), 180-184. http://doi.org/10.1177/003172171109200821

Renzulli, J. S. (2018). Reexaminando o papel da educação para superdotados e o desenvolvimento de talentos para o século XXI: uma abordagem teórica de 4 partes. In A. Virgolim (Ed.), *Altas Habilidades/Superdotação* (pp.19-42). Juruá Editora.

Renzulli, J. S., Smith, L. H., White, A. J., Callaban, C. M., Hartman, R. K., & Westberg, K. L. (2002). *Scales for rating the behavioral characteristics of superior students* (Ed. & Rev.), Creative Learning Press.

Resolução nº 4, de 2 de outubro de 2009. (2009, 2 outubro). Institui Diretrizes Operacionais para o Atendimento Educacional Especializado na Educação Básica, modalidade Educação Especial. Ministério da Educação.

Rhodes, M. (1961). An analysis of creativity. *Phi Delta Kappan, 42*(7), 305-310. http://www.jstor.org/stable/20342603

Rocha, K. N., & Wechsler, S. M. (2019). Criatividade, autopercepção criativa e sua expressão no contexto organizacional. In G. F. Spadari, T. C. Nakano, & M. F. Bruno-Faria (Eds.), *Criatividade nas organizações* (pp.161-177). Vetor

Rogers, C. R. (1954). Toward a theory of creativity. *ETC: A Review of General Sematics, 11*, 249-260.

Romo, M. (2018). Tiene género la creatividad? Obstáculos a la excelencia en mujeres. *Estudos de Psicologia (Campinas), 35*(3), 247-258. https://doi.org10.1590/1982-02752018000300003

Runco, M. A. (2014). *Creativity: Theories, themes, research and development* (2nd ed.). Academic Press.

Runco, M. A., & Acar, S. (2012). Divergent Thinking as an Indicator of Creative Potential, *Creativity Research Journal, 24*(1), 66-75. http://doi.org/10.1080/10400419.2012.652929

Runco, M. A., & Jaeger, G. J. (2012). The standard definition of creativity. *Creativity Research Journal, 24*(1), 92-96. http://doi.org/10.1080/10400419.2012.650092

Santos, M. A., Wechsler, S. M., Nader, S. M., Barbosa, C. M., & Mundim, M. C. (2020). Criatividade na opinião de leigos: uma comparação transcultural. *Revista de Psicología, 38*(2), 479-497. http://doi.org/10.18800/psico.202002.005

Santos, M. C., & Wechsler, S. M. (2020). Escala de otimismo para adultos: Construção e validação. *Psico-USF, 25*(1), 89-100. http://doi.org/10.1590/1413-82712020250108

Schneider, W. J., & McGrew, K. S. (2018). The Cattell-Horn-Carroll theory of cognitive abilities. In D. P. Flanagan & McDonough, E. M. (Eds.), *Contemporary intellectual assessment: Theories, tests, and issues* (pp. 73-164). The Guilford Press.

Seligman, M. (2002). Positive psychology, positive prevention and positive therapy. In C. R. Snyder, & S. J. Lopez (Eds.), *Handbook of positive psychology* (pp. 3-9). University Press.

Seligman, M., & Csikszentmihalyi, M. (2000). Positive psychology: An introduction. *American Psychologist, 55*(1), 5-14. http://doi.org/10.1037/0003-066X.55.1.5

Silva, T. F.; Nakano, T. C. (2012). Criatividade no contexto educacional: análise de publicações periódicas e trabalhos de pós-graduação na área da psicologia. *Educação e Pesquisa, 38*(3), 743-759. http://doi.org/10.1590/S1517-97022012005000013

Siqueira, L. G., & Wechsler, S. M. (2004). Estilos de pensar e criar e desempenho escolar. *Revista Iberoamericana de Diagnóstico y Evaluación, 18*(1), 15-22. https://doi.org/10.18682/pd.v7i0.436

Snyder, C. R., & Lopez, S. A. (2008). *Psicologia positiva: uma abordagem científica e prática das qualidades humanas.* Artmed

Souza, A. A. F., & Wechsler, S. M. (2013). Inteligência e Criatividade na Maturidade e Velhice. *Psicologia: Reflexão e Crítica, 26*(4), 643-653. https://doi.org/10.1590/S0102-79722013000400004

Spadari, G. F., Nakano, T. C., & Bruno-Faria, M. F. (2019). *Criatividade em organizações.* Vetor.

Stein, M. (1953). Creativity and culture. *The Journal of Psychology, 36*(2), 311-322. https://doi.org/10.1080/00223980.1953.9712897

Sternberg, R. J. (2006). The Nature of Creativity. *Creativity Research Journal, 18*(1), 87-98. https://doi.org/10.1207/s15326934crj1801_10

Sternberg, R. J. & Lubart, T. (1991). An investment theory of creativity and its development. *Human Development, 34*(1), 1-31. https://doi.org/10.1159/000277029

Suárez, J. T., & Wechsler, S. M. (2019). Identificação do talento intelectual e criativo na sala de aula. *Psicologia Escolar e Educacional, 23.* https://doi.org/10.1590/2175-35392019012483

Subotnik, R. F., Olszewski-Kubilius, P., & Worrell, F, C. (2018). Talent development: A path toward eminence. In S. Peiffer (Ed.), *APA Handbook of Giftedness and Talent* (pp. 231-247). American Psychological Association.

Torrance, E. P. (1965). *Rewarding creative behavior.* Prentice Hall.

Torrance, E. P. (1966*). Torrance tests of creative thinking: Figural and Verbal Forms.* Personnel Press.

Torrance, E. P. (1970). *Encouraging creativity in the classroom.* Brown Publishing Company.

Torrance, E. P. & Safter, H. T. (1999). *Making the creative leap beyond.* Creative Education Foundation.

Treffinger, D. J., & Isaksen, S. G. (2005). Creative problem solving: The history, development and implications for gifted education and talento development. *Gifted Child Quartely, 49*(4), 342-353. https://doi.org/10.1177/001698620504900407

Vazquez, A. C. S. & Hutz, C. S. (2018). *Aplicações da psicologia positiva: Trabalho e organizações.* Hogrefe

Virgolim, A. M. R. (2007). *Altas Habilidades/Superdotação: Encorajando potenciais.* MEC/SEESP.

Vygotsky, L. S. (1990). Imagination and creativity in childhood. *Journal of Soviet Psychology, 28*(1), 84-96. https://doi.org/10.2753/RPO1061-0405280184

Vygotsky, L. S. (1987). *Imaginaciión y el arte en la infancia.* Hispanicas.

Wallas, G. (1926). *The art of thought.* Harcourt Brace.

Wechsler, S. M. (1998). Avaliação multidimensional da criatividade: uma realidade necessári. *Psicologia Escolar e Educacional, 2*(2), 89-99. http.doi.org/10.1590/S1413-85571998000200003

Wechsler, S. M. (2004a). *Avaliação da criatividade por figuras: Teste de Torrance.* LAMP/PUC-Campinas.

Wechsler, S. M. (2004b) *Avaliação da criatividade por palavras: Teste de Torrance.* LAMP/PUC-Campinas.

Wechsler, S. (2006a). *Estilos de criar e pensar.* Laser graphics.

Wechsler, S. M. (2006b). Validity of the Torrance Tests of Creative Thinking to the Brazilian culture. *Creativity Research Journal, 18*(1), 15-25. https://doi.org/10.1207/s15326934crj1801_3

Wechsler, S. M. (2007). Estilos de pensar e criar: impactos nas áreas educacional e profissional. *Psicodebate,* 7(7), 207-218. https://doi.org/10.18682/pd.v7i0.436

Wechsler, S. M. (2008). *Criatividade: Descobrindo e Encorajando* (2ª ed.). Laser graphics.

Wechsler, S. M. (2009a). Avaliação da criatividade: Possibilidades e desafios. In C.S. Hutz (Ed.), *Avanços e polêmicas em avaliação psicológica* (pp. 93-126). Casa do Psicólogo.

Wechsler, S. M. (2009b). Estilos de pensar e criar: Implicações para a liderança. In Z. Giglio, S. M. Wechsler, S. M., & D. Bragotto (Eds.), *Da Criatividade à Inovação.* Papirus

Wechsler, S. M. (2009c). Age and gender differences in thinking and creative styles. *European Journal of Education and Psychology, 2*(1), 37-48. https://doi.org/10.30552/ejep.v2i1.21

Wechsler, S. M., & Byrne, B. (2017). Extended Validation Study of the Thinking and Creative Style Scale: Development of a Shorter Version. *Psicologia: Teoria e Pesquisa, 32(4), 1-9.* http://doi.org/10.1590/0102.3772e324223

Wechsler, S. M., Blumen, S., & Bendelman, K. (2018). Challenges on the identification and development of giftedness and South America. In S.

Peiffer (Ed.), *APA Handbook on giftedness and Talent* (pp. 97-112). https://doi.org/10.1037/0000038-007

Wechsler, S. M., & Fleith, D. (2017). The scenario of gifted education in Brazil. *Cogent Education*, *4*(1), 1-12. https://doi.org/10.1080/2331186X.2017.1332812

Wechsler, S., & Guerreiro, M. C. R. F. (1986). Fatores biográficos influenciantes na criatividade da mulher brasileira. *Educação e Realidade*, *11*(2), 81-86.

Wechsler, S. & Nakano, T. C. (2003). Produção brasileira em criatividade: o estado da arte. *Escritos em Educação*, *2*(2), 43-50.

Wechsler, S. M., & Nakano, T. C. (2011a). *Criatividade na universidade: uma perspectiva internacional.* Vetor.

Wechsler, S. M. & Nakano, T. C. (2011b). Criatividade: encontrando soluções para os desafios educacionais. In S, M, Wechsler, & V. L. Souza (Eds.), *Criatividade e aprendizagem: caminhos e descobertas em perspectiva internacional* (pp. 11-31). Edições Loyola

Wechsler, S. M., & Nakano, T. C. (2020). Dimensões da criatividade segundo Paul Torrance. In M. Neves Pereira & D. Fleith (Eds.), *Teorias da Criatividade* (pp. 15-46). Alínea.

Wechsler, S. M., Nunes, M. F., Schelini, P. W., Ferreira, A. A., & Pereira, D. A. P. P. (2010). Criatividade e inteligência: analisando semelhanças e discrepâncias no desenvolvimento. *Estudos de Psicologia*, *15*(3), 243-250. https://doi.org/10.1590/S1413-294X201000030000

Wechsler, S. M., Oliveira, K. S., & Suarez, J. T. (2015). Criatividade e saúde mental; desenvolvendo as forças positivas de caráter. In M. F. Morais, L C. Miranda, & S. M. Wechsler (Eds.), *Criatividade: Aplicações práticas em contextos internacionais* (pp. 59-76). Vetor.

Wechsler, S. M., & Souza, V. L. T. (2011). *Criatividade e aprendizagem: caminhos e descobertas em perspectiva internacional.* Papirus.

Zanon, C., Dellazzana-Zanon, L. L., Wechsler, S. M., Fabretti, R. R., & Rocha, K. N. (2020). COVID-19: implicações e aplicações da Psicologia Positiva em tempos de pandemia. *Estudos de Psicologia (Campinas)*, 37. http://doi.org/10.1590/19820275202037e200072

Criatividade Geral e Específica: A Emergência e Desenvolvimento da Criatividade Científica

María José Ruiz Melero

Rosario Bermejo García

Leandro S. Almeida

Este capítulo discute um dos temas em aberto sobre a criatividade, mais concretamente o dilema entre ser entendida como uma habilidade geral ou como uma habilidade em um domínio específico. Partilhando que a criatividade, como outros construtos psicológicos, ganha particularidades em função do contexto em que é exercida, centramos este capítulo na definição da criatividade científica. Progressivamente a criatividade científica tem sido assumida como relevante no âmbito educativo em geral e em certas áreas da atividade profissional. A par da definição do construto, procuramos destacar alguns aspetos práticos associados com a sua avaliação e com os programas de desenvolvimento de habilidades inerentes à criatividade científica. Destacando o papel da escola e dos professores no desenvolvimento da criatividade científica dos alunos, este capítulo termina justificando uma maior atenção por parte da investigação e da intervenção psicológica à criatividade científica.

Introdução

Apesar do número crescente de pesquisas, a criatividade sempre suscita alguma controvérsia, havendo apenas maior consenso sobre a necessidade de programas para a sua identificação e promoção (Alencar,

2014; Wechsler, 2002). Para isso, temos hoje programas voltados para o desenvolvimento da criatividade considerando situações indiretas, como por exemplo as salas de aula regular ou aproveitamento de certas unidades curriculares, até programas especificamente desenvolvidos para o treino deliberado e intencional da criatividade. Num e noutro caso, aumenta a consciência que tendencialmente o currículo formal e as metodologias de ensino dos professores não atendem às habilidades criativas dos alunos, reconhecidas hoje como essenciais ao século XXI (Nakano & Wechsler, 2018; Wechsler, 2002).

Centrando-nos na questão "o que é a criatividade", discutimos se a criatividade é melhor definida como uma capacidade geral ou como uma capacidade específica. Tendencialmente, a investigação nos leva a concluir que a criatividade é uma habilidade específica, ou seja, podemos ser criativos numa determinada área de aprendizagem ou de realização e não em outra, menos ainda em todas (Baer, 2015). Em linha com essa conceção da especificidade, este capítulo centra-se na criatividade científica, isto é, uma habilidade para problematizar de formas diversas as situações, encontrar e antecipar problemas, pensar em diferentes soluções para um dado problema e avaliar nos prós e contras a eficiência das soluções implementadas, não apenas no campo da investigação científica, mas também da vida cotidiana.

Criatividade Geral ou Específica

Um conjunto alargado de competências aparecem hoje assumidas como definindo uma educação de qualidade. Para além dos conhecimentos curriculares, temos as habilidades cognitivas, e para além do cognitivo, temos as competências sociais e emocionais, somadas a um conjunto alargado de atitudes e de valores necessários a uma sociedade democrática, respeitadora dos direitos humanos e que apela a sentimentos de cooperação, de solidariedade e de inclusão social dos seus membros. Na linha das orientações da Organização das Nações Unidas para a Educação, a Ciência e a Cultura (Unesco), a escola a par do aprender a saber e aprender a saber a fazer, tem que se preocupar com o aprender a ser e o aprender a estar com os outros (Delors et al., 1998), sob pena de não respondermos aos complexos problemas da sociedade globalizada em que nos encontramos e aos objetivos de desenvolvimento sustentável da ONU para esta década.

Nesse quadro, as aprendizagens centradas nos conteúdos curriculares, sendo necessárias, não podem hoje ser tomadas como suficientes. A escola deve estimular o desenvolvimento de capacidades e processos mais diversos de lidar com os problemas do cotidiano de forma eficiente e proativa. Em concreto, podemos falar em dois tipos de competências cognitivas: competências voltadas para a análise e a resolução lógica dos problemas (pensamento convergente), e competências voltadas para a análise e a resolução criativa dos problemas (pensamento divergente), inclusive de problemas ainda no domínio do expectável (antecipando possíveis problemas decorrentes de situações e cenários atuais e futuros). A excelência e o êxito não requerem apenas as competências cognitivas mais assentes no pensamento lógico, mas também as competências criativas (Almeida & Wechsler, 2015).

A psicologia, ao longo de século e meio de afirmação como ciência, sempre privilegiou a inteligência e as habilidades cognitivas com um enfoque nos processos lógicos ou convergentes de análise e de resolução. A partir de meados do século passado algumas mudanças ocorreram nos estudos sobre a cognição humana, e uma delas passou pela delimitação e valorização do pensamento divergente e, progressivamente, da criatividade (Guilford, 1967). Nesse momento, diferenciou-se uma forma de analisar e resolver problemas, não centrada na dedução e indução de relações, mas enfatizando a fluência e flexibilidade de ideias, ou as produções originais que possam adequar-se a um dado problema, seu contexto e sua resolução. A sociedade na atualidade, e seguramente mais ainda no futuro, requer mais competências criativas por parte dos indivíduos em resposta aos problemas conhecidos e desconhecidos, e como suporte à inovação (Nakano & Wechsler, 2018).

A criatividade é uma caraterística psicológica complexa, influenciada por um grande número de fatores e circunstâncias. A sua complexidade decorre, sobretudo, da necessidade de convergência de diversos fatores internos (pessoais) e externos (contextuais) para sua expressão. Nesse sentido, conhecimentos, motivação, idade, personalidade, inteligência e contexto social e cultural, entre outras variáveis, podem influenciar o desenvolvimento e a expressão da criatividade. Face a essa multiplicidade de variáveis intervenientes, não é consensual a sua definição entre os autores, ainda que de uma maneira geral os estudiosos associem criatividade à novidade, originalidade e utilidade de novos produtos (Amabile, 1983; Runco & Jaeger, 2012). A questão central é se a criatividade deve ser entendida como construto de domínio geral ou diferenciada por domínios do conhecimento e de realização.

Essa controvérsia sobre a natureza geral ou específica da criatividade começou a ser estudada na década de 90 do século passado, e desde então esse debate tem sido um tópico de interesse na pesquisa científica na área. Num paralelismo com o construto próximo da inteligência, esse dilema veio a se superar com os modelos hierárquicos de organização das habilidades cognitivas, possibilitando a coexistência, como ocorre no modelo Cattel-Horn-Carroll (teoria CHC) dos três estratos, de habilidades mais gerais e mais específicas (Primi, 2003). Nessa mesma linha, a criatividade pode integrar componentes gerais e, igualmente, componentes específicos associados aos diversos domínios em que se pode manifestar (Bermejo & Ruiz-Melero, 2017).

A clarificação desses posicionamentos não é fácil, dada a diversidade de metodologias das investigações que suportam uma e outra posição (Plucker, 2004). Na ausência de convergência dos autores nas metodologias usadas, não é possível no final aproximar e, menos ainda, consensualizar resultados e conclusões das pesquisas. No entanto, solicitando produções criativas às mesmas pessoas em diferentes domínios (construir textos, produzir desenhos, montar peças, etc), as correlações entre o desempenho criativo nas diferentes tarefas são baixas ou irrelevantes (Bernal et al. 2017; Kaufman & Baer, 2004). Acresce que os resultados encontrados com instrumentos clássicos, como o TTCT (Torrance, 1974), um dos instrumentos de criatividade mais amplamente utilizado a nível internacional, apontam para maior diferenciação do desempenho dos alunos em função do conteúdo verbal-linguístico ou gráfico-visual das tarefas do que em função dos processos cognitivos gerais de definição da criatividade, como fluência, flexibilidade, originalidade e elaboração (Oliveira et al., 2009). Não emergindo esses fatores associados aos processos cognitivos comuns na análise fatorial, e sendo os fatores decorrentes do conteúdo das tarefas de criatividade aplicadas, de novo parece ser mais fácil falar em criatividade por domínios específicos.

Da mesma maneira que uma pessoa não demonstra expertise ou excelência sem conhecimento e habilidades num determinado domínio de realização, também não se deve considerar que uma pessoa é criativa sem a sua criatividade se expressar em um domínio específico (Baer, 2015; 2016). Intuitivamente, percebemos que as habilidades e as motivações que orientam a conceção e o desenvolvimento de um produto criativo em uma área do conhecimento não são facilmente transformadas em habilidades para trabalhar de forma criativa em outros domínios não relacionados. Em síntese, uma pessoa só pode ser criativa em diferentes domínios se tiver uma grande diversidade de habilidades, estratégias, motivação e conhecimento nesses diversos domínios. Por outras palavras, a sua criatividade dependerá da variedade e amplitude dos recursos cognitivos e não cognitivos e da sua competência em os utilizar quando tiver de resolver uma tarefa.

Criatividade Científica: Definição

A maioria dos investigadores definem a criatividade científica como um processo orientado para a procura de soluções para os fenómenos e problemas científicos, o que estaria dependente da sensibilidade da pessoa para reconhecer os problemas e da sua habilidade para formular hipóteses face a inquietações científicas ou da vida cotidiana (Bermejo et al., 2015; Hu & Adey, 2002). Essas hipóteses requerem necessariamente a utilização de conhecimentos prévios desse domínio científico e experiência, como procurar e imaginar soluções, planear experimentos úteis e inovadores, identificar dificuldades e realizar predições ou antecipar consequências e resultados. Tudo isso com o objetivo de desenvolver teorias, produtos ou conhecimento científico que permita explicar os fenômenos do mundo que nos rodeia e, assim, ter um valor social ou pessoal, ou ser relevante e inovador dentro de uma determinada área científica (Liang, 2002; Usta & Akkanat, 2015).

Contudo, a criatividade científica não apenas requer conhecimento e habilidade, mas também envolve a implicação nas tarefas e motivação elevada por aquilo em que se está trabalhando. Na investigação do assunto ter-se-á que considerar os traços psicológicos que em termos individuais apresentam os cientistas – como os processos de raciocínio e os métodos usados por eles – e o contexto ou ambiente, pois se sabe que um ambiente social recetivo às novas ideias é um aspeto fundamental nesse tipo de criatividade (Bermejo et al., 2015; Ruiz et al., 2014). Em meio a esse trabalho árduo, o investigador cientista segue várias etapas ou fases: a) sensibilidade para selecionar e abordar os problemas (habilidade para descrever e descortinar os diferentes elementos de um problema); b) esforço para encontrar a solução do problema, através da sua persistência na realização da tarefa; c) decisão e utilização dos experimentos, metodologias e habilidades cognitivas necessárias e adequadas a cada questão ou problema; d) mudança nas decisões de forma concordante com as hipóteses que se tenham estabelecido anteriormente; e) verificação e elaboração de necessidades repetindo o experimento se for necessário ou estabelecendo uma conclusão ou explicação dos resultados encontrados.

A criatividade científica envolve certas capacidades cognitivas, conhecimentos e motivações e, para além disso, um ambiente que permita o aparecimento de ideias inovadoras. Demir (2015) argumenta que para criar produtos inovadores e gerar novas ideais é necessário manusear conhecimentos e habilidades inovadoras, tecnológicas e de planeamento, assim como saber integrar tudo isso de forma interdisciplinar. De toda forma, isso apenas é possível em ambientes facilitadores, por norma contextos favoráveis à inovação.

Acresce que a criatividade científica requer a aplicação de um conjunto de habilidades específicas para o trabalho científico, estas também habilidades do processo científico. Essas habilidades são consideradas como um agrupamento de componentes necessários para a resolução dos problemas e atividades próprias das ciências, que permitem a construção de novos conhecimentos (Burns et al., 1985). Beaumont-Walters e Soyibo (2001) distinguem dois tipos de habilidades para as ciências: as habilidades básicas e as integradas no processo científico. As *habilidades básicas* dizem respeito ao trabalho preparatório que se deve realizar na investigação científica: habilidades para observar, ordenar, classificar e descrever objetos e eventos naturais. Essas habilidades são os pré-requisitos para as *habilidades integradas*, entendidas como centrais para resolver um problema ou realizar experimentos, por exemplo a identificação e definição de variáveis, a recolha e transformação de dados, a construção de tabelas e gráficos, a análise das relações entre variáveis, a interpretação dos dados, a manipulação de materiais, a formulação de hipóteses ou extração de conclusões e generalizações (Beaumont-Walters & Soyibo, 2001).

Nas taxonomias sobre esses tipos de habilidades nem todos os autores incluem as mesmas habilidades nos processos básicos e integrados do processo científico. Como *habilidades básicas* podem-se identificar: a observação, utilização de relações espaço-temporais, a inferência, a medida, a classificação e a predição. Por outro lado, como *habilidades integradas* do processo científico podemos mencionar: o controle de variáveis, a definição operacional, a formulação de hipóteses, a interpretação dos dados, a experimentação, a formulação de modelos e apresentação da informação. No fundo, estamos face a habilidades que todas as pessoas podem utilizar na vida cotidiana, porém que se constituem também como ferramentas necessárias para produzir e utilizar a informação científica, realizar investigação científica e resolver problemas. De novo, as especificidades dos contextos, e os conhecimentos inerentes às diversas áreas científicas, condicionam a quantidade e qualidade da produção criativa e científica das pessoas (Mundim, Wechsler, & Almeida, 2019).

Apesar da grande quantidade de habilidades necessárias para desenvolver o trabalho científico, a maioria dos autores seleciona a *habilidade para identificar problemas* e a *habilidade para formular hipóteses* como as duas mais relevantes. De fato, uma das habilidades que em maior grau se associa com a criatividade científica, é a habilidade para encontrar problemas, mesmo que essa habilidade não possa ser considerada como sinônimo de criatividade científica (Liang, 2002).

Criatividade Científica: Avaliação e Promoção

Assumida a existência de uma criatividade científica e definido os seus componentes, importa justificar a necessidade desse construto e a sua utilização nas práticas educativas. Desdobramos este apartado mais aplicado do capítulo abordando os instrumentos disponíveis para a sua avaliação e os programas existentes tendo em vista a sua estimulação.

Criatividade Científica: Avaliação

A avaliação da criatividade sempre foi um desafio para os investigadores que a estudam, a que acresce a dificuldade de se avaliarem as habilidades e os conhecimentos de domínio específico. Vários autores conceberam instrumentos de avaliação da criatividade científica, uns que avaliam essa criatividade sem se centrar em qualquer domínio específico das ciências (Hu & Adey, 2002), e outros que se concentram na avaliação em domínios específicos, por exemplo na química (Cox & Jones, 2011) ou na matemática (Lee et al., 2003). Inclusive, existem instrumentos diferentes por idade, como seja para a educação infantil (Chin & Siew, 2015), educação básica (Usta & Akkanat, 2015) ou educação secundária (Hu & Adey, 2002; Sak & Ayas, 2013).

Nesse sentido, são diferentes os instrumentos de medida disponíveis para avaliar tanto as habilidades criativas, por exemplo fluência (quantidade de ideais), flexibilidade (diversidade dessas ideais) e originalidade (novidade de tais ideias), quanto as habilidades próprias do processo científico, por exemplo a geração de hipóteses, o desenho de experimentos e a avaliação da evidência, assim como outras relativas à observação e controlede variáveis, a interpretação de dados, ou a avaliação, entre outras. Tudo isso pode ser avaliado através de provas, em que os estudantes precisam resolver diferentes tarefas e colocar em prática essas habilidades criativas e científicas, como também através de questionários, em que se avalia um componente mais autopercetivo.

Diferentes instrumentos de avaliação da criatividade científica, centrando-nos mais nas habilidades do processo científico ou atendendo aos conhecimentos de ciências, encontram-se disponíveis para a sua avaliação em crianças e adolescentes. Dois deles aparecem utilizados em vários países: Teste de Pensamento Científico-Criativo (Hu & Adey, 2002) e Teste de Habilidade da Criatividade Científica (Sak & Ayas, 2013). Esses dois instrumentos apresentam algumas semelhanças entre si, como: a) ambos avaliam os traços criativos de fluência e flexibilidade, com a ampliação no TPCC (Hu & Adey, 2002), que avalia-se também a originalidade nas distintas tarefas; e b) são provas destinadas à população adolescente, ou seja, entre 12 e 16 anos para a prova de Hu e Adey (2002), e entre 11 e 14 anos para a prova de Sak e Ayas (2013). Por outro lado, também apresentam uma diferença entre si no que diz respeito à importância atribuída ao conhecimento científico dos alunos. No Teste de Pensamento Científico-Criativo (Hu & Adey, 2002), esse conhecimento não é tão relevante, pois utiliza conceitos científicos amplamente usados na vida cotidiana e, portanto, mais próximos do cotidiano de todos os alunos. Por sua vez, o C-SAT (Sak & Ayas, 2013) requer dos estudantes formação específica em ciências, pois os conceitos necessários para resolver as tarefas propostas são mais complexos.

Criatividade Científica: Promoção

Questão essencial nos nossos dias tem a ver com a forma como a escola, e a educação em geral, promovem as competências criativas dos mais jovens. São vários os estudos apontando que, muitas vezes, a escola não só não favorece, como antes dificulta o desenvolvimento do pensamento criativo dos alunos. Diversas barreiras pessoais, institucionais e práticas pedagógicas em sala de aula são apontadas como inibindo o desenvolvimento das competências criativas na escola, incluindo no ensino superior (Fleith, 2019; Morais & Almeida, 2019). Além de um ensino muito assente na transmissão de saberes feitos e em práticas de ensino-aprendizagem-avaliação obedecendo a lógicas assentes na reprodução de informação, reporta-se os poucos espaços ou oportunidades para alunos e professores trabalharem em equipe, interligarem conhecimentos de diversas disciplinas ou ensaiarem estratégias diferentes ou diversificadas de análise e de resolução das tarefas escolares (Fleith, 2019).

A forma como se ensinam as ciências, por parte dos currículos escolares, tem suscitado preocupação nos últimos anos. A ansiedade que os estudantes apresentam em relação às disciplinas curriculares de ciências, assim como o grande abandono das carreiras científicas, impulsionou a investigação educativa sobre a forma de favorecer as habilidades do processo científico, assim como a transferibilidade dessas habilidades para outras áreas ou âmbitos de conhecimento. Em particular, a metodologia ou a maneira como se transmite o conhecimento científico tem sido amplamente debatida, uma vez que o modelo tradicional aposta sobretudo na mera transmissão do conhecimento de uma forma declarativa, expondo o resultado final dos conceitos, fenômenos ou planos científicos (Campanario & Moya, 1999). Cabe acrescentar que essa lógica reprodutora do conhecimento se estende também às práticas instituídas junto dos próprios cientistas, marcadamente influenciados pelas lógicas reprodutivas das editoras ou alvos de obstáculos epistemológicos e cognitivos, sobretudo a não consideração dos dados ou da parte de informação (viés cognitivo) que não caminha de encontro à verificação das hipóteses formuladas (Grégoire, 2018).

Com frequência, e apesar de algumas novas propostas pedagógicas, os alunos seguem repetindo e memorizando fatos e dados sem que isso traduza procura e construção de conhecimentos, além de competências científicas, menos ainda a sua transferência para situações-problema. A fim de tentar resolver esses problemas, tem-se apostado em metodologias mais ativas no ensino-aprendizagem-avaliação nas ciências, por exemplo a aprendizagem por descoberta; a aprendizagem baseada em problemas ou na construção de projetos; a aprendizagem significativa, que implica partir das ideias prévias dos estudantes; o converter os estudantes em investigadores e ensinar-lhes como enfrentar um problema desde as primeiras fases da sua resolução; o desenvolvimento de habilidades metacognitivas através do esquema predizer - observar - explicar; ou o recurso à "aula invertida" *(flipped classroom)* nem que os estudantes estudam documentação prévia à aula e nesta desenvolvem um projeto, aprofundam conhecimentos ou esclarecem dúvidas com os seus professores.

Vários programas foram desenvolvidos para a estimulação da criatividade científica. Alguns deles baseiam-se no Modelo SDDS (*Scientific Discovery Dual Search*; Klahr, 2000), que aponta solução dos problemas como um curso que passa por uma série de momentos, como o momento de levantamento de hipóteses e o momento da experimentação, identificando-se neles diferentes processos ou fases para alcançar a solução de um problema. Outros programas, tomando como referência o Modelo Estrutural da Criatividade Científica (SSCM; *Scientific Structure Creativity Model;* Hu & Adey, 2002), enfatizam a interconexão de traços da criatividade (fluência, flexibilidade e originalidade), processos cognitivos (imaginação e pensamento) e produtos científicos (produtos técnicos, avanços no conhecimento científico, compreensão de fenômenos científicos e resolução de problemas científicos), para explicar a forma de trabalhar dentro do âmbito científico-criativo. Em seguida, descrevemos três programas voltados para o treino das habilidades e processos do pensamento científico-criativo, estimulando nos alunos o interesse e o prazer pelo estudo das ciências de forma criativa.

O Programa CASE (*Cognitive Acceeration through Science Educacion*; Lin et al., 2003) aposta na construção repartida do conhecimento e a utilização do conflito cognitivo como forma de aprendizagem. Ele incide na importância do raciocínio metacognitivo dos alunos e na sua capacidade para refletir sobre as suas próprias habilidades no momento de solucionar os problemas. Esse programa está orientado para os alunos entre os 12 e os 14 anos, tendo como principal objetivo desenvolver as habilidades de raciocínio científico através do uso de diferentes atividades. Todas essas atividades integram uma série de fases, em especial a preparação, em que se realiza uma introdução ao tema de estudo; o conflito cognitivo, destinado à identificação e confrontação das ideias prévias através de fatos inesperados; a construção do conhecimento, através de discussões entre colegas; a metacognição, onde os estudantes refletem sobre o seu próprio raciocínio ao confrontar-se com um problema; e, uma última fase, trabalhando a transferência do conhecimento para outras áreas ou contextos.

O Programa WISE (*Web-based Inquiry Science Environment*; Linn, Clark, & Slotta, 2003) utiliza una plataforma virtual na qual recolheram diferentes projetos de ciências, concebidos por diferentes especialistas e profissionais da educação (https://wise.berkeley.edu/). O aluno tem acesso à ferramentas, atividades e conteúdos para trabalhar diferentes temáticas de ciências. O objetivo é favorecer uma aprendizagem significativa e autônoma por parte do aluno, ensinando-lhe os passos que terá que seguir para investigar um determinado fenômeno científico. Cada um dos projetos parte de quatro princípios: tornar visível o pensamento através do qual o aluno redige as suas ideias em algumas notas que o professor pode rever e dar *feedback*; favorecer a integração do conhecimento, partindo de preguntas de indagação sobre uma situação ou fenômeno científico, o que leva o aluno a estabelecer debates com os colegas e a buscar informação para alcançar a solução; a aprendizagem por pares, através de debates, trabalho conjunto, ou da revisão das ideias colocadas por colegas; e o ensino da metodologia de investigação.

O Programa *Learn to Think* (Hu et al., 2013) fundamenta-se no Modelo Estrutural da Criatividade Científica (Hu & Adey, 2002), na teoria do desenvolvimento cognitivo de Jean Piaget, e na teoria da construção social de Leo Vygotsky. Esse programa integra uma série de atividades que se dividem em função da escolaridade dos alunos, pois que está destinado tanto a alunos do ensino primário quanto do ensino secundário. As atividades delineadas procuram estimular diferentes tipos de pensamento e dividem-se em duas modalidades, atividades de treino e atividades de investigação. As atividades de treino incluem tarefas de pensamento concreto, de pensamento abstrato e de pensamento criativo. Esse último tipo de pensamento é estimulado a partir do uso de analogias criativas, da chuva de ideias (*brainstorm*) ou da busca da transferência do conhecimento. Por sua vez, nas atividades de investigação são colocadas tarefas de busca e resolução de problemas, de inventar histórias ou de investigação científica. Segundo os seus autores, essas atividades criam oportunidades para que o aluno aprenda conhecimentos básicos, enfrente desafios por intermédio de tarefas de resolução de problemas criativos e que, por isso, acabe por ativar o seu interesse e motivação.

Considerando esse conjunto de programas, várias conclusões podem ser extraídas. Em primeiro lugar, vale destacar a importância de dar a oportunidade aos alunos de identificarem os conhecimentos prévios que possuem sobre um fenômeno científico. Um segundo aspecto passa pela necessidade de se estimularem habilidades de investigação, de trabalho em equipe, de colocação de hipóteses e de como podem os alunos colocar à prova as vias possíveis de solução que identificam, sendo capazes de absorver conclusões. Outro aspecto ressaltado por quase todos os programas é a importância de um clima pouco estruturado, que favoreça a aparição de ideias diferentes e que facilite a interação entre os alunos. Acentuam, ainda, o papel imprescindível do professor para guiar, dotar de materiais, ensinar ferramentas e ajudar os alunos a construírem um conhecimento científico progressivamente mais complexo e interrelacionado.

Para além de programas intencionais e específicos de desenvolvimento da criatividade científica, importa mencionar que nas salas de aula também os professores podem incluir esse desenvolvimento como objetivo das suas aulas. Na verdade, algumas metodologias e estratégias de ensino favorecem o desenvolvimento das habilidades de pensamento científico-criativo por parte dos alunos.

Uma dessas metodologias passa pela organização do ensino das ciências baseado na investigação. Nesse caso, os alunos desenvolvem atitudes de investigação na resolução de problemas, principalmente utilizando os processos de investigação como a observação, a comparação e o planeamento e contratação de hipóteses. Esse tipo de ensino incide na análise cuidada e aprofundamento dos problemas, utilização do pensamento crítico para elaborar um conhecimento complexo, em realizar observações, colocar questões e conduzir experimentos para, finalmente, alcançar algumas conclusões. Para isso, como destacam Shamsudin e colaboradores (2013), a utilização do pensamento criativo e esse método de ensino favorecem três aspetos: i) a investigação como um processo através do qual se consegue um entendimento mais profundo de um fenômeno científico, sobretudo realizando experimentos, fazendo observações, registos e discutindo-os com os colegas; ii) a descoberta, cujo objetivo é a aquisição de novos conhecimentos, o entendimento de conceitos e a generalização de informação para outros problemas e situações; e iii) as experiências possibilitam o desenvolvimento de processos criativos, por exemplo investigação e descoberta, e ao mesmo tempo desenvolvem as habilidades do processo científico. Ademais, esse tipo de ensino favorece outras mudanças importantes por comparação ao método tradicional. Pelas atividades e processos valorizados, os alunos acabam por desenvolver a tomada de decisão, o pensamento crítico, a adaptação e a tolerância social, assim como a sua autonomia (Aksela et al., 2010). Esse modelo de ensino favorece, ainda, que o aluno desenvolva uma aprendizagem construtiva, sendo autor do seu próprio processo de aprendizagem, assumindo-o com responsabilidade, passando o professor para um importante papel de mediador e guia desse processo.

Uma outra metodologia de ensino é assumir, desde o início, a responsabilidade dos alunos na construção de conhecimento. Nessa altura, os estudantes são confrontados com um problema ou questão, devendo trabalhar de forma individual na sua análise, compreensão e resolução. De seguida, divide com os colegas os conhecimentos a que chegou, para de seguida a nível da turma se reunir o conhecimento partilhado por todos. Esse método, aproxima-se da instrução ou ensino por pares, por exemplo recorrendo a ideias corretas e incorretas, algumas vezes recolhidas através das ideias prévias dos alunos, colocando-se díades, tríades ou pequenos grupos de alunos a analisarem e a organizarem essa informação sobre um dado problema. De novo, no final, partilha-se com a turma as resoluções propostas e justificam-se as escolhas feitas, muitas vezes solicitando que os alunos verbalizem os processos implementados na resolução encetada e para cada uma das fases da resolução científica do problema (DeHaan, 2011).

Todas essas metodologias voltadas para o desenvolvimento da criatividade científica por parte dos alunos ao longo do currículo regular carecem de formação específica por parte do professor. Algumas estratégias devem sem privilegiadas pelos professores no seu ensino (Bermejo et al., 2015): i) favorecer que os alunos procurem, por si mesmos, explicações para os fenômenos científicos que observam na sua vida cuotidiana, aprendendo a levantar questões e a procurar explicações cientificamente aceitáveis; ii) colocar problemas ou tarefas desafiantes, que despertem o interesse dos alunos pela procura sistemática de soluções e favoreçam a sua capacidade de assumir riscos e tomar decisões, mesmo cometendo erros e aprendendo com eles; iii) fomentar um clima de aula que favoreça a aparição de várias e diferentes ideias ou hipóteses para resolver um problema, apreciando positivamente todas e favorecendo um aprofundamento na compreensão do problema colocado; e iv) motivar os alunos valorizando as suas ideias independentemente do seu valor científico, fomentar a colaboração entre os alunos na troca de pontos de vista e enriquecimentos recíprocos, dar tempo aos alunos para que pensem e reflitam sobre problema ou questão colocada sem demasiada pressão do tempo de resposta.

Considerações Finais

Ao longo deste capítulo, debatemos se a criatividade pode ser melhor entendida como capacidade geral ou como capacidade específica. A visão priorizada é que a criatividade deve ser entendida como específica por domínios de aprendizagem e de realização, face aos processos criativos e aos conhecimentos requeridos por cada um desses domínios. Num paralelismo à investigação sobre a estrutura da inteligência, os modelos hierárquicos de habilidades cognitivas mais gerais e mais específicas pode generalizar-se à criatividade.

Recuperando o conceito de inteligência fluida (*gf*) e inteligência cristalizada (*gc*), podemos antecipar que, na infância, o desempenho cognitivo e acadêmico da criança está particularmente dependente da sua capacidade cognitiva fluida (*gf*), mesmo porque o seu manancial de conhecimentos e destrezas práticas é bastante reduzido. Contudo, a partir da adolescência, aumenta o volume de conhecimentos e o impacto das motivações no aprofundamento de certas áreas de aprendizagem, processando-se uma cristalização progressiva das habilidades cognitivas (*gc*). Então, se em criança podemos falar em quociente de inteligência ou potencial intelectual, a partir da adolescência pode fazer mais sentido falar de perfis de habilidades ou aptidões (Primi, 2003). Por paralelismo, é possível que na infância a criança tenha uma propensão maior ou menor para a imaginação, a fluência de ideias e a originalidade, traduzindo isso uma capacidade criativa relativamente genérica e transferível entre situações. Contudo, à medida que caminha adquirindo informação e conhecimentos, pode esse seu potencial criativo se desenvolver e expressar em algumas situações e não noutras, em certas disciplinas curriculares e não noutras.

Feita a opção pela criatividade em domínio específico, este capítulo incidiu na criatividade científica apresentando a sua definição e alguns instrumentos de avaliação. A possibilidade de uma avaliação rigorosa e abrangente da criatividade permanece envolta em bastante controvérsia, mesmo reconhecendo ser fundamental para a investigação avançar na construção e validação de instrumentos (Wechsler & Nakano, 2011). No caso concreto da criatividade científica, dois instrumentos de avaliação da criatividade científica foram apresentados com maior pormenor: o TPCC (Hu & Adey, 2002) e o C-SAT (Sak & Ayas, 2013), ambos adaptados e validados para a população espanhola pelo Grupo de Altas Habilidades da Universidade de Múrcia (Bermejo et al., 2016; Ruiz et al., 2013).

Ultrapassando as controvérsias ao nível da definição e da avaliação, maior consenso existe acerca da necessidade de estimulação das habilidades criativas desde os primeiros níveis de escolaridade. No caso da criatividade científica, para essa estimulação foram apresentados alguns programas concebidos especificamente para esse efeito, mas destacou-se também que nas aulas regulares os professores, tendo formação específica, podem desenvolver tais habilidades criativas alterando as suas metodologias e tornando as suas aulas de ciências espaços abertos de exploração e de resolução criativa dos problemas por parte dos alunos. Várias das estratégias que integram os programas específicos de treino da criatividade podem ter aplicação nas aulas regulares, com proveito para as aprendizagens dado o reforço dos métodos mais ativos de construção de conhecimento e os níveis mais elevados de motivação que se conseguem por parte dos alunos (Alencar, 2014; Wechsler, 2002). A criatividade científica dos alunos sai favorecida se as aulas criam oportunidades de os próprios alunos assumirem a "pele de cientistas", ou seja, haver mais tempo e liberdade para os alunos analisarem as situações-problema, indagarem e partilharem os seus conhecimentos prévios e registos das situações em análise com os colegas, se o clima de sala de aula for favorável à livre partilha de ideias e alternativas de solução ao nível do grupo turma. Mais beneficiada ainda se, partindo de situações concretas, tais habilidades criativas desenvolvidas em sala de aula puderem ser generalizadas para situações-problema do cotidiano dos alunos.

Por isso, é fundamental oferecer determinadas estratégias aos professores para que possam despertar a curiosidade nos seus alunos, por meio do desenvolvimento de um clima de aula que facilite o aparecimento de ideias, soluções ou alternativas diferentes, originais e que conduzam a uma aprendizagem dinâmica dos conceitos científicos. Sobretudo, é importante desenvolver atitudes favoráveis de questionamento dos saberes possuídos e disponibilidade para enfrentar as partes novas ou menos conhecidas dos problemas e para gerar novas ideias sobre dilemas e questões ainda não superadas (Bermejo et al., 2015; Daud et al., 2012).

Em síntese, aulas de ciências mais dinâmicas e favoráveis ao desenvolvimento da criatividade científica dos alunos – como nas outras áreas disciplinares do currículo escolar – requerem professores tecnicamente mais preparados para metodologias de ensino mais criativas e inovadoras. É fundamental os professores, na sua formação inicial e contínua, desenvolverem ferramentas e competências necessárias à estimulação da criatividade dos seus alunos nos diversos domínios de conhecimento (científico, artístico, matemático, literário) ao longo da sua escolaridade. O ensino nas várias disciplinas deve estimular o interesse do aluno em explorar e aprofundar conhecimentos, principalmente quando as atividades de aprendizagem se apresentam na forma de experiências práticas, desenvolvendo o aluno competências de observações, de registo, de descoberta, de partilha com os colegas, de tomada de decisão, de resolução, de reformulação de pontos de vista e de transferência do aprendizado para as situações e dilemas do seu cotidiano. A sociedade requer, hoje, cidadãos mais participativos e mais críticos na análise e resolução dos problemas, em que as habilidades criativas assumem papel relevante, cabendo à escola papel decisivo na aquisição e desenvolvimento de tais competências pelos alunos.

Referências

Alencar, E. S. (2014). *Criatividade e processos de criação* (30ª ed.). Editora Vozes.

Almeida, L. S., & Wechsler, S. M. (2015). Excelência profissional: a convergência necessária de variáveis psicológicas. *Estudos de Psicologia (Campinas), 32*(4), 767-775. http://doi.org/10.1590/0103-166X2015000400019

Amabile, T. M. (1983). *The social psychology of creativity.* Springer-Verlag.

Baer, J. (2015). The importance of domain-specific expertise in creativity. *Roeper Review, 37*(3), 165-178. https://doi.org/10.1080/02783193.2015.1047480

Baer, J. (2016). Creativity doesn't develop in a vacuum. *New Directions for Child and Adolescent Development, 151*, 9-20. https://doi.org/10.1002/cad.20151

Beaumont-Walters, Y., & Soyibo, K. (2001). An analysis of high school students' performance on five integrated science process skills. *Research in Science and Technological Education, 19*(2), 133-145. https://doi.org/10.1080/02635140120087687

Bermejo, R., & Ruiz-Melero, M. J. (2017). Los desafíos de la investigación sobre la especificidad o generalidad de la creatividad. In Leandro S. Almeida (Coord.), *Criatividade e pensamento crítico: Conceito, avaliação e desenvolvimento* (pp. 75-106). CERPSI - Centro de Estudos e Recursos em Psicologia.

Bermejo, R., Ruiz, M. J., Prieto, L., Ferrándiz, C., & Sainz, M. (2015). Ensino do pensamento científico-criativo em estudantes do ensino médio.

In Fátima Morais, Solange Wechsler, & Lucia Miranda (Eds.), *Contributions for promoting creativity: An international perspective on intervention* (pp. 109-136). Editora Vetor.

Bermejo, R., Ruiz-Melero, M.J., Esparza, J., Ferrando M., & Pons, R. (2016). A new measurement of scientific creativity: the study of its psychometric properties. *Anales de Psicología, 32*(3), 652-661. http://doi.org/10.6018/analesps.32.3.259411

Bernal, A., Esparza, J., Ruiz, M.J., Ferrando, M., & Sainz, M. (2017). Especificidad de la creatividad: Figurativa y científica. *Electronic Journal of Research in Educational Psychology, 15*(3), 574-597. http://doi.org/10.14204/ejrep.43.16094

Burns, J. C., Okey. J. R., & Wise, K. C. (1985). Development of an integrated process skills test: TIPS II. *Research in Science Teaching, 22*, 169-177. https://doi.org/10.1002/tea.3660220208

Campanario, J. M., & Moya, A. (1999). ¿Cómo enseñar ciencias? Principales tendencias y propuestas. *Enseñanza de las Ciencias: Revista de Investigación y Experiencias Didácticas, 17*(2), 179-192.

Chin, M. K., & Siew, N. M. (2015). The development and validation of a figural scientific creativity test for preschool pupils. *Journal of Creative Education, 6*(12), 1391-1402. http://doi.org/10.4236/ce.2015.612139

Cox, J. R., & Jones, B. W. (2011). External representations in the teaching and learning of introductory chemistry. *Creative Education, 2*(5), 461-465. https://doi.org/10.4236/ce.2011.25067

Demir, S. (2015). Examining research questıons on germination from the perspective of scientific creativity. *Journal of Education and Practice, 6*(26), 119-121. https://eric.ed.gov/?id=EJ1077461

Fleith, D. S. (2019). The role of creativity in graduate education according to students and professors. *Estudos de Psicologia (Campinas), 36*. http://doi.org/10.1590/1982-0275201936e180045

Grégoire, J. (2018). Overcoming obstacles to creativity in science. *Estudos de Psicologia (Campinas), 35*(3), 229-236. http://doi.org/10.1590/1982-02752018000300001

Guilford, J. P. (1967). *The nature of human intelligence*. MacGraw-Hill.

Hu, W., & Adey, P. A (2002). Scientific creativity test for secondary school students. *International Journal of Science Education, 24*(4), 389-403. https://doi.org/10.1080/09500690110098912

Kaufman, J. C., & Baer, J. (2004). Sure, I'm creative - but not in mathematics!: Self-reported creativity in diverse domains. *Empirical Studies of the Arts*, *22*(2), 143-155. https://doi.org/10.2190/26HQ-VHE8-GTLN-BJJM

Klahr, D. (2000). Scientific discovery as problem solving. In D. Klahr (Ed.), *Exploring science: the cognition and development of discovery processes* (pp. 21-39). MIT Press.

Lee, K. S., Hwang, D., & Seo, J. J. (2003). A development of the test for mathematical creative problem solving ability. *Journal of the Korea Society of Mathematical Education Series D: Reseach in Mathematical Education*, 7(3), 163-189.

Liang, J. (2002). *Exploring scientific creativity of eleventh grade students in Taiwan* [PhD thesis, The University of Texas at Austin].

Lin, C., Hu, W., Adey, P., & Shen, J. (2003). The influence of CASE on Scientific Creativity. *Research in Science Education*, *33*(2), 143-162. https://eric.ed.gov/?id=EJ675382

Linn, M. C., Clark, D., & Slotta, J. D. (2003). WISE design for knowledge integration. *Science education*, *87*(4), 517-538. https://doi.org/10.1002/sce.10086

Morais, M. F., & Almeida, L. S. (2019). "I would be more creative if...": Are there perceived barriers to college students' creative expression according to gender? *Estudos de Psicologia (Campinas)*, *36*. http://doi.org/10.1590/1982-0275201936e180011

Mundim, M. C. B., Wechsler, S. M., & Almeida, L. S. (2019). Dimensões pessoais e contextuais da excelência: estudo com cientistas brasileiros. *Avaliação Psicológica*, *18*(4), 438-447. http://doi.org/10.15689/ap.2019.1804.18578.12

Nakano, T. C., & Wechsler, S. M. (2018). Creativity and innovation: Skills for the 21st Century. *Estudos de Psicologia (Campinas)*, *35*(3), 237-246. http://doi.org/10.1590/1982-02752018000300002

Oliveira, E., Almeida, L., Ferrándiz, C., Ferrando, M., Sainz, M., & Prieto, M. D. (2009). Tests de pensamiento creativo de Torrance (TTCT): elementos para la validez de constructo en adolescentes portugueses. *Psicothema*, *21*(4), 562-567.

Plucker, J. A. (2004). Generalization of creativity across domains: Examination of the method effect hypothesis. *Journal of Creative Behavior*, *38*(1), 1-12. https://doi.org/10.1002/j.2162-6057.2004.tb01228.x

Primi, R. (2003). Inteligência: Avanços nos modelos teóricos e nos instrumentos de medida. *Avaliação Psicológica*, *2*(1), 67-77. http://pepsic.bvsalud.org/scielo.php?script=sci_arttext&pid=S1677-04712003000100008

Ruiz, M. J., Bermejo, M. R., Prieto, M. D., Ferrándiz, C., & Almeida, L. S. (2013). Evaluación del pensamiento científico-creativo: Adaptación y validación de una prueba en población española. *Revista Galego-Portuguesa de Psicoloxía e Educación*, *21*(1), 175-194.

Ruiz, M. J., Bermejo, R., Ferrando, M., Prieto, M. D., & Sainz, M. (2014). Inteligencia y pensamiento científico-creativo: Su convergencia en la explicación del rendimiento académico de los alumnos. *Electronic Journal of Research in Educational Psychology*, *12*(2), 283-302. http://doi.org/10.14204/ejrep.33.13122%20

Runco, M., & Jaeger, G. J. (2012). The standard definition of creativity. *Creativity Research Journal*, *24*(1), 92-96. https://doi.org/10.1080/10400419.2012.650092

Sak, U., & Ayas, M. B. (2013). Creative Scientific Ability Test (C-SAT): A new measure of scientific creativity. *Psychological Test and Assessment Modeling*, *55*(3), 316-329.

Shamsudin, N. M., Abdullah, N., & Yaamat, N. (2013). Strategies of teaching science using an inquiry based science education (IBSE) by novice chemistry teachers. *Procedia-Social and Behavioral Sciences*, *90*, 583-592. https://doi.org/10.1016/j.sbspro.2013.07.129

Torrance, E. P. (1974). *The Torrance Tests of Creative Thinking - Norms-Technical Manual Research Edition - Verbal Tests, Forms A and B - Figural Tests, Forms A and B*. Personnel Press.

Usta, E., & Akkanat, Ç. (2015). Investigating scientific creativity level of seventh grade students. *Procedia-Social and Behavioral Sciences*, *191*, 1408-1415. https://doi.org/10.1016/j.sbspro.2015.04.643

Wechsler, S. M. (2002). *Criatividade: Descobrindo e encorajando* (3ª ed.). Livro Pleno.

Wechsler, S. M., & Nakano, T. (2011). Caminhos para a avaliação da criatividade: perspectiva brasileira. In R. Primi (Ed.), *Temas em Avaliação Psicológica* (pp. 103-115). Casa do Psicólogo.

Forças do Coração: Uma Visão Geral Sobre Sua Origem e Esforços Para Sua Avaliação Pela *Gifted Rating Scale* (GRS-2)[2]

Steven I. Pfeiffer

Em minha pesquisa, prática clínica e escritos na Florida State University e, antes disso, na Duke University, meus alunos e eu nos concentramos em entender os aspectos socioemocionais de crianças e jovens superdotados e por que nem todos os jovens brilhantes se tornam adultos de sucesso. Além disso, nós temos focado no que educadores e pais podem fazer para promover e estimular as crianças com altas habilidades para um caminho de sucesso (Pfeiffer, 2013a). Isso levou nosso laboratório de pesquisa nos últimos 15 anos a analisar atentamente as intervenções baseadas na força e o emocionante trabalho em psicologia positiva em apoio a crianças superdotadas que se encontram em risco de problemas socioemocionais, comportamentais ou psicológicos (Pfeiffer, 2017). Com base tanto na experiência clínica quanto na pesquisa publicada por nós mesmos e por outros pesquisadores, pudemos entender que as crianças superdotadas que foram bem-sucedidas possuem três qualidades e atributos importantes e relacionados, mas não idênticos. Em 2000, vim nomear esses três atributos de "forças do coração". Esses três atributos – considerados por outros pesquisadores e clínicos não só estadunidenses, mas de outros lugares do mundo, como "habilidades sociais" ou "habilidades socioemocionais" – fazem uma diferença real

---

[2] Este capítulo foi traduzido pela prof. Dra. Tatiana de Cassia Nakano.

na vida de crianças brilhantes e bem-sucedidas. Eles realmente são capazes de mudar a vida de todas as crianças que crescem e se tornam adultos de sucesso (Greenberg et al., 2003; Jones et al., 2015; Suldo et al., 2018). E quais seriam essas três qualidades? Os três atributos que compõem as "forças do coração" são: Inteligência Emocional (IE), habilidades sociais e forças de caráter. Quando essas três "habilidades sociais" estão presentes, eles podem ser o diferencial no sucesso e no bem-estar da vida dos jovens (Pfeiffer, 2013a, 2017). Este capítulo discutirá esses três componentes, que constituem as forças do coração, e como desenvolvemos um conjunto de itens para medi-los.

Inteligência Emocional

Primeiramente, o capítulo vai explicar, brevemente, os três componentes que pertencem ao modelo das "forças do coração". Vamos começar com o conceito de Inteligência Emocional (IE), o primeiro dos três componentes que investigamos (Pfeiffer, 2001; Valler & Pfeiffer, 2015). Vários pesquisadores e escritores percebem a inteligência emocional como a habilidade de entender, ler e controlar suas próprias emoções e a de outras pessoas. Obviamente, esse é um importante conjunto de habilidades para ter sucesso na vida. Nos meus primeiros anos de trabalho na Duke University, por volta de 1998, nós pensamos que a inteligência emocional pode ajudar, potencialmente, a proteger todas as crianças superdotadas de conflitos psicológicos e emocionais, bem como de problemas psicológicos e estresse. No entanto, nós estávamos errados. Realizamos uma pesquisa considerável de avaliação de programas e desenvolvemos uma versão piloto de uma escala para avaliar a inteligência emocional. Mas chegamos a reconhecer que a inteligência emocional, apesar de ser um fascinante e importante construto psicológico por si só, não era o único fator que garante sucesso e bem-estar entre as crianças superdotadas (Pfeiffer, 2001, 2013).

Duas formas de conceituar a IE surgiram desde que o conceito foi introduzido, inicialmente, por Goleman (1995): modelos de habilidades e modelos mistos de habilidade e traços (Bar-On, 2002; Mayer et al., 2000; Perez et al., 2005; Pfeiffer, 2001). Ainda que os dois modelos compartilhem alguma semelhança, eles possuem particularidades o suficiente para serem considerados diferentes formas de medir a IE.

Essencialmente, o modelo de habilidade da IE enfoca as maneiras pelas quais os indivíduos integram cognição e emoção. Testes que foram desenvolvidos para medir a IE do ponto de vista do modelo de habilidade, medem habilidades usando medidas baseadas no desempenho, semelhante à forma como medimos o QI. O modelo de habilidade mais amplamente reconhecido é o chamado 4-*Branch Model*, desenvolvido por Salovey e Mayer (1997). Nós atualmente usamos uma escala baseada nesse modelo para medir a inteligência emocional em nosso laboratório de pesquisa. Isso foi no início da nossa busca pela compreensão de como a IE poderia se encaixar nas forças do coração.

A medida de EI baseada no modelo *4-Branch* é chamada de *Mayer Salovey Caruso Emotional Intelligence Test* (MSCEIT-*Youth Version*; Mayer et al., 2002). Coincidentemente, o MSCEIT é publicado pelo mesmo editor de teste, *Multi-Health Systems* (MHS), que publicou meu instrumento, chamado de *Gifted Rating Scales* (GRS-2; Pfeiffer & Jarosewich, 2003). A versão MSCEIT-*Youth* é um teste baseado em desempenho, administrado em grupo ou individualmente, com quase 100 itens divididos em quatro escalas: percebendo emoções, usando emoções, compreendendo emoções e, finalmente, gerenciando emoções. É um teste complexo para administrar e leva mais de uma hora para ser concluído.

Os modelos mistos de IE, por outro lado, combinam ou misturam elementos provenientes dos modelos de habilidades com traços e características de personalidade. Traço ou personalidade da IE poderia ser definido como uma constelação de autopercepções e disposições relacionadas à emoção, localizada nos níveis mais baixos das hierarquias da personalidade (Petrides & Furham, 2001). Os traços de IE têm sido frequentemente referidos como autoeficácia emocional, contribuindo para a visão de que a IE enquanto traço não é um tipo de inteligência completa (Pfeiffer, 2001). Os modelos mistos combinam temperamento, estilo comportamental e habilidades sociais. Os escritos de Daniel Goleman (1995) refletem essa abordagem de compreender a IE como uma constelação de competências como autoconsciência, autorregulação, habilidades sociais, empatia e motivação – de várias maneiras, semelhantes às importantes "habilidades sociais", que acabaram sendo consideradas como Forças do Coração.

Uma das medidas mais amplamente desenvolvidas para medir a IE em jovens, a partir de uma perspectiva de modelo misto, é o *Bar-On Emotional Quotient Inventory: Youth Version* (Bar-On EQ-i: YV; Bar-On & Parker, 2000). Uma segunda medida de modelos mistos de IE é a *Schutte Self-Report EI Scale* (SSEIT; Schutte et al., 1998, 2009). Ambas são medidas de autorrelato. As medidas de autorrelato, é claro, são testes bem diferentes das medidas de desempenho. Em nosso laboratório de pesquisa, usamos os testes Bar-On EQ-i: YV e SSEIT, juntamente ao MSCEIT, em várias investigações.

Ao longo de muitos anos de pesquisas conduzidas em nosso laboratório, ficamos cada vez mais desencantados com essas medidas de EI, o que nos levou a desenvolver nossa própria medida de EI, a *Pfeiffer Emotional Intelligence Scale* (Pfeiffer, 2015b; Valler & Pfeiffer, 2015). Buscamos desenvolver uma escala de classificação confiável, breve e fácil de usar, a ser completada por pais e professores, que fosse composta por itens baseados tanto no modelo da IE como habilidade quanto nos modelos mistos (Valler, 2019). Minha esperança era que um conjunto de itens ou a escala de IE pudesse complementar uma nova revisão das já amplamente utilizadas *Gifted Rating Scales* (GRS; Pfeiffer & Jarosewich, 2003). A editora MHS estava realizando uma coleta de dados para a nova padronização da GRS. Estávamos desenvolvendo um formulário complementar do novo GRS-2 para pais, na esperança de incluir alguns itens baseados nas habilidades interpessoais nessa nova forma.

Entre parênteses, ficamos satisfeitos com o fato de as pesquisas confirmarem que o GRS é a escala de classificação mais amplamente usada para identificar alunos superdotados (Benson et al., 2019). Pensamos que um formulário complementar que incluísse as forças do coração poderia trazer um valor agregado a profissionais dos EUA e do mundo que trabalham com estudantes com altas habilidades/superdotação. Esse foi o incentivo secundário para o desenvolvimento de um conjunto de itens para avaliação das habilidades interpessoais.

Forças de Caráter e Habilidades Sociais

Em meu trabalho clínico, e em minhas funções como diretor executivo dos programas de verão para superdotados da Duke e como codiretor da Escola da Florida de Ciência e Tecnologia Espacial, observei que o alto QI sozinho não protege um aluno brilhante que não tem habilidades sociais ou forças de caráter adequadas para sua idade. Por exemplo, eu interagi e observei dezenas de centenas de jovens talentosos em suas salas de aula e em seus dormitórios, na cafeteria fazendo refeições e durante atividades sociais e recreativas. Eu rapidamente reconheci, como "diretor" dos programas Duke TIP e Escola de Ciência e Tecnologia Espacial da Flórida, que crianças brilhantes que exibiam habilidades sociais apropriadas para a idade, como revezar entre eles, ouvir antes de falar, não interromper o outro colega, ser educado, atencioso e prestativo, além de demonstrar boas maneiras, fez uma enorme diferença em relação a como eles eram aceitos e como desenvolviam amizades durante os programas residenciais de verão. Tornou-se evidente que as habilidades sociais eram muito importantes na vida de alunos talentosos bem-sucedidos. Também ficou evidente que crianças superdotadas que não tinham ou não apresentavam habilidades sociais apropriadas e esperadas para a idade eram mais infelizes, isoladas dos colegas e, muitas vezes, desanimadas, desapegadas emocionalmente, solitárias e com baixa autoestima.

Ainda, reconheci, como "diretor" não oficial desses programas residenciais de verão para alunos talentosos, que as forças de caráter também eram muito importantes no bem-estar e no ajuste de muitos alunos talentosos sob minha responsabilidade (Jones et al., 2015). Peterson e Seligman (2004) fornecem uma classificação útil das forças e virtudes do caráter; achamos sua taxonomia útil quando começamos a investigar as 24 forças de caráter que o manual deles listava. Nosso laboratório de pesquisa investigou os diferentes testes e escalas existentes para medir a força de caráter entre crianças e jovens. Começamos a coletar e catalogar medidas de empatia, bondade, perdão, abertura à experiência, humildade, otimismo, gratidão, coragem e compaixão. Então, partimos a conduzir estudos para determinar quais forças de caráter pareciam mais relevantes para a vida de estudantes superdotados. Além disso, examinamos os itens nas diferentes escalas para determinar quais poderiam nos ajudar a criar uma escala de classificação que fosse curta e fácil de usar, com itens que medissem as forças de caráter.

Como já mencionado, com base na experiência clínica, de ensino e administrativa, trabalhando com centenas de estudantes talentosos em ambientes residenciais, bem como nas pesquisas emergentes de psicologia positiva (Suldo et al., 2018), minha equipe de pesquisa e eu acreditamos que habilidades sociais bem desenvolvidas e forças de caráter, juntamente da IE, melhoraram o funcionamento socioemocional de jovens superdotados (Pfeiffer, 2013a, 2017; Winner, 2000). No meu trabalho com estudantes superdotados, ao longo de 40 anos, eu passei a ver a inteligência emocional, as habilidades sociais e as forças de caráter – o que eu inicialmente chamei de "a tríade de habilidades pessoais", mas depois chamei de "forças do coração" – como significativas para o sucesso e o bem-estar psicológico desses estudantes. Na verdade, eles são tão importantes quanto, em minha opinião, os "pontos fortes cognitivos" – que enfatizamos com demasiada frequência, em oposição à negligência relativa dos "pontos fortes do coração" em nosso trabalho com os talentosos.

Desenvolvendo Uma Medida de Forças do Coração

Nosso trabalho começou com o desenvolvimento de uma medida de IE. A *Pfeiffer Emotional Intelligence Scale* buscou resolver alguns dos problemas que observamos, em primeira mão, em relação às medidas de capacidade de desempenho, como o MSCEIT, e medidas de autorrelato, como o Bar-On e o SSEIT. Começamos com um conjunto de mais de 200 potenciais itens e os reduzimos, com base em um estudo piloto e contribuições de pais, professores e especialistas da área. Isso levou a uma escala composta por 55 itens. Um estudo realizado em nosso laboratório por Valler (2019), após a realização da análise fatorial confirmatória, identificou uma versão de 32 itens da *Pfeiffer EI Scale* como o modelo mais adequado. A pesquisa sugeriu três fatores únicos: a) expressão positiva das emoções; b) expressão negativa das emoções e compreensão; e c) gerenciamento eficaz das emoções. Um item de amostra da escala original foi: "Com que frequência seu filho/aluno ajuda outras pessoas a se sentirem melhor quando estão tristes ou infelizes?" A escala apresentou forte consistência interna, com os coeficientes de confiabilidade McDonald's variando de r = 0,94 a 0,97.

O trabalho preliminar de validação confirmou que indivíduos com pontuação mais alta no fator *expressão positiva de emoções* demonstraram habilidades interpessoais mais fortes e interações sociais positivas mais frequentes. O fator de *expressão negativa de emoção* foi um pouco mais difícil de interpretar e validar e, por esse motivo, eliminamos os itens que o constituíam. Pensamos que o segundo fator seria alinhado com indivíduos que não gerenciam bem o estresse ou regulam suas emoções adequadamente. Finalmente, o terceiro fator, *entendendo e gerenciando emoções*, parecia se alinhar com a compreensão das emoções dos outros e a reagir de maneira a promover relacionamentos interpessoais favoráveis.

Investigações subsequentes de validação levaram a resultados decepcionantes. A Escala Pfeiffer EI de 32 itens não se correlacionou significativamente com uma medida de resiliência *The Resilience Scale-Short Form* (RS-14; Wagnild, 2009) e apenas evidenciou correlações positivas modestas com uma medida socioemocional (*Social Emotional Assets and Resilience Scale*; Merrell, 2011).

Desapontados, mas não derrotados, voltamos ao início. Revisamos a escala Pfeiffer EI original de 32 itens (eliminamos os itens que apresentaram carga no segundo fator) e começamos a procurar outras peças do "quebra-cabeça de vida bem-sucedida". Passamos, então, a revisar a literatura inicial sobre o que funciona na educação de caráter. A educação do caráter ajuda as crianças e os jovens a se tornarem cuidadosos, com princípios e responsabilidades. Ela também instila valores éticos importantes, como carinho, honestidade, justiça, responsabilidade, generosidade, igualdade e respeito por si e pelos outros (Berkowith & Bier, 2005). Era exatamente isso que queríamos ver!

O desenvolvimento do teste mudou de um foco na inteligência emocional para um foco nessas outras habilidades – ideias relacionadas às habilidades sociais e forças de caráter. As habilidades sociais consistem literalmente em centenas de habilidades e comportamentos discretos, adequados para cada idade e fase de desenvolvimento – com nuances culturais –, envolvendo habilidades e comportamentos aprendidos em casa, na escola e na comunidade. Todos nós estamos familiarizados com as habilidades sociais. Alguns exemplos de habilidades sociais são fazer um bom contato visual, agradecer alguém quando fazem algo de útil ou agradável para você, compartilhar, elogiar outras pessoas, esperar sua vez em uma fila, ajudar um colega, respeitar o espaço pessoal, exibir boas maneiras no refeitório e aceitar *feedback*. Na verdade, existem escalas publicadas para medir o nível de habilidades sociais de jovens e currículos para ensiná-los na sala de aula (por exemplo, *The Social Skills Rating System*, Gresham & Elliott, 1990).

Finalmente, o terceiro elemento em que começamos a focar no modelo de "forças do coração" são as forças de caráter. Como mencionado anteriormente, as forças de caráter incluem habilidades como empatia, gratidão, compaixão, tolerância, mente aberta a diferentes pontos de vista, bondade, generosidade, humildade, amor ao aprendizado, bravura, integridade e honestidade.

Ao mesmo tempo em que eu trabalhava com editores da MHS na recém-revisada da *Gifted Rating Scale* (GRS-2), incluindo uma nova e atualizada amostra de padronização nacional, nosso laboratório de pesquisa estava trabalhando no desenvolvimento de itens que poderiam ser confiáveis e medir facilmente habilidades sociais e forças de caráter, as chamadas "forças do coração".

Isso nos levou a expandir nosso catálogo de "habilidades pessoais" ou, como eu as chamei, "forças do coração" e a começar a explorar as habilidades sociais e as forças de caráter, como complementos à inteligência emocional. Estávamos confiantes de que, quando reunidos, habilidades sociais, forças de caráter e IE formariam uma tríade de "forças do coração", a qual complementava as "forças cognitivas" observadas entre as crianças superdotadas: alta capacidade de resolução de problemas, memória, criatividade, raciocínio abstrato, habilidades analíticas e cognitivas abstratas. Isso nos levou a desenvolver uma escala para pais e professores cientificamente sólida, confiável e fácil de usar, que mediu componentes do que eu chamei de "forças do coração".

Começamos com os "melhores" itens da minha escala de inteligência emocional Pfeiffer de 32 itens. Então, expandimos nosso trabalho para incorporar os outros dois componentes de forças do coração: competência social e forças de caráter. Como se viu, vários dos itens nos quais trabalhamos acabaram por se tornar parte de uma escala complementar para a GRS-2 – em parte, porque a editora MHS concordou que havia valor se ocorresse a inclusão de habilidades socioemocionais (em outras palavras, "forças do coração" ou "habilidades pessoais") no novo formulário do GRS-2 versão para pais.

Em nossos esforços de desenvolvimento de testes, estávamos particularmente interessados na emergente filosofia da psicologia positiva que abarca o sucesso dos alunos superdotados e talentosos na escola e na vida (Pfeiffer, 2001, 2013a; Suldo et al., 2018). Essa filosofia era consistente com o recém-surgido conceito do "zeitgeist" (características genéricas valorizadas em um determinado período de tempo), concentrando-se nos pontos fortes dos estudantes, nos ativos, na resiliência e no bem-estar subjetivo, dentro da perspectiva da psicologia positiva (Peterson & Seligman, 2004; Seligman & Csikszentmihalyi, 2000). Esse é um ponto de vista de que, no meu trabalho com alunos talentosos, chamei de pontos fortes do coração (Pfeiffer, 2013, 2017).

Desenvolvimento de Itens da Escala GRS-2 – Versão Para Pais

A Escala consiste em 21 itens que se enquadram em três escalas gerais: Funcionamento Cognitivo/Acadêmico (7 itens), Habilidades Artísticas/Criativas (7 itens) e Competência Socioemocional (7 itens). Os itens que compõem a escala de competência socioemocional são novos na GRS, e seu desenvolvimento será discutido a seguir. Os itens das escalas Cognitivo/Acadêmico e Habilidades Artísticas/Criativas foram extraídos da GRS original (Pfeiffer & Jarosewich, 2003) e podem ser familiares ao leitor. A escala de competência socioemocional foi uma derivação do trabalho inicial na escala de Pfeiffer EI.

Desenvolvimento Inicial dos Itens

Como mencionado anteriormente, o desenvolvimento da escala socioemocional foi iniciado com o objetivo de expandir a avaliação da superdotação para além de uma lente tradicional que se concentra principalmente nas "forças cognitivas", incluindo solução de problemas, memória, raciocínio e criatividade, para uma abordagem mais holística e uma visão mais completa do aluno que inclui as "forças do coração", compreendidas como forças pessoais e interpessoais (Pfeiffer, 2001, 2017; Winner, 2000). Essencialmente, procuramos incorporar uma perspectiva da psicologia positiva na GRS-2 versão para pais.

O desenvolvimento inicial dos itens seguiu um protocolo padrão de desenvolvimento de teste. Começamos revisando a literatura teórica e conceitual sobre psicologia positiva, uma literatura que cresceu nos últimos vinte anos. Também revisamos a literatura teórica e conceitual sobre desenvolvimento de habilidades sociais, educação de caráter, desenvolvimento de jovens e fatores não cognitivos (*soft skills*) que impactam resultados posteriores e o sucesso da vida. Essa literatura é enorme e remonta a, pelo menos, cinquenta anos (Greenberg et al., 2003; Jones et al., 2015).

Seguimos, então, com a coleta da revisão sistemática de todos os testes, escalas e procedimentos publicados e não publicados que pretendiam medir os construtos que abrangem essas importantes habilidades sociais. Nossa revisão inicial incluiu mais de 200 testes e medidas em uma ampla gama de construtos relacionados a habilidades pessoais, incluindo medidas de enfrentamento (*coping*), resiliência, resistência, habilidades sociais, persistência, tolerância à frustração, abertura à experiência, flexibilidade, regulação emocional, autocontrole, gerenciamento de estresse, assertividade, empatia, autoestima e otimismo. Como se pode ver, o número inicial e a amplitude dos construtos eram prodigiosos e quase esmagadores. Eliminamos as medidas para adultos e as de autorrelato, o que ajudou a restringir nosso foco.

Reduzimos, ainda, o leque de medidas a partir do exame da literatura: eliminamos escalas ou medidas que não tinham suporte empírico demonstrando precisão adequada, relevância para estudantes superdotados ou associações estatisticamente significativas com resultados importantes para jovens adultos (por exemplo, bem-estar subjetivo, saúde mental positiva ou sucesso no início da carreira). Consequentemente, ficamos com um subconjunto gerenciável de medidas; nosso laboratório de pesquisa começou a examinar e a conduzir intensamente vários estudos piloto para selecionar os construtos até chegar a um número prático de itens alinhados com a psicologia positiva. Como mencionado, concordamos que três construtos amplos mantinham potência heurística e clínica: Inteligência Emocional (IE), habilidades sociais/competências sociais e forças de caráter (Pfeiffer, 2013a, 2017). Isso nos levou a começar a gerar, literalmente, centenas de itens que ostensivamente medissem um ou mais desses três constructos relacionados.

Avaliação de Consumidores

Ao mesmo tempo em que estávamos gerando itens originais que medem IE, competência social e força de caráter, comecei a me encontrar com pequenos grupos de pais e professores, nos EUA e em vários países do mundo, para solicitar sugestões e comentários sobre os itens. Então, convidei pais e professores para fornecerem suas reações aos itens. Nos grupos focais, solicitamos que os voluntários fornecessem *feedback* sobre quais dez itens eles consideravam particularmente importantes para o sucesso na vida de seus filhos (segundo os pais) ou de alunos (segundo os professores). Experimentamos esse procedimento incluindo diferentes questionários em pequenos grupos para obter o *feedback* mais significativo dos pais e professores.

Enquanto continuamos a restringir a lista de itens de habilidades não cognitivas, criei uma lista com adjetivos que refletiam tanto essas habilidades quanto as tradicionais habilidades cognitivas. Pedi a vários grupos de pais de alunos superdotados e de não superdotados que classificassem, nessa lista, os dez itens que eles acreditavam serem particularmente importantes para o sucesso de seus filhos na vida. Isso nos ajudou a restringir ainda mais a lista final de itens.

Avaliação de Especialistas

Nosso laboratório de pesquisa convidou grupos de professores universitários especialistas em psicologia do desenvolvimento, educação geral, psicologia escolar, educação de superdotados e construção de testes, para fornecer reações e *feedback* ao conjunto de itens das habilidades socioemocionais. Também convidamos grupos de conselheiros experientes, coordenadores de programas de atendimento a estudantes talentosos e psicólogos escolares para fornecerem *feedback* sobre os itens. Os voluntários foram convidados a criticar os itens em termos de sua correspondência com comportamentos, habilidades e competências consideradas indicativas ou associadas à inteligência emocional, habilidades sociais/competência social e/ou forças de caráter. Convidamos também os especialistas a comentar o conteúdo de cada item, expressar quaisquer preocupações ou ressalvas com relação a possíveis preconceitos raciais/étnicos ou de gênero, clareza e legibilidade, além de palavras e termos não adequados. Por fim, o grupo de especialistas e profissionais da universidade foi convidado a sugerir novos itens. O *feedback* foi fornecido em reuniões individuais e em pequenos grupos com o primeiro autor do GRS-2, com um de seus membros do laboratório de pesquisa e por e-mail.

O *feedback* dos especialistas e profissionais da universidade resultou na revisão, reformulação ou eliminação de vários itens percebidos como tendenciosos, sem palavras claras ou melhor representados em um teste já publicado. Alguns itens adicionais foram sugeridos. Isso gerou um conjunto inicial de itens para a escala de classificação socioemocional. Ao fim, a escala inicial incluiu uma escala Likert de 5 pontos.

Estudo Piloto

Um teste piloto foi realizado para examinar a confiabilidade interna e a estrutura fatorial da escala. Para isso, um grupo de 28 professores da University Lab School, no sudeste dos EUA, foi convidado a completar a escala piloto. Ainda, cento e quarenta e seis alunos, do 3º ano do ensino fundamental até o 3º ano do ensino médio, foram avaliados pelos professores. As evidências confirmaram a consistência interna e a estrutura fatorial da escala, e a consistência interna da escala foi excelente: todos os fatores tiveram alfa de Cronbach maior que 0,90 e todos os itens apresentaram carga fatorial variando entre 0,409 a 0,848. O coeficiente ômega de McDonald's para cada fator e para a escala total variou entre $\omega = 0{,}94$ a 0,97.

A análise fatorial confirmatória conduzida no Estudo Piloto II, com uma segunda amostra independente de 60 professores que avaliaram 234 alunos das mesmas séries, indicou que vários itens não se encaixavam bem no modelo de 2 ou 3 fatores. Itens que não evidenciaram boa carga fatorial foram eliminados. Além disso, a revisão do *feedback* qualitativo dos participantes do Estudo Piloto II indicou que mais de um avaliador indicou preocupação com itens que possuíam palavras negativas, os quais eram considerados confusos e mais difíceis de avaliar (um item ilustrativo com palavras negativas era: frustrado ou chateado quando outras crianças são elogiadas e eles não). Esses itens também foram eliminados. Não houve diferenças significativas entre os grupos com base em idade, sexo, etnia, raça ou nível socioeconômico.

O Estudo Piloto III foi conduzido junto a um grupo de pais, os quais foram convidados a completar a escala mais curta. Devido ao menor tamanho da amostra, nesse estudo não estávamos preocupados e não examinamos a estrutura fatorial. Exploramos como a escala se relacionava a medidas publicadas de competência social, estabilidade emocional e bem-estar subjetivo – completadas pelo professor, pelos pais e pelos próprios alunos. As análises correlacionais revelaram relações modestas, mas estatisticamente significantes (validade convergente) entre a nova escala socioemocional e uma escala de satisfação do aluno com 7 itens, completada pelos pais (versão dos pais da *Student Life Satisfaction Scale*; SLSS; Huebner, 1991), uma medida de resiliência de autorrelato com 14 itens respondida pelos alunos (Escala de resiliência; RS-14; Wagnild & Young, 2009), medidas de resiliência e habilidades socioemocionais, em um total de 41 itens respondidos pelos pais e pelo professor (*The Social Emotional Assets and Resilience Scales-Parent/Parent Scales* – SEARS; Merrell, Cohn, & Tom, 2011). As correlações variaram de r = 0,34 (correlações positivas baixas) a r = 0,67 (correlações positivas moderadas). O *feedback* qualitativo dos pais foi favorável; no entanto, alguns pais notaram que alguns dos itens não eram claros, mostrando-se ambíguos ou difíceis de avaliar. Isso levou a novas reduções e à criação de uma escala de 28 itens.

O Estudo Piloto IV consistiu em 42 pais e filhos, com idades entre 8 e 15 anos. A escala de 28 itens preenchida pelos pais correlacionou significativamente com as medidas de autoeficácia concluídas pelos alunos (*General Self-Efficacy Scales*; GSES; Schwarzer & Jerusalem, 1995) (r = 0,781) e *School Engagement Instrumento* (SEI; Appleton, et al., 2006) (r = 0,702) e correlacionaram r = 0,793 com o instrumento, respondido pelos pais, de avaliação socioemocional e resiliência (SEARS-P; Merrell, Cohn, & Tom, 2011).

Revisão Final e Teste Empírico

A escala de 28 itens foi compartilhada com vários grupos de pais e professores, nos EUA e em reuniões internacionais. Pais e professores, em pequenos grupos, receberam os itens e foram convidados a comentar, criticar, reescrever ou indicarem os itens sobre os quais eles tinham objeções. Eles também foram instruídos a circular os dez "melhores itens" que consideravam mais adequados para representar "habilidades sociais" importantes para o sucesso da vida (ou seja, pontos fortes do coração). Essas reuniões voluntárias dos grupos focais consistiam em pais e professores de alunos de educação regular, superdotados e não superdotados.

Com base nas informações verbais, nos registros escritos e no *feedback* dos pais e professores, foi criada uma escala socioemocional mais breve, com 16 itens, para a GRS-2 versão para pais. Consultas subsequentes e reuniões no *Skype* com especialistas em desenvolvimento de testes da MHS levaram a cortes adicionais de modo que, finalmente, uma escala socioemocional de 12 itens foi selecionada. Além disso, criamos duas escalas adicionais: uma escala de habilidades cognitivas/acadêmicas e uma escala de habilidades artísticas/criativas. A coleta dos dados normativos e a análise dos dados da amostra de padronização para a GRS-2 foram as etapas finais no procedimento de desenvolvimento do teste.

A análise do grande conjunto de dados de padronização representativo dos EUA levou a equipe da editora MHS e os autores do teste GRS-2 a diminuir a escala socioemocional para 7 itens. Os 7 itens finais foram selecionados com base nas menores diferenças de pontuação da escala média para cada item considerando-se as variáveis idade, sexo e raça/etnia, aplicando os valores delta de Cliff. A seleção final dos itens foi guiada pela análise da sensibilidade, visando a eliminação ou redução significativa de qualquer viés. Por exemplo, selecionamos os itens finais baseados no exame dos desvios sistemáticos provenientes de uma linha de regressão comum para diferentes grupos-alvo ou na falta de significado consistente entre diferentes grupos usando o funcionamento diferencial dos itens (AERA et al., 2014).

Sumário

Este capítulo descreveu o trabalho preliminar por trás da teoria e do desenvolvimento de um teste para avaliar as forças subjacentes do coração. O trabalho subjacente aos pontos fortes do coração reflete um compromisso ao longo da vida do autor, de olhar além de uma lente tradicional que se concentra na identificação de problemas e de deficiências presentes entre os alunos talentosos, buscando focar nas forças pessoais e interpessoais que aumentam a probabilidade de sucesso e bem-estar dos superdotados jovens adultos. É bastante claro que o funcionamento socioemocional favorável inicial – forças do coração – está associado a resultados vantajosos posteriores em vários domínios na idade adulta jovem.

O capítulo se concentrou nas ideias teóricas e nas forças práticas que impulsionam o desenvolvimento das forças do coração e nos esforços do autor para desenvolver uma escala que mede alguns dos elementos importantes desse modelo. O que o capítulo não forneceu ao leitor são algumas sugestões concretas e específicas de como incentivar a inteligência emocional, forças de caráter e habilidades sociais nas escolas.

Sugestões Práticas

- Seguem algumas sugestões testadas e comprovadas (em outras palavras, baseadas em evidências):
- Ensinar e incentivar as habilidades subjacentes às forças do coração nos trabalhos escolares. Há ampla evidência científica de que se pode ensinar os alunos a demonstrarem empatia, generosidade, melhores habilidades de escuta, gratidão ou compaixão, além de muitas outras habilidades pessoais que fazem diferença real na vida dos alunos. Já temos programas de intervenção psicopedagógica comprovados para o desenvolvimento de habilidades sociais, educação de caráter e até inteligência emocional (Berkowitz & Bier, 2005; Neihart et al., 2016).
- Estes são 16 exemplos de etapas específicas para incorporar EI, forças de caráter e habilidades sociais na sala de aula, que o autor usou com sucesso em seu trabalho de consultoria:
    1. Ensine os alunos a rotular seus sentimentos;
    2. Ensine os alunos uma ampla gama de palavras relacionadas aos sentimentos e exemplos de como praticá-las;
    3. Dê aos alunos chance de fazerem escolhas reais e honre suas decisões;

4. Não emita ordens na sala de aula disfarçados de pedidos;
5. Respeite os sentimentos dos alunos; pergunte como eles se sentem e escute;
6. Pense em como você deseja que seus alunos se sintam, sabendo que sentimentos criam um ambiente de aprendizado positivo;
7. Valide e aceite os sentimentos de seus alunos;
8. Mostre uma compreensão real e autêntica, empatia, carinho e preocupação;
9. Sempre que houver um problema na sala de aula, lembre-se de validar os sentimentos dos alunos;
10. Capacite os alunos ensinando-os a resolverem seus próprios problemas usando empatia, compaixão e respeito mútuo pelos sentimentos do outro;
11. Evite usar a expressão "você deveria";
12. Evite rótulos subjetivos, como bom/ruim e agradável/rude. Seja específico na linguagem utilizada no gerenciamento do comportamento da sala de aula;
13. Reserve alguns momentos todas as manhãs para observar sua sala de aula. Quais alunos parecem relaxados e felizes? Quais alunos parecem retraídos ou infelizes?
14. Torne-se atento aos padrões de comportamento entre seus alunos e esteja ciente de como eles se relacionam uns com os outros;
15. Ofereça aos seus alunos oportunidades de fazerem escolhas e incentive-os a avaliar as consequências dessas escolhas;
16. Permita que os alunos se sintam seguros o suficiente na sala de aula para cometerem erros.

- O verdadeiro desafio para escolas e educadores é como efetivamente tecer esses programas de intervenção no dia acadêmico, já muito ocupado, para que não seja percebido pelos alunos como mais um "complemento" sem sentido, mas visualizado como um conjunto essencial de habilidades que são integradas ao currículo acadêmico para melhorar a sua vida. Isso requer uma reformulação da escola e integração da educação do caráter como elemento central da vida cotidiana da escola. Por exemplo, é necessário haver um componente específico para que os alunos sejam avaliados quanto à aprendizagem e à frequência com que exibem forças do coração na sala de aula, no refeitório, no intervalo, na biblioteca e nas viagens escolares.

- O desenvolvimento profissional contínuo dos professores, apoiado pela administração, é fundamental para a implementação e adoção eficazes e bem-sucedidas do programa voltado ao desenvolvimento dos pontos fortes do coração em toda a escola. Na experiência do autor, um workshop de desenvolvimento profissional de metade de um dia para professores sobre os pontos fortes da educação do coração e do caráter na sala de aula fica muito aquém da dosagem e do compromisso necessários para criar mudanças reais na sala de aula.
- O envolvimento da família e da comunidade é extremamente útil se o apoio a uma agenda voltada aos pontos fortes do coração for bem-sucedido. É importante incluir famílias, especialmente pais, e membros e organizações da comunidade como parceiros nesse compromisso com as escolas que servem as habilidades cognitivas e socioemocionais de todos os alunos.
- Programas de desenvolvimento de caráter eficazes e bem-sucedidos raramente são iniciativas de estratégia única. As escolas e os responsáveis pela liderança, antes de iniciarem uma agenda de "forças do coração" devem procurar uma abordagem multiestratégica. Implementar um compromisso com a educação do caráter ou os pontos fortes do coração nunca é um projeto de "tamanho único". Preste atenção à cultura da escola e à equipe de funcionários e aos valores da comunidade, de modo a personalizar o programa de educação de caráter para que ele seja congruente com a cultura local da escola e da comunidade.
- James Comer, psiquiatra de Yale e desenvolvedor de um programa de educação de caráter, afirma que leva pelo menos

três anos para começar a causar um impacto positivo em uma cultura escolar, e que efeitos substanciais são vistos apenas após cinco a sete anos (Berkowitz & Bier, 2005). Em outras palavras, pense a longo prazo e mantenha o compromisso para que um programa de desenvolvimento de caráter que promova forças do coração seja bem-sucedido.

Referências

American Educational Research Association, American Psychological Association, National Council on Measurement in Education, & Joint Committee on Standards for Educational and Psychological Testing (U.S.). (2014). *Standards for educational and psychological testing.* AERA/American Educational Research.

Appleton, J. J., Christenson, S. L., Kim, D., & Reschly, A. L. (2006). Measuring cognitive and psychological engagement: Validation of the Student Engagement Instrument. *Journal of School Psychology, 44*, 427-445. https://doi.org/10.1016/j.jsp.2006.04.002

Bar-On, R. (2002). *Bar-On EQ-i: S Technical Manual.* Multi-Health Systems.

Bar-On, R., & Parker, J. D. A. (2000). *The Bar-On Emotional Quotient Inventory: Youth Version* (EQ-i: YV) - Technical Manual. Multi-Health Systems.

Benson, N. F., Floyd, R. G., Kranzler, J. H., Eckert, T. L., Fefer, S. A., & Morgan, G. B. (2019). Test use and assessment practices of school psychologists in the U.S.: Findings from the 2017 National Survey. *Journal of School Psychology*, 72, 29-48. http://doi.org/10.1016/j.jsp.2018.12.004

Berkowitz, M. W., & Bier, M. C. (2005). *What works in character education: A research-driven guide for educators.* John Templeton Foundation.

Goleman, D. (1995). *EI: Why it can matter more than IQ.* Bantam Books.

Greenberg, M. T., Weissberg, R. P., O'Brien, M. U. Zins, J. E., Fredericks, L., Resnik, H., & Elias, M. J. (2003). Enhancing school-based prevention and youth development through coordinated social, emotional, and academic learning. *American Psychologist, 58*(6-7), 466-474. https://doi.org/10.1037/0003-066x.58.6-7.466

Gresham, F. M., & Elliott, S. N. (1990). *The social skills rating system: Manual.* American Guidance Service.

Huebner, E. S. (1991). Initial development of the Student's Life Satisfaction Scale. *School Psychology International, 12*(3), 231-240. https://doi.org/10.1177/0143034391123010

Jones, D. E., Greenberg, M., & Crowley, M. (2015). Early social-emotional functioning and public health: The relationship between kindergarten social competence and future wellness. *American Journal of Public Health, 105*, 2283-2290. https://doi.org/10.2105/AJPH.2015.302630

Mayer, J. D., Caruso, D. R., & Salovey, P. (2000). Selecting a measure of EI: The case for ability scales. In R. Bar-On, & J. D. A. Parker (Eds.), *The handbook of EI: Theory, development, assessment, and application at home, school, and in the workplace* (pp. 320-342). Jossey-Bass.

Mayer, J. D., & Salovey, P. (1997). What is emotional intelligence? In P. Salovey, & D. J. Sluyter (Eds.), *Emotional development and emotional intelligence: Educational implications* (pp. 3-34). Basic Books.

McClain, M. C., & Pfeiffer, S. I. (2012). Identification of gifted students in the United States today: A look at state definitions, policies, and practices. *Journal of Applied School Psychology, 28*(1), 59-88. https://eric.ed.gov/?id=EJ956579

Mayer, J. D., Salovey, P., & Caruso, D. R. (2002). *The Mayer-Salovey-Caruso EI Test (MSCEIT) – User's Manual.* Multi-Health Systems.

Mayer, J. D., Salovey, P., Caruso, D. R., & Sitarenios, G. (2001). EI as a standard intelligence. *Emotion, 1*(3), 232-242.

Merrell, K. W., Cohn, B. P., & Tom, K. M. (2011). Development and validation of a teacher report measure for assessing social-emotional competencies of children and adolescents. *School Psychology Review, 40*, 226-241. https://doi.org/10.1080/02796015.2011.12087714

Neihart, M., Pfeiffer, S. I., & Cross. (Eds.) (2016). *The social and emotional development of gifted children. What do we know? (2nd ed.).* Prufrock Press.

Perez, J. C., Petrides, K. V., & Furham, A. (2005). Measuring Trait EI. In R. Schulze & R. D. Roberts (Eds.), *EI: An international handbook* (pp. 181-201). Hogrefe & Huber.

Peterson, C., & Seligman, M. E. P. (2004). *Character strengths and virtues: A classification and handbook.* American Psychological Association.

Petrides, K. V., & Furham, A. (2001). Trait EI: Psychometric investigation with reference to established trait taxonomies. *European Journal of Personality, 15*(6), 425-448. https://doi.org/10.1002/per.416

Pfeiffer, S. I. (2001). Emotional intelligence: Popular but elusive construct. *Roeper Review, 23*(3), 138-142. https://doi.org/10.1080/02783190109554085

Pfeiffer, S. I. (2003). Challenges and opportunities for students who are gifted: What the experts say. *Gifted Child Quarterly, 47*(2), 161-169. https://doi.org/10.1177/001698620304700207

Pfeiffer, S. I. (2012). Current perspectives on the identification and assessment of gifted students. *Journal of Psychoeducational Assessment, 30*(1), 3-9. https://doi.org/10.1177/0734282911428192

Pfeiffer, S. I. (2013a). Lessons learned from working with high-ability students. *Gifted Education International, 29*(1), 86-97. https://doi.org/10.1177/0261429412440653

Pfeiffer, S. I. (2013b). *Serving the gifted: Evidence-based clinical and psychoeducational practice.* Routledge (Taylor & Francis Group).

Pfeiffer, S. I. (2015a). *Essentials of gifted assessment.* Wiley.

Pfeiffer, S. I. (2015b). *The Pfeiffer Emotional Intelligence Scale.* Unpublished measurement instrument.

Pfeiffer, S. I. (2017). Success in the classroom and in life: Focusing on strengths of the head and strengths of the heart. *Gifted Education International, 33*(2), 95-101. https://doi.org/10.1177/0261429416640337

Pfeiffer, S. I. (2018). (Editor-in-Chief). *APA handbook of giftedness and talent.* American Psychological Association.

Pfeiffer, S. I. (2020). Giftedness and talent development in children and youth. In P. Ward, J. M. Schraagen, J. Gore, & E. M. Roth (Eds.), *The Oxford Handbook of Expertise* (pp. 103-127). Oxford University Press.

Pfeiffer, S. I., & Jarosewich, T. (2003). *Gifted Rating Scales Manual.* The Psychological Corp (Pearson Assessment).

Pfeiffer, S. I., & Jarosewich, T. (in press). *Gifted Rating Scales-2.* MHS.

Pfeiffer, S. I., & Jarosewich, T. (2007). The Gifted Rating Scales-School Form. An analysis of the standardization sample based on age, gender, race, and diagnostic accuracy. *Gifted Child Quarterly, 51* (1), 1-12. https://eric.ed.gov/?id=EJ781404

Renati, R., & Pfeiffer, S. I. (2018). *Children with High Potential [Bambini ad alto Potenziale].* Alpes Italia srl.

Robertson, S. G, Pfeiffer, S. I., & Taylor, N. (2011). Serving the gifted: A national survey of school psychologists, *Psychology in the Schools, 48*(8), 786-799. https://doi.org/10.1002/pits.20590

Schutte, N., Malouff, J., Hall, L., Haggerty, D., Cooper, J., Golden, C., & Dornheim, L. (1998). Development and validation of a measure of EI. *Personality and Individual Differences*, *25*(2), 167-177. https://doi.org/10.1016/S0191-8869(98)00001-4

Schutte, N., Malouff, J. M., & Bhullar, N. (2009). The Assessing Emotions Scale. In C. Stogh, D. Saklofske, & J. Parker (Eds.), *The assessment of EI* (pp. 119-135). Springer Publishing.

Schwarzer, R., & Jerusalem, M. (1995). Generalized Self-Efficacy scale. In J. Weinman, S. Wright, & M. Johnson (Eds.), *Measures in health psychology: A user's portfolio. Causal and control beliefs* (pp. 35-37). NFER-Nelson.

Seligman, M. E. P. (2011). *Flourish: A visionary new understanding of happiness and well-being.* Free Press.

Seligman, M. E. P., & Czikszentmihalyi, M. (2000). Positive psychology: An introduction. *American Psychologist*, *55*, 5-14. https://doi.org/10.1037/0003-066X.55.1.5

Shaunessy, E., & Suldo, S. M. (2010). Strategies utilized by intellectually gifted students to cope with stress during their participation in a high school International Bacccalaureate program. *Gifted Child Quarterly*, *54*(2), 127-137. https://doi.org/10.1177/0016986209355977

Subotnik, R. F., Olszewski-Kubilius, P., & Worrell, F. C. (2018). Talent development as the most promising focus of giftedness and gifted education. In S. I. Pfeiffer (Ed.), *APA handbook of giftedness and Talent* (pp. 231-245). American Psychological Association.

Suldo, S. M., Hearon, B. V., & Shaunessy-Dedrick, E. (2018). Examining gifted students mental health through the lens of positive psychology. In S. I. Pfeiffer (Ed.), *APA handbook of giftedness and talent* (pp. 433-449). American Psychological Association.

Valler, E., & Pfeiffer, S. I. (2015). *Development and exploratory factor analysis of a measure of EI in youth: The Pfeiffer EI Scale* [Master's thesis, Florida State University].

Valler, E. (2019). *Preliminary examination of the psychometric properties of the Pfeiffer Emotional Intelligence Scale* [Doctoral dissertation, Florida State University].

Wagnild, G. (2009). *The Resilience Scale users guide for the U.S. English version of the Resilience Sclae and the 14-item Reslience Scale (RS-14)*. The Resilience Center.

Whitcomb, S. A. (2018). *Behavioral, social, and emotional assessment of children and adolescents.* (5th ed.). Routledge.

Winner, E. (2000). The origins and ends of giftedness. *American Psychologist, 55*(1), *159-169.* https://doi.org/10.1037/0003-066X.55.1.159

Parte 2

CONTEXTOS SOCIAIS DA CRIATIVIDADE

Criatividade: Importante Competência do Século XXI

Tatiana de Cassia Nakano

A criatividade tem sido valorizada como uma das importantes competências do século XXI, dada a possibilidade de ajudar as pessoas a alcançarem resultados desejados em relação a indicadores pessoais, sociais, escolares e profissionais. Este capítulo irá focar na apresentação dos benefícios que podem advir da criatividade, compreendida como um potencial presente em todos os indivíduos. Também irá apresentar a proposta de avaliação dessa característica no *Programme for International Student Assessment* (PISA) 2021 e sua compreensão enquanto uma das possíveis manifestações das altas habilidades/superdotação. O texto é finalizado com a apresentação das aplicações práticas e o impacto social da criatividade.

Habilidades do Século XXI

A evolução da sociedade e da economia tem exigido, dos jovens, novas aptidões e competências que lhes permitam beneficiar das novas formas de socialização emergentes e contribuir, ativamente, para o desenvolvimento econômico, por meio do conhecimento (*Organisation for Economic Co-operation and Development* [OCDE], 2009). As habilidades necessárias para a educação e o mercado dmas e informação, consideradas essenciais frente as mudanças rápidas e os desafios presentes no cenário da globalização (Wechsler & Nakano, 2018).

A OCDE (2008) organizou as habilidades e competências do século XXI dentro de uma estrutura que contempla três dimensões abrangentes: (1) informação (como fonte e como produto); (2) comunicação (escrita, falada, virtual, arte), colaboração e tecnologias da informação; e (3) ética e impacto social (responsabilidade social, pensamento crítico, decisões, julgamento e consciência social) (Tabela 1).

Tabela 1 – Habilidades do Século XXI, segundo a OCDE

Tipo de Habilidade	Exemplos de habilidades
Habilidades cognitivas	Resolução de problemas não rotineiros Pensamento crítico Pensamento sistêmico Flexibilidade Adaptabilidade Criatividade Resolução de problemas
Habilidades interpessoais	Comunicação complexa Habilidades sociais Colaboração Trabalho em equipe Responsabilidade Liderança Consciência global
Habilidades intrapessoais	Autogestão Produtividade Administração de tempo Autodesenvolvimento Autorregulação Adaptabilidade Funcionamento executivo Aprender a aprender Motivação intrínseca
Habilidades técnicas	Fluência em pesquisa e comunicação Habilidades empreendedoras Alfabetização financeira

Outra proposta foi elaborada pela *Partnership for 21st Century Learning* (2007), envolvendo quatro categorias: (i) assuntos-chave e temas do século 21; (ii) habilidades de aprendizagem e inovação; (iii) habilidades em informação, mídia e tecnologia; e (iv) habilidades de vida e carreira (Tabela 2).

Tabela 2 – Habilidades do Século XXI, segundo a *Partnership for 21st Century Skills* (P21)

Tipo de habilidade	Exemplo de habilidade
Assuntos principais	Disciplinas gerais (inglês, leitura, artes, matemática, ciências, geografia, historia, dentre outras) Consciência global Alfabetização financeira Alfabetização econômica Alfabetização cívica Alfabetização em saúde Alfabetização ambiental
Habilidades de aprendizagem e inovação	Criatividade Pensamento crítico Solução de problemas Comunicação Colaboração
Habilidades em informação, mídia e tecnologia	Meios de comunicação Alfabetização em informação Alfabetização em comunicação Alfabetização em tecnologia
Habilidades de vida e carreira	Flexibilidade Adaptabilidade Iniciativa Autodireção Habilidades sociais e transculturais Produtividade Responsabilidade Liderança

Independente do modelo, o que se pode ver é que muitas das habilidades são comuns nos dois modelos (Geisinger, 2016). O texto aqui apresentado irá focar em uma delas especificamente: a criatividade.

Criatividade Como Habilidade do Século XXI

A criatividade tem sido destacada, na literatura científica nacional e internacional, juntamente da resolução de problemas, da colaboração e da alfabetização digital e informacional, como uma das principais habilidades a serem valorizadas no século 21 (Kupers et al., 2019), constituindo-se em alvo de interesse de pesquisadores, educadores e elaboradores de políticas públicas. Considerando que tal habilidade pode se constituir em um diferencial para o sucesso na vida pessoal, social, acadêmica e profissional, esforços para o seu desenvolvimento têm sido incentivados devido ao seu importante papel, tanto no desenvolvimento social quanto individual (Zhu et al., 2019).

Para se ter uma ideia da relevância da criatividade, Vivent-Lancrin et al. (2020) citam uma série de exemplos. Em 2016, diretores de grandes empresas multinacionais foram convidados a listarem as dez competências mais importantes no mercado de trabalho em 2015. A criatividade ficou em décimo lugar, prevendo que, em 2020, ela ocupasse o terceiro lugar. Uma pesquisa de mercado realizada pela *LinkedIn Learning* concluiu que a criatividade foi a competência comportamental mais procurada pelas organizações em 2019 e a segunda competência profissional mais solicitada pelas empresas. Uma análise da base de dados do Departamento de Trabalho dos Estados Unidos mostrou que tal construto foi a competência cuja demanda mais cresceu entre 2004 e 2017, aumentando em todos os setores da economia, especialmente em cargos científicos e de engenharia. Citam ainda que a maior parte dos currículos dos países membros da OCDE inclui a criatividade em seus objetivos de aprendizagem, confirmando em termos de consenso mundial, a sua importância na educação básica e no ensino superior. Os autores concluem, diante de tais dados, que parece haver um consenso de que criatividade, juntamente ao pensamento crítico, "se tornarão importantes para a vida profissional das pessoas e serão muito mais solicitados no mercado de trabalho nas próximas décadas" (p. 50).

Globalmente, a sociedade tem enfrentado uma série de desafios e dilemas cada vez mais complexos. Nesse contexto, a criatividade tem sido considerada uma capacidade essencial para o enfrentamento desses desafios, permitindo que os indivíduos possam buscar a autorrealização e oferecer contribuições para a sociedade, imersos nesse ambiente marcado pela complexidade e incerteza (Lassig, 2019), bem como pela rapidez da obsolescência (Ziegler, 2009). A sociedade se encontra em um período em que todos precisam desenvolver plenamente seu potencial criativo, a fim de construir novas oportunidades, aproveitar aquelas trazidas pelos avanços tecnológicos, como também para abordar os problemas atuais e futuros que as sociedades enfrentam (Zhao & Gearin, 2016). Os indivíduos criativos não podem ser mais a minoria, e o desenvolvimento da criatividade deve ser incentivado para todos. Com um mundo cada vez mais complexo, a promoção da criatividade tem se mostrado mais importante do que nunca.

A criatividade pode ser definida como a interação entre aptidão, processo e ambiente, pela qual um indivíduo produz um produto que é percebido como novo e útil, dentro de um contexto social (Plucker et al., 2004). No contexto atual, os indivíduos precisam aprender a gerar ideias, adaptar, inovar e resolver problemas quando confrontados com circunstâncias incertas (Ambrose, 2016). Se precisamos preparar os indivíduos para lidarem com um mundo que ainda não existe, precisamos incentivar e desenvolver sua criatividade (Kaufman et al., 2018), habilidade que possibilitará que os problemas sejam transformados em desafios e oportunidades (Runco, 2016). Por tal motivo, destaca-se que a criatividade vem sendo indicada como um dos recursos econômicos mais importantes desse século.

Por tal motivo, Olszewski-Kubilius et al. (2016) ressaltam que, dentre os desafios relacionados aos problemas do século XXI, o estímulo ao desenvolvimento criativo deve ser considerado nas mais diferentes áreas em que ele pode se manifestar (esporte, música, dança, matemática, escrita, dentre outras). Contudo, para que isso ocorra, a reorganização do processo de ensino-aprendizagem também será essencial, exigindo, dos professores, o ensino interdisciplinar aliado a novos métodos, processos e ferramentas, visando o preparo dos estudantes, de forma criativa, para as novas demandas que se fazem presentes.

De acordo com Neves-Pereira e Alencar (2018), a criatividade tem se tornado, cada vez mais, uma característica essencial nesse momento de transformação pelo qual estamos passando. Isso porque ela permite o diário e constante enfrentamento do novo, a adaptação ao ritmo acelerado das mudanças e a busca por soluções de desafios. Possibilitaria, ainda segundo as autoras, que as pessoas se transformem, adaptando-se aos novos contextos. Por tais motivos, a criatividade tornou-se um dos fenômenos intensamente estudados em diferentes áreas, como psicologia, medicina, engenharia, economia, antropologia, educação, dentre outras (Abdulla & Cramond, 2017), ainda que discussões sobre criatividade e colaboração entre pesquisadores de diferentes disciplinas de conhecimento se mostrem iniciais e escassas (Kaufman et al., 2018).

Devido a sua relevância, também passou a ser considerada, mais recentemente, parte importante do currículo de todos os níveis educacionais, dentro de um modelo intitulado 4C's (juntamente ao pensamento crítico, comunicação e colaboração) (*The Partnership of 21st Century Skills*, 2008). Prova desse reconhecimento foi a recente inserção da criatividade como uma das habilidades a serem avaliadas pelo *Programme for International Student Assessment* (PISA), em 2021 (*Organisation for Economic Co-operation and Development* [OECD], 2019), cujo formato será melhor descrito posteriormente.

Tal movimento reflete o aumento, nos últimos anos, do interesse global pelo desenvolvimento da criatividade na educação. Uma série de exemplos internacionais, citados por Guo e Woulfin (2016), demonstram como esse construto vem sendo valorizado em diferentes sistemas educacionais: o Reino Unido tem buscado suporte do Comitê Consultivo Nacional de Educação Criativa e Cultural na elaboração das políticas educacionais; a Finlândia valoriza o papel da criatividade na educação, cultivando-a conscientemente como uma das forças que devem ser desenvolvidas dentro de uma proposta de ensino de qualidade; a China tem promovido ações voltadas à inovação e criatividade, por meio de mudanças importantes nas políticas educacionais; e os Estados Unidos também começaram a investir nesse construto, reconhecendo sua influência na manutenção e melhoria da competitividade global. No entanto, Lassig (2019) ressalta que, apesar da criatividade ter sido incorporada em uma série de documentos políticos e curriculares em todo o mundo, as políticas públicas ainda carecem de definições claras e consistentes sobre a criatividade.

Colocar a palavra "criatividade" nesses documentos e esperar que tal habilidade seja desenvolvida nos sistemas educacionais é insuficiente, sendo necessário o embasamento em evidências empíricas. Considerando isso, a popularização de abordagens para o desenvolvimento das habilidades do século XXI pode fazer com que a aquisição do conhecimento seja alcançada em conjunto com o desenvolvimento da imaginação, curiosidade e criatividade dos estudantes (Avdeenk et al., 2018).

Alia-se aos motivos anteriormente citados, o fato de que a sociedade também está vivenciando importante momento de absorção das tecnologias digitais nos mais diferentes contextos. Essas ferramentas têm se mostrado responsáveis por importantes mudanças, especialmente em três níveis: a) cognitivo, envolvendo a forma como nós aprendemos e processamos informações; b) individual, envolvendo a forma como interagimos com o mundo; e c) social, entendido como parte da comunidade (Bruno & Canina, 2019). Dentro desse contexto, a criatividade tem sido reconhecida como uma das habilidades mais importantes para: (1) ajudar as pessoas a gerarem ideias novas e úteis;(2) obter vantagem nas oportunidades oferecidas pelas tecnologias digitais e, consequentemente por uma avalanche de informações novas e diversificadas; e (3) expandir a criatividade geral, por meio da superação das barreiras espaciais, temporais e tecnológicas, nos mais diversos contextos.

Habilidades relacionadas à criação, resolução de problemas, geração de ideias, flexibilidade mental, pensamento imaginativo têm sido habilidades demandadas dos sujeitos (Grigorenko, 2019), juntamente a uma série de atitudes e disposições (mente aberta), habilidades e estratégias de pensamento (pensamento metafórico, técnicas criativas de resolução de problemas) e oportunidades para aplicar tais habilidades, que têm se mostrado essenciais no preparo dos indivíduos para o enfrentamento das necessidades e problemas atuais (Olszewski-Kubilius et al., 2016). Nesse sentido, a criatividade deve ser estimulada como forma de não só envolver a produção de conteúdo inovador, original e diferente, mas também adequado, útil e adaptado à tarefa (OECD, 2015).

É importante destacar, no entanto, que, segundo Runco (2016), as realizações criativas irão depender de três aspectos: (1) início precoce em um campo específico; (2) esforço regular e contínuo neste campo; e (3) longevidade dentro do campo. A primeira delas envolve com mais ênfase uma questão de sorte, mas as demais dependem de esforço, tomada de decisão e motivação. Certamente, aquelas pessoas que se destacaram nas suas áreas de atuação, passaram anos praticando seus conhecimentos em determinada área, buscando se aperfeiçoar e dominar aquele conhecimento (Vivent-Lancrin et al., 2020).

A Criatividade no *Programme for International Student Assessment* (PISA) 2022

Tamanha a importância atual da criatividade, ela será avaliada no PISA que será aplicado em 2022 em estudantes de 15 anos do mundo todo, com o objetivo de obter dados comparáveis, os quais poderão ter implicações importantes nas políticas educacionais e práticas pedagógicas. Nessa avaliação, a criatividade é definida como uma competência para se envolver produtivamente na geração, avaliação e aprimoramento de ideias, que podem resultar em soluções originais e eficazes, avanços no conhecimento e expressões impactantes da imaginação (OCDE, 2019, p. 7, tradução livre).

A avaliação da criatividade no PISA 2022 será composta por duas partes: um teste e um questionário de base, a serem respondidos no período de uma hora. O teste buscará identificar se os alunos são capazes de mobilizar seus processos cognitivos de pensamento criativo ao trabalharem em tarefas que exigem geração, avaliação e aprimoramento de ideias. Quatro diferentes domínios serão avaliados, conforme Tabela 3.

Os itens usados para avaliar as facetas do pensamento criativo identificadas nessa estrutura consistem nos seguintes tipos diferentes de respostas (OECD, 2019):

- Tarefas de resposta construída: normalmente exigem uma resposta por escrito, variando de poucas palavras (por exemplo, legenda de desenho animado ou hipótese científica) a um texto breve (por exemplo, final criativo a uma história ou explicação de uma ideia de design), resposta visual (por exemplo, projetar um pôster ou combinar um conjunto de formas dadas).
- Tarefas interativas baseadas em simulação: simulam ambientes do tipo laboratório em que os alunos podem se envolver em

pesquisas científicas ou ambientes do tipo jogo nos quais os alunos concluem um nível. Nessas tarefas, os alunos recebem *feedback* automático imediato sobre suas ações.

- Múltipla escolha simples e complexa: exigem respostas baseadas na escolha de uma opção dentre muitas (por exemplo, seleção de uma ideia sugerida anteriormente) e respostas de arrastar e soltar (por exemplo, categorizar ideias).

Tabela 3 – Domínios e Áreas Avaliadas pelo PISA 2022

Área	Domínio	Exemplo de atividade
Expressão criativa	Expressão escrita	Inventar títulos para figuras; inventar histórias a partir de alguns estímulos (figura ou ilustração)
	Expressão visual	Combinar formas ou figuras para produzir um produto visual; confeccionar um pôster
Envolvimento criativo	Solução científica de problemas	Gerar diferentes hipóteses ou ideias experimentais para investigar um determinado dado (por exemplo: animais que se tornaram, repentinamente, agressivos; testar a propriedade de materiais)
	Solução social de problemas	Buscar diferentes soluções para um problema social (por exemplo, a escassez de água; reduzir a quantidade de lixo produzido)

Nota. Fonte: OECD (2019).

Os questionários, por sua vez, irão complementar essas informações com dados sobre outros aspectos que podem facilitar o pensamento criativo dos alunos, os quais não são avaliados diretamente no teste que será aplicado. Ele envolverá cinco pontos, melhor descritos na Tabela 4.

Dentre a diversidade de abordagens que a temática da criatividade pode ser investigada, o presente texto foi organizado de modo a enfocar duas possibilidades de manifestação da criatividade: enquanto potencial presente em todos os indivíduos e criatividade como uma das manifestações das altas habilidades/superdotação (AH/S).

Tabela 4 – Aspectos Avaliados nos Questionários

Aspecto avaliado	Objetivo
Curiosidade e exploração	Fornecerá informações sobre aspectos relacionados à pessoa criativa, tais como a curiosidade dos alunos, a abertura a novas experiências e disposição para exploração, baseando-se na extensa literatura sobre a relação entre traços de personalidade e criatividade
Auto-eficácia criativa	Investigará, até que ponto, os alunos acreditam em suas habilidades criativas, por meio de uma escala de auto-eficácia
Crenças sobre criatividade	Buscará explorar o que os jovens pensam sobre criatividade (por exemplo: se pode ser treinada ou se é inata; se é expressa apenas nas artes; se é uma característica considerada boa em todos os contextos)
Atitudes criativas na sala de aula e na escola	Perguntará sobre atividades que os alunos participam na escola e que podem contribuir para o seu desenvolvimento criativo em diferentes domínios. O questionário respondido pela escola e pelo professor também buscará identificar informações sobre a inclusão de atividades criativas no currículo e nas atividades extracurriculares
Ambiente social	Reunirá informações sobre as interações entre aluno e professor (se, por exemplo, os alunos acreditam que a liberdade de expressão é incentivada; se os professores consideram suas ideias; se há pressão de tempo nas produções)

Nota. Fonte: OECD (2019).

Criatividade Presente, Enquanto Potencial, em Todos os Indivíduos

A criatividade é um construto complexo e multifacetado, que pode se manifestar de diferentes formas. Por isso, ela costuma ser classificada em diferentes tipos (Dietrich, 2019). A literatura tem demonstrado que todas pessoas possuem potencial para serem criativos de diferentes formas e em diferentes níveis, não sendo esperado que as pessoas sejam criativas o tempo todo ou em todas as áreas (Lassig, 2019). Os graus de criatividade podem variar. Algumas produções podem ser consideradas criativas para o mundo, para uma sociedade específica ou ainda para certo grupo de pessoas (Vivent-Lancrin et al., 2020).

Ainda que, durante muito tempo, tenha perdurado a concepção equivocada de que a criatividade se faria presente somente nos indivíduos considerados eminentes ou gênios em determinadas áreas (Kupers et al., 2019), tal construto passou a ser considerado uma habilidade presente em todos os indivíduos. Essa mudança de compreensão buscou desfazer a concepção errônea de que a criatividade é uma característica pessoal presente em poucas pessoas. A criatividade em nível elevado, tal como a que usualmente reconhecemos em grandes gênios da humanidade, é chamada de *Big-C* e exige que o pensamento criativo seja combinado com talento significativo, profunda experiência, altos níveis de envolvimento em uma área específica, bem como o reconhecimento social de que o produto tem valor. Inversamente, a *Little-c* consiste na habilidade de encontrar uma solução criativa para problemas cotidianos, podendo ser alcançada por todas as pessoas.

O surgimento do conceito de *Little-c* destacou a possibilidade de que qualquer pessoa pode ser criativa (Beghetto & Kaufman, 2007; Lassig, 2019), por exemplo, ao realizar atividades como organizar fotos de família em um álbum, combinar sobras de comida para fazer uma nova refeição, encontrar uma solução para algum problema no trabalho (OECD, 2019). Além disso, ela pode ser desenvolvida através da prática e aperfeiçoada através da educação.

Esse nível de criatividade representa descobertas novas e importantes que podem servir de base para novas compreensões, *insights* e ideias (Kaufman et al., 2018), possível de ser considerada relevante somente pelo próprio criador. Ela envolve, por exemplo, a elaboração de um novo prato de comida a partir da combinação de outros ou o conserto de uma mesa quebrada com um novo material. Infelizmente, a maior parte das pesquisas sobre a criatividade na vida adulta foca a criatividade chamada de *Big-C* (aquela alcançada por poucos indivíduos que se tornaram eminentes em suas áreas de atuação), relevando, a um segundo plano, a criatividade do dia a dia. Possíveis explicações para esse fato incluem a compreensão, equivocada, de que a criatividade predomina em determinados domínios (como o artístico), que a criatividade é uma questão de tudo ou nada, ou a ideia de que se trata de um construto estático (Plucker et al., 2018). Essas crenças impedem o reconhecimento da criatividade enquanto um potencial presente em todas as pessoas.

Some-se a esse quadro, o fato de que a sociedade tende a resistir à criatividade, de modo que muitos indivíduos, por mais criativos que sejam, simplesmente não querem enfrentar o desafio de superar a resistência a ideias criativas, bem como lutar por essas ideias, de modo a desafiar a resistência encontrada nos lares, escolas e sociedade em geral (Sternberg, 2018). Em vista disso, não nos sentimos preparados para desafiar as convenções que impedem e prejudicam a nossa criatividade.

Não podemos esquecer também a questão do tempo. Crianças e adolescentes ainda não tiveram tempo e oportunidades suficientes para dominarem determinadas áreas, mas podem, gradualmente, desenvolver sua criatividade, de forma que elas possam apresentar criatividade ao elaborarem ideias únicas, adaptativas, soluções para problemas, alcançar interpretações novas e pessoais das experiências, ações e eventos, os quais, são possíveis de, inclusive, evoluir futuramente para contribuições criativas mais amplas, considerando a natureza desenvolvimental do construto (Kaufman et al., 2009). Os autores acreditam que todas as formas posteriores de expressão criativa se iniciam como *Little-c*.

A Criatividade Considerada Uma das Possíveis Manifestações das Altas Habilidades/Superdotação

Muitos modelos recentes de superdotação detalham áreas específicas e modos pelos quais as pessoas podem ser superdotadas. A maior parte deles inclui a criatividade como um dos seus componentes (Kaufman et al., 2009). A análise desses modelos teóricos sobre AH/S revela a existência de duas perspectivas sobre a criatividade dentro do fenômeno da superdotação: criatividade como uma capacidade necessária para a ocorrência das AH/S ou criatividade como um tipo de superdotação (Lassig, 2019). Nesse sentido, alguns exemplos são apresentados na Tabela 5.

A superdotação que envolve a criatividade em nível elevado é chamada de superdotação criativa. Ela se relaciona a características como "originalidade; imaginação; capacidade para resolver problemas de forma diferente e inovadora; sensibilidade para as situações ambientais, podendo reagir e produzir diferentemente e até de modo extravagante; sentimento de desafio diante da desordem dos fatos; e facilidade de autoexpressão, fluência e flexibilidade" (Mettrau & Reis, 2007, p. 492). No modelo teórico de Renzulli, adotado nas políticas públicas brasileiras, esse tipo é chamado de superdotação produtivo-criativa, e corresponde a comportamentos que envolvem pensar de formas diferentes, curiosidade, realização de tarefas de novas maneiras, presença de imaginação (Renzulli, 2020), características do pensamento criativo (originalidade, fluência e flexibilidade), traços de personalidade (abertura a novas experiências, sensibilidade, coragem de correr riscos e curiosidade) e características da produção criativa (inovação, riqueza de detalhes) (Chagas & Fleith, 2010).

É importante destacar, no entanto, que esse tipo não é comumente identificado quando se usa a compreensão restrita (e equivocada) de superdotação restrita a altos níveis de inteligência. O desenvolvimento de novas compreensões da criatividade levará a novas direções para o estudo da superdotação, determinando não só o que se entende por superdotação criativa, mas também como o potencial criativo pode ser melhor identificado e alcançado (Kaufman et al., 2009).

Tabela 5 – Modelos teóricos que incluem a criatividade como um dos elementos que compõem as altas Habilidades/Superdotação

Modelo Teórico	Componentes das AH/S
Three-Ring Conception on Giftedness	Para que a superdotação ocorra, altos níveis de criatividade, habilidade acima da média e envolvimento com a tarefa são necessários
Structure of Intelect Model	Define a capacidade criativa como um domínio de superdotação ou talento
Berlin Model of Intelligence Structure	Define a capacidade criativa como um domínio de superdotação ou talento
Wisdom, Intelligence and Creativity Synthetized (WICS Model)	A superdotação seria resultado da síntese de três tipos de inteligência: criativa, prática e analítica, e envolveria sabedoria na tomada de decisões e na implementação de ideias
Star Model	A superdotação seria demonstrada através da identificação de cinco elementos: (a) intelecto geral superior, (b) aptidões especiais distintas, (c) requisitos não-intelectuais, (d) apoio ambiental e (e) chance. A criatividade seria considerada um dos requisitos não intelectuais, juntamente com outras características tais como motivação e autoconceito
Dynamic Theory of Giftedness	A criatividade é considerada, juntamente com outros domínios acadêmicos, como um dos aspectos do funcionamento cognitivo, os quais, em alto nível, caracterizariam a superdotação
Differentiated Model of Giftedness and Talent	A criatividade é considerada um dos muitos domínios em que um indivíduo pode apresentar talento elevado (marcada por habilidades relacionadas à imaginação, originalidade, fluência), o qual também pode se manifestar nas áreas relacionadas as habilidades intelectuais, habilidades socioafetivas e habilidades sensoriomotoras
Munich Model of Giftedness	A criatividade é considerada um dos fatores que predizem o talento, juntamente com as habilidades intelectuais, competências sociais, inteligência prática, habilidades artísticas, musicalidade e competências psicomotoras

Nota. Fonte: Lassig (2019), Miller (2012), & Kaufman et al. (2009).

Aplicações Práticas e Impacto Social

A criatividade permite uma adaptação mais eficaz no ambiente que vivemos e trabalhamos, permitindo que as habilidades relacionadas à resolução criativa de problemas auxiliem o indivíduo a sobreviver em ambientes hostis, bem como o prepare para as demais demandas do século XXI (Puccio, 2017).

Diferentes benefícios provenientes do incentivo à criatividade são destacados por Grigorenko (2019). Para os indivíduos, a criatividade pode significar conquistas pessoais e profissionais; para as organizações, envolve a capacidade de prosperar em ambientes modernos, complexos e competitivos; para os governos pode garantir o desenvolvimento e manutenção do investimento em educação, pesquisa e desenvolvimento; para os países, a prosperidade e descobertas nas artes, ciência, tecnologia e bem-estar dos seus cidadãos. Dentre os principais benefícios associados à criatividade, Yahn e Kaufman (2016) enfatizam diferentes níveis: no nível global, pode auxiliar o sucesso econômico dos países; no contexto do trabalho pode possibilitar que as pessoas recebam promoções, aumento de salário e satisfação com sua carreira; no contexto individual pode proporcionar melhores condições de saúde física, humores positivos e facilitar o enfrentamento de traumas. Plucker et al. (2018) também destacam que a criatividade pode se constituir em um impulsor do desenvolvimento econômico, preditor de sucesso na vida, manutenção da saúde mental positiva.

A criatividade tem sido valorizada devido a sua importância na promoção do bem-estar individual (Wechsler & Nakano, 2018), estando associada a saúde mental positiva, crescimento e desenvolvimento pessoal (Kaufman, 2018). Segundo o autor, a criatividade poderia ser responsável pela redução nos sintomas de estresse, aumento da felicidade e satisfação laboral, compreendida como uma habilidade que amplia as emoções positivas.

Dada as contribuições que a criatividade pode trazer para a humanidade (Pfeiffer & Wechsler, 2013), tal habilidade vem sendo percebida como um recurso valioso para o desenvolvimento pessoal e social (Nakano & Wechsler, 2018) e para a produção de novos conhecimentos (Virgolim, 2007), como uma ferramenta para superar as dificuldades impostas pelo meio (Oliveira & Nakano, 2011). Dessa forma, diferentes pesquisadores têm ressaltado esse construto como uma característica positiva e relevante para o desenvolvimento humano (Charyton et al., 2009), que mantém uma relação positiva com a saúde mental (Oliveira et al., 2016), influenciando nos estados emocionais positivos (Vivent-Lancrin et al., 2020).

Considerações Finais

Dentre a diversidade de abordagens que a criatividade pode ser enfatizada, o presente capítulo buscou, primeiramente, apontar a relevância desse construto no século XXI e suas demandas nos mais diferentes contextos. Além disso, buscou demonstrar que a criatividade é um potencial presente em todos os indivíduos, podendo se manifestar sob diferentes formas e em diferentes níveis, desde a criatividade do dia a dia até em um nível elevado, caracterizando uma superdotação criativa.

Referências

Abdulla, A. M., & Cramond, B. (2017). After Six Decades of Systematic Study of Creativity: What Do Teachers Need to Know About What It Is and How It Is Measured? *Roeper Review*, *39*(1), 9-23. https://doi.org/10.1080/02783193.2016.1247398

Ambrose, D. (2016). Twenty-first century contextual influences on the life trajectories of creative young people. In D. Ambrose, & R.J. Sternberg (Eds.), *Creative intelligence in the 21st century*: grappling with enormous problems and huge opportunities (pp. 21-48). Sense Publishers.

Avdeenko, N., Denishcheva, L., Krasnyanskaya, K., Mikhaylova, A., & Pinskaya, M. (2018). Creativity for everyone: integrating encouragement of 21st century skills in Russian schools. *Educational Studies Moscow*, *4*, 282-304. https://doi.org/10.17323/1814-9545-2018-4-282-304

Bruno, C., & Canina, M. (2019). Creativity 4.0. Empowering creative process for digitally enhanced people. *The Design Journal*, *22*(1), 2119-2131. https://doi.org/10.1080/14606925.2019.1594935

Chagas, J. F., & Fleith, D.S. (2010). Habilidades, características pessoais, interesses e estilos de aprendizagem de adolescentes talentosos. *Psico-USF*, *15*(1), 93-102. https://doi.org/10.1590/S1413-82712010000100010

Charyton, C., Hutchison, S., Snow, L., Rahman, M. A., & Elliot, J. O. (2009). Creativity as an attribute of Positive Psychology: The impact of positive and negative effect on the creative personality. *Journal of Creativity in Mental Health*, *4*(1), 57-66. https://doi.org/10.1080/15401380802708791

Dietrich, A. (2019). Types of creativity. *Psychonomic Bulletin & Review*, *26*(1), 1-12. https://doi.org/10.3758/s13423-018-1517-7

Geisinger, K. F. (2016). 21st Century Skills: What Are They and How Do We Assess Them? *Applied Measurement in Education*, *29*(4), 245-249. http://doi.org/10.1080/08957347.2016.1209207

Grigorenko, E. L. (2019). Creativity: a challenge for contemporary education. *Comparative Education*, *55*(1), 116-132. https://doi.org/10.1080/03050068.2018.1541665

Guo, J. & Woulfin, S. (2016). Twenty-First Century Creativity: An Investigation of How the Partnership for 21st Century Instructional Framework Reflects the Principles of Creativity. *Roeper Review*, *38*(3), 153-161. https://doi.org/10.1080/02783193.2016.1183741

Kaufman, J. C. (2018). Finding meaning with creativity in the past, present, and future. *Perspectives in Psychological Science*, *13*(6), 734-749. https://doi.org/10.1177/1745691618771981

Kaufman, J. C., Kaufman, S. B., Beghetto, R. A., Burgess, S. A., & Persson, R. S. (2009). Creative giftedness: beginnings, developments, and future promises. In L.V. Shavinina (Ed.), *International Handbook on Giftedness* (pp. 585-598). Springer. https://doi.org/10.1007/978-1-4020-6162-2_28

Kaufman, J. C., Luria, S. R., & Beghetto, R. A. (2018). Creativity. In S. I. Pfeiffer (Ed.), *APA Handbook of Giftedness and Talent* (pp. 287-298). American Psychological Association.

Kuppers, E., Lehmann-Wermser, A., McPherson, G., & van Geert, P. (2019). Children's creativity: a theoretical framework and systematic review. *Review of Educational Research*, *89*(1), 93-124. https://doi.org/10.3102/0034654318815707

Lassig, C. (2019). Creativity talent development: fostering creativity in schools. In S. R. Smith (Ed.), *Handbook of giftedness and talent development in the Asia-Pacific* (pp. 1-25). Springer.

Mettrau, M. B., & Reis, H. M. M. S. (2007). Políticas públicas: altas habilidades/superdotação e a literatura especializada no contexto da educação especial/inclusiva. *Ensaio: Avaliação e Políticas Públicas em Educação*, *15*(57), 489-509. https://doi.org/10.1590/S0104-40362007000400003

Miller, A. L. (2012). Conceptualizations of Creativity: Comparing Theories and Models of Giftedness. *Roeper Review, 34*(2), 94-103. https://doi.org/10.1080/02783193.2012.660683

Nakano, T. C., & Wechsler, S. M. (2018). Creativity and innovation: skills for the 21st century. *Estudos de Psicologia (Campinas), 35*(3), 237-246. https://doi.org/10.1590/1982-02752018000300002

Neves-Pereira, M., & Alencar, E. M. L. S. (2018). Educação no século XXI e o seu papel na promoção da criatividade. *Psicologia & Educação, 1*(1), 1-10. http://psicologiaeeducacao.ubi.pt/Files/Other/Artigos%20OnLine/2018/V1N1%20online/1.%20V1N1online2018.pdf

Oliveira, K. S., Nakano, T. C., & Wechsler, S. M. (2016). Criatividade e saúde mental: uma revisão da produção científica na última década. *Temas em Psicologia, 24*(4), 1493-1506. https://doi.org/10.9788/TP2016.4-16

Oliveira, M. A., & Nakano, T. C. (2011). Revisão de pesquisas sobre criatividade e resiliência. *Temas em Psicologia, 19*(2), 467-479. http://pepsic.bvsalud.org/scielo.php?script=sci_arttext&pid=S1413-389X2011000200010

Olszewski-Kubilius, P., Subotnik, R. F., & Worrell, F. C. (2016). Aiming Talent Development Toward Creative Eminence in the 21st Century. *Roeper Review, 38*(3), 140-152. https://doi.org/10.1080/02783193.2016.1184497

Organisation for Economic Co-operation and Development. (2009). *21 century skills and competences for new millennium learners in OECD countries.* https://doi.org/10.1787/218525261154

Organisation for Economic Co-operation and Development. (2019). *Pisa 2010 creative thinking framework.* https://www.oecd.org/pisa/publications/PISA-2021-creative-thinking-framework.pdf

Partnership for 21st Century Learning. (2007). Framework for 21st Century Learning. Author. http://www.p21.org/storage/documents/docs/P21_framework_0116.pdf

Pfeiffer, S. I., & Wechsler, S. M. (2013). Youth leadership: A proposal for identifying and developing creativity and giftedness. *Estudos de Psicologia (Campinas), 30*(2), 219-229. https://doi.org/10.1590/S0103-166X2013000200008

Plucker, J. A., Beghetto, R., & Daw (2004). Why creativity is domain general, why it looks domain specific, and why the distinction does not matter. In R. J. Sternberg, E. L. Grigorenko, & J. L. Singer (Eds.), *Who's creative?* (pp. 153–167). American Psychological Association.

Plucker, J. A., Guo, J., & Makel, M. C. (2018). Creativity. In S.I. Pfeiffer (Ed.), *Handbook of giftedness in children* (pp. 81-100). Springer. https://doi.org/10.1007/978-3-319-77004-8

Puccio, G. J. (2017). From the Dawn of Humanity to the 21st century: creativity as an enduring survival skill. *The Journal of Creative Behavior, 51*(4), 330-334. http://doi.org/10.1001/jocb.203

Renzulli, J. S. (2020). O que estamos fazendo de errado na educação de superdotados? Estamos deixando de fora uma grande quantidade de estudantes com alto potencial. *Revista Ibero-Americana de Criatividade e Inovação, 1*(1), 1-3. https://recriai.emnuvens.com.br/revista/article/view/17/1

Runco, M. A. (2016). We must prepare for the unforeseeable future. In D. Ambrose, & R. J. Sternberg (Eds.), *Creative intelligence in the 21st century*: grappling with enormous problems and huge opportunities (pp. 65-73). Sense Publishers.

Sternberg, R. J. (2018). Creative Giftedness is not just what creativity tests test: implications of a Triangular Theory of Creativity for understanding creative giftedness. *Roeper Review, 40*(3), 158-165. https://doi.org/10.1080/02783193.2018.1467248

Vivent-Lancrin, S., González-Sancho, C., Bouckaert, M., Luca, F., Fernández-Barrera, M., Jacotin, G., Urgel, J., & Vidal, Q. (2020). *Desenvolvimento da criatividade e do pensamento crítico dos estudantes*: o que significa na escola. Fundação Santillana.

Virgolim, A. M. R. (2007). *Talento criativo: Expressão em múltiplos contextos.* Universidade de Brasília.

Wechsler, S. M., & Nakano, T. C. (2018). Criatividade e inovação como elementos da psicologia positiva: implicações para o contexto organizacional. In A. C. S. Vasquez, & C. S. Hutz (Orgs.), *Aplicações da Psicologia Positiva: trabalho e organizações*. Hogrefe.

West, D., Koslow, S., & Kilgour, M. (2019). Future Directions for Advertising Creativity Research. *Journal of Advertising, 48*(1), 102-114. https://doi.org/10.1080/00913367.2019.1585307

Zhao, Y., & Gearin, B. (2016). Squeezed out: the threat of global homogenization of education to creativity. In D. Ambrose, & R. J. Sternberg (Eds.), *Creative intelligence in the 21st century*: grappling with enormous problems and huge opportunities (pp. 121-138). Sense Publishers.

Zhu, W., Shang, S., Jiang, W. Pei, M., & Su, Y. (2019). Convergent Thinking Moderates the Relationship between Divergent Thinking and

Scientific Creativity. *Creativity Research Journal, 31*(3), 320-328. https://doi.org/10.1080/10400419.2019.1641685

Ziegler, A. (2009). Research on giftedness in the 21st century. In L.V. Shavinina (Ed.), *International Handbook on Giftedness* (pp.1509-1524). Springer. https://doi.org/10.1007/978-1-4020-6162-2_28

Yahn, L. & Kaufman, J. C. (2016). Asking the wrong question: why shouldn't people dislike creativity? In D. Ambrose, & R. J. Sternberg (Eds.), *Creative intelligence in the 21st century*: grappling with enormous problems and huge opportunities (pp. 75-87). Sense Publishers.

Impacto da Criatividade na Área da Saúde e Seus Efeitos Sociais

Sergio Fernando Zavarize

Anderson Martelli

A Criatividade é um fenômeno que apresenta peculiaridades na estrutura de pensamento e produção divergente ao indivíduo criativo. Características como originalidade, flexibilidade, fluência de ideias e sensibilidade, são atributos importantes desses indivíduos. Dessa maneira, contextos suscetíveis a situações inusitadas, desafios e situações de risco, proporcionam ao indivíduo criativo, estímulos intrínsecos para a busca da resolução de problemas. A aplicabilidade da criatividade na área da saúde vem sendo debatida ao longo do tempo e, nos últimos anos, percebe-se uma maior valorização de seus aspectos positivos diante de atividades que o ser humano pratica no relacionamento com seu semelhante. Procurando observar o enfoque entre trabalho criativo e a saúde, este capítulo foi escrito a partir da pesquisa na literatura especializada. Por meio dessa análise, verificou-se os impactos sociais da criatividade na área da saúde e os resultados que essa relação vem estabelecendo de forma promissora para as comunidades junto a esse setor. Intervenções criativas devem ser vistas como práticas indispensáveis a se aliarem aos mais diversificados serviços de saúde, promovendo formas inovadoras para o desenvolvimento de ações, materiais, produtos e protocolos de atendimento para a promoção de uma melhor qualidade de vida das pessoas e dos profissionais da área.

Introdução: Definições e Conceitos

A Criatividade é apontada, desde o início da vida em comunidade, como um dos recursos mais úteis, partindo da premissa que promove a busca de solução para os problemas. O ser humano sempre procurou superar os medos visando sua sobrevivência, desde a simples busca pelo alimento, até uma relação mais complexa com a doença, as epidemias, com a própria convivência entre os pares e com a sua convivência diante da morte (Feldman et al., 2008).

Em vista disso, a Criatividade pode ser entendida como uma das competências mais desejadas no comportamento das pessoas atualmente (Morais & Almeida, 2016), mencionada como um procedimento criativo ou de fazer melhor o que já vinha sendo realizado, definida como o ato de criar, tirar do nada, transformar, educar, gerar, inventar, produzir, cultivar, instituir e fundar (Feldman et al., 2008). O mundo recente, comparado aos séculos anteriores, possui um ritmo cotidiano bastante acelerado, acompanhado de elevada exigência de produtividade e eficiência adaptativa (Sakamoto, 2008).

Seguramente, a Criatividade pode ser conceituada a partir de diversos contornos, a depender do contexto em que está sendo estudada ou avaliada (Neves-Pereira, 2018), como, por exemplo, na área da arte, da educação, das organizações, do desenvolvimento pessoal – como é o caso da sobredotação – e, também, na área da saúde, de forma abrangente (Cardoso et al., 2009). Nesse sentido, é importante determinar os diversos aspectos que incluem o construto, que compreendem variadas áreas da vida humana (Garcês et al., 2013). Com efeito, o conceito de Criatividade na saúde é um processo complexo e muitas vezes controverso, visto que em determinados momentos é retratada como positiva e em outros de forma depreciativa (Silvia & Kimbrel, 2010; Fóx, 2012).

Segundo Stemberg (2003), o comportamento criativo é resultado da disposição de diversos fatores diferentes e ao mesmo tempo inter-relacionados, que são descritos como características necessárias para que haja uma expressão da Criatividade. Alguns desses fatores são: personalidade, inteligência, características individuais ou estilos próprios, conhecimento, motivação e, necessariamente, contexto ambiental apropriado. De fato, essa é uma composição multifatorial da Criatividade, sendo necessária uma combinação entre todos esses fatores (Lubart, 2009). Como resultado dessas múltiplas facetas, no âmbito da pesquisa em psicologia, a Criatividade é considerada um fenômeno autêntico e que envolve diversos outros sentidos, como a autorrealização, os sentimentos e emoções positivas e, ainda, a felicidade (Csikszentmihalyi, 2014).

De acordo com Wechsler (2008), a Criatividade pode ser entendida como um processo no qual existem diversas interações entre características da personalidade, habilidades cognitivas individuais e elementos do ambiente que facilitam o indivíduo alcançar descobertas criativas. Associado a esse conceito, vem a premissa do desenvolvimento de algo novo, um produto, que tenha utilidade dentro de um determinado contexto e envolva uma finalidade social. Segundo Cardoso e França Leite (2009), da mesma forma que a Criatividade proporciona a elaboração de novos produtos, ela também pode desenvolver no indivíduo as habilidades para resolução de determinados problemas, ou mesmo o desenvolvimento de métodos que possam conduzir à inovação – entendendo esta como um conjunto de intervenções, decisões e processos sistematizados que provocam a mudança de ideias, atitudes, culturas e práticas. Portanto, a Criatividade é uma concepção abrangente na qual são incluídos aspectos comportamentais e estruturais, assim como fatores internos e externos ao ambiente (Bruno-Faria & Fonseca, 2014).

A conceituação das Criatividade depende, em grande parte, do ponto de vista dos pesquisadores envolvidos e do que a Criatividade pode estar representando. De toda forma, seu potencial tem interessado cada vez mais a comunidade científica, sobretudo pelo fato de que alguns pesquisadores a tem considerado como uma das habilidades mais importantes no mundo contemporâneo (Nakano & Wechsler, 2018). Seus benefícios se desdobram em várias áreas da vida humana, por exemplo, nos sentimentos de bem-estar, satisfação e saúde mental. Variáveis como o processo, o produto e o ambiente criativo devem ser levados em consideração (Garcês et al., 2013).

Importantes mudanças na definição de Criatividade ocorreram ao longo do tempo (Oliveira et al., 2016). Atualmente, ela vem sendo valorizada nos mais diferentes contextos sociais devido a sua importância para o desenvolvimento completo e sadio do indivíduo (Charyton et al., 2009; Wechsler, 2008).

Característica das Pessoas Criativas

A eficiência adaptativa do homem favorece a utilização de métodos criativos, que são reconhecidos quando um indivíduo, ou mesmo um profissional, possui o caráter dinâmico e/ou diferenciado em suas ações, pensando e fazendo diferente dos demais, propondo e testando alternativas de solução diante de um problema e, com isso, originando de novas ideias (Feldman et al., 2008). Acrescente-se a isso o fato de que a pessoa criativa pode ser entendida como aquela que sabe quem é, aonde quer ir e o que deseja realizar. Esse tipo de atitude em um determinado nível de liderança poderá favorecer o desenvolvimento individual e coletivo, levando a um realinhamento grupal muito mais produtivo e prazeroso (Ruas, 2001).

As pessoas criativas apresentam diversas características que lhe são peculiares e, consequentemente, maior capacidade na resolução de problemas de maneira inovadora. Dessa mesma forma, esses indivíduos expressam maior aptidão para desenvolverem produtos ou invenções criativas, características essas que foram descritas por diversos autores (Alencar & Fleith, 2003; Florida, 2011; Lubart, 2009; Oliveira, 2010; Wechsler, 2007, 2012; Zavarize et al., 2014).

A partir da seleção de inúmeros trabalhos sobre as características da pessoa criativa, Wechsler (2008) elencou diversos atributos que estão presentes nesses indivíduos, como os seguintes:

- Abertura a novas experiências;
- Afinidade por situações de risco;
- Alto senso de humor;
- Autoconceito positivo;
- Elevada sensibilidade;
- Fluência e flexibilidade de ideias;
- Ideias elaboradas;
- Imaginação e fantasia;
- Impulsividade e espontaneidade;
- Inconformismo;
- Independência de julgamentos;
- Motivação e curiosidade elevadas;

- Pensamento original e inovador;
- Sentido de destino criativo;
- Utilização elevada de analogias e combinações incomuns.

Levando em consideração todos os atributos e características enumeradas das pessoas criativas, é possível perceber as mais variadas situações nas quais a expressão da Criatividade poderá se manifestar de muitas formas, em que seus possíveis benefícios poderão ser observados no campo social e comunitário. De forma análoga, a Criatividade pode auxiliar o indivíduo a lidar com seus problemas físicos e de saúde, contribuindo, assim, com a melhora de sua qualidade de vida e do seu bem-estar (Zavarize & Wechsler, 2012). Sob o mesmo ponto de vista, entende-se que indivíduos mais criativos são mais saudáveis e adaptáveis e, em alguns casos, podem ter uma expectativa de vida mais longa (Runco & Pritzker, 2011).

De fato, as contribuições que a expressão da Criatividade pode ser capaz de proporcionar para a saúde e bem-estar favorecem a elaboração de novas opções e alternativas de adaptação para o cotidiano, promovendo a resolução de problemas relacionados à possíveis doenças, além de proporcionar uma melhora nas ações no dia a dia, quer seja no ambiente onde se está inserido e na elaboração de novos produtos ou mesmo na inovação de métodos e procedimentos (Kelly et al., 2012; Zavarize et al., 2014).

Certamente, os indivíduos que são criativos procuram novos meios de superação dos seus problemas de saúde ou, ainda, da saúde de outras pessoas. Em vista disso, as características das pessoas criativas como o otimismo, a esperança e o senso de humor, de forma positiva, favorecem a melhora dos sintomas em seus quadros patológicos (Baas et al., 2008; Wechsler, 2008). Em síntese, as pessoas criativas parecem ter maiores possibilidades de adaptação e reorganização de suas vidas. Do mesmo modo, espera-se que, por meio das ferramentas que a Criatividade oferece na solução de problemas e nos fatores de resiliência, essas pessoas possam apresentar uma melhora em seu bem-estar e da sua qualidade de vida dentro dos limites que a doença se apresenta (Oliveira & Nakano, 2011; Proctor et al., 2011).

Assim, as influências da Criatividade nas mais diversas esferas sociais, familiares, de gênero, educacionais e do trabalho, são cada vez mais pesquisadas (Oliveira et al., 2016; Prado et al., 2016). Contudo, ainda é possível verificar uma escassez de estudos sobre a Criatividade na área da saúde. Existem diversas lacunas que poderiam ser mais profundamente estudadas, como: competências dos profissionais de saúde, desenvolvimento de soluções para os problemas decorrentes das dificuldades impostas pela doença, criação de protocolos de cuidados, percepção individual da saúde e enfrentamento, inovação em pesquisa e desenvolvimento tecnológico. Foi essa fragilidade nas pesquisas que envolvem especificamente a Criatividade na área da saúde motivou a concretização deste capítulo.

A Criatividade na Saúde

A preocupação com a saúde, na atualidade, retrata uma importante necessidade de reflexão acerca dos níveis desejáveis de adaptação do indivíduo ao ambiente, severamente comprometidos pelas exigências e pressões inerentes a nossa sociedade contemporânea. Embora as políticas públicas de prevenção nem sempre retratem a realidade, estamos na era do conhecimento, desfrutando, na área da saúde, da possibilidade de uma melhor assistência preventiva capaz de impactar positivamente em avanços na qualidade de vida (Sakamoto, 2008).

Podemos retratar acerca desse ponto o cenário de atenção primária à Saúde no Brasil que, segundo Scherer e Menezes (2016), pode parecer, à primeira vista, pouco fértil a ações criativa, mas a complexidade do processo saúde-doença tem mobilizado os trabalhadores, em função da urgência de eficiência e eficácia, a pensarem diferentes maneiras de promover um cuidado de qualidade e de vivenciarem menos sofrimento nesse ambiente laboral. Nesse sentido, várias equipes têm idealizado formas de tornar esses ambientes mais acolhedores, contrapondo ao imaginário de grande parcela dos pacientes em que os locais de Saúde seriam espaços onde prevalecem a doença, o sofrimento e a dor (Barros e al., 2007; Scherer & Menezes, 2016).

Contudo, é preciso estar muito claro que a Criatividade não deve ser entendida como sinônimo de invenção a despeito de normas pré-estabelecidas (Feldman et al., 2008). Criar não é executar uma tarefa sem um prévio planejamento e/ou visando a resolução de um problema (Dutra, 2004). Feldman et al. (2008) retratam que a Criatividade precisa ser contextualizada sob um olhar atento aos objetivos de uma organização ou meio, compartilhando conceitos e métodos acerca das dimensões organizacionais da noção de competências, missão, valores, princípios e estratégias.

Ao conhecer as necessidades e reservas de alternativas, presentes em qualquer área, dentre elas a da saúde, os coletivos se permitem improvisar, distrair-se, autorizar-se. O conhecimento não só do território em questão, mas também das normas antecedentes, da experiência gerada no e pelo trabalho, das lacunas de normas que despertam o desejo do profissional de estudar para se apropriar de novas tecnologias, parecem ser ingredientes a favorecer a Criatividade (Scherer & Menezes, 2016).

No cenário da saúde da família implantado atualmente no Brasil, o enfermeiro, como integrante de uma equipe multidisciplinar, encontra um importante espaço de atuação de trabalho, fortalecendo a consolidação do Sistema Único de Saúde (SUS). Isso se o contexto sócio-histórico e a ambiguidade das relações de poder na prática social da profissão forem melhor compreendidos, aperfeiçoando-o de forma crítica, coletiva e criativamente (Moraes et al. 2012).

O processo saúde-doença articula-se com a percepção criativa que os indivíduos estabelecem com a vida e com tudo que o rodeiam. Assim, criar implica em decurso saudável para a vida. Em seu contraste, o adoecimento, em linhas gerais, se encontraria no estado submisso da vida individual, no qual não há possibilidades de criação, ou mesmo percebido como quem está à mercê da sombra da Criatividade de outrem (Dutra & Sei, 2018). As consequências psíquicas desse ato não criativo levam os indivíduos a se sujeitarem à experiência de um ambiente não suficientemente bom, capaz de favorecer o sentimento de inutilidade e o não reconhecimento de seu viver criativo no campo potencial, favorecendo a manifestação de um sentimento de isolamento da realidade, e ocultando a potencialidade criativa e o gesto espontâneo (Dutra & Sei, 2018).

É importante considerar o contexto social nas pandemias de gripe que, mesmo como processos periódicos e naturais, provocam, de tempos em tempos, uma corrida para a solução dos problemas decorrentes da doença e, na maioria das vezes, de maneira inovadora e criativa (Carmo & Oliveira, 2009; Neumann et al. 2009). Outro contexto importante foi descrito por Donalísio (2005), que alertou para o surgimento de novos tipos de pandemias dada a realidade econômica e cultural de países como Tailândia, China, Vietnam e Coréia, onde a convivência muito próxima dos seres humanos com aves e suínos provocam graves e preocupantes surtos de influenza. Para a pesquisadora, a Criatividade, a flexibilidade, a transparência e a solidariedade são fundamentais para contrapor às doenças pandêmicas.

A pandemia causada pelo Covid-19 trouxe aos países a necessidade da resolução rápida de problemas e compreendeu um grande número de obstáculos de saúde pública, como a falta de equipamentos adequados, capacidade de leitos em hospitais, o desenvolvimento de medicamentos e vacinas, dentre outros (Holmes et al., 2020). Diferentes aspectos, da mesma forma importantes, foram as consequências causadas pela quarentena nos indivíduos. Trabalhos atualizados apontam para os efeitos psicológicos do isolamento para a contenção epidemias anteriores. Nesse cenário, complicações como estresse, depressão, e transtornos de ansiedade podem acometer as pessoas em quarentena, assim como os profissionais de saúde (Fiorillo & Gorwood, 2020; Pappa et al., 2020; Zanon et al., 2020).

Diante de situações de risco e dos desafios que uma pandemia causa, nasce a necessidade urgente da resolução dos problemas de forma rápida e inovadora, muitas vezes não testadas (Tyagi et al., 2017; Shen, et al. 2018). Dessa forma, a Criatividade, assim como a esperança e o otimismo, surge como condições indispensáveis para superar esses obstáculos e vencer as crises (Oliveira et al., 2016; Zanon et al., 2020).

Aplicações Práticas da Criatividade na Saúde e Seu Impacto Social

Na contemporaneidade, há o desafio de pensar e construir a formação de profissionais aptos para o trabalho em equipe de maneira interdisciplinar, compreendendo a experiência singular do adoecimento e não só a doença, analisando a complexidade do contexto social de modo a trabalhar mais próximo das culturas populares, com redes cuidadoras entre os serviços de saúde, e estabelecendo relações orgânicas entre estruturas de serviço e matrizes de ensino/formação. Em vista disso, o docente e discente assumem novos papéis e, tratando-se de uma relação complementar, compete ao professor cultivar a escuta e postura flexível frente aos modos de fala e participação de seus estudantes que, por sua vez, precisam ser cada vez mais ativos em busca de seu conhecimento, exercitando sua Criatividade e curiosidade científica (Imbrizi et al., 2018).

Em estudo realizado com profissionais de equipes de saúde da família de três Unidades de Saúde pertencentes a um grupo hospitalar no sul do Brasil, observou-se nas discussões coletivas a autonomia e a Criatividade, consideradas por esses profissionais como fonte de prazer no trabalho. Esses atributos, por parte desses profissionais da saúde, são capazes de proporcionar mais prazer ao trabalho, evitando tarefas mais metódicas, sistemáticas e de menor disposição para a criação, e possibilitando a imposição de características pessoais em seus afazeres por meio da expressão da subjetividade. Passa a existir uma liberdade de demonstrar seus conhecimentos e capacidade para organizar e produzir seu trabalho de forma inovadora (Glanzner et al., 2017).

Dentro da perspectiva de resiliência, outra pesquisa averiguou os impactos da Criatividade por meio da análise do perfil criativo dos participantes em sua qualidade de vida, participantes esses que apresentavam dor lombar crônica, considerada uma das alterações musculoesqueléticas mais comuns na sociedade. Os resultados mostraram que o perfil criativo dos participantes influenciou positivamente em sua qualidade de vida, enquanto fatores contrários à expressão criativa, como o individualismo, demonstraram efeitos significativos em relação a percepção da dor. Essas implicações indicam que as pessoas criativas percebem a dor de maneira diferente ou ainda menos intensa. Sendo assim, esses resultados parecem apontar para uma melhor maneira, por parte das pessoas criativas, de lidarem com o problema de forma a amenizar seus efeitos e, consequentemente, obter melhora em sua qualidade de vida (Zavarize & Wechsler, 2012).

Em entrevista com médicos do Programa de Saúde da Família, foram observados movimentos de resistência que vão desde a transgressão a poderes instituídos, de forma nem sempre explícita, a intervenções no ambiente (nos consultórios), que acabam por produzir um efeito transformador no dia a dia. A partir do desenvolvimento de ações que subvertem protocolos e normas, esse efeito se manifesta na relação com o usuário dos serviços, na organização e na atividade, visando atender aos vínculos construídos e à responsabilização por cada família. Emerge, nesse contexto, a Criatividade no cotidiano na forma de acolher o paciente e de debruçar sobre os casos, na relação que cada médico estabelece com o ofício e com toda a dinâmica envolvida na atividade, e nas alternativas para lidar com a carências. Assim, sua atuação acaba se apresentando como um ato desafiador, promovendo descobertas e a transformação das condições de vida de seus pacientes e deles próprios, enquanto médicos e enquanto sujeitos (Rossetti & Araújo, 2017).

Numa outra perspectiva da Criatividade na área da saúde, averiguou-se a prática pedagógica em hospitais, que automaticamente nos leva a uma reflexão sobre o potencial criativo existente nos educadores hospitalares, para que o seu trabalho seja realizado com eficácia e diversidade. Sob um enfoque qualitativo, duas pedagogas foram escolhidas para responderem a um questionário entre uma turma de professoras que participaram de um curso intitulado "Pedagogia Hospitalar - Ressignificando as práticas educativas no hospital". Após coletados os dados, foi observado que as professoras compreendem o papel da Criatividade no trabalho realizado no atendimento pedagógico hospitalar e sabem que existem diferentes formas da expressão da Criatividade, mas que para aprimorá-la é preciso curiosidade para aprender e descobrir, além de requerer reflexão e prática. Foi verificado, também, que a Criatividade no atendimento pedagógico hospitalar parte do pressuposto de que a flexibilidade do currículo e planejamento dos professores das classes hospitalares é mais suscetível a mudanças durante um atendimento pedagógico-educacional. A imprevisibilidade é bastante presente nessa prática e, com isso, ela aumenta a capacidade inovadora e criativa destes profissionais, tomando os cuidados para que o trabalho criativo possa ser produtivo e significativo (Cardoso & França Leite, 2018).

Em consonância com as transformações do ensino em saúde, foram percebidos os possíveis efeitos das oficinas de arte na formação de futuros profissionais de Saúde (Macedo et al., 2018). Em pesquisa realizada por Finocchiaro e Imbrizi (2017) em um espaço denominado Laboratório de Sensibilidades, localizado na Universidade Federal de São Paulo, Campus Baixada Santista, foi observado que os grupos ali formados funcionaram como um dispositivo para a produção de relações menos hierarquizadas, possibilitando maior Criatividade e encontros entre sujeitos, também favorecendo e ampliando a formação desses profissionais os quais lidarão com os processos de saúde-doença. Com essa possibilidade de transformar, os encontros nessas oficinas foram expressivos para a formação desses profissionais, principalmente no que se refere ao aspecto político de transformação, de criação e invenção de um novo modo de estabelecer relações entre sujeitos.

Visando possibilitar uma melhor atuação do profissional de saúde atuante no cuidado ambulatorial, Depret et al. (2020) retratam em seu estudo uma experiência de processo grupal utilizando a arteterapia a fim de compreender o significado atribuído por ele a essa vivência com oito profissionais de saúde, apresentando resultados de uma prática surpreendente e gratificante. Foi um espaço de interação que lhes possibilitou conhecer melhor uns aos outros, respeitar e aprender com os colegas, relaxar, aliviar o estresse e expressar suas emoções, definido pelos participantes como uma experiência terapêutica, promotora de saúde e bem-estar, o que fez emergir o desejo da continuação dessa experiência pelos profissionais envolvidos. Conforme assinalam Prado et al. (2006), a ludicidade também é retratada como dimensão pedagógica capaz de favorecer a aprendizagem e o desenvolvimento de graduandos como cuidadores e futuros profissionais da Saúde, contribuindo para que sua subjetividade se torne um campo produtivo de Criatividade e afetividade.

Assim, a Criatividade empregada na saúde suscita a possibilidade de propor novas práticas dentro de suas funções, enfrentando o trabalho prescrito e rotineiro com a liberdade de criação (Glanzner et al., 2017). Por isso, esses espaços devem ser embasados por escuta, acolhimento, ética, diálogo, autonomia, respeito, cidadania e Criatividade, de modo a impulsionar mudanças em suas práticas (Barros et al., 2007).

Considerações Finais

Nos dias atuais, os recursos destinados para a saúde são escassos e a demanda por consultas, diagnósticos, internações e procedimentos cirúrgicos, muitas vezes supera os recursos provisionados pelos governos. Uma das formas de solucionar esse problema é se aliar às inovações tecnológicas e à Criatividade. Para os profissionais de saúde, o emprego da Criatividade no cotidiano laboral permite uma melhora das perspectivas na execução de suas atividades, favorecendo mudanças positivas e prazerosas nesse trabalho. Na saúde, a humanização é de fundamental importância nos relacionamentos e nas práticas cotidianas, carecendo de processos criativos e inovadores na relação, paciente-saúde.

Outro aspecto fundamental são as doenças contagiosas e as epidemias, que ganham cada vez mais força à medida que a população mundial aumenta com o consequente aumento das diferenças sociais. Quando surgem esses desafios, a Criatividade se torna essencial, pois existe a necessidade do desenvolvimento, criação ou inovação a respeito de novas vacinas e de novos medicamentos, materiais, equipamentos e protocolos de tratamento e de intervenção. São nesses momentos, verdadeiramente, que a Criatividade é capaz de mostrar todo o seu potencial positivo e seus consequentes impactos sociais.

Referências

Alencar, E. M. L. S., & Fleith, D. S. (2003). *Criatividade: múltiplas perspectivas*. Editora Universidade de Brasília.

Baas M., De Dreu C. K., & Nijstad, B. A. (2008). A meta-analysis of 25 years of mood-creativity research: hedonic tone, activation, or regulatory focus? *Psychological Bulletin, 134*(6), 779-806. https://doi.org/10.1037/a0012815

Barros, S., Oliveira, M. A. F., & Silva, A. L. A. (2007). Práticas inovadoras para o cuidado em saúde. *Revista da Escola de Enfermagem da USP*, 41(n. esp), 815-819. https://doi.org/10.1590/S0080-62342007000500013

Bruno-Faria, M. D. F., & Fonseca, M. V. D. A. (2014). Cultura de inovação: conceitos e modelos teóricos. *Revista de Administração Contemporânea, 18*(4), 372-396. https://doi.org/10.1590/1982-7849rac20141025

Cardoso, M. R., & de França Leite, N. S. (2009). Criatividade e saúde: a inovação na perspectiva da educação. *Revista Eletrônica de Ciências da Educação, 8*(1), 01-19. http://www.periodicosibepes.org.br/index.php/reped/article/view/655

Carmo, E. H., & Oliveira, W. K. D. (2009). Risco de uma pandemia de influenza pelo vírus A (H1N1). *Cadernos de Saúde Pública, 25*(6), 1192-1192.

Charyton, C., Hutchison, S., Snow, L., Rahman, M. A., & Elliot, J. O. (2009). Creativity as an attribute of Positive Psychology: The impact of positive and negative effect on the creative personality. *Journal of Creativity in Mental Health, 4*(1), 57-66. https://doi.org/10.1080/15401380802708791

Csikszentmihalyi, M. (2014). *The systems model of creativity: the collected works of Mihaly Csikszentmihalyi.* Springer.

Depret, O. R., Maia, E. B. S., Borba, R. I. H. D., & Ribeiro, C. A. (2020). Saúde e bem-estar: a arteterapia para profissionais de saúde atuantes em cenários de cuidado ambulatorial. *Escola Anna Nery, 24*(1). https://doi.org/10.1590/2177-9465-EAN-2019-0177

Donalísio, M. R. (2005). Pandemia de influenza: seminário internacional. *Revista brasileira de Epidemiologia, 8*(4), 340-341. https://doi.org/10.1590/S1415-790X2005000400002

Dutra, J. S. (2004). *Competências: conceitos e instrumentos para gestão de pessoas na empresa moderna.* Atlas.

Dutra, R. E., & Sei, M. B. (2018). A criatividade no processo saúde--doença: uma perspectiva Winnicottiana de uma experiência em dança. Anais do 6º Simpósio de Humanização em Saúde. Universidade Estadual de Londrina.

Feldman, L. B., Ruthes, R. M., & Cunha, I. C. K. O. (2008). Criatividade e inovação: competências na gestão de enfermagem. *Revista Brasileira de Enfermagem, 61*(2), 239-242. https://doi.org/10.1590/S0034-71672008000200015

Finocchiaro, L., & Imbrizi, J. M. (2017). Oficinas de arte e a formação em saúde: uma experiência no laboratório de sensibilidades da Universidade Federal de São Paulo (UNIFESP)–Baixada Santista. *Psicologia em Revista, 23*(1), 274-291. https://doi.org/10.5752/P.1678-9563.2017v23n1p274-291

Fiorillo, A., & Gorwood, P. (2020). The consequences of the COVID-19 pandemic on mental health and implications for clinical practice. *European Psychiatry, 63*(1). https://doi.org/10.1192/j.eurpsy.2020.35

Florida, R. (2011). *A ascensão da classe criativa.* L&PM.

Fox, N. J. (2012). Creativity and health: An antihumanist refl ection. *Health, 17*(5), 495-511. https://doi.org/10.1177/1363459312464074

Garcês, S., Pocinho, M., & Jesus, S. N. (2013). Predição da criatividade e saúde mental. *Psicologia, Saúde & Doenças, 14*(2), 272-279. http://hdl.handle.net/10400.13/1336

Glanzner, C. H., Olschowsky, A., & Hoffmann, D. A. (2017). Autonomia e criatividade no trabalho de equipes de saúde da família no sul do brasil. *Trabalho (En) Cena, 2*(1), 40-49. https://doi.org/10.20873/2526-1487V2N140

Holmes, E. A., O'Connor, R. C., Perry, V. H., Tracey, I., Wessely, S., Arseneault, L., ... & Ford, T. (2020). *Multidisciplinary research priorities for the COVID-19 pandemic: a call for action for mental health science.* The Lancet Psychiatry.

Imbrizi, J. M., Kinker, F. S., Azevedo, A. B. D., & Jurdi, A. P. S. (2018). Narrativas de vida como estratégia de ensino-aprendizagem na formação em saúde. *Interface-Comunicação, Saúde, Educação, 22*, 929-938. https://doi.org/10.1590/1807-57622017.0168

Kelly, C. G., Cudney S., & Weinert C. (2012). Use of creative arts as a complementary therapy by rural women coping with chronic illness. *Journal of Holistic Nursing, 30*(1), 48-54. https://doi.org/10.1177%2F0898010111423418

Lubart, T. I. (2009). *Psicologia da Criatividade.* Artmed.

Macedo, K. D. D. S., Acosta, B. S., Silva, E. B. D., Souza, N. S. D., Beck, C. L. C., & Silva, K. K. D. D. (2018). Metodologias ativas de aprendizagem: caminhos possíveis para inovação no ensino em saúde. *Escola Anna Nery, 22*(3). https://doi.org/10.1590/2177-9465-EAN-2017-0435

Moraes, R. D., Vasconcelos, A.C.L., & Cunha, S.C.P. (2012). Prazer no Trabalho: O Lugar da Autonomia. *Revista Psicologia: Organizações e Trabalho, 12*(2), 217-228. http://pepsic.bvsalud.org/scielo.php?script=sci_arttext&pid=S1984-66572012000200007

Morais, M. D. F., & Almeida, L. S. (2016). Perceções sobre criatividade: Estudo com estudantes do Ensino Superior. *Revista Portuguesa de Educação, 29*(2), 141-162. https://doi.org/10.21814/rpe.7385

Nakano, T. C., & Wechsler, S. M. (2018). Criatividade e inovação: habilidades para o século XXI. *Estudos de Psicologia (Campinas), 35*(3), 237-246. https://doi.org/10.1590/1982-02752018000300002

Neumann, C. R., Azambuja, M. I. R., Oliveira, F. J. A. Q. D., & Falk, J. W. (2009). Pandemia de influenza A (N1H1): o que aprender com ela? *Revista HCPA, 29*(2), p. 92-99. http://hdl.handle.net/10183/28915

Neves-Pereira, M. S. (2018). Posições conceituais em criatividade. *Psicologia em Estudo, 23*, 1-15. https://doi.org/10.4025/psicolestud.v23i0.39223

Oliveira, M. A., Nakano, T. C. (2011). Revisão de pesquisas sobre criatividade e resiliência. *Temas em Psicologia, 19*(2), 467-479. http://pepsic.bvsalud.org/scielo.php?script=sci_arttext&pid=S1413-389X2011000200010

Oliveira, K. S., Nakano, T. C., & Wechsler, S. M. (2016). Criatividade e saúde mental: uma revisão da produção científica na última década.

Temas em Psicologia, 24(4), 1493-1506. http://pepsic.bvsalud.org/scielo.php?script=sci_arttext&pid=S1413-389X2016000400016

Oliveira, Z. M. F. D. (2010). Fatores influentes no desenvolvimento do potencial criativo. *Estudos de psicologia (Campinas), 27*(1), 83-92. https://www.scielo.br/j/estpsi/a/YhfMj9CLJcmFZPg7qL9Cnky/?lang=pt&format=pdf

Pappa, S., Ntella, V., Giannakas, T., Giannakoulis, V. G., Papoutsi, E., & Katsaounou, P. (2020). Prevalence of depression, anxiety, and insomnia among healthcare workers during the COVID-19 pandemic: A systematic review and meta-analysis. *Brain, Behavior, and Immunity, 88*, 901-907. https://doi.org/10.1016/j.bbi.2020.05.026

Prado, R. M., Alencar, E. M., & Fleith, D. D. S. (2016). Diferenças de gênero em criatividade: análise das pesquisas brasileiras. *Boletim de Psicologia, 66*(144), 113-124. http://pepsic.bvsalud.org/scielo.php?script=sci_arttext&pid=S0006-59432016000100010

Prado, M. L., Reibnitz, K. S., & Gelbcke, F. L. (2006, abril). Aprendendo a cuidar: a sensibilidade como elemento plasmático para formação da profissional crítico-criativa em enfermagem. *Texto & Contexto Enfermagem, 15*(2), 296-302. https://doi.org/10.1590/S0104-07072006000200014

Proctor, C., Maltby J., & Linley P. A. (2011). Strengths use as a predictor of well-being and health-related quality of life. *Journal of Happiness Studies, 12*(1), 153-169. https://doi.org/10.1007/s10902-009-9181-2

Quinn, R. E., Thompson, M. P., Mcgrath, M., & Faerman, S. R. (2003). *Competências gerenciais: princípios e aplicações.* Elsevier.

Rossetti, C. C., & de Araújo, J. N. G. (2017). Resistência e criatividade: experiências de subjetivação e saúde no trabalho de médicos do SUS, em Belo Horizonte. *Psicologia em Revista, 23*(1), 387-404. https://doi.org/10.5752/P.1678-9563.2017v23n1p387-404

Ruas R. (2001). Desenvolvimento de competências gerenciais e a contribuição da aprendizagem organizacional. In: Fleury M. T.; Oliveira J. R. (Orgs.). *Gestão estratégica do conhecimento.* Atlas.

Runco, M. A., & Pritzker, S. R. (Eds.). (2011). *Encyclopedia of creativity.* Academic Press/Elsevier.

Sakamoto, C. K. (2008). O brincar da criança-criatividade e saúde. *Boletim Academia Paulista de Psicologia, 28*(2), 267-277. http://pepsic.bvsalud.org/scielo.php?script=sci_abstract&pid=S1415-711X2008000200014

Scherer, M. D. A., & Menezes, E. L. (2016). Atenção Primária à Saúde: espaço potencial de criatividade. *Tempus, actas de saúde colet, 10*(3), 137-146. https://doi.org/10.18569/tempus.v10i3.1763

Shen, W., Hommel, B., Yuan, Y., Chang, L., & Zhang, W. (2018). Risk-taking and creativity: convergent, but not divergent thinking is better in low-risk takers. *Creativity Research Journal, 30*(2), 224-231. https://doi.org/10.1080/10400419.2018.1446852

Silvia, P. J., & Kimbrel, N. A. (2010). A dimensional analysis of creativity and mental illness: Do anxiety and depression symptoms predict creative cognition, creative accomplishments, and creative self-concepts? *Psychology of Aesthetics, Creativity, and the Arts, 4*(1), 2-10. https://doi.org/10.1037/a0016494

Stermberg, R. J. (2003). *Wisdom, intelligence, and creativity synthesized.* Cambridge University Press.

Tyagi, V., Hanoch, Y., Hall, S. D., Runco, M., & Denham, S. L. (2017). The risky side of creativity: Domain specific risk taking in creative individuals. *Frontiers in psychology, 8*(145). https://doi.org/10.3389/fpsyg.2017.00145

Wechsler, S. (2012). A identificação do talento criativo nos Estados Unidos e no Brasil. *Psicologia: Teoria e Pesquisa, 1*(2), 140-146. https://doi.org/10.1590/2175-35392019012483

Wechsler, S. M. (2007). Estilos de pensar e criar: impacto nas áreas educacional e profissional. Psicodebate. *Psicologia, Cultura y Sociedad, 7*(7), 207-218. https://doi.org/10.18682/pd.v7i0.436

Wechsler, S. M. (2008). *Criatividade: descobrindo e encorajando.* Impressão Digital do Brasil.

Wechsler, S. (2012). A identificação do talento criativo nos Estados Unidos e no Brasil. *Psicologia: Teoria e Pesquisa, 1*(2), 140-146. https://doi.org/10.1590/2175-35392019012483

Zanon, C., Dellazzana-Zanon, L. L., Wechsler, S. M., Fabretti, R. R., & Rocha, K. N. D. (2020). COVID-19: implicações e aplicações da Psicologia Positiva em tempos de pandemia. *Estudos de Psicologia (Campinas), 37.* https://doi.org/10.1590/1982-0275202037e200072

Zavarize, S. F., & Wechsler, S. M. (2012). Perfil criativo e qualidade de vida: implicações em adultos e idosos com dor lombar crônica. *Revista brasileira geriatriatria e gerontologia, 15*(3), 403-414. https://doi.org/10.1590/S1809-98232012000300002

Zavarize, S. F., Wechsler, S. M., Lima, A. B., & Martelli, A. (2014). Dor lombar crônica: implicações do perfil criativo como estratégia de enfrentamento. *JMPHC - Journal of Management & Primary Health Care, 5*(2), 188-194. https://doi.org/10.14295/jmphc.v5i2.215

Programas Criativos Para Estimular a Resolução de Problemas Sociais

Karina Nalevaiko Rocha
Solange Muglia Wechsler

A compreensão da criatividade ao longo de décadas de estudos indica sua importância e relevância em diversos contextos, especialmente em situações que demandam solução de problemas, sobretudo quando não há padrões pré-estabelecidos para resolvê-los (Torrance, 2002; Bahia, 2007). Assim, a criatividade é fundamental para garantir que futuras gerações estarão preparadas para enfrentar todos os desafios em um mundo interconectado, inerentes ao século XXI (Fórum Econômico Mundial, 2017; UNESCO, 2016). A criatividade pode ser identificada e desenvolvida, e pesquisas indicam resultados consistentes na adoção de programas que podem ser voltados à crianças, adolescentes ou adultos, com benefícios e vantagens em relação ao potencial criativo, fomentando o pensamento crítico, o conhecimento de problemas socias e aspectos da realidade, auxiliando na definição de problemas e gerando soluções inovadoras para diferentes problemáticas (Nakano, 2015; Benedeck et al., 2006; Osborn & Mumford, 2006). O objetivo deste capítulo é discutir programas de criatividade que buscam o desenvolvimento das dimensões criativas, como a fluência, flexibilidade, originalidade e elaboração para a construção de propostas e alternativas que visam o coletivo e atendem a uma melhora em relação aos problemas sociais.

A Importância a Criatividade Diante dos Desafios do Século XXI

De forma exponencial, nos últimos 50 anos observamos a incorporação da tecnologia no cotidiano do homem, estabelecendo uma relação mutuamente transformadora entre as sociedades e as tecnologias que produzem. As tecnologias são muito mais que apenas um conjunto de máquinas, ferramentas ou sistemas ligados à produção e consumo. São, antes, atores poderosos que moldam os nossos valores e perspectivas sociais, essencialmente relacionadas às possibilidades que enxergamos para o futuro (Schwab, 2018). Nesse novo cenário, surge uma nova velocidade e maneira de administrar os problemas, exigindo respostas criativas e inovadoras para problemas desconhecidos até então. Assim, diante de uma realidade de incertezas, com desafios ainda desconhecidos, torna-se uma preocupação constante preparar as futuras gerações aos problemas do século XXI (Gatti, 2015).

Estabelecem-se como tema centrais, para Sanchs (2004), três grandes desafios interligados ao século XXI: as mudanças climáticas, o déficit crescente de oportunidades de trabalho e a necessidade de alterar drasticamente a matriz energética, reduzindo o consumo das energias fósseis. A Comissão de Políticas de Desenvolvimento Sustentável e da Agenda 21 Nacional (CPDS), criada pelo governo federal, busca soluções a seis grandes temas centrais: agricultura sustentável; gestão de recursos naturais; cidades sustentáveis; redução das desigualdades sociais; infraestrutura e integração regional; ciência e tecnologia (Novaes, 2000). Esses são temas de imensa relevância para diversas nações, pauta de discussões mundiais. Trazem reflexões, diálogos e propostas que procuram redefinir políticas e estratégias com vistas a formação dessa nova geração, habilitando-as a um cenário complexo, com problemas de grande magnitude (Schwab, 2018).

Segundo Benvenutti (2016), vivemos em uma época em que tudo se torna obsoleto com muita rapidez, e não somente produtos ou serviços desaparecem substituídos por outros, mas também indústrias inteiras são substituídas por formas mais eficientes de trabalho. Diante da amplitude e dinamismo dessas transformações, não se podem utilizar padrões pré-estabelecidos, havendo a necessidade de criar novas alternativas e soluções que atendam às organizações de forma a obter vantagens competitivas sustentáveis, renovando constantemente (Lewandowska, et.al., 2016; Meissner & Kotsemir, 2016). Recorrer apenas a métodos analíticos para resolver os problemas deixou de ser viável, pois os problemas são cada vez mais imprevisíveis e, assim, nossa sobrevivência, enquanto espécie, requer adaptação às mudanças. Em outras palavras, requer criatividade (Torrance, 2002).

Uma análise histórica realizada por Levy e Murnane (2003) aponta que, a partir de 1970, os computadores reduziram as tarefas manuais e cognitivas de rotina e aumentaram as tarefas cognitivas e interativas não-rotineiras. Com base nesse estudo, Levy e Murnane (2004) argumentaram que a demanda está crescendo para o pensamento especializado (resolução de problemas não-rotineiros) e competências de comunicação complexas (habilidades interativas não-rotineiras).

Estudos empíricos conduzidos por Bowles et al. (2001) buscam estabelecer uma relação entre as competências cognitivas (medidas pelos resultados dos testes padronizados), escolaridade e ganhos. Estimava-se encontrar correlações significativas entre as competências cognitivas, educação e salário. No entanto, os autores sugerem que variáveis de personalidade e habilidades não cognitivas, como atitudes em relação ao risco, capacidade de adaptação a novos cenários, persistência e trabalho árduo –características essas que se relacionam ao perfil de pessoas criativas – provocam impacto no ganho e sobrepõem a herança de riquezas e habilidades cognitivas.

Essa é uma realidade que se evidencia no mercado de trabalho, em que as mudanças relacionadas a Revolução Industrial demonstram que as competências criativas e intrapessoais estão ganhando importância, dado o momento no qual um grande número de postos de trabalho pode ser automatizado. Os novos trabalhos requerem conhecimentos técnicos e habilidades não cognitivas, sugerindo a importância de capacitar futuras gerações à resolução de problemas, gestão de competências e às habilidades criativas, de forma a prosperar frente aos desafios dessa nova revolução (Schwab, 2018).

Nesse sentido, a educação ganha destaque como uma das principais ferramentas para preparar futuras gerações aos desafios que encontrará, seja no mercado trabalho ou na solução de problemas do cotidiano. Logo, deve-se preconizar que a função da educação só é eficiente se conseguir preparar para o futuro, com recurso a competências tais como a criatividade, que leva à inovação e relaciona-se à capacidade de utilização das ideias, autodisciplina, organização e ao trabalho em equipe (Gholamhosseinzadeh & Rezaie, 2013; Adams, 2006). Assim, a criatividade é compreendida na atualidade sob expressões fortes, designada como uma necessidade à sobrevivência (Caniels, 2013) ou como uma competência do século XXI (Miller & Dumford, 2014). Dessa forma, educação, criatividade e futuro surgem cada vez mais inseparáveis – na vida e nos discursos formais sobre ela (Azevedo et al., 2017).

Dados da Organização para Cooperação e Desenvolvimento Econômico (OCDE) sugerem que não somente as habilidades cognitivas relacionadas a identificar e classificar conceitos, aplicar regras e resolver tarefas; mas também as não cognitivas, tais como sociabilidade, curiosidade e perseverança, são fundamentais na construção dos saberes às futuras gerações (OCDE, 2015). O *The Partnership for 21st Century Skills*, instituição constituída com o objetivo de apresentar orientações de modo a assegurar a Educação promotora do sucesso das futuras gerações, reforça e promove as competências de adaptação e inovação, também o denominadas 4C's, a saber: a criatividade, o pensamento crítico (*critical thinking*), a comunicação e a colaboração.

Lançando um olhar além da formação das competências cognitivas, a Base Nacional Comum Curricular (BNCC), aprovada em sua versão final em dezembro de 2017, orienta para a construção de currículos com características das competências socioemocionais a serem desenvolvidas durante o processo educativo (comunicação, criatividade, participação, colaboração, resiliência, responsabilidade etc). Em vista disso, as atuais diretrizes para educação, tal como Parâmetros Curriculares Nacionais, apontam para uma nova forma de ensino/aprendizagem, exigindo a mudança da tradicional transmissão do conhecimento e de memorização para um cenário com base nas competências e habilidades a serem desenvolvidas (Cotta et al., 2015). Dessa forma, volta-se a atenção para o papel da escola em formar gerações para além das habilidades cognitivas.

A pesquisa realizada pelo *National Research Council* (2013) corrobora com essas ideias e entende que as habilidades do século XXI foram divididas em três grandes domínios: cognitivo, intrapessoal e interpessoal. Entende-se por cognitivo aquele que envolve estratégias e processos de aprendizado, criatividade, memória, pensamento crítico.

Já o intrapessoal tem relação com a capacidade de lidar com emoções e moldar comportamentos para atingir objetivos. Por sua vez, o interpessoal envolve a habilidade de expressar ideias, interpretar e responder aos estímulos de outras pessoas, relacionando-se à criatividade.

Nesse sentido, frente aos desafios das futuras gerações é fundamental o desenvolvimento de competências relacionadas à criatividade, inovação e às habilidades intra e interpessoal, uma vez que têm um papel importante nas atividades econômicas e podem ser evidenciadas como sendo pontos centrais e um dos principais motores do crescimento econômico (*The Global Innovation Index*, 2015). Portanto, incentivar e desenvolver o potencial criativo ganha maior ênfase, justificando e embasando estudos e esforços que contemplem essa temática, voltada para a formação de futuras gerações.

Concepções Acerca da Criatividade

Gradualmente, estudos passam a associar atos criativos às habilidades e disposições individuais. Assim, os pesquisadores também começaram a avaliar a criatividade a partir da perspectiva das teorias e processos cognitivos e da personalidade (Batey & Furnham, 2006). O grande marco que impulsionou os estudos da criatividade foi o célebre discurso de Guilford, em 1950, à comunidade científica. Na ocasião, como Presidente da *American Psychological Association*, Guilford contesta os testes de inteligência – o tão aceito e difundido QI –, defendendo que estes avaliariam apenas respostas relativas à conhecimentos assimilados anteriormente, enquanto a criatividade seria a capacidade do indivíduo de inventar novas respostas (Batey & Furnham,2006).

A partir dessa época, a criatividade passa a ter maior ênfase e desperta o interesse dos pesquisadores, fomentando novos estudos. Inúmeros aspectos relativos à criatividade passaram a ser pesquisados, como as características cognitivas, motivacionais e de personalidade de indivíduos altamente criativos; os fatores ambientais que facilitam o seu desenvolvimento e manifestação; a relação entre a criatividade durante a infância e na vida adulta; as relações entre criatividade e inteligência; e as principais barreiras a seu desenvolvimento (Isaksen & Treffinger, 2004; Alencar, 1986).

Paul Torrance, na década 1980, percebendo a necessidade de ampliar os conceitos sobre a criatividade, propôs pesquisas sistemáticas considerando não só os aspectos, cognitivos como também os emocionais da criatividade (Torrance & Ball, 1980). Torrance definiu a criatividade como o processo de tornar-se sensível a falhas, deficiências na informação ou desarmonias, de identificar as dificuldades ou os elementos faltantes, de formular hipóteses a respeito das dificuldades encontradas; e de testar os resultados encontrados (Torrance, 1972). Nesse sentido, é possível observar que, para Torrance, existe uma combinação do Pensamento Divergente com o Convergente nas diferentes fases da produção criativa (Torrance, 1965). De maneira geral, segundo Torrance, quando as pessoas são confrontadas com um problema para o qual não possuem uma resposta apreendida ou treinada, é necessária alguma criatividade para o resolver (Bahia, 2007).

Os esforços através de pesquisas sistematizadas ao longo de décadas conferem a criatividade um caráter científico, já que ela atende a todos critérios e se consolida como uma disciplina, tratando-se de um construto que pode ser identificado e desenvolvido (Wechsler, 2009). Supera, então, concepções passadas e errôneas que a consideravam como sorte ou como uma característica inata, que nada poderia ser feito no sentido de desenvolvê-la. Há décadas, muitos estudos têm sido realizados sobre as fases ou estágios que culminam na produção criativa, e em todos essas pesquisas há um consenso de que a criatividade não aparece subitamente, como uma inspiração divina, um momento de sorte; ao contrário, é um processo que envolve um grande esforço mental concentrado sobre o um tema ou problema em questão (Kilian, 2005).

Segundo Wechsler e Nakano (2002), a criatividade não tem uma conceituação simples e concisa, o que aponta para a complexidade do construto, assim como muitos desafios na busca de medidas que a avaliem. Desse modo, as diferentes concepções acerca da criatividade representam avanços significativos e atuam de forma complementar, pois possibilitam o entendimento do fenômeno criativo de maneira mais global. Assim, os conceitos que abordem a criatividade sob um ponto de vista multidimensional, considerando a influência de vários aspectos, estão mais alinhados com a realidade e abrangem de maneira mais adequada a complexidade do fenômeno (Garcia et al., 2013).

A criatividade é então entendida através de vários fatores que influenciam entre si e mutuamente, sendo eles: variáveis cognitivas, características de personalidade, aspectos familiares e educacionais, elementos sociais e culturais, estilo comportamental, controle emocional, entre outros (Isaksen, 2003; Wechsler, 2008). Essas dimensões interagem entre si de acordo com o pensamento individual e estilos criativos, sendo expressas e encontradas de diferentes maneiras (Sternberg, 2010), o que representa uma ampla possibilidade de expressão e modos de mensuração.

As contribuições sobre diferentes expressões criativas, contempladas no modelo dos 4'Cs de Beguetto e Kauffman (2009; 2011; 2015), ampliam concepções sobre diferentes expressões criativas, que não têm um intuito de categorizar de forma rígida as diversas produções criativas, mas objetivam contemplar a criatividade em todas as ações humanas e, de modo particular, na forma das pessoas resolverem os problemas que surgem em diversos âmbitos de ação (Kaufman et al., 2011; Makel & Plucker, 2010). Nesse sentido, a criatividade é entendida em 4 formas de expressão: o *Big-C*, entendida sob o aspecto de grandes obras, o *Litle-c*, referente a expressão da criatividade no cotidiano, o *Pro-C*, que trata da criatividade em um nível de especialista, mas que ainda não alcançou *status* lendários, e o *mini-c*, que se expressa de forma subjetiva e de autodescoberta, com ideias novas e significativas inerentes ao processo de aprendizagem. Por esse ângulo, um estudante de pós-graduação apresentando um trabalho em congresso seria a expressão do *Pro-c*, e um estudante de ensino fundamental conduzindo um experimento em sala de aula seria um exemplo de *mini-c*.

A Pessoa Criativa

Ao longo de nossa vida, somos constantemente confrontados por um conjunto de situações que implicam a utilização da nossa capacidade produtiva e inventiva, o que permite inferir que somos inerentemente criativos (Livingston, 2010). No entanto, a investigação científica sobre a criatividade é recente, tendo como marco inicial o famoso discurso de Guilford na década de 50, o qual fomentou o interesse acadêmico pelo tema (Beghetto & Kaufman, 2009).

Torrance & Safter (1999) propõem inicialmente 4 dimensões da criatividade: fluência, flexibilidade, elaboração e originalidade. Desse modo, pessoas criativas seriam capazes de produzir um grande número de ideias, sem censura (fluência), produzir respostas variadas e pertencentes a diferentes domínios (flexibilidade), gerar ideias originais que se afastam do óbvio, desenvolvendo soluções alternativas aos problemas (originalidade), e ainda ampliar e implementar suas ideias, adicionando detalhes (elaboração).

Posteriormente, aponta-se a necessidade de novos componentes não somente cognitivos, mas também emocionais, com propostas de inclusão dessas dimensões como formas de avaliação através dos instrumentos formais na forma verbal e figural (Wechsler, 2003). Há, então, o entendimento de que pessoas criativas tem maior facilidade em expressar sentimentos, utilizar a fantasia, representar movimentos em desenhos, adotar uma perspectiva incomum sobre os fatos, utilizar contextos e combinações, estender limites , usar textos expressivos como forma de aprofundar suas ideias e buscar a semelhança entre o mundo por meio da analogia (Wechsler, 2006a; Wechsler, 2006b).

Rhodes (1961) traz uma contribuição importante acerca das quatro categorias orientadoras do estudo da criatividade, a saber: a Pessoa, o Processo, o Produto e o Ambiente (*Press*). Atribui-se à Pessoa as questões concernentes à pessoa criativa, como a sua personalidade, os fatores cognitivos, afetivos, motivacionais e de desenvolvimento. Já o Processo refere-se às etapas da experiência criativa, como as estratégias, os métodos e as técnicas promotoras do seu desenvolvimento. O Produto foca nos resultados do processo criativo e inclui os critérios para que o produto, a obra ou a ideia possam ser classificados de criativos. Finalmente, o *Press*/Ambiente, reúne as variáveis contextuais facilitadoras ou bloqueadoras da criatividade (Runco, 2007).

Isso posto, percebe-se um grande interesse na área da criatividade em estudos que têm enfatizado e buscado entender quem é a pessoa criativa ou o que caracteriza a personalidade criativa (Plucker & Renzulli, 2009). Uma das primeiras tentativas de investigar os estilos de pensar de pessoas criativas foi por meio das especificidades do funcionamento cerebral, apontando que o lado direito do cérebro trabalha prioritariamente com informações não lógicas, enquanto o lado esquerdo trabalha com informações lógicas, mas que ambos os lados não trabalham de forma isolada, processando muitas informações de forma integrada (Garcia et al., 2015; Finger, 1984).

Sternberg & Lubart (1991), utilizam a metáfora do investimento, no sentido de que as pessoas criativas são capazes de "comprar barato e vender caro no mundo das ideias", ou seja, os indivíduos criativos percebem as potencialidades de algumas ideias, desenvolvem-nas e, quando o resultado – a ideia ou o produto – se torna valioso, "vendem-no" e partem para novo projeto. Os autores identificam um conjunto de traços de personalidade comuns aos indivíduos que apresentam maior performance criativa, a saber: predisposição para correr riscos e perseverança perante os obstáculos; autoconfiança; tolerância à ambiguidade (especialmente relevante, uma vez que as ideias necessitam de tempo para amadurecer, o que dificulta a gestão das expectativas, e ainda por as soluções só se alcançarem através de aproximações sucessivas); coragem para expressar ideias novas; e um certo grau de autoestima. Considera-se que, embora relativamente estáveis, essas predisposições individuais são mutáveis e passíveis de desenvolvimento, quer por vontade própria, quer por influência das condições ambientais (Sternberg, 2013; Sternberg & Lubart, 1991).

Amabile descreve um modelo componencial da criatividade e relaciona fatores cognitivos, motivacionais, sociais e de personalidade que influenciam o processo criativo. Assim, entre os fatores que favorecem a criatividade, salientam-se a autodisciplina, a persistência, a independência, a tolerância à ambiguidade, o não conformismo, a automotivação e o gosto em correr riscos. Ainda, são promotoras à produção de novas ideias a capacidade de transformar em estranho o familiar; gerir hipóteses, pelo uso de analogias e incidentes paradoxais; e brincar com as ideias (Hennessey & Amabile, 2010; Garcia et a., 2015).

Csikszentmihalyi entende que a criatividade é o resultado da interação entre o pensamento do indivíduo e o contexto sociocultural em que esse se insere. Portanto, deve ser compreendida como um "processo sistêmico", como um processo que resulta da intersecção de três fatores: o indivíduo (com a sua bagagem genética e experiências pessoais), o domínio (a cultura) e o campo (ou sistema social). Quanto ao indivíduo, entende-se que é quem produz variações e introduz mudanças no domínio ou na área de conhecimento. Assim, caracterizam-se pela sua curiosidade, entusiasmo, motivação intrínseca, abertura a experiências, persistência, fluência de ideias e flexibilidade de pensamento. Tais características estão sujeitas a ajustamentos, essencialmente relacionados a um ambiente estimulador da produção criativa (Csikszentmihalyi, 2014).

Plucker & Renzulli (2009) atribuem aos indivíduos criativos características como: consciência da criatividade; originalidade; independência; gosto por situações de risco; curiosidade; humor; atração pelo complexo e pela novidade; sentido artístico; "mente aberta"; desejo por privacidade; tolerância à ambiguidade. Feist (1998) em estudo ressalta que pessoas criativas em geral são ambiciosas, confiantes, flexíveis e abertas a novas experiências. Dollinger et al. (2004) reforçam essa ideia relacionando a dimensão da abertura à experiência. Seng & Kwang (2007) também salientam que os indivíduos inovadores estão mais dispostos a arriscar, são extrovertidos e abertos à experiência, ressaltando características de personalidade atribuídas às pessoas criativas.

Estudos realizados revelam que indivíduos altamente criativos se descrevem como inventivos, reflexivos, não-convencionais e/ou individualistas, enquanto indivíduos não-criativos consideram-se conservadores, cautelosos e/ou convencionais. Esses dados indicam que características como extroversão e abertura à experiência tiveram efeitos positivos significativos no desempenho criativo (McCrae, 1999; Sung & Choi, 2009).

Kirton (1982) traz uma importante contribuição quando ressalta a importância de não considerar apenas as características de personalidade das pessoas criativas, mas que todas as pessoas teriam condições de expressar a criatividade de diferentes maneiras. Nessa perspectiva, Wechsler (2006b) ressalta a importância de identificar, então, tendências de comportamento e sentimento nas pessoas criativas, revelando importantes informações sobre a criatividade. Sob esse ponto de vista, Wechsler (2006) desenvolveu um modelo para explicar a autorrealização criativa, considerando os estilos de criar. Segundo o modelo, esses estilos estariam localizados na intersecção de dois grandes conjuntos: as habilidades cognitivas e as características da personalidade, ambas localizadas dentro de um conjunto ainda maior, que seria o ambiente. Sendo assim, para se atingir a autorrealização criativa, esses três conjuntos devem se inter-relacionar de forma harmônica. Estudos têm levado a concepção de estilos de criar como "preferências cognitivas consistentes e estáveis que se manifestam em qualquer situação, envolvendo criatividade, solução de problemas e tomada de decisão" (Lubart, 2007; Kirton, 1994). A proposta dos "Estilos de Pensar e Criar" traz uma possibilidade de se estudar a interação entre processo e a pessoa criativa, evitando a investigação isolada desses aspectos e facilitando a compreensão do modo de agir da pessoa criativa dentro de um determinando ambiente (Kim, et al., 2012; Kirton, 1994). A procura por determinados "estilos" nas pessoas criativas já têm sido alvo de várias pesquisas internacionais, sendo dois os estilos criativos principais: o inovador e o adaptador. Outra proposta para investigação dos estilos criativos, mais direcionada para os aspectos cognitivos, foi realizada por Stenberg e Grigorenko (1997), que formularam três tipos básicos de estilos: legislativo, executivo e judicial.

Considerando as dimensões relacionadas às pessoas criativas e aos estilos preferenciais de criar e pensar, diversos estudos têm sido conduzidos ao longo de décadas, apresentando-se como uma possibilidade de mensuração e entendimento da criatividade em diferentes contextos, com critérios científicos e validados. Tais estudos demonstram sua eficácia e viabilidade, abrindo espaços para estudos posteriores com esse constructo (Treffinger & Paggio, 1972; Torrance, 1966, Torrance et al., 1984, Torrance, et al., 1986; Wechsler, 2006a; Wechsler, 2006b; Kim et al., 2012).

Modelos Para Desenvolvimento da Criatividade

Adota-se a perspectiva de que a criatividade está presente em todas as pessoas, aparecendo de forma distinta em diferentes graus e tipos de produtividade. Toma-se a concepção de que ela emerge espontaneamente desde que não seja inibida ou bloqueada, com relevância às oportunidades que o indivíduo encontrará para expressar e desenvolver seu potencial criativo (Nakano, 2015). Estudos corroboram com essa ideia e indicam que a pessoa se torna criativa de acordo com o contexto, que assume de forma preponderante, representado pela família, escola, cultura e sociedade (Ferreira & Candeias, 2007). Logo, a criatividade é passível de ser desenvolvida (Runco, 2007) e a variação do potencial criador dependerá das oportunidades que os indivíduos terão em expressá-lo (Bahia, 2008). Portanto, os diversos conceitos e estudos sobre a criatividade ao longo de décadas apontam para um construto que atende a critérios de uma disciplina científica e que pode ser identificada e desenvolvida (Wechsler, 2008).

Nessa direção, programas de treinamento mostram-se como uma possibilidade de treinar e desenvolver o potencial criativo (Davis, 2004). Estudos internacionais apontam uma preocupação em diferentes países para a adoção de estratégias e metodologias para o desenvolvimento da criatividade. O interesse pelo desenvolvimento, utilização e avaliação de estratégias e programas de desenvolvimento da criatividade não é recente, contando com estudos a respeito de propostas iniciados na Universidade de Estado de Nova York, em Buffalo, nos Estados Unidos, a partir da década de 50 (Wechsler, 2008). Pesquisas de caráter piloto através da promoção de cursos, programas e métodos com o objetivo de desenvolver a capacidade de criar de estudantes da educação superior já indicaram incrementos significativos em medidas de produção de ideias e de qualidade de ideias produzidas (Alencar, 2015; Parnes, 1987)

A partir desse período, o interesse por programas de criatividade cresceu de forma exponencial e sua importância passou a ser intensamente reconhecida. Nas últimas duas décadas, muitos progressos ocorreram acerca da questão geral de como estimular a criatividade e o impacto de programas e métodos para tal, com resultados consistentes que apontam benefícios e vantagens dos programas de treinamento analisados (Benedeck, Find & Neubauer, 2006; Osborn & Mumford, 2006).

A técnica criativa de resolução de problemas é uma das estratégias mais utilizadas, pelo *International Center for Studies in Creativity*, desenvolvida por Parnes et al. (1977), na Universidade de Buffalo (NY). Atualmente, seus maiores estudiosos encontram-se no *Creative Education Foundation*, conduzidos por Isaksen e Treffinger (1985). Tal modelo teórico parte da premissa que todo problema pode ser resolvido. Ele objetiva a produção de respostas inovadoras, considerando a simultaneidade dos pensamentos divergente e convergente em seis etapas, partindo da etapa de encontrar problemas para elaboração de um plano de ação (Ribeiro, 2015). Posteriormente, adotando o referencial teórico na metodologia Resolução Criativa de Problemas, o FPSPI (*Future Problem Solving Program*) foi criado na década de 70 por

Torrance e colaboradores (Torrance, Torrance, Williams, & Horng, 1978), e aplicado em variados países. Essa metodologia une a resolução criativa de problemas ao Pensamento Futurista e tem como principal objetivo o desenvolvimento do pensamento criativo que exploram temas cotidianos relacionados com o futuro (Azevedo, 2017; Masini, 2011).

Um modelo desenvolvido por Torrance e Safter propõe o ensino para a criatividade e aprendizagem colaborativa na sala de aula partindo da proposta que alunos criativos são aqueles que identificam problemas existentes e preenchem lacunas de informação. O modelo adota estratégias para desenvolver a consciência dos alunos acerca da existência de um dilema, problema ou desafio, cultivando a curiosidade sobre ele. Isso possibilita que os alunos percebam a necessidade de se aprofundar em um assunto e de incorporar novos conhecimentos ao seu esquema prévio (Murdock & Keller-Mathers, 2008). Retomando a proposta de Torrance, Munõz (1994), na Espanha, elaborou o programa Xénius, a partir da junção de diferentes técnicas com uma proposta transversal a diferentes âmbitos do currículo.

Nesse campo, De Bono, embasando-se na ideia de que a criatividade precisa ser estimulada, definiu um programa conhecido por pensamento lateral, CoRT ou seis chapéus pensadores, que foca essencialmente na percepção humana, dirigindo sua atenção de modo apropriado e apresentando uma nova perspectiva para atingir novos *insights* (Fryer, 2015; De Bono 1993). Masakazu Nakayama também propõem um método, conhecido de NM, que envolve aprender a pensar por imagens, valendo-se de uma forma mais intuitiva de pensamento (Nakayama, 2003). Nessa concepção, quando há dificuldades em gerar ideias através da linguagem verbal, é possível pensar por imagens, descrito como digitalização inconsciente, memória imagética ou imitação intencional de sonhar.

O modelo componencial de Amabile, publicado em 1983, também fundamenta programas e estratégias de desenvolvimento da criatividade tanto no contexto familiar quando escolar, buscando privilegiar o papel da motivação, dos processos criativos e dos fatores contextuais para o desenvolvimento da criatividade. Desse modo, embora as características individuais se mantenham relevantes nos processos criativos, seu caráter de interação social é destacado. O programa se apoia em uma perspectiva de tríade de componentes, os quais dialogam e interagem entre si na formação dos processos criativos, são eles: as habilidades de domínio, os processos criativos e a motivação intrínseca.

As habilidades de domínio se relacionam aos conhecimentos adquiridos por meio da educação formal ou informal, ligados a alguma área de conhecimento específica, e são entendidas como habilidades prévias a criatividade. Os processos criativos, por sua vez, relacionam-se ao estilo cognitivo, a personalidade, as estratégias e as formas de expressão individuais que irão permitir a utilização das habilidades de domínio. Já a motivação intrínseca é fortemente influenciada pelo ambiente e tem relação com nível de envolvimento do indivíduo com a tarefa (Amabile, 2012).

O modelo proposto por Menchén (2009), também conhecido como Ioeista (Imaginação, Originalidade e Expressão) conta com a intersecção de três dimensões: currículo com diversas disciplinas, estratégias específicas ao professor que envolvem jogos e relaxamento, e as capacidades criadoras (sentidos, iniciativa pessoal). Já Sak e Oz (2010) propuseram um modelo chamado de CREACT composto por cinco fases, fundamentado na teoria do pensamento jausiano, isto é, uma noção capaz de gerar duas ou mais ideias, conceitos ou imagens opostas de maneira simultânea.

Nessa conjuntura, inúmeros estudos no Brasil e no exterior mostraram sucesso no desenvolvimento do talento criativo por meio de técnicas e exercícios. Os efeitos dos programas mostram um potencial tão positivo que alguns estudos apontam que os efeitos vão além da características criativas, reverberando para maior motivação em sala de aula e rendimento acadêmico, demonstrando que as habilidades aprendidas são ampliadas para diferentes contextos e propósitos (Nakano, 2011; Torrance & Myers, 1976). Dessa forma, identificar, estimular e desenvolver a criatividade passa a ser fundamental.

No entanto, estudos indicam que pouco se tem explorado o potencial para o desenvolvimento de criatividade, intenções empreendedoras e inovação tecnológica pelos brasileiros (Dewes, 2005; Bergman, 2011; Ries, 2012; Cruz Neto et al., 2012; Alvaro & Zaina, 2013; Silva, 2015; Zaina & Alvaro, 2015). Portanto, é necessário o estabelecimento de alternativas para o ensino e desenvolvimento do pensamento criativo, possibilitando uma nova postura diante da resolução de problemas, alicerceada em uma cultura de inovação. Torna-se fundamental, então, importância da implementação de programas que visem o desenvolvimento da criatividade voltados a gerações futuras.

Exemplos de Estratégias Criativas Para a Resolução de Problemas Sociais

Abaixo serão propostas atividades que poderão ser desenvolvidas em 12 encontros com grupos de adolescentes ou adultos, visando resolução de problemas sociais.

1º Encontro

Objetivo: Despertar o interesse e estímulo a "libertar" a criatividade e a imaginação; explicar os combinados para participação no programa; encontrar problemas através do pensamento divergente; desenvolver a fluência de ideias através da percepção das mudanças no mundo atual.

Conteúdo previsto: Atividade proposta para sensibilização dos alunos em relação a estímulos e barreiras a criatividade; a importância do lúdico; aceitação do novo e diferente.

Atividade: Solicitar aos participantes que relacionem as principais mudanças e características do século XXI. Em seguida, fazer um mapa mental com as principais ideias.

2º Encontro

Objetivo: Desenvolver a fluência de ideias através da percepção das mudanças no mundo atual, relacionando com problemas vivenciados em sua comunidade.

Conteúdo previsto: Leitura de jornais; conversa com líderes da comunidade; entrevista com moradores para identificar principais problemas do seu bairro, escola ou inquietação pessoal.

3º Encontro

Objetivo: Tornar o indivíduo sensível a diversos problemas relacionados a sua vida pessoal, profissional e social, encontrando problemas a partir do pensamento convergente.

Conteúdo previsto: O grupo poderá selecionar as melhores ideias levantadas na etapa anterior que serão trabalhadas pelo grupo. Utilizar algumas perguntas para selecionar ideias seguindo um critério.

4º Encontro

Objetivo: Desenvolver uma visão do resultado ideal desejado para o problema selecionado na etapa anterior através da analogia. Poderão ser trabalhadas atividades que envolvem a relação com o futuro ou mundo ideal.

5º Encontro

Objetivo: Desenvolver a fluência de ideias por meio da perspectiva incomum; encontrar fatos através do pensamento divergente.

Atividade: Cada ideia selecionada pelos grupos será disposta em uma estação de trabalho. Cada grupo irá ler o problema em questão e em 8 minutos devem gerar 8 ideias. Ao término dos 8 minutos, o grupo se movimenta para a próxima estação de trabalho que constará um novo problema, gerando 8 novas ideias em 8 minutos para o tema da estação atual. Assim será sucessivamente até que todos os grupos tenham contribuído com todas as estações de trabalho.

6º Encontro

Objetivo: Resgatar conhecimentos já produzidos sobre o assunto e incrementar novas soluções; encontrar fatos através do pensamento convergente.

Atividade: Os grupos deverão escolher uma ideia da atividade anterior. Poderão ser previstas as seguintes questões: *O que* se está procurando alcançar? *Quem* está envolvido? *Quando* a situação vai ocorrer? *Onde* está o envolvimento? *Como* eu me sinto frente ao problema? *Quanto* já foi feito por mim para diminuir esta preocupação?

7º Encontro

Objetivo: Possibilitar aos alunos vivenciar diferentes pontos de vista e adotar diferentes perspectivas para resolução de problemas.

Atividade: pedir aos participantes que respondam: Ao Invés de questionar *O que é*, usar perguntas como as seguintes: *Como poderia ser*? *De que maneira*? *Como poderia*? Os grupos devem imaginar que seres extraterrestes estão visitando a terra e contribuem com sua perspectiva a partir do que conhecem dos seus planetas de origem sobre os temas terráqueos selecionados.

8º Encontro

Objetivo: Selecionar a melhor definição do problema e trabalhar o pensamento convergente.

Atividade: Solicitar aos participantes que imaginem o maior número possível de problemas do futuro relacionados a comunidade, nação ou mundo. Deverão pensar quais serão as novas demandas, impactos, novas possibilidades. Aqui os grupos devem imaginar que seres extraterrestres sugerem ideias à partir de uma visão futurista de seus planetas de origem e selecionar a melhor ideia.

9º Encontro

Objetivo: Procurar ideias para solucionar o problema, depois que ele foi bem definido na etapa anterior e encontrando ideias através do pensamento divergente.

Atividade: Técnica SCAMCEA, que consiste em: S – Substituir/C – Combinar/M – Modificar/C – Colocar para outros usos/E – Eliminar/A – Arrumar.

10º Encontro

Objetivo: Avaliar e julgar as ideias encontradas na fase anterior, sob critérios estabelecidos.

Atividade: Poderão ser feitas perguntas como: É caro? É durável? É eficaz? Produz resultados a longo prazo? É aceito pelas autoridades? Aumenta a produtividade?

11º Encontro

Objetivo: Selecionar as melhores ideias e preparar a apresentação do produto e desenvolver um plano mais detalhado de implementação.

Atividade: Os grupos deverão responder as seguintes questões como: *O que* devo dizer? Fazer? *Quem* deve convencer? *Onde* em que lugares devo fazer isto? *Como* que formas devo usar? *Por que* razões devo apresentar? Os grupos deverão apresentar um plano de implementação, detalhando as etapas e ideias propostas em cada etapa.

12 º Encontro

Apresentação dos trabalhos aos professores, pais e outros profissionais, com objetivo de divulgar e comunicar por meio da confraternização e da exposição dos alunos.

Aplicações Práticas e Implicações Sociais

Diante dos desafios impostos à sociedade no século XXI, é imprescindível novas formas de pensar todas as relações em que os indivíduos estão inseridos, sejam elas de serviços, produtos, consumo etc. Não há dúvidas de que a inovação é fundamental para o desenvolvimento de um país e imperativo a uma comunidade, alcançada a partir de capacidades internas de constantes e intensas transformações. Adaptar-se a esse modelo requer ações que se voltam a identificação e sobretudo ao desenvolvimento do potencial criativo de uma sociedade. É preciso gerar ideias inovadoras a problemas complexos, de forma a alcançar um crescimento sustentável.

Um exemplo disso é o estudo realizado por Benetti (2009), que contou com a participação de 68 participantes de 43 municípios com a aplicação de um programa denominado "Comunidades de Aprendizagem". Tal pesquisa se utilizou de técnicas criativas como o *brainstorm* e o *visual synetics* em atividades conjuntas para resolver o seguinte problema: Como obter comprometimento dos municípios para o uso eficiente da energia elétrica? Os resultados foram surpreendentes, com economias significativas mediante as soluções geradas pelo programa.

O trabalho de implementação de uma ideia para torna-la uma inovação é muito desafiador. É preciso que a ideia tenha valor inestimável e, enquanto não se transforma em resultado ou benefício para as pessoas, é apenas uma promessa (Benetti, 2009). Sem dúvida, a inovação decorre da implementação de ideias criativas (Bruno-Faria, 2003) e seria, portanto, a produção de ações frente a criação de ideias (Petrini, 1998). Assim, a inovação pode ser entendida como a implementação eficaz das ideias que provêm da criatividade (Amabile, 2012), evidenciando o fenômeno criativo como uma condição necessária para que a inovação ocorra com sucesso (Marks & Huzzard, 2008). Segundo Joo et al. (2013), toda inovação começa com ideias criativas, pois a implementação bem-sucedida de novos programas, novos produtos ou serviços depende de as pessoas terem uma boa ideia.

Embora dependa não apenas da criatividade, mas também de fontes externas como o mercado e suas forças reguladoras (King, 1995), faz-se necessária ações nos espaços sociais que fomentem a discussão dos problemas vivenciados por aquela comunidade e possibilite a busca por respostas a eles. Isso posto, estimular a criatividade por intermédio de um programa de resolução criativa nos espaços sociais é fundamental para a geração de espaços de inovação, uma vez que buscam recursos e estratégias originais que permitem o desenvolvimento da sociedade de forma contínua e sustentável.

Referências

Adams, T. (2006). Os rumos da educação popular frente à globalização. *Revista Educação Unisinos, 10*(3), 254-456. https://www.redalyc.org/articulo.oa?id=449644424012

Alencar, E. M. L. S. (1986). *Psicologia da criatividade*. Artes Médicas.

Alencar, E. M. L. S. (2001). *Criatividade e educação de superdotados*. Vozes.

Alencar, E. M. L. S. (2015). Promoção da criatividade em distintos contextos: Entraves e desafios. In M. F. Morais, L. C. Miranda, & S. M. Wechsler (Eds.), *Criatividade. Aplicações práticas em distintos contextos* (pp. 15-32). Vetor.

Allueva, P. (2002). Desarrollo de la creatividad: diseño y evaluación de un programa de intervención. *Revista Persona*, 5, 67-81. http://doi.org/10.26439/persona2002.n005.843

Almeida, L. S., & Wechsler, S. M. (2015). Excelência profissional: a convergência necessária de variáveis psicológicas. *Estudos de Psicologia (Campinas)*, 32(4), 767-775. https://doi.org/10.1590/0103-166X2015000400019

Alvaro, A., & Zaina, L. A. M. (2013). Desenvolvimento de Software entrado no Usuário e o Empreendedorismo: uma Experiência na Computação. *Anais do 33° Congresso da Sociedade Brasileira de Computação.*

Amabile, T. M., & Pillemer, J. (2012). Perspectives on the social psychology of creativity. *The Journal of Creative Behavior, 46*, 3–15. http://doi.org/10.1002/jocb.001

Antunes, A., & Almeida, L. (2015). Programas de desenvolvimento da criatividade para alunos com altas habilidades: proposta de avaliação dos produtos criativos. *Revista Lusófona de Educação, 29*, 145-159.

Azedo, I., M., Morais. F., & Martins, F. (2017). Educação para a Criatividade em Adolescentes: Uma Experiência com Future Problem Solving Program Internacional. REICE. *Revista Iberoamericana Sobre Calidad, Eficacia Y çambio En Educación*, 15(2). http://doi.org/10.15366/reice2017.15.2.004

Bahia, S., & Trindade, J. P. (2013). Transformar o velho em novo: a integração da criatividade na educação. In F. H. Piske, & S. Bahia (Eds,), *Criatividade na escola: o desenvolvimento de potencialidades, altas habilidades e talentos* (pp. 15-32). Juruá Editora.

Bahia, S. (2007). Quadros que compõem a criatividade: Uma análise do teste de Torrance. *Sobredotação, 8*, 91-120. https://repositorio.ul.pt/handle/10451/2728

Bahia, S., & Trindade, J. P. (2010). (Re)conquistar talentos na adolescência: uma experiência nas artes visuais. *Sobredotação, 11*, 51-62. http://hdl.handle.net/10451/2706

Barros, R. M. A., Martin, J. I. G., & Pinto, J. F. V. C. (2010). Investigação e prática em Psicologia positiva. *Psicologia Ciência e Profissão, 30*(2), 318-327. https://doi.org/10.1590/S1414-98932010000200008

Batey, M.; Furnham, A. (2010). Creativity, Intelligence, and Personality: A Critical Review of the Scattered Literature. *Genetic, Social & General Psychology Monographs, 132*(4), 355-429. https://doi.org/10.3200/MONO.132.4.355-430

Beghetto, J. C., & Kaufman R. A. (2009). Beyond Big and Little: The Four C Model of Creativity. *Review of General Psychology*, 13(10), 1-12. https://doi.org/10.1037/a0013688

Beghetto, R. A., & Kaufman, J. C. (2011). Teaching for creativity with disciplined improvisation. In R. K. Sawyer (Ed.), *Structure and improvisation in creative teaching* (pp. 94-109). Cambridge University Press. https://doi.org/10.1017/CBO9780511997105.006

Benedek, M., Fink, A., & Neubauer, A. C. (2006). Enhancement of Ideational Fluency by Means of Computer-Based Training. *Creativity Research Journal, 18*(3), 317-328. https://doi.org/10.1207/s15326934crj1803_7

Benetti, P. C. A. (2009). Desenvolvendo um produto: da necessidade ao resultado. O projeto "Comunidades de Aprendizado". In Z. G. Giglio, S. M. Wechsler, & D. Bragotto. (Eds). *Da Criatividade à Inovação.* Papirus.

Benetti, P. C. A. (2015). Estratégias e Programas de desenvolvimento da criatividade. In M. F. Morais, L. C. Miranda & S.M. Wechsler (Eds.), *Criatividade: aplicações práticas em contextos internacionais.* Vetor.

Benvenutti, M. (2016). *Incansáveis.* Editora Gente.

Bergman, S. M., Fearrington, M. E., Davenport, S. W., & Bergman, J. Z. (2011). Millennials, Narcissism, and Social Networking: What Narcissists Do on Social Networking Sites and Why. *Personality and Individual Differences, 50*(5), 706-711. http://doi.org/10.1016/j.paid.2010.12.022

Bowles, S., Gintis, H., and Osborne, M. (2001). The determinants of earnings: A behavioral approach. *Journal of Economic Literature, 39*(4), 137-176. https://doi.org/10.1257/jel.39.4.1137

Bruno-Faria, M.F. (2003). Criatividade, inovação e mudança organizacional. In S. M. V. Lima (Ed.), *Mudança Organizacional: teoria e gestão* (pp. 111-142). FGV.

Bygrave, W. D., & Hofer, C. W. (1991). Theorizing about entrepreneurship. *Entrepreneurship Theory and Practice, 16*(2), 13-22. https://doi.org/10.1177%2F104225879201600203

Camargo, D. (2013). Imaginação, criatividade e escola. Piske, In F. H. R. Piske, & S. Bahia (Eds.), *Criatividade na escola: o desenvolvimento de potencialidades, altas habilidades / superdotação e talentos* (pp. 131-140) Juruá Editora.

Cawley, M. J., Martin, J. E., & Johnson, J. A. (2000). A virtues approach to personality. *Personality and Individual Differences, 28*(5), 997-1013. https://doi.org/10.1016/S0191-8869(99)00207-X

Checkland, P. & Poulter, J. (2006). *Learning for Action: A Short Definitive Account of Soft Systems Methodology and its use for Practioners, Teachers and Students.* John Wiley & Sons.

Compton, W. C., & Hoffman, E. (2013). *Positive Psychology The Science of Happiness and Flourishing* (2nd ed.). Wadsworth.

Conde, G. A. (1995). *Multiderazgo creativo* [Monografia, Universidad de Santiago de Compostela].

Corazza, G. E. (2016). Potential originality and effectiveness: The dynamic definition of creativity. *Creativity Research Journal, 28*(3), 258-267. https://doi.org/10.1080/10400419.2016.1195627

Cotta, R. M. M., Costa, G. D., & Mendonça, E. T. (2015). Portfólios crítico-reflexivos: uma proposta pedagógica centrada nas competências cognitivas e metacognitivas. *Interface, 19*(54), 573-588. https://doi.org/10.1590/1807-57622014.0399

Cropley, A. J. (1999). Creativity and cognition: Producing effective novelty. *Roeper Review*21(4), 253-260. https://doi.org/10.1080/02783199909553972

Cruz Neto, G. G. da., Miranda, A. L., Távora, G., Santos, M. L. (2012). Células Empreendedoras de Engenharia. *Anais do 40° Congresso Brasileiro de educação em Engenharia.*

Csikszentmihalyi, M. (2014). *The systems model of creativity: The collected works of Mihaly Csikszentmihalyi*. Springer Science Business Media.

Cupertino, C. (2006). Oficina de criatividade na formação de jovens para ação comunitária. *Psicologia para América Latina*, *5*(3), http://pepsic.bvsalud.org/scielo.php?script=sci_arttext&pid=S1870-350X2006000100003&lng=pt&tlng=pt

Dametto, D. M. (2017). *Construção e estudos psicométricos da escala de forças de caráter para adolescentes* [Tese de doutorado, Universidade de São Francisco]. https://www.usf.edu.br/galeria/getImage/427/1561594094464527.pdf

Davis, G. A. (20014). Objectives and activies for teaching creative thinking. In Treffinger, D. J. (Ed.), *Creativity and Giftnedness* (pp. 97-03). Corwin Press.

De Bono, E. (1985). *El pensamento lateral: manual de métodos creativos*. Paidós.

De la Torre, S. (2005). *Dialogando com a criatividade*. Madras.

De la Torre, S. (2008). *Criatividade aplicada*: recursos para uma formação criativa. Madras.

Dewes, M. (2005). *Empreendedorismo e Exportação no Setor de Desenvolvimento de Software: Características de Empreendedores e Empresas* [Dissertação de mestrado, Universidade Federal do Rio Grande do Sul]. https://www.lume.ufrgs.br/bitstream/handle/10183/5259/000467973.pdf

Dias, T. L., & Enumo, S. R. F. (2006). Criatividade e dificuldade de aprendizagem: avaliação com procedimentos tradicional e assistido. *Psicologia: Teoria e Pesquisa*, *22*(1), 69-78. https://doi.org/10.1590/S0102-37722006000100009

Dias, T. L., Enumo, S. R. F., & Azevedo Jr., R. R. (2004). Influências de um programa de criatividade no desempenho cognitivo e acadêmico de alunos com dificuldades de aprendizagem. *Psicologia em Estudo*, *9*(3),429-437. https://doi.org/10.1590/S1413-73722004000300011

Dollinger, S. J., Urban, K. K., & James, T. A. (2004). Creativity and Openness: Further Validation of Two Creative Product Measures. *Creativity Research Journal*, *16*(1), 35-47. https://doi.org/10.1207/s15326934crj1601_4

Dornelas, J. C. A. (2008). *Empreendedorismo: transformando ideias em negócios* (3th ed.). Elsevier, 2008.

Eloi, J., & Candeias, A. A. (2010). Efeitos de um programa de resolução de problemas e de criatividade via e-learning, no desempenho a matemática em alunos do 3° ciclo do ensino básico. *International Journal of Developmental and Educational Psychology*, *2*, 95-104. https://www.redalyc.org/pdf/3498/349832325009.pdf

Feist, G. J. (1998). A Meta-Analysis of Personality in Scientific and Artistic Creativity. *Personality and Social Psychology Review, 2*(4), 290-309. https://doi.org/ 10.1207/s15327957pspr0204_5

Ferreira, E. R., & Candeias, A. A. (2007). Da pessoa criativa à atitude criativa: estudo de um percurso. In A. A., Candeias, & L. S. Almeida (Eds.), *Inteligência humana* (pp. 497-510). Quarteto.

Froh, J. J. (2004). *The history of positive psychology: Truth be told.* NYS Psychologist.

Galinha, I. C. e Ribeiro, J. L. (2005). Contribuição para o estudo da versão portuguesa da Positive and Negative Affect Schedule (PANAS): II - Estudo psicométrico. *Análise Psicológica, 23*(2), 219-227. https://doi.org/10.14417/ap.84

Garcia, C. F., Gómez, M. S., & Torrano, D. H. (2013). Evaluación y Desarrollo de La Creatividad. In F. H. R. Piske, & S. Bahia (Eds.), *Criatividade na escola: o desenvolvimento de potencialidades, altas habilidades / superdotação e talentos* (pp. 51-68). Juruá Editora.

Gatti, B. (2005). Habilidades cognitivas y competencias sociales. *Enunciación, 10*(1), 123-132. https://doi.org/10.14483/22486798.462

Gholamhosseinzadeh O., & Rezaie V. (2013). The essential skills for teachers in third millennium era composting processes. *Arena*, 5(8) 38-41.

Hennessey, B. A., & Amabile, T. M. (2010). Creativity. *Annual Review of Psychology*, 61, 569-598. https://doi.org/10.1146/annurev.psych.093008.100416

Isaksen, S. G., & Treffinger, D. J. (2004). Celebrating 50 Years of Reflective Practice: Versions of Creative Problem Solving. *Journal of Creative Behavior, 38*, 75-101. https://doi.org/10.1002/j.2162-6057.2004.tb01234.x

Joo, B. K., McLean, G. N., & Yang, B. (2013). Creativity and human resource development: an integrative literature review and a conceptual framework for future research. *Human Resource Development Review, 12*(4), 390-421. https://doi.org/10.1177/1534484313481462

Kampylis, P., & Valtanen, J. (2010). Redefining creativity — Analyzing definitions, collocations and consequences. *Journal of Creative Behavior, 44*(3), 191-214. https://doi.org/10.1002/j.2162-6057.2010.tb01333.x

Kasbelt, A., Beghetto, R. A., & Runco, M. A. (2010). Theories of creativity. In J. C. Kaufman, & R.J. Sternberg (Eds.), *Handbook of Creativity* (pp. 20- 47). Cambridge University Press.

Kaufman, J. C., Beguetto, R. A., & Pourjalali, S. (2011). Criatividade na sala de aula: uma perspectiva internacional. In S. M. Wechsler, & V.L.T.

Souza (Eds.), *Criatividade e aprendizagem: uma perspectiva internacional*. Loyola Editora.

Kim, M.J. ; Choi, J.N. ; Park, O.S. (2012). Intuitiveness and creativity in groups: Cross-level interactions between group conflict and individual cognitive styles. *Social Behavior and Personality, 40*(9), 1419-1434. https://doi.org/10.2224/sbp.2012.40.9.1419

King, N. (1995). Individual creativity and organizational innovation: An uncertain link. In C. M. Ford, & D. A. Gioia (Eds.), *Creative action in organizations: Ivory tower visions and real world voices*. SAGE Publishing.

Kirton, M. J. (1994). *Adaptors and innovators: styles of creativity and problem solving*. Routledge.

Kwasniewska J., & Necka, E. (2004). Perception os the climate for criativity in the workplace: the role of the organization and gender. *Creativity and Innovation Management, 13*, 187-197. https://doi.org/10.1111/j.0963-1690.2004.00308.x

Lins, J. S. C., & Miyata, E. S. (2008). Avaliando a aprendizagem de criatividade em uma oficina pedagógica. *Ensaio: Avaliação de Políticas Públicas Educacionais, 16*(60), 455-468. https://doi.org/10.1590/S0104-40362008000300008

Littman-Ovadia, H., & Steger, M. (2010). Character strengths and well-being among volunteers and employees: Toward an integrative model. *The Journal of Positive Psychology*, 5, https://doi.org/10.1080/17439760.2010.516765

Littman-Ovadia, H., & Lavy, S. (2012). Character strengths in Israel: Hebrew adaptation of the VIA Inventory of Strengths. *European Journal of Psychological Assessment, 28*(1), 41-50. https://doi.org/10.1027/1015-5759/a000089

Lubart, T. (2007). *Psicologia da criatividade*. Artmed

Maddux, J. E. (2002). Self-efficacy: The power of believing you can. In C. R. Snyder, & S. J. Lopez (Eds.), *Handbook of positive psychology*. Oxford University Press.

Marin, A. H., Silva, C. T., Andrade, E. I. D., Bernardes, J., & Fava, D. C. (2017). Competência socioemocional: conceitos e instrumentos associados. *Revista Brasileira de Terapias Cognitivas, 13*(2), 92-103. https://doi.org/10.5935/1808-5687.20170014

Marks, A., & Huzzard, T. (2008). Creativity and workplace atractiveness in professional employment. *Jounal of Human Resource Costing & Accounting, 12*(2), 225-269. https://doi.org/10.1108/14013380810919868

Meissner, D., & Kotsemir, M. (2016). Conceptualizing the innovation process towards the 'active innovation paradigm'—trends and outlook. *Journal of Innovation and Entrepreneurship, 5*(14), 2-18. https://doi.org/10.1186/s13731-016-0042-z

Menchén, B. F. (2009). *La creatividad y las nuevas tecnologias em las organizaciones modernas.* Dias de Santos.

Miller A. L., & Dumford, A. D. (2014). Creative Cognitive Processes in Higher Education. *The Journal of Creative Behavior,* 50. https://doi.org/10.1002/jocb.77

Morais, M. F., Jesus, S. N., Azevedo, I., Araújo, A. M., & Viseu, J. (2015). Intervention Program on Adolescent's Creativity Representations and Academic Motivation. *Paidéia, 25*(62), 289-297. https://doi.org/10.1590/1982-43272562201502

Muñoz, I. (1994). *El pensamiento creativo. Desarrollo del programa "Xenius".* Octaedro.

Murdock, M., & Keller-Mathers, S. (2008). Teaching and learning creatively with the Torrance Incubation Model: A research and practice update. *International Journal of Creativity and Problem Solving, 18*(2), 11-33. https://www.kci.go.kr/kciportal/ci/sereArticleSearch/ciSereArtiView.kci?sereArticleSearchBean.artiId=ART001286990

Nakamura, N. (2003). *Combination of ARIZ92 and NM (Nakayama, Masakazu) Method for the 5-th level problems.* https://www.metodolog.ru/triz-journal/archives/2003/05/a/01.pdf

Nakano, T. C., & Wechsler, S. M. (2012). Criatividade: Definições, modelos e formas de avalição. In C.S. Hutz (Ed.), *Avanços em Avalição Psicológica e Neuropsicológica de Crianças e Adolescentes II* (pp. 328-361). Casa do Psicólogo.

Nakano, T. C., Santos, E. Zavariz, S. F., Wechsler, S. M., & Martins, E. (2010). Estilos de pensar e criar em universitários das áreas de humanas e sociais aplicadas: diferenças por gênero e curso. *Psicologia: teoria e prática, 12*(3), 120-134. https://www.redalyc.org/articulo.oa?id=193818369010

Nakano, T. C., Wechsler, S.M., Campos, C.R., & Milan, Q. G., Campos, C. R., & Milian, Q. G. (2015). Intelligence and Creativity: Relationships and their Implications for Positive Psychology. *Psico-USF, 20*(2), 195-206. https://doi.org/10.1590/1413-82712015200201

National Research Council. (2013). Education for Life and Work: Developing Transferable Knowledge and Skills in the 21st Century. In J. W.

Pellegrino, & M. L. Hilton (Eds.), *Board on Testing and Assessment and Board on Science Education, Division of Behavioral and Social Sciences and Education.* The National Academies Press.

Neves, E. R. C., & Boruchovitch, E. (2007). Escala de Avaliação da Motivação para Aprender de alunos do ensino fundamental (EMA). *Psicologia: Reflexão e Crítica, 20*(3), 406-413. http://doi.org/10.1590/S0%20 102-79722007000300008

Noronha, A. P. P., & Barbosa, A. J. C. (2013). *Escala de Forças e Virtudes.* Universidade São Francisco.

O'Hara. M. (2017). Rising to the occasion: New persons for new times. *Estudos de Psicologia (Campinas), 34*(4), 454-466. http://doi.org/10.1590/1982027%2052017000400002

Organization for Economic and Cooperation Development. (2016). *Innovation strategy.* http://www.oecd.org/site/innovationstrategy/defininginnovation.htm

Pacico, J. C., & Bastianello, M. R. (2014). As origens da psicologia positiva e os primeiros estudos brasileiros. In C. S. Hutz. *Avaliação em Psicologia Positiva.* Artes Médicas.

Parolin, S. (2003). A criatividade nas organizações: um estudo comparativo das abordagens sociointeracionistas de apoio a gestão empresarial. *Cadernos de Pesquisas em Administração, 10*(1), 9-26.

Petrini, M. (1998). Sistemas de informações, inteligência e criatividade. *Revista Eletrônica de Administração, 4*(1), 1-35.

Plucker, J. A., & Makel, M. C. (2010). Assessment of creativity. In J. C. Kaufman, & R. J. Sternberg (Eds.), *The Cambridge handbook of creativity* (pp. 48-73). Cambridge University Press.

Plucker, J. A., & Renzulli, J. S. (1999). Psychometric approaches to the study of human creativity. In R. J. Sternberg (Ed.), *The Cambridge handbook of creativity* (pp. 49-100). Cambridge University Press.

Prieto, M. D., Soto, G., & Vidal, M. C. F. (2013). El aula como espacio criativo. In F. H. R. Piske, & S. Bahia (Eds.), *Criatividade na escola: O desenvolvimento de Potencialidades, Altas Habilidades/Superdotação (AH/SD) e Talentos* (pp. 33-50). Juruá Editora.

Puccio, G. J., & Cabra, J. F. (2010). Organizational Creativity: A Systems Approach. In J. C. Kaufman, & R. J. Sternberg (Eds.), *The Cambridge handbook of creativity* (pp. 145-173). Cambridge University Press.

Rhodes, M. (1961). An analysis of creativity. *Phi Delta Kappan, 42*, 305-311.

Ribeiro, V. M. T. F. (2009). Novos desafios e oportunidades no ensino do processo criativo nas organizações. In Z. G. Giclio, S. M. Wechsler, & D. Bragotto (Eds.), *Da Criatividade à Inovação.* Papirus.

Rich, G. J. (2001). Positive Psychology: An introduction. *Journal of Humanistic Psychology, 41*, 8-12. https://doi.org/10.1177/0022167801411002

Ries, E. (2012). *A startup enxuta.* Leya.

Robinson, A., Shore, B. M., & Enersen, D. L. (2007). *Best practices in gifted education and evidence based guide.* Prufrock Press.

Rodrigues, A. F, & Veloso, A. (2013). Contribuições da Gestão de Recursos Humanos para a Criatividade e Inovação Organizacional. *Revista Psicologia: Organizações e Trabalho, 13*(3), 293-308. http://pepsic.bvsalud.org/scielo.php?script=sci_arttext&pid=S1984-66572013000300007

Runco, A. M. (2007). *Creativity, theories and themes: research, development, and practice.* Elsevier.

Santos, F. do C. G. dos, & Fleith, D. S. (2015). Efeitos de um programa de criatividade para professoras em alunos do ensino fundamental. *Estudos de Psicologia (Campinas), 32*(4), 755-766. https://doi.org/10.1590/0103-166X2015000400018

Sak, O., & Oz. O. (2010). The effectiveness of the Creative Reversal Act (CREACT) on students' creative thinking. *Thinking Skills and Creativity, 5*(1), 33-39. https://doi.org/10.1016/j.tsc.2009.09.004

Schumpeter, J. A. (1985). *Teoria do desenvolvimento econômico* (2nd ed.) Nova Cultural.

Simonton, D. K. (2004). Psychology's Status as a Scientific Discipline: Its Empirical Placement Within an Implicit Hierarchy of the Sciences. *Review of General Psychology, 8*(1), 59-67. https://doi.org/10.1037/1089-2680.8.1.59

Sisto, F. F., & Martinelli, S. C. (2004). *Escala de Autoconceito Infanto-Juvenil (EAC-IJ).* Vetor.

Spadari, G. F., & Nakano, T. C. (2015). Criatividade no contexto organizacional: revisão de pesquisas. *Revista Sul Americana de Psicologia, 3*(2), 182-209. http://ediciones.ucsh.cl/ojs/index.php/RSAP/article/view/1764

Stein, S. M., & Harper, T. L. (2012). Creativity and innovation: Divergence and convergence in pragmatic dialogical planning. *Journal of Planning Education and Research*, 32(1),5-17. https://doi.org/10.1177/0739456X11417829

Sternberg, R. J. (2013). Reform education: Teach wisdom and ethics. *Phi Delta Kappa, 94*(7), 45-47. https://doi.org/10.1177%2F003172171309400715

Sternberg, R. J. (1997) *Thinking styles*. Cambridge University Press.

Sternberg, R. J., & Grigorenko, E. L. (1997). Are cognitive styles still in style? *American Psychologist, 52*(7). https://doi.org/10.1037/0003-066X.52.7.700

Sung, S. Y., & Choi, J. N. (2009). Do Big Five Personality Factors Affect Individual Creativity? the Moderating Role of Extrinsic Motivation. *Social Behavior and Personality: an international journal, 37*(7), 941-956. https://doi.org/10.2224/sbp.2009.37.7.941

Taylor, E. (2001). Positive psychology and humanistic psychology: a reply to Seligman. *Journal of Humanistic Psychology, 41*, 13-29. https://doi.org/10.1177%2F0022167801411003

The Global Innovation Index. (2015). *Effective Innovation Policies for Development*. https://www.wipo.int/edocs/pubdocs/en/wipo_gii_2015.pdf

Waterman, A. S. (2013). The humanistic psychology-positive psychology divide: contrasts in philosophical foundations. *American Psychologist, 68*(3), 124-133. https://doi.org/10.1037/a0032168

Torrance, E. P. (1990). *Torrance tests of creative thinking*. Scholastic Testing Service.

Torrance, E. P. (1972). Predictive validity of the Torrance Tests of Creative Thinking. *Journal of Creative Behavior, 6*(4), 232-236. https://doi.org/10.1002/j.2162-6057.1972.tb00936.x

Torre, S. (1993). *Criatividad plural: Sendas para indagar sus múltiples perspectivas*. PPU.

Ulbricht, V. R., & Vanzin, T. (2013). Criatividade na educação inclusiva na escola ou via Web. In F.H.R & S. Bahia (Eds.), *Criatividade na escola: o desenvolvimento de potencialidades, altas habilidades/superdotação e talentos* (pp. 159-170). Juruá Editora.

United Nations Educational, Scientific and Cultural Organization. (2016). *Assessment of Transversal competencies in education: Policy and practice in the Asian-Pacific Region*. UNESCO Bangkok Office. https://unesdoc.unesco.org/ark:/48223/pf0000246590

Wechsler, D. (1964). *Escala de inteligência para crianças WISC – manual de aplicação e cotação* (A. M. Poppovic, Trad.) CEPA. (Trabalho original publicado em 1949)

Wechsler, S. M. (2009). Avaliação da criatividade: Possibilidades e desafios. In C. S. Hutz (Ed.), *Avanços e polêmicas em avaliação psicológica* (pp. 93-127). Casa do Psicólogo.

Wechsler, S. M. (2004). Avaliação da criatividade verbal no contexto brasileiro. *Avaliação Psicológica, 3*(1), 21-31. http://pepsic.bvsalud.org/scielo.php?script=sci_arttext&pid=S1677-04712004000100003

Wechsler, S. M. (2008). *Criatividade descobrindo e encorajando* (3ª ed.). LAMP/PUC-Campinas.

Criatividade e Envelhecimento: Algumas Reflexões

Tatiana de Cassia Nakano

Janaina Chnaider

Isabel Cristina Camelo de Abreu

O envelhecimento da população é uma realidade mundial que tem desafiado diversas áreas do conhecimento na busca por um envelhecimento positivo e saudável. Diante da constatação de que a criatividade pode exercer impacto positivo importante na saúde física, mental e emocional, o texto irá se focar na aplicação desse construto no período do envelhecimento. Para isso, o texto foi organizado de modo a abordar os seguintes temas: possíveis fatores relacionados à queda criativa durante o envelhecimento, benefícios da criatividade nesse período, pesquisas sobre criatividade na terceira idade e aplicações práticas.

Introdução

Nos dias de hoje, as pessoas estão vivendo mais do que antigamente e, para muitos, esse período chamado de terceira idade tem propiciado oportunidades para o desenvolvimento pessoal, exploração, crescimento e aprendizado (Mundell, 2015). A fase chamada de terceira idade ou velhice se inicia aos 60 anos e, no Brasil, essa parcela representa cerca de 13% da população (Instituto Brasileiro de Geografia e Estatística [IBGE], 2020). O envelhecimento da população tem desafiado diversas áreas do conhecimento a atuarem junto a essa população específica, não só em relação a aspectos relacionados ao âmbito profissional, social e de saúde, mas, também, em relação a recreação, saúde, esportes e lazer (Pedroso, 2013). Nesse sentido, pesquisadores têm se atentado a importância de voltarem sua atenção não somente aos déficits que podem se fazer presentes nessa idade, mas, ainda, aos aspectos sadios (Nakano et al., 2019).

O texto irá se focar na criatividade, característica que vem sendo ressaltada como um fator que tem mostrado impacto positivo na saúde física, mental e emocional (Behroozi et al., 2014), especialmente focando em sua aplicação durante o período do envelhecimento. Intervenções que busquem estimular a criatividade em idosos têm sido enfatizadas na literatura (Greaves & Farbus, 2006) como suporte ao desenvolvimento de recursos pessoais e comportamentais mais saudáveis (Liminana-Gras et al., 2009).

A discussão sobre a criatividade em diferentes fases do desenvolvimento humano tem sido foco de interesse de pesquisadores. Este construto está presente no individuo desde a infância, e pode ser manifestado em diferentes fases da vida (Lubart, 2007; Wechsler, 2008), sendo importante destacar que, embora existam diferenças relacionadas à idade, todos os indivíduos possuem potencial criativo.

Nota-se que na literatura científica nacional há o predomínio de trabalhos que investigam a criatividade na infância, bem como estratégias e intervenções que visam o desenvolvimento e estimulação do potencial criativo, em ambiente escolar (Nakano, 2009; Nakano & Wechsler, 2007, Silva & Nakano, 2012; Zanella & Titon, 2005). Poucos estudos são encontrados em relação à criatividade no envelhecimento. Especificamente se considerarmos as revisões de literatura sobre criatividade, veremos que a população idosa praticamente não tem sido contemplada nos estudos da temática, independente do contexto em que ela seja investigada (Nakano & Wechsler, 2007; Silva & Nakano, 2012; Wechsler & Nakano, 2002). Alves e Nakano (2015) especificam que, no que se refere à criatividade, dentre os grupos menos investigados, destacam-se os adultos e idosos.

Há na atualidade a ideia de que a criatividade aumenta até o começo da idade adulta, atingindo seu ápice por volta dos 40 anos de idade. Depois, a produtividade começaria a cair, lentamente, aproximando-se, ao final da vida, à metade do ponto máximo que alcançou em seu período mais produtivo, e apresentando um declínio paulatino até o fim da vida do indivíduo (Lubart, 2007). Segundo o autor, esse modelo assume a forma de um U inverso, em que a criatividade se apresenta em níveis mínimos no início e no fim da vida.

No entanto, ao considerar a influência da idade na produção criativa, há divergências na literatura, em que alguns autores consideram a infância como a "idade de ouro" da criatividade (Braga, 2001). Os apoiadores dessa ideia argumentam que mais tempo de vida ofereceria mais tempo para praticar, entender e obter *insights*, tornando a pessoa mais capaz de criar algo novo e de valor, sendo tal condição verdadeira tanto para os artistas quanto para todas as pessoas (Hanna, 2013). O autor considera que o despertar do potencial humano na segunda metade da vida envolveria a criatividade aplicada a experiências de vida, na tentativa de inventar novas formas de viver, de modo que a maior parte das criações aconteceria mais tarde no curso da vida.

O que se nota é que não há consenso sobre essa questão. Enquanto algumas pesquisas enfatizam que a criatividade diminui com a idade devido, principalmente aos declínios na memória de trabalho, outras afirmam que dependendo da definição e medida de criatividade, os idosos podem demonstrar criatividade igual aos níveis apresentados por indivíduos mais jovens (McHugh, 2016). Contudo, não se pode negar a influência das oportunidades na expressão criativa. Enquanto algumas realizações criativas são mais comuns entre os jovens, outras ocorrem em idade mais avançada. Candeias (2008) cita como exemplo, que o matemático pode alcançar sua melhor fase criativa entre os 20 e 30 anos, o físico entre os 30 e 40 anos, e grandes obras filosóficas realizam-se, normalmente, em um momento posterior da vida. Considerando essa perspectiva, a idade é fator importante, visto que as maiores produções ou as mais reconhecidas ocorrem, geralmente, entre os 20 e 40 anos de idade (Simonton, 1991).

Entretanto, Lubart (2007) ressalta que esse declínio vai depender da área, podendo citar, como exemplos, Leonardo da Vinci ou Louis Pasteur, que se mantiveram produtivos na velhice. Ainda de acordo com o autor, nos primeiros anos da vida adulta a criatividade seria mais intensa, baseada nas experiências objetivas e marcada por obras espontâneas, que questionam os valores tradicionais em seu campo de expressão. Já os indivíduos criativos mais velhos teriam tendência a produções mais reflexivas, fruto de elaboração, e procurariam sintetizar os valores tradicionais. Assim, as obras criadas tardiamente tendem a se apoiar na experiência subjetiva, sob um ponto de vista introspectivo, de modo a refletir suas experiências anteriores.

Na velhice, o pensamento criativo seria caracterizado como mais integrativo e relacionado à habilidade convergente. É importante destacar que, usualmente, os idosos não se desempenham bem em testes padronizados de avaliação da criatividade, mas, por outro lado, apresentam ótimo desempenho em relação à criatividade do dia a dia e no emprego de estratégias focadas na resolução de problemas (Hui et al., 2019).

Apesar da constatação de que, na terceira idade, a criatividade pode auxiliar a promoção de um senso de autoeficácia, propósito e crescimento, características essenciais para o envelhecimento bem-sucedido (Duhamel, 2016), visto que, é nessa fase que as pessoas costumam ter mais tempo para se concentrarem em projetos de seu interesse e enfrentarem desafios pessoais, um número ainda reduzido de pesquisas sobre tal construto na terceira idade é encontrado. Nesse sentido, a necessidade de realização de um maior número de estudos que tenham como foco a criatividade entre pessoas na maturidade e terceira idade é recomendada (Souza & Wechsler, 2013).

Possíveis Fatores Relacionados à Queda Criativa no Envelhecimento

A compreensão do idoso comumente disseminada no ocidente como alguém com poucas possibilidades e potencialidades devido à proximidade com o fim da vida, reforça o estereótipo de improdutividade associado à velhice e colabora com a concepção dicotômica de indivíduos criativos e não criativos (Sabeti, 2015). Ainda assim, é fundamental destacar que indícios encontrados na literatura convergem para o consenso de que a partir dos 60 anos há um declínio acentuado da criatividade. O suposto declínio pode ser resultado de uma combinação de vários fatores, incluindo alterações cognitivas e fatores externos e internos, como normas sociais, motivação e personalidade (Sharma & Babu, 2017). Variáveis relacionadas a reserva cognitiva e abertura a experiências se mostraram importantes preditoras da criatividade na terceira idade (Melendéz et al., 2016).

As evidências quanto a diminuição da criatividade na terceira idade são associadas ao declínio cognitivo próprio do envelhecimento (Braga, 2001), marcado pela diminuição da velocidade de processamento, a qual implicaria muito mais na quantidade da produção criativa do que propriamente na qualidade do produto (Lubart, 2007). Todavia, se o enfraquecimento dos lobos frontais pode diminuir a autoconsciência e autocrítica, por outro lado, tal situação permite que os idosos corram mais riscos, se envolvam em atividades novas e busquem diversão, podendo ser mais produtivos nessa fase (Hunter, 2020). É importante destacar que, possivelmente, tal geração provavelmente não foi incentivada a ser criativa durante sua trajetória de vida.

Outra justificativa apresentada por Braga (2001) é pautada na redução da saúde física e mental, assim como nas questões financeiras, de relacionamento social, sexual e de debilidade motora, que comumente ocorre na velhice. Ademais, a propensão de inclinar-se para o passado como possibilidade de criação pode se tornar um impeditivo para o ato criativo, tendo que os idosos podem alcançar a autorrealização ao se debruçar sobre seus feitos anteriores (Lubart, 2007). Muito se discute acerca das barreiras para a expressão criativa na terceira idade. Dentre os aspectos mencionados, é possível listar a eminente diminuição de proventos financeiros (Souza, 2011), a retirada, ainda que paulatina, do mercado de trabalho e consequentemente a diminuição da interação social, bem como o próprio julgamento social, que faz com que a velhice ainda seja compreendida dentro de um estereótipo obsoleto (Lubart, 2007).

A tendência para menor abertura às experiências, cristalização dos conceitos de certo e errado diante de determinadas problemáticas e maior prudência observadas na velhice, são fatores apresentados por Lubart (2007) como impeditivos para a criatividade na terceira idade. Soma-se a esses fatores, aspectos intrínsecos, como a motivação e a necessidade de inovar, além de maior dificuldade de se expor a avaliações e comparações com produções de outros momentos da vida (Braga, 2001).

Benefícios da Criatividade no Envelhecimento

É cada vez mais aceito que o envolvimento das artes com os idosos possa impactar positivamente a saúde, melhorando seus resultados, apoiando as pessoas a lidarem com os desafios associados à saúde precária e fornecendo um meio de desenvolver recursos de proteção para combater o risco de problemas de saúde mental (Ray, 2016). Segundo o autor, intervenções baseadas na possibilidade de expressão criativa possuem potencial para oferecer oportunidades a pessoas idosas, recuperando a autoconfiança, a autoestima, os sentimentos de domínio e realização, e o desenvolvimento de aspectos relacionados ao bem-estar.

Em termos biológicos, o envolvimento em atividades criativas ativa o sistema nervoso parassimpático, diminuindo a frequência cardíaca, a pressão sanguínea e a taxa de respiração do indivíduo, resultando em uma experiência relaxante e enriquecedora. Igualmente, estimulam o hipotálamo, estabilizando os níveis hormonais e ativando o sistema imunológico do idoso (Duhamel, 2016). Traz, ainda, benefícios psicológicos positivos, tais como adaptação às mudanças na vida, aumento da saúde mental e possibilidade de se reinventar através da inserção de novas atividades criativas a sua rotina.

A velhice pode ser conceituada como um período de realização pessoal, autonomia, criatividade e escolha, em oposição a ideia de inatividade, indolência e fragilidade (McHugh, 2016). Cada vez mais, nessa fase de desenvolvimento, os idosos têm se envolvido em atividades voluntárias que lhes sejam gratificantes, esse envolvimento se mostrando importante ao contemplarem tarefas desafiadoras para a saúde mental dos mais velhos. De acordo com o autor, a criatividade, incentivada por meio do desenvolvimento de novas habilidades, motivação e resolução de problemas diários, se traduz em uma criatividade prática e diária, influenciando de forma positiva, a forma como os idosos gerenciam sua vida cotidiana, melhorando os índices de saúde física e mental, além do engajamento social. A criatividade auxilia, ainda, no seu senso de competência e de autoestima, também favorecendo a forma como eles respondem, de forma adaptativa, às mudanças e situações adversas típicas dessa fase.

A literatura indica diferenças significativas quanto a expressão criativa no início da vida adulta, uma vez que essa fase, de forma geral, é marcada pela espontaneidade, enquanto as produções de pessoas em idade mais avançada apresentam traços mais reflexivos (Lubart, 2007). Sugere-se que tal característica reflexiva possa ser resultado da tendência que pessoas idosas têm de se expressar criativamente a parir de lembranças do passado. Sendo assim, suas produções se centrariam nos valores apreendidos ao longo da vida e nas experiencias subjetivas, além do questionamento sobre o sentido da vida.

Nesse aspecto, Sabeti (2015) corrobora com a literatura ao argumentar que a criatividade pode ser expressa de diferentes maneiras e que, frequentemente, os idosos tendem a resgatar o passado e memórias pessoais como forma de expressão. Outras características da produção criativa de idosos se referem à suavidade, harmonia e integração de ideias contraditórias, principalmente quando no meio artístico (Lubart, 2007).

Para a população idosa, deve ser evidenciado o aspecto protetivo da criatividade, bem como sua função de manutenção da saúde mental no processo de envelhecimento, segundo Wechsler (2008). Além de favorecer a sensação de bem-estar, Sabeti (2015), defende que a criatividade possibilita ao idoso encontrar uma identidade no momento presente. Já Souza (2011), acentua que, embora relevante ferramenta de enfrentamento de questões próprias do envelhecimento, pouco se discute sobre criatividade na terceira idade.

O conceito de envelhecimento bem-sucedido, bastante investigado atualmente, implica no reconhecimento de que, durante esse período, os idosos ainda podem contribuir significativamente para a sociedade. Nessa direção, o envolvimento em atividades criativas atua de forma a incentivar a interação social, fornecendo ainda estimulação cognitiva, de forma a melhorar sua qualidade de vida (Sharma & Babu, 2017).

Pesquisas Sobre Criatividade na Terceira Idade

A revisão de literatura demonstra a existência de um consenso sobre os benefícios da criatividade em idosos e seus impactos positivos no nível individual, comunitário e social (*Mental Health Foundation*, 2011), sugerindo mudanças de vida após o envolvimento em atividades dessa natureza (Gutheil & Heyman, 2016).

Internacionalmente, pode-se citar o estudo conduzido por Cohen et al. (2007), o qual investigou idosos que participavam de intervenções comunitárias na área de artes. Tais idosos demonstraram que os participantes apresentaram maior agilidade mental, espontaneidade, distração em relação a doença, criação de uma identidade positiva, aumento dos relacionamentos sociais, além de melhoria do bem-estar, aumento das emoções positivas, redução dos sintomas depressivos e ansiosos, fadiga e angústia.

Do mesmo modo, Cantu e Fleuriet (2018) perceberam que a participação em oficinas de pintura oferecidas na comunidade provocou, nos idosos, sensação de pertencimento, felicidade, autoconfiança e autoconhecimento através do processo criativo. O bem-estar psicossocial e mental, assim como a redução do declínio cognitivo normalmente associada ao envelhecimento, foram potencializados a partir do engajamento criativo dos idosos nas atividades propostas.

Barbosa e Werba (200) lançam mão da arteterapia como estratégia de atendimento à idosos uma vez que, de acordo com as autoras, na arteterapia, a criatividade possibilitaria o acesso a conteúdos esquecidos ou desconhecidos, considerando que na arteterapia o foco não reside no produto, na técnica estética ou qualidade do produto, mas sim na expressão, resgate e ampliação do potencial criativo. Nessa compreensão, é possível verificar que, embora exista o olhar retrospectivo comumente apresentado por idosos quanto a expressão criativa, o debruçar-se sobre o passado como forma de criar, em pessoas mais velhas, pode favorecer a expressão criativa.

Ainda no que tange aos benefícios associados à expressão criativa no público idoso, a autorrealização aparece como uma das categorias encontradas como resultado de um estudo qualitativo realizado por Guedes (2007), em que a autora utiliza a arteterapia para estimular a criatividade na investigação da autoimagem de idosos. Dentre outros fatores positivos após a intervenção, a autora relata a identificação de outros aspectos positivos, como a gratidão, a melhoria na socialização e nas habilidades cognitivas, além de avanços na autopercepção do estado de saúde dos participantes.

Diversas pesquisas se voltaram a investigar o efeito do teatro e das artes cênicas em idosos. De modo geral, os resultados indicaram, por exemplo, melhora na recuperação e reconhecimento de palavras após quatro semanas de prática (Noice et al., 1999), melhora na resolução de problemas e bem-estar psicológico (Noice et al., 2004), assim como percepção de crescimento pessoal (Noice & Noice, 2009). Tal oportunidade permitiu que os idosos descobrissem e nutrissem seus talentos, de forma a perceberem evolução na qualidade de vida (O'Shea & Leime, 2013).

No cenário científico brasileiro, há trabalhos cuja discussão permeia a relação da criatividade com outros construtos e fornece resultados importantes para compreensão da criatividade no envelhecimento, considerando as questões socioeconômicas e culturais próprias do Brasil. Nesse sentido, alguns exemplos de pesquisas conduzidas com essa população serão apresentados.

Inicialmente pode-se citar o trabalho realizado por Souza e Wechsler (2013), cujo objetivo foi comparar as habilidades cognitivas e criativas de idosos e pessoas na maturidade, considerando a influência do sexo, faixa etária e escolaridade. Esse estudo, demonstrou que tanto a criatividade verbal quanto a figural são influenciadas pelo nível educacional, independente da faixa etária.

O estudo realizado por Nakano et al. (2019), investigou a relação entre o estilo de pensar e criar, de bem-estar e estresse na maturidade e velhice. Os resultados indicaram que os estilos inconformista-transformador e o estilo emocional-intuitivo são os que mais apresentaram correlações significativas com as demais variáveis estudadas. Zavarize e Wechsler (2012) investigaram o perfil criativo e a qualidade de vida em portadores de dor lombar crônica, envolvendo idosos entre seus participantes, e concluindo que o perfil criativo apresenta implicações importantes para a qualidade de vida desses indivíduos.

Com enfoque qualitativo, pode-se citar a pesquisa realizada por Amaral et al. (2007) que, para conhecer os benefícios da prática de atividade física à saúde a partir da percepção de idosos, utilizaram como estratégia a realização de oficinas de criatividade. A investigação realizada por Barros e Búrigo (2005) buscou, por meio de oficinas pedagógicas, a estimulação da criatividade. Como resultados as autoras destacam o papel fundamental da criatividade enquanto promotora de afetos positivos.

Já no trabalho realizado por Laroque et al. (2013), os autores utilizaram a oficina de criatividade como ferramenta para possibilitar a expressão de sentimentos e a estimulação da memória em idosos institucionalizados. Nesses casos, ainda que a avaliação e o desenvolvimento da criatividade não tenham sido o foco do trabalho, nota-se a importância desse construto na velhice, uma vez que a criatividade pode ser utilizada como meio de acesso ao sentido e significados dos idosos, favorecendo a expressão de sentimentos, ideias e emoções, o que ressalta o caráter de promoção de saúde mental que a criatividade pode assumir.

Outros estudos, como os de Bestetti e Chiarelli (2012) e Veras (2012), enfocam que, em relação à terceira idade, as ações de políticas públicas devem ser pensadas a partir de uma ótica criativa e inovadora. Nessa perspectiva, os autores defendem que os gestores e profissionais que atuam diretamente com a população idosa devem encontrar soluções criativas para lidar com questões comuns ao dia a dia dos idosos, em especial aqueles institucionalizados. Esses estudos apresentam um outro viés investigativo acerca da criatividade aplicada ao envelhecimento e contribuem para evidenciar a necessidade de aproximação da criatividade com a psicologia do envelhecimento.

Aplicações Práticas

Como possibilidade de desenvolvimento da criatividade na terceira idade, algumas recomendações voltadas a essa faixa etária são apresentadas a seguir e podem ser incentivadas tanto pela família quanto por cuidadores e profissionais que atuam diretamente com essa população:

- A participação em atividades de escrita, pintura, canto, teatro, dança, desenho, dentre outras, devem ser incentivadas visto que podem ajudar os idosos a se manterem ativos, fortalecendo suas conexões sociais, felicidade e saúde (Kaufman & Finkelstein, 2020).
- Atividades voltadas ao lazer, como jardinagem, música, teatro, dança, culinária, artes e novos ofícios, bem como oficinas de desenvolvimento da criatividade devem ser estimuladas e oferecidas pela comunidade, possibilitando o engajamento social dos idosos.
- Universidades da terceira idade, programas sociais, centros comunitários, atividades organizadas por museus e teatros direcionados à terceira idade devem ser prioridade nas políticas públicas voltadas a essa idade (Hanna, 2013).

- Os idosos devem ser estimulados a iniciar a prática de alguma atividade criativa que sempre tiveram vontade e nunca tiveram oportunidade, como também retomar aquelas que já realizaram alguma vez e não puderam dar continuidade. O importante é ter a oportunidade de expressar sua criatividade por meio de alguma atividade que lhe proporcione prazer e satisfação.
- A arteterapia também vem sendo visualizada como importante recurso para ser utilizado junto aos idosos que apresentam algum tipo de comprometimento ou limitação e pode ser inserida nas atividades diárias de hospitais e casas de repouso, por exemplo.
- Os idosos também podem ser estimulados a escreverem, por exemplo, a sua história de vida para compartilharem com suas famílias as experiências que viveram e sua percepção de mundo.

Considerações Finais

Durante muito tempo, o envelhecimento foi concebido como período de inevitável declínio, marcado por doença e senilidade. Entretanto, mudanças importantes vêm ocorrendo na compreensão dessa fase, de modo a reconhecer que o envelhecimento saudável exige muito mais do que condicionamento físico e prevenção de doenças (Larson & Perlstein, 2003), enfatizando a qualidade de vida. Nesse contexto, a criatividade passou a ser visualizada como um elemento importante para o envelhecimento bem-sucedido.

Para os idosos, a expressão criativa é uma forma de dividir suas histórias de vida, descobrir um potencial inexplorado ou continuar seu trabalho de vida, oferecendo alguma contribuição para suas comunidades (Kaufman & Finkelstein, 2020). De acordo com Gutheil e Heyman (2016), programas de envelhecimento criativo foram reconhecidos como uma maneira eficaz de melhorar a vida dos idosos, demonstrando a importância deles se envolverem em atividades criativas. Intervenções baseadas na criatividade para a terceira idade apresentam inúmeras características positivas: têm baixo custo de implementação, há ausência de efeitos colaterais, mostram-se agradáveis, podem ser ensinadas aos idosos e seus cuidadores e são capazes de trazer benefícios físicos como aumento da atenção e mobilidade mental (Flood & Scharer, 2006).

A expressão criativa pode se amplificar com a idade, a partir de oportunidades para explorar preferências pessoais e oportunidades ambientais. Segundo Hanna (2013), o envolvimento de idosos em atividades criativas pode decorrer de três diferentes condições: (1) a pessoa pode se envolver em alguma atividade criativa pela primeira vez na vida; (2) a pessoa pode ter se envolvido quando criança ou jovem adulto, mas precisaram parar devido a outras demandas de tempo e energia e, agora, está voltando a uma atividade que trouxe alegria, provocando conforto e renovação do senso de significado e propósito; ou (3) pessoas mais velhas que se mantiveram envolvidas em atividades criativas por toda a vida e, agora na velhice, ainda conseguem mantê-las como atividade importante e geradora de engajamento. Independentemente da situação, as três condições reforçam a ideia de que a criatividade pode ser uma opção para manutenção da qualidade de vida e saúde mental na velhice.

Do mesmo modo, o uso terapêutico da arte tem sido visualizado como possibilidade de intervenção junto a idosos que apresentam declínios, visando a melhora da função cognitiva, memória, autoestima, bem-estar e benefícios psicossociais, por meio da estimulação da criatividade. Um estudo que fez o uso de ressonância magnética apoia a importância das experiências ao longo da vida, demonstrando que quanto maior o repertório vivenciado pelo indivíduo, maior será a capacidade de pensamento criativo na velhice (Adnan et al., 2019).

Por esses motivos, tal construto tem sido foco de vários projetos e pesquisas que incentivam o uso de habilidades relacionadas ao pensamento e resolução de problemas, através do engajamento em formas de lazer diversificadas (Flood & Phillips, 2007), bem como atividades produtivas voltadas a seus interesses e habilidades (Cantu & Fleuriet, 2018). Desse modo, os idosos aprendem novas habilidades e modos de expressão, descobrem novos aspectos em si mesmos e novas maneiras de perceber o mundo (Larson & Perlstein, 2003).

Referências

Adnan, A., Beaty, R., Lam, J., Sprend, R. N., & Turner, G. R. (2019). Intrinsic default-executive coupling of the creative brain. *Social Cognitive and Affective Neuroscience, 14*(3), 291-303. http://doi.org/10.1093/sacn/nsz013

Behroozi, M., Manesh, M. A., Fadaiyan, B., & Behroozi, S. (2014). Investigation of relationship among creativity, spiritual intelligence, perfectionism and mental health of bushehr artists. *Procedia: Social and Behavioral Sciences, 143*, 399-403. https://doi.org/10.1016/j.sbspro.2014.07.502

Cantu, A. G., & Fleuriet, K. J. (2018). "Making the Ordinary More Extraordinary": Exploring Creativity as a Health Promotion Practice Among Older Adults in a Community-Based Professionally Taught Arts Program. *Journal of Holistic Nursing, 36*(2), 123-133. https://doi.org/10.1177/0898010117697863

Cohen, G., Perlstein, S., Chapline, J., Kelly, J., Firth, K., & Simmens, S. (2006). The impact of professionally conducted cultural programs on the physical health, mental health, and social functioning of older adults: 2-Year results. *The Gerontologist, 46*(6), 5-22. https://doi.org/10.1093/geront/46.6.726

Duhamel, K. V. (2016). Creativity and the Golden Years: Biopsychosocial and Cultural Influences for Living a Successful Life. *Sociology and Anthropology, 4*(12), 1093-1098. https://doi.org/10.13189/sa.2016.041208

Flood, M., & Phillips, K. D. (2007). Creativity in older adults: a plethora of possibilities. *Issues in Mental Health Nursing, 28*(4), 389-411. http://doi.org/10.1080/01612840701252956

Flood, M. & Scharer, K. (2006). Creativity enhancement: possibilities for successful aging. *Issues in Mental Health Nursing, 27*(9), 939-959. https://doi.org/10.1080/01612840600899832

Greaves, C. J., & Farbus, L. (2006). Effects of creative and social activity on the health and well-being of socially isolated older people: outcomes from a multi-method observational study. *Perspectives in Public Health, 126*(3), 134-142. https://doi.org/10.1177/1466424006064303

Gutheil, I. A., & Heyman J. C. (2016). Older Adults and Creative Arts: Personal and Interpersonal Change. *Activities, Adaptation & Aging, 40*(3), 169-179. https://doi.org/10.1080/01924788.2016.1194030

Hanna, G. P. (2013). The central role of creative aging. *Journal of Art for Life, 4*(1), 1-15. https://journals.flvc.org/jafl/article/view/84239.

Hui, A. N. N., He, M. W. J., & Wong, W. (2019). Understanding the development of creativity across the life span. In J. C. Kaufman, & R.J. Sternberg (Eds.), *The Cambridge Handbook of Creativity* (2nd ed., pp. 69-87). Cambridge University Press.

Hunter, R. (2020). Older people and creativity: What can a social pedagogical perspective add to this work? *International Journal of Social Pedagogy*, 9(*1*), 8. https://doi.org/10.14324/111.444.ijsp.2020.v9.x.008.

Instituto Brasileiro de Geografia e Estatística. (2020). *Censo 2020: idosos indicam caminhos para uma melhor idade.* https://censo2020.ibge.gov.br/2012-agencia-de-noticias/noticias/24036-idosos-indicam-caminhos-para-uma-melhor-idade.html.

Kaufman, J., & Finkelstein, R. (2020). *Creative aging in NYC.* Brookdale Center for Health Aging, Life Time Arts and Live on NY. https://brookdale.org/wp-content/uploads/2020/02/Creative-Aging-in-New--York_FINAL.pdf

Larson, R. T. H., & Perlstein, S. (2003). Creative aging: a new filed for 21st century. *Teaching Artist Journal*, *1*(3), 144-151. https://doi.org/10.1207/S1541180XTAJ0103_04

Liminana-Gras, R. M., Berná-Corbalán, F. J., & Sánchez- López, M. P. (2009). Thinking styles and coping when caring for a child with severe spina bi da. *Journal of Developmental and Physical Disabilities*, *21*(3), 169-183. https://doi.org/10.1007/s10882-009-9133-0

Lubart, T. (2007). *Psicologia da criatividade.* Artmed.

McHugh, M. C. (2016). Experiencing Flow: Creativity and Meaningful Task Engagement for Senior Women. *Women & Therapy*, *39*(3-4), 280-295. https://doi.org/10.1080/02703149.2016.1116862

Melendéz, J. C., Alfonso-Benlliure, V., Mayordomo, T., & Sales, A. (2016). Is age just a number? Cognitive reserve as a predictor of divergent thinking in late adulthood. *Creativity Research Journal*, *28*(4), 435-441. https://doi.org/10.1080/10400419.2016.1229983

Mental Health Foundation. (2011). *An evidence review of the impact of participatory arts on older people.* https://www.mentalhealth.org.uk/sites/default/files/evidence-review-participatory-arts.pdf

Mundell, K. (2015). Creativity and aging. *Maine Policy Review*, *24*(2), 76-79. Recuperado de https://digitalcommons.library.umaine.edu/mpr/vol24/iss2/18/

Nakano, T. C. (2009). Investigando a criatividade junto a professores: pesquisas brasileiras. *Psicologia Escolar e Educacional, 13*(1), 45-53. https://doi.org/10.1590/S1413-85572009000100006

Nakano, T. C., & Wechsler, S. M. (2007). Criatividade: características da produção científica brasileira. *Avaliação Psicológica, 6*(2), 261-270. Recuperado de http://pepsic.bvsalud.org/scielo.php?script=sci_arttext&pid=S1677-04712007000200015.

Nakano, T. C., Machado, W.L., & Abreu, I. C. C. (2019). Relações entre estilos de pensar e criar, bem-estar, saúde percebida e estresse na terceira idade. *Psico-USF, 24*(3), 555-568. http://doi.org/10.1590/1413-82712019240312

Noice, H., Noice, T., & Staines, G. (2004). A short-term intervention to enhance cognitive and affective functioning in older adults. *Journal of Aging and Health, 16*(4), 562–585. https://doi.org/10.1177/0898264304265819

Noice, H., Noice, T., Perrig-Chiello, P., & Perrig, W. (1999). Improving memory in older adults by instructing them in professional actors' learning strategies. *Applied Cognitive Psychology, 13*, 315–328. https://doi.org/10.1080/13825580802233400

Noice, T., & Noice, H. (2009). An arts intervention for older adults living in subsidized retirement homes. *Aging, Neuropsychology, and Cognition, 16*(1), 56-79. https://doi.org/10.1080/13825580802233400

O'Shea, E., & Leime, A. N. (2013). The impact of the Bealtaine arts programme on the quality of life, well-being and social interaction of older people in Ireland. *Ageing and Society, 32*(5), 851-872. http://doi.org/10.1017/S0144686X11000717

Pedroso, A. (2013). A pesquisa sobre envelhecimento humano: grupos de pesquisa no estado de São Paulo. *Revista Brasileira de Ciências do Envelhecimento Humano, 10*(1), 92-103. https://doi.org/10.5335/rbceh.2013.2806

Ray, M. (2016). Creativity and the Arts for Older People Living with Depression. In C. Chew-Graham, & M. Ray (Eds.), *Mental Health and Older People* (pp.133-143). Springer, Cham. https://doi.org/10.1007/978-3-319-29492-6_12

Sharma, S., & Babu, N. (2017). Interplay between Creativity, Executive Function and Working Memory in Middle-Aged and Older Adults. *Creativity Research Journal, 29*(1), 71-77. https://doi.org/10.1080/10400419.2017.1263512

Silva, T. F., & Nakano, T. C. (2012). Criatividade no contexto educacional: análise de publicações periódicas e trabalhos de pós-graduação na área da Psicologia. *Educação e Pesquisa, 38*(3), 743-759. https://doi.org/10.1590/S1517-97022012005000013

Souza, A. A. F., & Wechsler, S. M. (2013). Inteligência e criatividade na maturidade e velhice. *Psicologia: Reflexão e Crítica, 26*(4), 643-653. https://doi.org/10.1590/S0102-79722013000400004

Zanella, A. V., & Titon, A. P. (2005). Análise da produção científica sobre criatividade em programas brasileiros de pós-graduação em Psicologia (1994-2001). *Psicologia em Estudo, 10*(2), 305-316. https://doi.org/10.1590/S1413-73722005000200018

Zavarize, S. F., & Wechsler, S. M. (2012). Perfil criativo e qualidade de vida: implicações em adultos e idosos com dor lombar crônica. *Revista Brasileira de Geriatria e Gerontologia, 15*(3), 403-414. https://doi.org/10.1590/S1809-98232012000300002

Mapeamento de Cidades Criativas: Reflexões e Possibilidades

Maria Cecília Pires de Campos

Rodolfo Finatti

Este capítulo se propõe a apresentar o mapeamento e a análise da distribuição de espaços criativos no meio urbano. Serão considerados neste mapeamento os espaços capazes de fomentar o encontro e o diálogo entre pares, bem como o estímulo ao processo criativo, quer sejam ambientes de trabalho ou de lazer. Na condição de um primeiro ensaio sobre a temática, as reflexões têm como campo o município de Campinas (SP), e por isso também é objetivo elaborar a primeira base de dados do município com relação à temática, com vistas a estabelecer uma taxonomia territorial e uma base de comparação histórica com futuros trabalhos.

Introdução

Este trabalho faz parte de uma pesquisa sobre espaços criativos, principalmente no que tange à metodologia para a localização e o mapeamento da concentração dos fixos geográficos que fomentam o encontro e o diálogo capazes de estimular o processo criativo. O resultado apresentado é um texto exploratório dedicado à metodologia para a identificação, mapeamento e diagnóstico dos espaços criativos e das manifestações da economia criativa e da cultura na escala municipal – que tem como exemplo o caso do município de Campinas (SP).

Tem sido crescente a atenção dada ao tema da criatividade, bem como à relação com as cidades, o que pode ser exemplificado pela criação da Rede de Cidades Criativas da Organização das Nações Unidas para a Educação, a Ciência e a Cultura (Unesco *Creative Cities Network*), em 2004. É também crescente a adjetivação de termos na mídia empregando a criatividade, tais como: distrito criativo, economia criativa, espaço criativo, educação criativa, gerente de criatividade e até mesmo *creative lifestyle* (estilo de vida criativo). Outro exemplo da relevância do tema é o mapeamento da economia criativa nos estados brasileiros, realizado pela Federação das Indústrias do Estado do Rio de Janeiro (Firjan), desde o ano de 2010, identificando número de empresas, trabalhadores e massa salarial dos setores econômicos que possam ter mais alto teor de criatividade. Isso justifica o tratamento do tema e o desenvolvimento de metodologias afins.

O ponto de partida para as reflexões que seguem, alinhado com nossa própria experiência profissional, diz respeito à dimensão do espaço geográfico e da cidade, especificamente buscando um mapeamento que permita identificar os espaços aos quais se atribuem a característica de estimular a criatividade.

A partir de um ponto de vista metodológico, foi dada ênfase às escolhas necessárias para a identificação, localização e delimitação das concentrações geográficas de elementos específicos que, próximos, fomentam espaços criativos. Como orientação para essas escolhas, partiu-se da premissa que a criatividade, muito embora seja ela de base pessoal, receba influência do espaço geográfico, da organização da cidade e da sociedade na qual se viva.

Para sistematizar o componente espacial é preciso entender que a cidade é composta de lugares e construções (materialidade) unidos a movimentos e eventos (ações). Isso forma um conjunto indissociável – possível de ser resumido como um conjunto de objetos e ações – que forma o espaço geográfico, e por consequência o espaço total ou qualquer subespaço da cidade, de acordo com Santos (1994).

Dessa forma, será considerada a combinação entre a materialidade e os eventos que fomentam o encontro social e, por consequência, as decorrentes possibilidades de diálogo e estímulo ao processo criativo. O mapa resultante permitirá distinguir localização e concentração, identificando quais são os espaços criativos de Campinas (SP), a partir de uma metodologia capaz de ser reproduzida em outras cidades.

Além disso, é válido considerar como um objetivo complementar a formação de um primeiro banco de dados do município em relação a essa temática, com vistas a estabelecer uma taxonomia territorial, identificação de um sistema de relacionamento entre os espaços e também uma base futura para comparação e evolução desse processo em Campinas.[3]

De acordo com esse escopo, o capítulo está organizado da seguinte forma: Em primeiro lugar, a necessária reflexão sobre a relação entre cidade e criatividade, principalmente por se tratar ainda de um tema pouco difundido. Essa seção reúne as premissas para a metodologia empregada no mapeamento e sua posterior análise. Em seguida, apresenta-se o mapeamento como o principal resultado, já considerando uma taxonomia territorial e a definição das principais concentrações.

Por fim, recupera-se a história de Campinas na condição de uma cidade que foi palco de importantes inovações, por meio do qual se espera revelar o "DNA criativo" da cidade, exatamente para explicar e reforçar a premissa da importância do espaço, da concentração e da própria complexidade crescente do espaço urbano para o processo criativo no nível individual ou coletivo. As considerações finais trazem a visão dos autores sobre as possibilidades abertas com essa metodologia que, muito embora seja ainda um esforço inicial, pode ser reproduzida em outros centros urbanos.

Cidade e Criatividade

Nosso ponto de partida para a discussão entre cidade e criatividade é a premissa de sua múltipla influência por meio dos espaços criativos e, sobretudo, devido à formação de aglomerados, quer sejam criativos[4] ou culturais. Pode-se considerar a cidade e a criatividade

---

[3] Vale lembrar que a Prefeitura Municipal de Campinas tem investido em projetos educativos e profissionais que resultem na vocação local e regional inovadora.

[4] A revisão literária mostra, na atualidade, investimentos em distritos culturais e distritos criativos, que podem ter uma formação espontânea (conduzida pelo conjunto de atores sociais) ou induzida (resultando do planejamento urbano centralizado pela administração pública).

como fenômenos interligados? A configuração do espaço urbano influencia na criatividade das pessoas e as pessoas promovem espaços urbanos mais criativos?

Existem argumentos a respeito da importância da aglomeração e do encontro na geração das ideias, e vale destacar que encontros são permitidos a partir da configuração do espaço, gerando as chamadas "plataformas" ou "viveiros de inovação", assim denominados por Johnson (2011). São praças, cafés, teatros, empresas e até mesmo redes de compartilhamento na internet; dependem de acessibilidade e conectividade. Segundo o autor, esses tipos de espaço "faziam as pessoas pensar de maneira diferente, porque geravam um ambiente em que diversos tipos de pensamento podiam colidir e se recombinar de maneira produtiva" (2011, p. 156).

A cidade pode ser compreendida, espacialmente, como um local de concentração, em oposição ao campo, onde predomina a dispersão. Contudo, muito embora uma aldeia também possa ser considerada uma concentração, é preciso atentar ao fato de que a cidade expressa também a complexidade da organização social: "Embutida na origem da cidade há uma outra diferenciação, a social: ela exige uma complexidade de organização social só possível com a divisão do trabalho" (Sposito, 1994, p. 14). A partir da revolução industrial, ocorre a aceleração do número de pessoas vivendo nas cidades e com isso a aceleração do próprio processo de urbanização. As formas e funções urbanas se complexificam e a natureza da produção industrial provoca um forte impacto sobre a urbanização como um todo, em um movimento complementar, no qual a indústria necessita do urbano ao mesmo tempo em que aprofunda a divisão do trabalho existente no urbano. A importância desse entendimento se desdobra na observação da taxa de crescimento demográfico: estima-se que até 2050 as cidades concentrarão 70% na população mundial[5], evidenciando a importância atual de se pensar o fenômeno urbano em escala global, assim como os seus impactos.

Existem dois termos diretamente associados ao termo urbanização, assim delimitados por Castells (1972), são eles: 1) concentração

---

5 Essa estimativa foi apresentada em reunião na Organização das Nações Unidas (ONU, 2013). Cf. https://nacoesunidas.org/onu-mais-de-70-da-populacao-mundial-vivera-em-cidades-ate-2050/.

espacial de uma população e 2) difusão do sistema de valores, atitudes e comportamentos denominado cultura urbana. Apoiando-se nas premissas da complexidade social e diversidade de ideias e visões de mundo, que historicamente se associam à urbanização e às cidades, um dos conceitos de cidade criativa de maior difusão é devido ao inglês Landry. Na visão desse autor, "Cidades criativas são aquelas onde há senso de conforto e familiaridade, uma boa mistura do velho com o novo, variedade e escolha e um equilíbrio entre o calmo e o vivificante ou entre o risco e a cautela" (Landry, 2008, p. 45).

Um dos aspectos que ajuda a compreender a cidade criativa é também a sua materialização política como, por exemplo, a já mencionada Unesco *Creative Cities Network*, lançada em 2004, que visa fortalecer a cooperação entre as cidades que reconheceram a criatividade como fator estratégico para as dimensões social, econômica, cultural e ambiental. Para a Unesco, uma cidade pode ser considerada criativa e está elegível a entrar para a rede com base no impacto e alcance da contribuição das ações desenvolvidas em seu planejamento, com foco em pelo menos uma entre sete linguagens ligadas à cultura: artesanato e arte popular, artes de mídia, filme, design, gastronomia, literatura e música.

Um dos objetivos dessa política é que as cidades outorgadas, obrigatoriamente, elaborem um plano de trabalho e uma agenda internacional que reflitam o desenvolvimento urbano e ações para articulação entre as cidades. Existe um comprometimento, além disso, com uma agenda de desenvolvimento local baseada no fortalecimento das cadeias produtivas criativas, polos criativos, fomento à inovação e consequente ampliação de oportunidades para criadores e profissionais dos setores culturais, e na inclusão de grupos e indivíduos marginalizados.

A escolha das cidades criativas dessa rede é realizada a cada dois anos e atualmente 246 cidades fazem parte da rede mundial, sendo que no Brasil existem dez cidades outorgadas: Fortaleza, Curitiba e Brasília (Design), Salvador (Música), João Pessoa (Artesanato e Arte popular), Belém, Belo Horizonte, Paraty e Florianópolis (Gastronomia). A cidade de Campinas concorreu apenas na última edição (2019) com a linguagem música, mas não foi outorgada como cidade criativa da rede.

A tradição de uma cidade, que permite se legitimar enquanto uma cidade criativa, tem relação justamente com o "acúmulo" de camadas de informação histórica, que se reflete também no espaço geográfico e suas concentrações mais dinâmicas, o que só pode ser permitido pelas cidades. Nesse sentido é que as cidades e suas concentrações possuem algo de especial para a geração de novas ideias. Isso é similar ao que Steven Johnson chama de "gênero", e equivalente a toda uma tradição formada e consolidada ao passar do tempo. Segundo ele, os gêneros "fornecem um conjunto de regras implícitas que têm coerência suficiente para que tradicionalistas possam brincar em segurança dentro delas e artistas mais ousados possam contrariar nossas expectativas brincando com elas ... são paradigmas do mundo criativo (p. 158).

Não obstante, Jacobs (1969) afirma que velhas ideias podem por vezes usar prédios novos, ao passo que as ideias novas têm de usar prédios velhos. É exatamente isso que se verifica na maioria dos distritos criativos ao redor do mundo: em geral são organizados em áreas antigas e centrais das cidades, onde existem acúmulos de camadas de informação e tradição, acessibilidade e potencial conectividade.

Além disso, existem princípios declarados que fundamentam a cidade criativa, ligados à diversidade e à distintividade:

> Primeiro o lugar, o desenvolvimento de uma forma de capital social, para que os indivíduos estejam dispostos a subordinar o seu interesse próprio a objetivos; em segundo lugar, uma compreensão aprofundada do processo criativo a todos os níveis, em todos os setores; e em terceiro, manifestações mais de alta visibilidade do que a cidade criativa significa em termos de edifícios, paisagismo, gestão do tráfego, sinalização, centros de informação e instalações culturais. (Landry, 2008, p. 86)

Independentemente da dimensão que fundamenta a cidade criativa, promove a articulação social em diferentes interações. Em geral, tende a acontecer em espaços públicos e/ou nos ambientes construídos favoráveis ao "meio social criativo". Esses espaços públicos e de convivência são os que, essencialmente, promovem a serendipidade[6]

---

[6] Segundo Johnson (2011), a serendipidade é aquele "lampejo" que sentimos quando encontramos a solução ou uma peça necessária para resolução de um problema. Ela resume a intuição ou abre a porta para o possível adjacente que não foi percebido anteriormente. A serendipidade requer colisões de ideias e descobertas improváveis,

– característica fundamental ao processo de estímulo e à criação de novas ideias:

> ... a criatividade se alimenta da serendipidade. Ao gosto das associações inéditas e dos encontros fortuitos, os criadores fazem emergir novas ideias, propõem novas formas e maneiras de fazer... Mais do que conceber uma cidade criativa, o desafio do urbanista é criar condições de serendipidade e de criatividade, deixando espaço para o desconhecido e aceitando que apareçam na região práticas não planejadas, até mesmo não autorizadas, que tornam possíveis encontros imprevistos e improváveis. (Vivant, 2012, pp. 83-84)

Para Johnson (2011), a serendipidade é estimulada de acordo com o ambiente: espaços públicos, pontos de encontro e cafés estimulam o diálogo e o choque de ideias, permitindo que alguém encontre uma parte que estava faltando. Essa premissa permite afirmar a existência de territórios criativos ou territórios capazes de estimular a criatividade.

Parte do processo de produção do espaço urbano, esses lugares podem ter uma natureza histórica-arquitetônica, refuncionalizada e cultural; mas podem também ser lugares do encontro social (cafés e cervejarias) ou mesmo encontro profissional (centros de eventos ou *coworkings*). O que importa é estimular a criatividade e fomentar o diálogo. Consideramos que esses são os ambientes nos quais as ideias tendem, mais fortemente, a ser estimuladas e florescer, e assim foram considerados no mapeamento realizado.

Além disso, espera-se que a cidade na qual existam espaços criativos tenha também um maior potencial criativo em seus cidadãos. Espera-se que seja, inclusive, uma cidade mais inovadora (social e economicamente). A ideia de economia criativa, por seu turno, tem participado cada vez mais no discurso contemporâneo, especificamente com empreendedorismo. É fundamental qualificar – mesmo que brevemente – estes três elementos que embasam o mapeamento da cidade criativa.

---

bem como algo onde ancorá-las. Precisa também de um ambiente em que conexões surpreendentemente novas possam ser forjadas – entendemos que, nesta última menção, o autor refere-se ao espaço.

Muito embora existam diversas abordagens possíveis, concordando com as premissas de Fonseca e Urani (2011), a cidade criativa pode ser pensada a partir da atração e estímulo às pessoas criativas e às indústrias criativas, em sendo um espaço que permita colocar a criatividade em prática em um ambiente cultural e econômico favorável a isso. Os autores indicam ainda que existe, na cidade criativa, uma prevalência de três elementos: inovações[7], conexões[8] e cultura[9]. O conjunto destes elementos configura a variáveis necessárias para se analisar o mapeamento da criatividade em Campinas.

Por outro lado, para além da abordagem mais focada no planejamento econômico, pode-se apontar uma delimitação como a de Kageyama (2011):

> A cidade criativa é um sentimento. É o sentimento de que algo está acontecendo, de que algo poderia acontecer, e de que esse algo será interessante. É um sentimento de movimento, de momentum. É um sentimento de energia; seja energia em repouso, aguardando para ser liberada, seja energia em ação, como "eletricidade solta", que estimula seus cidadãos. (p. 55)

Para aproveitar ao máximo a criatividade, precisamos considerar seus recursos de modo mais amplo e nos basear na história dos lugares e na evolução de sua cultura. Levar a cultura em consideração nos ajuda a entender "de onde um lugar vem", por que ele está como está e como pode criar seu futuro, por meio de seu potencial (o qual se estende ao seu potencial emocional). Podemos afirmar, junto de Landry (2008), que esses recursos culturais são a matéria-prima da cidade e sua base de valores; seus ativos, substituindo o carvão, o aço ou o ouro. A criatividade é o método para explorar esses recursos e ajudá-los a crescer.

---

[7] Podem ser entendidas como a criatividade aplicada à solução de problemas ou à antecipação de oportunidades.

[8] Se dão em diversas dimensões: (a) Histórica (passado e futuro/identidade e estratégia de futuro); (b) Geográfica (entre bairros e zonas); (c) Governança (participação dos setores público, privado e sociedade civil); e (d) Diversidades (aglutinando pessoas com pontos de vista dispersos, profissões, culturas e comportamentos).

[9] Compreende o conteúdo cultural propriamente dito, produtos, serviços, patrimônio (material e imaterial) e manifestações de caráter único.

Finalizamos esta seção nos questionando: onde estão concentrados esses celeiros, aos quais poderíamos nos referir modernamente como espaços criativos no âmbito do espaço urbano? Pretendemos responder isso visualmente, por meio do georreferenciamento dos fixos geográficos e da realização de eventos culturais e criativos, pontuados sobre o traçado urbano a partir de um estudo de caso realizado na cidade de Campinas.

Espaços Criativos em Campinas

O processo de mapeamento e representação cartográfica permitiu elaborar um mapa síntese que identifica quatro espaços criativos na cidade. A definição desses espaços tem delimitação indireta, ancorada na sobreposição visual das camadas de informação georreferenciadas e validada pelo conhecimento empírico dos autores sobre o território de Campinas (Figura 1).

Figura 1 – Mapeamento dos espaços criativos em Campinas

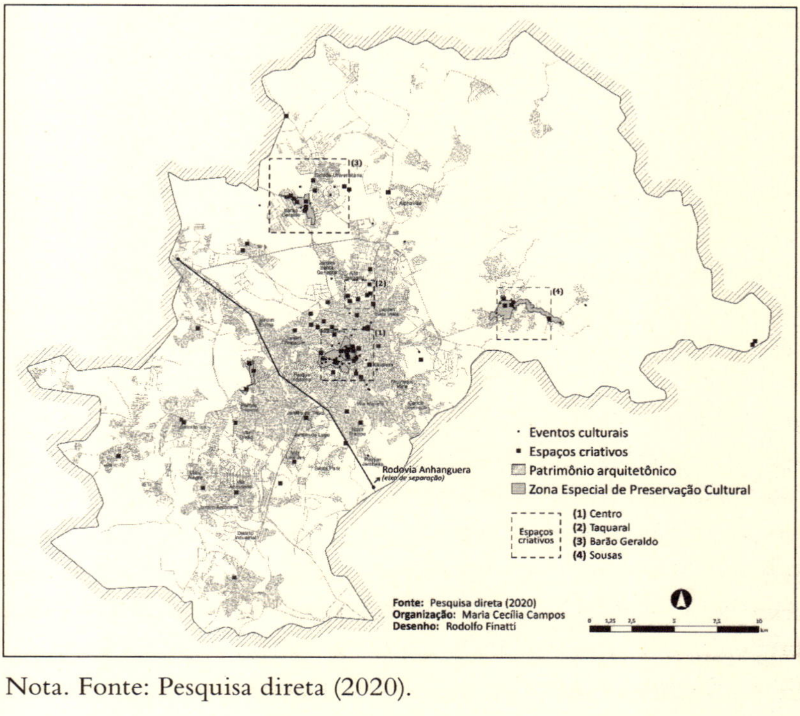

Nota. Fonte: Pesquisa direta (2020).

A partir do processo de mapeamento, foram identificados quatro espaços criativos, que remetem a sua área central histórica, pontos de interesse natural e cultural (que fomentam aglomerações de pessoas) e, além disso, convergem com a densidade de pessoas e serviços estimulada pela presença de um importante centro universitário. De maneira mais detalhada, os espaços criativos de Campinas são os seguintes:

- **Centro (1)**: é a principal aglomeração de eventos, espaços criativos e também do patrimônio arquitetônico da cidade, muito favorecido pela densidade populacional e pela rede de circulação de transportes.
- **Taquaral (2)**: é uma centralidade histórica na cidade, fortemente baseada nos atrativos ambientais, áreas verdes e práticas esportivas. Com o tempo, passou a concentrar restaurantes, bares e atrativos culturais.
- **Barão Geraldo (3)**: É resultado direto da localização da Universidade Estadual de Campinas, fomentando uma série de espaços criativos (bares, restaurantes, pontos de venda e de promoção cultural).
- **Sousas (4)**: É um distrito histórico e cultural típico, afastado do centro urbano e apoiado em gastronomia, artesanato e música local. É a área cultural menos orgânica entre as demais, no sentido que depende de maior força de promoção dos seus eventos.

O que se apresenta, a partir de um primeiro olhar para o município, é que a criatividade se mostra geograficamente associada com os espaços culturais popularmente reconhecidos e historicamente determinados, por exemplo: (1) Centro e (3) Barão Geraldo. Há, portanto, um elo, dependente e também espacial, entre essas dimensões. Ainda não se pode verificar um maior espalhamento (a considerar também uma cidade com condições socioeconômicas desiguais). Como segunda observação: Os principais espaços criativos em Campinas mostram uma concentração das atividades que tendem a respeitar a formação espacial precedente (patrimônio arquitetônico, cultural, intelectual ou ambiental), os fixos geográficos como mais importantes e condicionando a localização dos eventos.

A distribuição desigual desses fixos geográficos ganha importância quando contrastada com o setor sul do município: notadamente ao Sul do eixo da Rodovia Anhanguera, e por isso destacada na representação. Esse eixo representa uma clivagem socioeconômica em Campinas. Parte significativa dos bairros sulistas de maior densidade demográfica são também os bairros de maior vulnerabilidade social. São também os que menos dispõem de espaços criativos, eventos culturais ou mesmo de um possível cluster de criatividade.

Os espaços do (2) Taquaral e (4) Sousas, por sua vez, se articulam muito mais às áreas de amenidades ambientais e áreas verdes, nas quais também historicamente se implantarem cafés, bares e eventualmente ocorrem eventos culturais. Não por acaso se localizam ao norte do referido eixo da Rodovia Anhanguera, reforçando a lógica de concentração cultural evidente na cidade.

Finalmente, devemos afirmar que se confirma a lógica da dependência espacial, quer seja ela histórica-material, reforçando centralidades, quer seja ela atrelada a variáveis de natureza social e econômica (porção norte x porção sul), em subespaços mais socialmente estimulantes ou ambientalmente amenos.

Na seção seguinte, são apresentadas as trajetórias de criatividade e inovação ocorridas no espaço urbano de Campinas, identificando a cidade não apenas em sua dimensão territorial, mas também na relação entre o espaço e os diferentes períodos históricos, temporalidades e realizações.

A Cidade Criativa em Fatos: de Carlos Gomes as Empresas Unicórnios

Quem vê Campinas hoje como uma metrópole e forte pujança econômica, reconhecendo a cidade como a mais inteligente e conectada do Brasil[10], talvez não tenha conhecimento de que essa vocação para inovação faça parte da sua história. É importante falar sobre isso para entender melhor como o município teve uma trajetória de criatividade e inovação principalmente nas artes e na tecnologia. Nesta sessão,

---

[10] Cf. *Ranking Connected Smart Cities* da consultoria Urban Systems (2019). https://www.urbansystems.com.br/rankingconnectedsmartcities.

apresentamos uma descrição de fatos que marcaram a história do município e que justificam seu potencial criativo, posicionando a cidade como celeiro da criatividade no cenário nacional. A narrativa histórica poderá contar como as inovações, as conexões e a cultura sempre foram elementos presentes na formação de Campinas ao longo do tempo.

A partir de um ponto de parada para descanso de tropeiros que faziam o caminho entre São Paulo e Goiás, em 1774 o local passou a se chamar Freguesia de Nossa Senhora da Conceição das Campinas do Mato Grosso de Jundiaí. Neste momento inicial já ficava nítida a sua capacidade para fazer conexões. Por isso, pode-se dizer que este potencial já emerge territorialmente.

Uma das primeiras inovações que se tem notícia em Campinas é a criação do Método Florence[11], em 1833. Criado pelo francês Hercule Florence, morador de Campinas, o método revolucionou a fotografia, permitindo a fixação da imagem, que até então tinha uma durabilidade muito limitada. A partir daquela descoberta inovadora, as imagens fotográficas passaram a ter uma duração por um período maior no papel.

Na segunda metade do século XIX, Carlos Gomes, um célebre artista campineiro, ficou mundialmente famoso com sua ópera O Guarani, se tornando, além de aclamado artista, um dos pioneiros da economia criativa campineira (quando o termo ainda nem era usado ou conhecido).

Enquanto Carlos Gomes brilhava nos palcos dos principais teatros da Europa, outras artes também se desenvolviam em sua terra natal, que tinha um pomposo teatro chamado São Carlos, construído em 1850. Em 1872, com a chegada da ferrovia, que na época simbolizava o desenvolvimento e a modernidade, a cidade se tornava mais uma vez rota de conexões e entroncamento de caminhos, promovendo conexões entre o interior e o litoral, e permitindo o escoamento da produção cafeeira para exportação.

O grande marco inicial da pesquisa e da inovação tecnológica na cidade se deu no ano de 1887, com a inauguração do Instituto Agronômico de Campinas (IAC), que também contou com a presença

[11] Pode-se ler mais a respeito em artigo existente no acervo da Brasiliana Fotográfica. http://brasilianafotografica.bn.br/?p=10341.

de D. Pedro II. O IAC desenvolveu e ainda desenvolve diversas pesquisas importantes na área de biotecnologia, sendo um órgão estatal responsável por muitas pesquisas de ponta que impulsionaram e ainda trazem muito desenvolvimento para o agronegócio e a segurança alimentar brasileira.

A cidade vinha se afirmando como a mais desenvolvida do estado e estava caminhando para vir a ser a capital estadual. Porém, no final do século XIX, foi atingida pela febre amarela, que em dois anos provocou enormes perdas e um forte abalo econômico, resultando em uma redução em dois terços de seus habitantes. O período teve um impacto profundo sobre a população e a imagem que simboliza a sua superação está representada por uma fênix na bandeira do município.

Sempre posicionada entre as cidades mais prósperas do Brasil, Campinas foi uma das pioneiras a receber os serviços de telefonia, de iluminação pública elétrica e já havia projeções precursoras do cinema no teatro municipal antes mesmo da criação do cinematógrafo.

Por outro lado, há de se mencionar que, na mesma proporção em que havia a pujança econômica, era também a barbaridade humana com relação à escravidão, o que confere à cidade o título de ter sido a última a abolir a escravidão no país e carregar a fama de ter tido os mais cruéis barões da época. É importante fazer o relato sobre a severidade do período, para narrar a cultura de resistência que foi gerada decorrente dele e que sobreviveu através do tempo, sendo transmitida entre gerações e também por meio de mestras e mestres que mantêm vivas as culturas populares e tradicionais praticadas até hoje em Campinas e região. Algumas já são reconhecidas como patrimônio imaterial, como o Jongo, o Samba de Bumbo, a Folia de Reis e a Capoeira.

Além disso, ainda em fase de estudos, mencione-se a lavagem dos degraus da escadaria da Catedral, uma bela celebração feita pelos praticantes de religiões de matriz africana que ocorre desde 1985. Além delas, a cultura caipira também é reconhecida como patrimônio imaterial, devido ao grande território rural ainda existente na atualidade, distribuído entre chácaras, sítios e fazendas por diversas regiões do perímetro do município.

Outro patrimônio imaterial que causa grande orgulho é a Orquestra Sinfônica Municipal, que tem sua origem datada em 1929, sendo a primeira orquestra sinfônica de uma cidade não capital no Brasil.

O principal motivo de ter uma política de patrimônio material e imaterial é que Campinas desenvolve políticas públicas na área de patrimônio há muitos anos. Há um Conselho de Defesa do Patrimônio Cultural de Campinas (Condepacc), criado em 1987, o primeiro conselho municipal do Brasil, que também pode ser considerado como um marco na política cultural e democrática brasileira.

Em 1920, foi fundado o Instituto Penido Burnier, referência nacional em tratamento e pesquisa na área de oftalmologia (Martins & Caires, 2015). Em 1941, foi criada a primeira universidade, a Faculdade de Filosofia, Ciências e Letras, que mais tarde viria a se chamar Pontifícia Universidade Católica de Campinas (PUC Campinas), representando um importante passo para a geração de conhecimento no município. Em 1960, foi inaugurado o Aeroporto de Viracopos, reafirmando a importância estratégica de estabelecer conexões com longas distâncias a partir de seu território.

Em 1963, foi criada a Faculdade de Medicina de Campinas, que em 1966 mudou seu nome para Faculdade de Ciências Médicas da Unicamp, na ocasião da inauguração da universidade. Essa instalação representa outro grande marco para a Ciência, Tecnologia e Inovação (CT&I), não apenas da cidade, mas para o país. A Unicamp atraiu, a partir daquele momento, diversas instituições de CT&I para Campinas e sua região metropolitana, representando nos dias de hoje 15% da produção científica do Brasil. Em 2017 e 2018, ela foi reconhecida como a melhor universidade da América Latina[12] pela revista britânica Times Higher Education. A universidade também possui cursos de artes anuais que formam artistas e constantemente dialogam com o universo cultural da cidade, especialmente de Barão Geraldo, onde está localizada.

Atualmente, existem 5 parques tecnológicos e 19 instituições de Ciência, Tecnologia e Inovação, sendo a grande maioria na região da Rodovia D. Pedro I, próxima à universidade. Entre essas, destaca-se o CNPEM, Centro Nacional de Pesquisa em Energia e Materiais, que teve início no ano de 1986 e hoje abriga o Sírius (inaugurado em 2018), apontado como a maior e mais complexa infraestrutura científica já construída no país.

[12] Esta notícia está disponível em: www.unicamp.br/unicamp/noticias/2018/07/18/pelo-segundo-ano-unicamp-e-apontada-como-melhor-da-america-latina.

Em 1982, foi criado o Centro de Tecnologia da Informação (CTI) Renato Archer, outra instituição de pesquisa científica e tecnológica com importância nacional. Tanto o CNPEM quanto o CTI representam investimentos diretos do governo federal, hoje representado pelo Ministério da Ciência, Tecnologia e Inovação (MCTI).

Esse foi um breve resumo do histórico do município, evidenciando o seu reconhecimento como polo de desenvolvimento científico e tecnológico e justificando sua vocação histórica como cidade do conhecimento, voltada para negócios e para turismo de negócios. Não obstante, a cidade tem diversos outros atrativos culturais e gastronômicos que complementam o potencial de desenvolvimento turístico e a economia criativa. Estima-se a realização de seis mil eventos ao ano em Campinas, dos mais variados tipos, para além dos científicos.

Contemporaneamente, a capacidade de conexão é reforçada pelo maior aeroporto de cargas do Brasil e por cinco das principais rodovias do estado que atravessam o seu território. Há leis que concedem benefícios fiscais às empresas da área de tecnologia, um Conselho Municipal de Ciência, Tecnologia e Inovação que é muito atuante, um Plano Estratégico de CT&I (2015-2025), um Plano Estratégico Campinas Cidade Inteligente (2019-2029), um Plano de Desenvolvimento Turístico em fase de finalização, além de diversos outros planos de outras áreas.

Há acontecimentos e referências recentes que também são de destaque não apenas nacional, mas mundial e que precisam ser mencionados para a compreensão do significado da criatividade campineira. Na gastronomia popular, o sanduíche com corte "boca de anjo" e a famosa torta holandesa são referências de criações campineiras, assim como o design atual da garrafa de 600 ml de cerveja utilizada pelas grandes cervejarias brasileiras (MADI, 2013). Na área do design, existe uma importante campineira no Vale do Silício, com o nome de Ruth Kedar, responsável pela criação de diversos logos para a Google. É também de Campinas o fenômeno musical "Galinha Pintadinha" e o aplicativo iFood, que é considerado uma empresa unicórnio[13].

---

[13] Empresa unicórnio é uma expressão usada no ecossistema de inovação para se referir às *startups* que arrecadam mais de US$ 1 milhão ao ano.

Como é possível concluir, existe muita criatividade, diversidade e superação presentes na história da cidade. O conhecimento de sua trajetória e dos acontecimentos do passado, bem como do patrimônio, da educação, da cultura e dos territórios, são fundamentais para a compreensão do potencial criativo e de sua posição no presente. Também é possível acreditar que as instituições educacionais e culturais tenham um papel relevante para que todo esse processo tenha se desenvolvido e Campinas tenha atingido o patamar de cidade criativa, inteligente e conectada.

Considerações Finais

Por meio do mapeamento da cidade criativa, realizado neste ensaio que tem por base o município de Campinas, é possível mencionar que três objetivos foram alcançados: (a) identificação dos principais fixos geográficos e respectivos eventos culturais que devem ser mapeados em um trabalho desta natureza; (b) consolidação de uma base de dados pioneira, relacionada à Campinas, que deverá subsidiar estudos posteriores; e (c) validação do mapa resultante e das escolhas tomadas para sua elaboração (temas, camadas de informação e fixos que foram georreferenciados), permitindo uma leitura territorial da criatividade e da cultura em um espaço urbano.

Além disso, como pode ser verificado na perspectiva histórica da geração de inovações em Campinas, mostrada na última seção, que remonta desde as obras de Carlos Gomes até as atuais empresas unicórnio, evidencia-se que o espaço urbano exerce algum nível de influência na atividade criativa e também inovadora. O impacto social de identificar espaços criativos na escala municipal é a possibilidade de planejar, potencializando esses espaços ou identificando as características de possíveis políticas públicas que poderão fomentar ainda outros e novos espaços criativos. Por se tratarem, boa parte, de espaços abertos e acessíveis ao público (muito embora não estejam igualmente distribuídos na cidade) é possível considerar ainda que seu impacto social possa ser, futuramente, mais abrangente se uma maior parcela da população usufrua desses espaços.

Vale reforçar, neste momento conclusivo, que o mapeamento da criatividade não é simples, sobretudo por tratar-se de uma atividade incorpórea. Este tema só pode ser realizado indiretamente, por meio da correlação com espaços que estimulam o encontro, a cultura, o choque de ideias e, assim, o exercício da criatividade (ou parte essencial dele).

Ainda que esse seja um mapeamento incipiente, que terá maior detalhamento futuro, ele resulta de um esforço de identificação dos fixos geográficos que potencialmente fomentam a criatividade e, por decorrência, a identificação dos espaços criativos. Partimos de perguntas simples como "o que mapear?" ou "como representar?" para entendermos a importância de outras e novas questões que poderão nortear o seguimento da pesquisa.

Finalmente, assim como já deve ser esperado para as cidades da formação histórica e espacial brasileira, há contradições espaciais que, assim como para outros temas, também se mostram no mapa dos espaços criativos. A distribuição é desigual e está concentrada em uma determinada porção da cidade. Isso deve ser objeto de futuros planos para a leitura e intervenção urbana.

Por outro lado, e também este deve ser considerado um resultado relevante para além da confirmação da possibilidade de mapeamento dos espaços criativos e da construção dos argumentos teóricos aqui apresentados, é o fato de que a concentração pode ser verificada. Como abordado nos itens iniciais, o exercício (ou parte dele) da criatividade depende de encontro social. Esses encontros que provocam ideias e promovem serendipidade tendem a ser acelerados pelas áreas de concentração, ou espaços criativos. Acreditamos, evidentemente, que toda cidade tem os seus, e que esse é um ponto de partida para cartografá-los.

Referências

Castells, M. (1972). *A questão urbana*. Paz e Terra.

Kageyama, P. (2011). Cidade Criativa. In A. C. F. Reis, & P. Kageyama (Orgs.), *Cidades Criativas: Perspectivas*. Garimpo de Soluções.

Federação das Indústrias do Estado do Rio de Janeiro. (2019). *Mapeamento da Indústria Criativa no Brasil*. https://www.firjan.com.br/EconomiaCriativa/downloads/MapeamentoIndustriaCriativa.pdf

Fonseca, A. C., & Urani, A. (2011). Cidades Criativas: Perspectivas Brasileiras. In A. C. F. Reis, & P. Kageyama (Orgs.), *Cidades Criativas: Perspectivas*. Garimpo de Soluções.

Johnson, S. (2011). *De onde vêm as boas ideias?* Zahar.

Jacobs, J. (1969). *The economy of cities*. Random House.

Landry, C. (2008). *The creative city: a toolkit for urban innovators*. Earthscan.

Madi, L. F. C. (2013). *Ciência, tecnologia e inovação a serviço da sociedade e da indústria brasileira de alimentos: ITAL 50 anos*. ITAL.

Martins, J. P. S., & Caires, M. (2015). *República de Campinas: Cenas da memória afetiva e política da cidade*. Secretaria de Cultura de Campinas.

Organização das Nações Unidas para a Educação, a Ciência e a Cultura. (2020). *The Creative Cities Network*.

Santos, M. (1994). *A natureza do espaço: técnica e tempo, razão e emoção*. Edusp.

Sposito, M. E. B. (1994). *Capitalismo e Urbanização*. Contexto.

Parte 3

CONTEXTOS EDUCACIONAIS DA CRIATIVIDADE

Mentoria do Talento Pelo Professor

Janete Tonete Suárez
Solange Muglia Wechsler

A mentoria por professores tem impacto significativo, duradouro, extensivo e inclusivo para estudantes talentosos. Significativo pela atenção individualizada, intencional e relevante. Duradouro pelo legado preeminente à próxima geração. Extensivo por inspirar outros a requerer o mesmo atendimento justo. Inclusivo, por valorizar os diferentes interesses, habilidades e potencial. Nesse sentido, a mentoria é um recurso psicoeducacional eficaz, necessário e acessível a todas as escolas e estudantes. Através de um programa de mentoria por professores do ensino médio e alunos do fundamental II foi observado, ainda, que a mentoria pode contribuir tanto para o desenvolvimento de estudantes mais e menos talentosos quanto para que o professor se certifique de seu papel significativo e singular na escola. Os dados compõem o recorte de um estudo mais amplo das autoras, e revelam ainda professores dispostos e comprometidos frente a uma supervisão que vise seu aperfeiçoamento e faça uso de recursos acessíveis, realísticos e funcionais. Isso sem contar com os recursos teóricos pré-existentes e o suporte de leis, diretrizes e direitos que fundamentam a temática e a área.

A Mentoria

Se você concluiu o ensino médio, frequentou a escola por pelo menos 11 anos, certo? E se concluiu o ensino superior, então foram no mínimo 14 anos em sala de aulas, ainda descontando qualquer outro estudo do ensino infantil ou pós-graduação. É um longo tempo, não é mesmo? Durante esses anos todos de estudos, quantos professores impactaram sua vida? Quantos contribuíram para que você fosse o que é hoje? Algum deles identificou o potencial que você tinha em alguma área e se dispôs a ajudar a desenvolvê-lo? Você lembra o nome deles? O que fizeram para que você se lembrasse deles ainda hoje?

Ter estudado em uma escola de renome, com estrutura física apropriada, professores capacitados, certamente que contribui para uma boa formação, mas não é tudo. Recursos tecnológicos, materiais didáticos e estratégias de ensino, as mais atuais possíveis, são importantes, preparam para enfrentar um mundo competitivo, mas não é tudo. Administrar bem as finanças de uma escola, cobrar tarefas, variar as formas de avaliação e incentivar a pesquisa e a produção cientifica, é fundamental para qualquer instituição de ensino-aprendizagem, mas não é tudo.

Salomão, autor do livro de Provérbios, considerado um dos homens mais sábios que já existiu, disse o seguinte: "Assim como o ferro afia o ferro, o homem afia o seu companheiro" (Prov. 27:17 ARA). Não são estruturas físicas, titulações, recursos tecnológicos e estratégias de ensino que afiam o nosso companheiro. O único que consegue realizar esse grande feito, é o próprio homem. No entanto, não é qualquer tipo de relação entre o homem e seu companheiro. Este capítulo propõe que a mentoria é um tipo diferenciado de relacionamento entre duas ou mais pessoas, capaz de transformar, impactar e redirecionar a vida de alguém. É ainda uma forma diferenciada de ensino que vem ao encontro das necessidades especiais de alunos talentosos nem sempre atendidos pelo sistema educacional (Freeman, 1997).

Em alguns países, como os EUA, há em média 4.500 agências de desenvolvimento de programas de mentoria, envolvendo em torno de 2,5 milhões de jovens, num total de pelo menos 15 milhões de pessoas que de alguma forma se beneficiam de uma abordagem mentorial (Karcher, 2008). Dos programas estabelecidos, 70% tem por contexto de aplicação, a escola. Entre as pessoas que atuam como mentoras nesses programas estão profissionais voluntários das mais diversas áreas (Karcher, 2005; 2008).

Quando a mentoria é coordenada ou praticada por professores, que são pessoas significativas no contexto escolar, há grande chance de causar um impacto que de outra forma não teria na vida dos estudantes. Imaginem então, quando esse professor mentor se propõe a identificar os potenciais de seus alunos e, a partir de uma formação necessária, dedica-se para ajuda-los a desenvolver o máximo de seu potencial?! A análise teórica da inter-relação entre os conceitos "Mentoria", "Talento" e "Professor" requer primeiramente a compreensão de cada termo, bem como a releitura do conceito de professor como mentor e a necessidade de formação e/ou instrumentalização para a compreensão das características educacionais especiais de estudantes talentosos.

O primeiro conceito analisado, o de "mentoria" remonta à Grécia Antiga. Nos meados do século VIII, a.C. Homero, em seu livro *Odisséia, as aventuras de Ulisses*, conta que Ulisses, Rei de Ítaca, casado com Penélope e com quem teve Telêmaco, saiu de casa rumo às batalhas. Antes, porém, confiou o cuidado do filho ao amigo e companheiro cujo nome era Mentor. Angustiado pela demora do pai e o risco de perder o patrimônio da família por interesseiros e interessados em desposar sua mãe, o então jovem vai em busca do pai. Mentor, que o acompanha, provê apoio, orientação e a mediação necessária no processo de construção de sua identidade e regras de convivência para a vida adulta (Bellodi, 2003; Porter, 1989; Reilly, 1992).

O conceito de mentoria se fortaleceu ainda mais com a obra do educador francês François de Salignac de La Mothe-Fénelon, chamada *Les Adventures de Télémaque*, 1699 (As aventuras de Telêmaco), que fez uma releitura da atuação de Mentor como um segundo pai, professor, orientador e guia. Foi dessa forma que a relação entre Telêmaco e Mentor se perpetuou na história (Bellodi & Martins, 2005). Ademais, a ideia de alguém que serve como um mestre e guia por meio de uma estreita relação com um aprendiz tem exercido grande influência sobre os sistemas educativos ao longo dos séculos (Ferreira, 1999; Little et al., 2010).

A temática da mentoria evoluiu a ponto de uma só definição não dar conta de sua abrangência. Isso porque ela é tanto constituinte de uma relação díade, formal, informal, pré-determinada, pessoal e profissional, quanto de uma relação impessoal, à distância, como ocorre no *e-mentoring* (Ragins & Kram, 2007). A despeito das mais de 500 definições já identificadas (Crisp & Cruz, 2009), a mentoria é concebida, de forma geral, como uma relação entre duas ou mais pessoas;

uma mais velha e experiente, que age como alguém que proporciona orientação, ensino, modelagem de papel, compartilhamento de contatos e redes de relacionamento e apoio, e outra pessoa, normalmente mais jovem, com menos experiência ou familiaridade em determinada área; o mentoreado, *mentee*, ou *protégé* (Kram, 1988).

São duas as funções da mentoria: apoio psicossocial e orientação de carreira. A primeira está relacionada à construção de relacionamentos que transmite confiança, intimidade e relação interpessoal significativa, a qual tende a melhorar a autoeficiência e autoeficácia dos envolvidos. Quanto a função de orientação profissional ou de carreira, essa diz respeito aos aspectos da relação que garantem a aprendizagem dos papéis que o indivíduo assume ou assumirá profissionalmente e que preparam o mentoreado para o progresso acadêmico e profissional (Kram, 1988; Ragins, 1997).

A mentoria tem sido considerada opção valiosa para o atendimento de necessidades especiais de estudantes talentosos/superdotados. Isso porque o interesse pela aprendizagem difere do ensino-aprendizagem tradicional, contribuindo para gerar incompreensão por parte de colegas e desmotivação por parte do estudante talentoso. Somado a esse aspecto, estudantes talentosos costumam ter boa interação com adultos, ou seja, costumam apresentar menos dificuldade de aprender ao mesmo tempo que apresentam capacidade de aprender de maneira autônoma dado ao alto nível de motivação e desenvolvimento cognitivo e afetivo avançado (VanTassel-Baska, 1991).

Quanto ao segundo conceito, o de "Talento", não há concordância entre pesquisadores para descrever o potencial elevado. O que se percebe é a preferência por alguns termos mais que outros. No estudo de Pérez e Freitas (2012), por exemplo, o termo, ou dupla de termos mais usados nos estudos sobre a temática foram "altas habilidades", seguido do conjunto de termos "altas habilidades/superdotação" e do termo "superdotação" ocupando o terceiro lugar. No mesmo estudo, as autoras encontraram 410 referências ao termo "talento", 73 dessas inclusive presentes no título dos artigos, dissertações ou teses, mas apenas 9 relacionados especificamente ao tema do potencial elevado.

Os termos preferidos pela Política Nacional de Educação (PNA) para descrever estudantes talentosos são altas habilidades/superdotação (Brasil, 1995). A conceituação concebe aqueles que demonstram potencial elevado em qualquer uma das seguintes áreas de forma isolada ou combinada: "intelectual, acadêmica, liderança, psicomotricidade, artes, elevada criatividade, envolvimento na aprendizagem e realização de tarefas em áreas de seu interesse" (p. 15). Acrescentam-se ainda a essas características elevada criatividade, grande envolvimento na aprendizagem e realização de tarefas em áreas de interesse (Brasil, 2008; Renzulli, 2005). Gagné (1985, 2008) sustenta que a área de desenvolvimento de talentos envolve dois conceitos: "talento" para quem possui alto nível de desempenho, mestria em habilidades e competências sistematicamente desenvolvidas, e "dotação" para referir-se a indivíduos que apresentam notável capacidade natural.

A preferência pelo termo "talento" justifica-se pela crença de que ele atende tanto as expectativas de quem investiga o assunto quanto de quem contribui para sua investigação quando não há o propósito de dar prosseguimento e acompanhamento aos que são identificados com características de altas habilidades/superdotação. Outrossim, o termo talento é o preferido pelos que possuem características de superdotação, e se encontra bem presente no discurso de pesquisadores nacionais e internacionais ao se referirem ao potencial elevado (Chagas, 2008), além de contribuir para a ideia de ausência de elitismo ou favoritismo (Gagné & Guenther, 2012).

São inúmeras as características e necessidades especiais de estudantes talentosos. Entre elas, esses estudantes carecem de tarefas desafiadoras, apresentam interesse por abordar conteúdos com maior profundidade (Almeida et al.; 2013; Robinson et al., 2007), distraem-se e entediam-se facilmente, além de apresentarem dificuldades em aceitar aulas comuns. Sendo assim, podem fazer uso de expressões de aborrecimento, prontidão para expressar críticas e dar respostas inesperadas, embora pertinentes (Güenther, 2012).

Para estudantes talentosos, a mentoria é de grande importância. Pode ser a melhor forma de prover recursos às necessidades específicas de alto desempenho, habilidades intelectuais, acadêmicas, artística, criativas, de liderança e psicomotora, em uma única área, em duas, ou várias ao mesmo tempo (Gagné, 2004). Além disso, quando esses estudantes não estão sob a tutela de um mentor ou o olhar de um professor especialista, ao mesmo tempo que se encontram em desvantagem socioeconômica e dificuldade de aprendizagem em determinadas áreas, eles correm o risco de nunca serem reconhecidos como tais e consequentemente não desenvolverem seus potenciais (Torrance et al., 1998).

Cakir e Kocabas (2016) discorrem sobre algumas vantagens da mentoria para o estudante talentoso/superdotado. Por apresentarem necessidades educacionais especiais, podem ser melhor atendidos e alcançados por um mentor que orienta e mostra o caminho. O mentoreado pode ainda receber ajuda para lidar com problemas psicológicos e emocionais, provendo-lhe um atendimento face a face, asssim como um serviço de educação especial. No estudo de Suárez e Wechsler (2018), intitulado *O que pensam estudantes talentosos sobre a mentoria de seu potencial*, as autoras perceberam que 42% dos participantes se reconhecem como talentosos, 45% apreciaria ter um mentor, 39% se sentem motivados quando seu talento é reconhecido, e 54% creem que seu desempenho acadêmico seria ainda melhor caso participassem de um programa de mentoria.

Estudos apontam que há fortes argumentos contra o mito de que jovens altamente capacitados podem progredir por si mesmos, sem nenhuma ajuda especial. Trata-se de um equívoco. Muitos conseguem aprender, aprofundar e inclusive dominar determinados conteúdos curriculares; entretanto, aprenderiam e dominariam mais e melhor a diversidade de conteúdos e áreas caso contassem com ajuda apropriada e interessada em seu desenvolvimento (Ambrose et al., 1994).

Por vezes, o aborrecimento de estudantes talentosos/superdotados provém da falta de desafios na sala de aula. Outras vezes, é o predomínio de um currículo único, fechado e desarticulado dos interesses, necessidades e potenciais diferenciados. Somado a essas questões, faltam professores preparados que conheçam e saibam lidar com as características e necessidades únicas desses estudantes, entre elas: tarefas desafiadoras, interesse por abordar conteúdos com maior profundidade etc. (Alencar & Fleith, 2001; Güenther, 2006; Robinson et al., 2007). A mentoria, nesse caso, buscaria proporcionar não só desafios (Templin, 1999), mas amadurecimento, exploração de carreiras e satisfação por conseguirem aplicar o conhecimento adquirido (Berger, 1990).

Sobre o terceiro conceito "professor como mentor", é importante destacar que o impacto gerado pelo personagem Mentor, de Homero, já motivou inúmeros outros mentores no decorrer da história. Entre eles estão pais, profissionais, conselheiros, líderes políticos e religiosos, amigos, orientadores, colegas de trabalho e professores. Embora cada uma dessas funções ou profissões impactadas pela mentoria possuam características próprias, o foco é o professor como mentor, suas características, seu potencial para atuar junto a estudantes talentosos e, acima de tudo, a necessidade e urgência de uma formação específica.

Ser um professor mentor é muito mais que simplesmente ser um professor. Isso porque, suscintamente falando, professor é o profissional que ministra aulas ou cursos em qualquer nível educacional com qualificações acadêmicas e pedagógicas suficientes para transmitir/ensinar da melhor forma possível o aluno (Professor, 2020). O professor mentor, por sua vez, vai além de sua função, assume outros papéis e desenvolve qualidades específicas. Ele é um amigo em quem o mentoreado pode confiar, um conselheiro atencioso, responsável pelo desenvolvimento físico, social, espiritual e intelectual dos mais jovens (Grassinger et al., 2010; Vergara, 2005). O professor mentor é um motivador no sentido de levar o estudante a atingir níveis superiores na carreira estudantil e ou profissional auxiliando-o, inclusive, a evitar substâncias psicoativas (Casey, 2000; Kram, 1988; Rhodes, 2002).

O professor mentor é ainda alguém sensível e ciente da diversidade de alunos que têm em classe. Ele identifica e busca atender cada um segundo suas necessidades educacionais especiais, sendo um encorajador do desenvolvimento do potencial de cada estudante ao mesmo tempo que nutre sistematicamente seus próprios interesses e habilidades profissionais. Isso porque entre as características de um mentor em potencial, deve haver conhecimentos, habilidades e expertise, além de nutrir condições de agregar valor à relação (Peddy, 2001; Rowley, 1999).

Quanto ao potencial de um professor mentor para atuar junto a estudantes talentosos, Renzulli (2005) afirma que esse tipo de professor é capaz de identificar estudantes talentosos observando quem demonstra interesse por meio de uma série de comportamentos. Dentre eles, destacam-se: apresentam caráter questionador, especialmente em discussões sobre temas de seu interesse, buscam adultos com conhecimento na área para satisfazer seus interesses ou curiosidade, dedicam tempo livre ao estudo ou desempenham atividades de seu interesse, por vezes, até compulsivamente (Renzulli, 2005).

Maia Pinto e Fleith (2002) investigaram como os professores identificam seus alunos com potencial acima da média. Os estudiosos verificaram que esses alunos apresentam facilidade de aprendizagem e/ou desempenho avançado, curiosidade, criatividade, e opinião diferenciada dos colegas. Outros aspectos incluem problemas comportamentais e emocionais como: desinteresse, inquietação, apatia e problema social e motor, que acontecem quando as necessidades especiais não são atendidas adequadamente.

É preciso destacar ainda que o ambiente educacional pode se tornar tanto acolhedor quanto hostil não apenas para o estudante talentoso, mas igualmente para bons professores, entre eles, os recém-formados. Há professores conscientes de seu papel de transformadores de vida, os quais, muitas vezes, enfrentam verdadeiros confrontos ao exporem suas ideias consideradas utópicas demais por alguns colegas de trabalho "experientes" que insistem nas impossibilidades, no improvável e na estagnação da educação. Esses professores devem receber apoio especialmente da administração da escola para que juntos busquem novas formas de conscientizar todo o quadro de professores e demais profissionais sobre a necessidade urgente de perceber a diversidade presente na sala de aula e oferecer o apoio necessário para seu desenvolvimento.

Não há dúvidas de que o professor exerce um papel essencial e indiscutível no sentido de que é ele quem vai propiciar iniciativas que visem estimular a inteligência e a criatividade do indivíduo. Mais do que ninguém, ele é capaz de criar um clima em sala de aula que favoreça o desenvolvimento das mais diversas habilidades. Nesse contexto, o professor é aquele que deve ponderar tanto a capacidade do aluno para aprender como a maneira dele aprender de forma que consiga identificar suas necessidades especiais. O desenvolvimento de talento no espaço escolar implica necessariamente no professor conceber e ver a escola não apenas como o espaço onde respostas "ideais" são apresentadas, mas onde o novo e as diversas expressões da inteligência humana têm vez e voz no processo de construção do conhecimento (Nascimento & Becker, 2007).

Para tanto, é fundamental destacar que além do interesse do professor em ser um mentor, e especialmente diante de seu propósito de atentar para suas necessidades educacionais especiais – nesse caso, de estudantes talentosos – há a necessidade imprescindível de formação da mesma maneira que o professor busca qualquer outro conhecimento, visto que estudantes talentosos/superdotados estão presentes em todas as salas de aulas. Somado a esse motivo, analisemos outros aspectos.

Apesar da posição privilegiada, o professor tende a valorizar a criança diligente, inteligente, obediente e calma, esquecendo a inquieta que costuma levantar questões complexas e embaraçosas que causam problemas ao professor por serem criativas e por causa de suas respostas originais e incomuns, sendo algumas delas características de crianças superdotadas. Estudos apontam outros motivos fundamentais que justificam a necessidade urgente de formação de professores para o atendimento de estudantes talentosos. Vejamos o estudo de Almeida e Capellini (2005). Os pesquisadores buscaram informações sobre o número de alunos considerados talentosos por seus professores nas escolas públicas estaduais do ensino fundamental da cidade de Bauru, São Paulo. Dentre os professores participantes, 41% consideraram ter em suas salas esses estudantes, mas desconheciam suas necessidades.

Para mais de uma análise quantitativa do estudo de Suárez (2014), que buscou identificar talentos criativos e intelectuais na sala de aulas regular, procedeu-se ainda uma análise qualitativa/comparativa em que foram identificados estudantes que pontuaram acima da média em testes psicológicos. Quando comparados à percepção dos professores sobre as mesmas áreas avaliadas, dados apontaram que muitos desses alunos foram avaliados abaixo ou bem abaixo da média. Concluiu-se que a educação deve insistir para investir na capacitação de professores para a identificação do talento presente em todas as salas de aulas.

Barreto e Mettrau (2011) perceberam que, dentre os professores entrevistados, a grande maioria não conhece e nem adota medida de identificação de talento/superdotação. Wechsler e Suárez (2016) investigaram a percepção de 170 pré-formandos de cursos de formação de professores sobre talento/superdotação. Resultados apontaram para um conhecimento superficial dos formandos a despeito da grande maioria ter cursado disciplinas relacionadas à inclusão de estudantes com necessidades educacionais especiais. Na mesma direção, sobre a nomeação de estudantes talentosos/superdotados por professores, Miranda et al. (2008) observaram que os professores entrevistados tinham pouco ou nenhum apoio, treinamento ou ainda conhecimento sobre características que conceituam estudantes como talentosos/superdotados.

Em outras palavras, os professores parecem desconhecer as necessidades especiais de estudantes talentosos, possuem dúvida sobre o tema, não adotam medidas de identificação, conhecem o tema superficialmente e possuem pouco ou nenhum apoio, treinamento ou ainda conhecimento sobre características de estudantes talentosos. Surge disso a razão da capacitação do professor para a identificação do talento/superdotação como um dos mais importantes e consistentes recursos por ocuparem uma posição de extrema relevância em relação ao reconhecimento das capacidades do estudante.

Aplicações Práticas

Pode parecer óbvio que a aplicação prática da temática "Mentoria do Talento pelo professor" seja estabelecer um contexto de mentoria do talento pelo professor. A aplicação prática dessa temática envolve descrever tanto a ação do professor quanto do estudante. Portanto, serão apresentados alguns aspectos considerados importantes na apresentação do tema. Para o programa de mentoria que compreende um estudo mais amplo da autora e já citado na introdução, foram selecionados dois grupos; a metade apresentava características de altas habilidades/superdotação ou ainda de talento, e a outra metade não apresentava, embora todos sejam mais ou menos talentosos. Os talentosos foram identificados previamente por medidas de inteligência e criatividade, percepção de professores e desempenho escolar. A dinâmica utilizada para a construção do programa de mentoria que envolveu a inter-relação e articulação dos três conceitos, "mentoria", "talento" e "professor" compreendeu três passos fundamentais, retratados a seguir.

Passo 1: Instrumentalização do Professor Mentor

Considerando que os estudos têm mostrado que os professores desconhecem as necessidades especiais de estudantes talentosos, a capacitação do professor como um dos mais importantes e consistentes recursos deve ser prioridade no programa de mentoria. É preciso formar, informar e instrumentalizar o professor de tais características para que ele se conscientize de que tem, sob sua tutela, o privilégio, mas acima de tudo a responsabilidade de ajudar desenvolver os mais diferentes potenciais, interesses, motivações e personalidades. Sem contar os traços únicos de busca de solução de problemas e atitudes incomuns que pode incluir até mesmo apatia em relação à escola.

Após convidar os professores para participar de um programa de mentoria e terem assinado o TCLE, ocorreu o treinamento no qual quatro temas principais foram apresentados, debatidos e articulados em grupo. Para que os professores tivessem acesso aos temas a qualquer momento durante o programa de mentoria, foi preparada uma apostila e selecionados mais dois artigos. Em seguida, todos os professores mentores receberam uma cópia desse material organizado em forma de portfólio. Outros materiais ali inseridos incluíram dados de cada aluno, turma, contato, bem como o programa de mentoria com sugestões de atividades para cada semana. No decorrer do programa, conforme foram surgindo dúvidas ou alguma dificuldade por parte de cada professor, quando necessário aprofundamento, outros textos eram selecionados, impressos e entregues para serem inseridos no portfólio e estudado pelo professor. Os temas trabalhados por ocasião do treinamento foram os seguintes:

a. O que é talento? Por que e como identificar estudantes talentosos? Como desenvolver o talento? Ao explicar o que é talento, foi destacado, dentre outros, o modelo de identificação de talentos intitulado *Portas Giratórias*, de Joseph Renzulli, contemplado na sua *Teoria dos Três Anéis* (1986). O modelo não se atém ao Quociente Intelectual, mas na confluência de três fatores que são: a habilidade acima da média, compromisso com a tarefa (motivação) e criatividade elevada, (Renzulli, 2004). Foi explicado que cada anel representa uma característica humana (Almeida & Capellini, 2005). Quanto ao desenvolvimento do talento, entre outras orientações, foram apresentadas as propostas de enriquecimento curricular, agrupamento e classes de aceleração que podem ser desenvolvidas tanto em sala de aulas regular quanto em salas especiais (Alencar & Fleith, 2001).

b. O que é mentoria? Quais suas funções? Ambos assuntos são essenciais para a formação de novos professores mentores. Embora já analisados anteriormente, vale ressaltar que a função de carreira se divide em função de patrocínio, exposição e visibilidade, *coaching*, proteção e tarefas desafiadoras. Já a função psicossocial envolve a amizade, aconselhamento, aceitação e confirmação e modelo.

c. Quem é o professor mentor? Por que é importante mentorear o talento? Qual é o seu papel? Além da necessidade de esclarecer esses assuntos, é importante enfatizar o papel do mentor tanto como forma de reafirmar seu potencial quanto assegurá-lo de que pode desenvolver tais características para ajudar a identificar e potencializar o talento de seus estudantes. Alguns dos papéis do professor mentor são os seguintes:

- Focar no aprendizado e desenvolvimento do *mentee*;
- Oferecer orientação positiva acreditando, encorajando-o e apoiando-o para o sucesso na realização das tarefas;
- Ser altruísta, estar disponível para fornecer orientação para possibilitar o sucesso do mentoreado, sem esperar nada em troca;
- Ter autoconhecimento elevado, isto é, ter consciência dos seus pontos fortes e fracos, competências pessoais e limitações;
- Ser um *expert* no seu campo de atuação, ou seja, ter profundo conhecimento da sua área técnica para poder passar conhecimento com segurança ao mentoreado;
- Ter clareza de objetivos, explicitando os objetivos de um plano de trabalho, de um projeto ou de uma atividade nos quais o mentoreado irá participar;
- Ser empático e sensível, demonstrando características essenciais para o sucesso de qualquer relação humana como a capacidade de analisar uma situação se colocando na posição do outro e a habilidade de perceber as emoções e sentimentos dos outros;
- Desenvolver habilidade de relacionamento, ou seja, a capacidade de construir, manter e levar adiante relações;
- Ter a capacidade de conceituação, ajudando o mentoreado a entender e compreender o significado de coisas

aparentemente desconexas, fazendo-o aprender a analisar os fatos através de várias perspectivas;

- Desenvolver a habilidade de comunicação, sabendo ouvir, ser paciente ao ouvir e compreender bem as mensagens verbais; perceber o que é falado, o que é verdadeiro e o que é dissimulação; apreender o significado das mensagens não verbais através da postura e gestos do mentorado.

d. O que é criatividade e motivação? Como identificar essa característica no aluno? O que fazer para desenvolvê-la? Somado aos temas dos itens a, b e c, que compuseram o primeiro material de apoio intitulado "Identificação e desenvolvimento de talento por meio da mentoria", esses dois temas, criatividade e motivação, foram considerados importantes no processo de formação do professor. Além de serem articulados como os demais tópicos por ocasião das horas de treinamento com os professores, foram selecionados artigos como material de apoio. Entre eles, a "Criatividade faz a diferença na escola: o professor e o ambiente criativos" de Oliveira e Alencar (2008), e "Motivação para aprender" de Boekaerts (2002).

Passo 2: Programa de Mentoria do Professor Mentor

Não há um padrão para a construção de um programa de mentoria. Isso porque os motivos da mentoria são inúmeros. Vejamos alguns exemplos. Novos profissionais podem ser mentoreados por um período de tempo até que se estabeleçam, conheçam o contexto de trabalho, e acima de tudo recebam o apoio necessário e as aprendizagens relativas a sua atuação. É possível verificar essa atitude diante de professores iniciantes, por exemplo, conforme relatados especialmente em estudos internacionais. Meninas adolescentes ou jovens universitárias igualmente podem compor um programa de mentoria por seu interesse em áreas que normalmente são investidas por rapazes como as áreas de ciências, tecnologia, engenharia e matemática (STEM, sigla em inglês), entre outros exemplos.

O motivo desse programa de mentoria que está sendo apresentado tem como objetivo a identificação e o desenvolvimento de talentos em estudantes do 8° e 9° anos do ensino fundamental. Para isso, foram criados 8 tópicos interdependentes a serem trabalhados, tanto de maneira teórica, como por ocasião do treinamento, quanto prática. O aspecto prático foi dividido em atividades específicas propostas pelo programa de mentoria e atividades já estabelecidas pelo calendário escolar.

As atividades específicas foram propostas para o grupo (5 a 6 alunos para cada professor, num total de 10 professores) e incluem os três primeiros tópicos do Programa de Mentoria que são: 1. Identificação e desenvolvimento de talento, cujo propósito foi engajar o mentoreado no projeto de mentoria; 2. Check-up ideal/real, com o propósito de reconhecer o próprio potencial bem como suas limitações; e 3. Barreiras, ou seja, atividades que levavam o aluno a identificar barreiras que o impedem de expressar o talento.

Quanto às atividades do calendário escolar, objetivou-se levar o estudante a reavaliar sua concepção de atividades de formação acadêmica. Em outras palavras, além do professor mentor ter a oportunidade de poder orientar os alunos sobre os benefícios, a necessidade e o impacto de repensar a formação acadêmica, cada professor mentor teve a oportunidade de acompanhar o envolvimento e a performance de seus estudantes nas atividades comuns da escola.

A fim de não intervir no trabalho do professor gestor de cada disciplina, os professores mentores, após os alunos terem cada um seu tema e responsabilidades designadas, apoiaram os estudantes mentoreados na formulação, preparação e apresentação de trabalhos na Feira de Ciências/Feira Cultural da escola e na produção de material para a Academia de Letras da instituição, que publica anualmente um livro com os melhores contos e poesias. Apoiaram e incentivaram, também, as Olimpíadas de esportes e igualmente a feira artística, que compreende exposição de trabalhos e apresentações artísticas em programas específicos, como o "Show de Talentos". Da mesma forma, o professor mentor orientou, incentivou e valorizou outro projeto da escola, denominado "Honra ao Mérito Acadêmico", que costuma premiar a cada bimestre os melhores alunos.

De forma abreviada, os temas e os objetivos do programa de mentoria foram os que se apresentam na Tabela 1. Quanto ao Programa de Mentoria igualmente apresentado por ocasião do treinamento, foram dadas sugestões do que o professor poderia realizar com os alunos em cada semana, mas da mesma maneira oferecida liberdade para que eles acrescentassem às ideias, recursos de sua preferência.

A coordenadora e pesquisadora do programa de mentoria encontrou-se com cada professor semanalmente. O propósito foi oferecer supervisão em relação aos procedimentos de cada tópico a ser trabalhado na semana seguinte e prover orientações instrucionais às possíveis dificuldades, questões relacionais e ainda ouvir *feedback* da semana anterior.

Tabela 1 – Temas e objetivos programa de mentoria ao professor

Temas	Objetivos
Identif./desenv. de talento	Engajar o mentoreado no projeto de mentoria
Check-up ideal/real	Reconhecer o próprio potencial/limitações
Barreiras	Identificar barreiras q/ impedem a expressão do talento
Expressão do Talento	Oportunizar a expressão do potencial/ talento
Avaliação Processual	Analisar o próprio processo da expressão do talento
Atividade Integradora	Ampliar a ideia de talento contrapondo a outros
Reconhec./Valoriz.	Expressão do talento de diferentes formas
Avaliação do projeto	Avaliar o envolvimento pessoal e produção

Passo 3: Supervisão do Programa de Mentoria ao Professor Mentor

A Tabela 2 apresenta um exemplo de guia de consultoria feita semanalmente com os professores mentores. Trata-se de um resumo de registros semanais sobre os diálogos tidos com um deles visando acompanhar as ações e necessidades que surgissem, com o objetivo de saná-las o mais rápido possível, a fim da não frear os demais temas e incentivar o professor a valorizar cada dificuldade, dúvida ou necessidade do aluno, e assim, oferecer o apoio necessário. À esquerda da

Tabela 2 encontram-se os temas centrais do programa de mentoria e à direita, uma descrição referente ao diálogo em cada tópico.

Tabela 2 – Temas e diálogos do programa de mentoria ao professor

Temas e Datas	Anotação e Ações Relativas à Supervisão
1ª Semana **Razões para identificar/ desenvolver talentos**	• Este professor fez muitas perguntas por ocasião do treinamento e no primeiro encontro justificou dizendo que queria "comprar a ideia" de um programa de mentoria primeiro, para então "vendê-la aos alunos". Disse que estava nesse processo; • 1º encontro com os alunos. Cada um se apresentou. Professor solicitou que falassem de seus interesses pessoais, acadêmicos e profissionais e a seguir apresentou dois vídeos curtos sugeridos. No 1º mostrou a atuação de uma jovem (Akiane) com altas habilidades em artes (pintura, poesia e música). No 2º mostrou a história de Nick Vujick um jovem que não tem braços e pernas. Hoje é orador internacional. • A partir dos vídeos construiu um debate com a seguinte questão: por que é importante identificar e desenvolver potenciais? Como atividade o professor solicitou que cada aluno escolhesse uma pessoa que admirava por seu potencial, motivação e ou criatividade. A próxima aula iniciaria com a apresentação da tarefa.
2ª Semana **Check-up ideal/ real**	• Cada aluno apresentou seu personagem. Alguns fizeram uso de *Power Point*. O professor notou que os interesses da escolha dos personagens estavam ligados aos interesses pessoais (jogadores de basquete - o aluno aprecia e/ou joga basquete também). • Foi sugerido que os alunos dessem seu parecer sobre o personagem escolhido explicando se eram esforçados ou talentosos. Neste contexto discutiram sobre as diferenças entre potencial nato, talento e altas habilidades. O professor destacou que, a despeito do treinamento, precisou pesquisar as diferenças entre os termos junto com os alunos. Disse ainda que houve alunos que não sabiam identificar seus talentos; que nunca haviam pensado no assunto. • O diálogo foi conduzido de forma a levar os alunos a fazerem um *check-up* real sobre si mesmos, pontuar o que seria ideal, e o que fazer para torna-lo real. Segundo o professor, o tempo foi curto para o tema.

Temas e Datas	Anotação e Ações Relativas à Supervisão
3ª Semana Barreiras	• Após o professor contar que apresentou ao grupo a questão de que pode haver muitas barreiras para a manifestação do potencial humano, citou o caso de uma aluna do grupo que disse que os amigos costumam rir dela quando desenha. Ao ser questionada sobre o motivo, ela disse que eles a acham muito infantil por desenhar animais. No diálogo foi sugerido que a aluna assistisse o filme "Mrs. Potter", uma história real de quando surgiram os primeiros livros infantis e depois voltasse a dialogar com ele sobe o assunto. • Quanto aos motivos citados sobre barreiras que impedem ou podem impedir o desenvolvimento do talento foram destacados a falta de motivação, preguiça, falta de persistência, não saber seu talento e não saber aproveitar o tempo. • O professor questionou se as barreiras seriam outras caso fossem talentosos/superdotados. Inseriram os preconceitos e questões socioeconômicas. Há áreas que os familiares não admitem que os filhos invistam como as artísticas e sobre a questão sócio econômica concluíram que há áreas que por mais que gostem, não investem pelo alto custo.
4ª Semana Expressão do Talento	• Conforme planejado, o professor convidou um funcionário da escola que também é um exímio desenhista/pintor para falar e mostrar seu talento. Disse que os alunos o questionaram muito; queriam saber como ele adquiriu toda aquela habilidade. Ele contou que com o tempo, mesmo sem aulas, foi aperfeiçoando cada vez mais e que ainda faz isso hoje. • Após a visita do convidado, o professor relatou que no restante da aula passou explicando as três atividades que os alunos fariam como requisitos para os demais encontros do programa de mentoria. • - 1° Cada aluno deveria buscar desenvolver um tema, ou um empreendimento de seu interesse. Algo que ele se sinta motivado, que lhe chame atenção e que até então não havia tido a oportunidade; • - 2° Com a ajuda do professor mentor cada mentoreado deveria participar da feira de ciências/ cultural da escola. O tema seria delimitado pelo professor responsável de cada classe, mas sob a supervisão e apoio do professor mentor;

Temas e Datas	Anotação e Ações Relativas à Supervisão
4ª Semana Expressão do Talento	• - 3º Todos os alunos deveriam se envolver em algum projeto de incentivo ao talento ou potencial da escola (Show de Talento, olimpíada de esportes, Academia de Letras, Exposição de quadros, intervalo com artes, e Honra ao Mérito (entrega de medalha por notas altas). • Quanto aos requisitos para as três atividades os alunos seriam avaliados pelo planejamento de cada uma, cumprimento das datas e requisitos, dedicação, criatividade e desempenho. • Ao ouvir as ideias de cada aluno especialmente em relação à 2ª atividade, o professor contou que sentiu os alunos bem motivados. Contou ainda que foi necessário dialogar com alguns que não sabiam o que pesquisar, pelas várias opções ou por não terem noção clara de seus interesses. Novamente, o professor afirmou que a aula passou de forma muito rápida.
5ª Semana Avaliação Processual	• Por ocasião desse encontro o professor expressou a preocupação dos alunos por não saberem como usar normas da ABNT. Isso porque o trabalho da feira de ciências deveria ser pesquisado, e redigido no formato ABNT e só então estudado para a apresentação. Sendo assim, nesta aula, o professor lhes ensinou a aplicar as normas exigidas. • Relatou ainda que ficou impressionado com o interesse dos alunos por solicitar sua ajuda especialmente para o trabalho da feira. Teve que literalmente ensinar a maioria dos alunos a pesquisar. O mesmo aproveitou a situação para enfatizar a questão da avaliação processual elogiou a procura por ajuda como busca de solução de um problema real e destacou a importância de sempre se auto avaliar, de saber o que não sabe e quando buscar ajuda. • No final da aula e nos demais dias da semana e a seguinte, o professor atendeu cada aluno de forma que todos pudessem expressar e sanar suas dúvidas e estivessem ok com o tema da feira e os de interesse pessoal.

Temas e Datas	Anotação e Ações Relativas à Supervisão
6ª Semana Atividade Integradora	• Cada aluno mostrou e falou de suas atividades, o que havia planejado fazer, como fez, o que já tinha pronto e o que ainda faltava para concluir. O professor solicitou que se alguém quisesse, poderia treinar a apresentação da feira de ciências, que era oral, junto com outro colega ou com ele mesmo, em horários e dias diversos dos encontros. • Após ouvir o grupo o professor preparou um momento de integração para que os alunos pudessem analisar a importância de se dedicarem ou terem se dedicado em cada fase dos compromissos. Destacou que essa atitude faz muita diferença. Que muitas pessoas vão muito mais longe no que fazem pela disposição, compromisso e dedicação, nunca apenas pelo potencial. Nesse momento solicitou aos que quisessem, que contassem como estavam resolvendo ou como resolveram as dificuldades diante de não saberem inicialmente o que fazer. • O professor contou que não esperava o feedback que recebeu dos alunos. Aspectos simples que ele havia feito, seus discursos, sua atenção rápida ou longa nos corredores da escola, as orientações que havia dado, ou mesmo um elogio ou um simples gesto de motivação, tudo pareceu importante. Ficou emocionado, com vontade de ter feito mais. Destacou que o palpite e ideias dos colegas também foram citados. Desse grupo, em especial, todos os alunos se envolveram e realizaram as 3 atividades requeridas. Em outros grupos, alguns deixaram uma atividade de fora, creio que a atitude do professor fez a diferença.
7ª Semana Reconhecimento/ Valorização	• Parte dessa aula foi dedicada a falar sobre a feira que ocorreu no último domingo incluindo assunto como a arrumação da classe, criatividade na articulação do tema geral e individual, organização, participação de todos os membros do grupo, e a performance por ocasião da apresentação oral. • Segundo o professor, passou a aula praticamente ouvindo pois todos queriam contar detalhes de como estavam ansiosos, da correria para deixar tudo pronto pois havia horário para começar, do medo que sentiam de se expor pois cada trabalho foi apresentado para toda a comunidade de visitantes e avaliada por uma equipe de profissionais de diferentes áreas. A motivação do grupo, no entanto, era pela satisfação de terem feito um bom trabalho. Foi gratificante concluiu.

Temas e Datas	Anotação e Ações Relativas à Supervisão
7ª Semana Reconhecimento/ Valorização	• Na segunda parte da aula foram feitas as apresentações da 2ª atividade do Programa de Mentoria. Na metade das apresentações, a aula acabou e marcaram mais um dia na semana para sua conclusão. Dentre os trabalhos apresentados por este grupo houve: uma palestra no estilo TED demonstrando como desmontar e montar um celular; os passos e procedimentos de como fazer um carrinho elétrico com sucata; um vestido com direito a desfile inclusive com o molde que foi sorteado entre os amigos; uma palestra sobre as melhores rações para cada raça de cachorro um "futuro veterinário" e uma aula sobre cirurgia plástica por uma "futura médica". • No final de cada apresentação o professor solicitou que os alunos avaliassem o aspecto criativo do trabalho, o interesse do aluno na busca por recursos e dedicação ao tema, bem como seu conteúdo. • Finalmente, com relação à terceira atividade, os alunos podiam tanto apresentar para a classe sua participação em atividades de incentivo ao talento da escola ou apresentar o comprovante de sua participação como nas olimpíadas ou no programa de honra ao mérito que ocorre bimestralmente.
8ª Semana **Avaliação do projeto**	• Tanto o professor quanto os alunos tiveram a oportunidade de oferecer *feedback*. • O professor retomou junto aos alunos todo o projeto desde seu início e fez uma retrospectiva. Avaliou publicamente cada aluno destacando aspectos positivos e com tato, pontuou onde cada um precisava melhorar. Os alunos também tiveram a oportunidade de falar sobre seu próprio desempenho. • O professor deu aos alunos a oportunidade de cada um falar sobre os benefícios ou não do programa de mentoria. Todos, segundo ele afirmaram terem sido muito beneficiados e destacaram o projeto como tendo sido uma excelente iniciativa da escola. Outro aspecto que praticamente todos citaram foi a rapidez com que tudo aconteceu, não viram o tempo passar.

Temas e Datas	Anotação e Ações Relativas à Supervisão
8ª Semana Avaliação do projeto	• O professor destacou que um dia de encontro semanal foi pouco, mas que foi amenizado porque se encontrava com seus mentoreados nos corredores, cantinas, salas de aulas, e nesses encontros sempre "rolava" uma conversa. • Destacou ainda que o tempo dispensado aos alunos foi algo que deveria ser revisto por ele mesmo, que acha que fez pouco, que poderia ter feito muito mais, a despeito de ter se dedicado. • Por ter acompanhado a facilidade ou dificuldade de cada aluno bem de perto, o professor disse que foi visível presenciar o crescimento e motivação de cada um. Contou esses detalhes com sorriso nos olhos.

Impacto Social da Intervenção de Um Programa de Mentoria

Os impactos sociais decorrentes de um programa de mentoria podem ser inúmeros. Isso porque não são apenas os professores mentores e estudantes mentoreados que são beneficiados. A sociedade como um todo é beneficiada quando seus cidadãos têm seus potenciais identificados e colocados em prática em benefício a outros. A seguir, estão listados 10 prováveis impactos sociais resultantes de um programa de mentoria.

1. O professor tem sido visto como alguém que ministra aulas nos mais diversos níveis educacionais. Para isso, ele precisa apresentar qualificações acadêmicas e pedagógicas específicas. Através de um programa de mentoria o professor percebe que é seu papel, que tem condições, meios e recursos de não ser apenas professor, mas alguém que pode transformar a vidas. Esse certamente é um dos maiores legados à sociedade.
2. Quando o professor assume seu papel de professor mentor, ele é capaz de desenvolver a habilidade de olhar para cada um de seus alunos como potenciais cidadãos que um dia assumirão as mais diversas responsabilidades na sociedade em nosso lugar.
3. O professor mentor é aquela pessoa que atua como orientadora e confidente, faz crítica construtiva sem julgamento nocivo

e cria um ambiente acolhedor onde o estudante sinta que, se cometer algum erro, as pessoas não perderão a confiança nele. Essa forma e modelo de atuação é muito benéfica para as novas gerações.

4. É de grande benefício social a relação mentor e mentoreado. Os autores Rhodes, Reddy e Grossman (2005) afirmam que as crianças e adolescentes passam cada vez mais tempo com o grupo de pares, reforçando um ciclo de organização das relações interpessoais em que as oportunidades de convivência e partilha com adultos significativos são cada vez menores. O relacionamento de mentoria contribui para que o estudante tenha mais contato com alguém que não é seu par, não tem sua faixa etária e, assim, tenha mais oportunidades de crescimento, soluções de problemas, e alguém em quem pode confiar diante de seus dilemas, pensamentos e atitudes.
5. São inúmeras as possibilidades tanto de orientação de carreira quanto de apoio psicossocial que o professor mentor pode oferecer ao mentoreado. Ele pode atentar para os alunos com baixa autoestima que se sentem inferiores, orientar o interesse por boas leituras, incentivar a argumentação, respeitar e trabalhar a timidez, valorizar o desejo de crescimento, realização e satisfação por aprender, acompanhar notas escolares etc.
6. A intervenção do talento por um professor mentor confirma uma experiência ímpar tanto na vida de estudantes talentosos quanto na de mentores. Isso permite que aqueles que possuem um potencial diferenciado tenham a oportunidade de ver aplicações práticas em seu campo de interesse. O mentor pode oferecer a profundidade e o desafio que almejam.
7. A intervenção do professor mentor tem impacto social por não se tratar de um relacionamento comum. Ele exige compromisso, diálogo, interesse e propósitos de ambas as partes, além da possibilidade de tornar o ensino-aprendizagem mais significativo, prazeroso e dinâmico para todos os alunos, especialmente para os que são talentosos, dada a sua curio-

sidade extrema, persistência e boa memória, entre outras características.

8. É um privilégio para a sociedade quando são propostos programas de mentoria do talento cujo objetivo principal é demonstrar interesse no crescimento e desenvolvimento do potencial de crianças e jovens. Por terem um modelo de quem recebem constante apoio e encorajamento, esse tipo de programa promove orientações, sana dúvidas, realiza avaliações que apontam para o desempenho de habilidades de estudo, motiva expressões criativas e oportuniza contatos com pessoas de seus interesses, maturação e maior responsabilidade.
9. A mentoria do talento é especialmente válida para populações específicas como estudantes de origens desfavorecidas e alunos com desafios de aprendizagem, que normalmente precisam de um encorajamento diferenciado e direções mais concretas a fim de que possam navegar em ambientes que não lhes são familiares. Programas de mentoria abrem espaço para mostrar à sociedade e aos formuladores de políticas públicas formas de agregar valores diante de oportunidades reais de alterar vidas e inspirar o crescimento, o aprendizado e o desenvolvimento mútuo de alunos.
10. A intervenção do professor tem impacto social na vida de estudantes talentosos pela questão de que normalmente impera nas escolas um currículo único, fechado e desarticulado de seus interesses e necessidades. Ademais, é incomum haver profissionais preparados que saibam lidar com as necessidades especiais e únicas desses estudantes, tais como tarefas desafiadoras e abordagem de conteúdos complexos e profundos, que podem ser propiciados pelo programa de mentoria.

Como conclusão, percebe-se que há uma grande diferença entre um relacionamento de mentoria e outros relacionamentos. Zorman (1993) esclarece bem essas diferenças ao comparar tal tipo de relacionamento com a seguinte afirmação: "na mentoria há paixão mútua por uma área de interesse; há afinação entre estilo de ensino e aprendizagem; criam-se laços de confiança ao longo da vida; o relacionamento é simétrico; e percebe-se uma partilha de estilo de vida".

Referências

Alencar, E. M. L. S., & Fleith, D. S. (2001). *Superdotados: determinantes, educação e ajustamento.* EPU.

Almeida, M. A., & Capellini, V. L. M. F. (2005). Alunos talentosos: possíveis superdotados não notados. *Revista Educação, 1*(55), 45-64. https://revistaseletronicas.pucrs.br/ojs/index.php/faced/article/view/404

Ambrose, D., Allen, J., & Huntley, S. (1994). Mentorship of the highly creative. *Roeper Review.* 17(2). https://doi.org/10.1080/02783199409553641

Barreto, C. M. P. F., & Mettrau, M. B. (2011). Altas habilidades: uma questão escolar. *Revista Brasileira de Educação Especial*, Marília, *17*(3), 413-426. https://doi.org/10.1590/S1413-65382011000300005

Bellodi, P. L., & Martins M. A. (2005). *Tutoria: mentoring na formação médica.* Casa do Psicólogo.

Bellodi, P. L. (2003). O que é um tutor? Representações do papel em um grupo de professores de medicina durante o processo de seleção. *Revista Brasileira de Educação Médica*, *27*(3), 205-212. https://doi.org/10.1590/1981-5271v27.3-007

Berger, K. S. (1990). *Mentor relationships and gifted learners* (Report n.º EDO-ED-90–5). Office of Educational Research and Improvement.

Cakir, L., & Kocabas, I. (2016). Mentoring in gifted student's education and a Model Suggestion. *Educational Process: International Journal*, *5*(1), 76-90. https://doi.org/10.12973/edupij.2016.51.6

Casey, K. M. A. (2000). Mentors' contributions to gifted adolescents' affective, social, and vocational development. *Roeper Review*, *22*(2), 227-230. https://doi.org/10.1080/02783190009554043

Chagas, J. F. (2008). *Adolescentes talentosos: características individuais e familiares* [Tese de Doutorado, Universidade de Brasília].

Crisp, G., & Cruz, I. (2009). Mentoring college students: a critical review of the literature between 1990 and 2007. *Research in Higher Education*, *50,* 525-545. https://doi.org/10.1007/s11162-009-9130-2

Ferreira, A. B. H. (1999). *Novo Aurélio Século XXI* (3ª ed). Nova Fronteira.

Freeman, J. (1997). The emotional development of the most able. *European Journal of Psychology in Education*, *12*(4), 479-493. http://www.jstor.org/stable/23420285

Gagné, F. (2004). Transforming gifts into talents: The DMGT as a developmental theory. *High Ability Studies, 15*(2), 119-147. https://doi.org/10.1080/1359813042000314682

Gagné, F., & Güenther, Z. C. (2012). *Desenvolvendo talentos: modelo diferenciado de dotação e talento* – DMGT 2.0. In L. C. Moreira, & T, Stoltz (Eds.), *Altas habilidades/superdotação, talento, dotação e educação.* Juruá Editora.

Grassinger, R., Porath, M., & Ziegler, A. (2010). Mentoring the gifted: a conceptual analysis. *High Ability Studies, 21*(1), 27-46. https://doi.org/10.1080/13598139.2010.488087

Güenther, Z. C. (2006). Dotação e talento: reconhecimento e identificação. *Revista Educação Especial,* 28, 195-208. https://periodicos.ufsm.br/educacaoespecial/article/view/4281

Güenther, Z. C. (2012). Quem são os alunos dotados? Reconhecer dotação e talento na escola. In **L. C. Moreira, & T. Stoltz (Orgs.),** *Altas habilidades/superdotação, talento, dotação e educação.* Juruá Editora.

Jekielek, S., Moore K. A., & Hair, E. C. (2002). *Mentoring programs and youth development: A synthesis.* Child Trends.

Karcher, M. J. (2005). The effects of developmental mentoring and high school mentors' attendance on their younger mentees' self-esteem, social skills, and connectedness. *Psychology in the Schools, 42*(1), 65-77. http://doi.org/10.1002/pits.20025

Karcher, M. (2008). The study of mentoring in the learning environment (SMILE). A randomized evaluation of the effectiveness of school- based mentoring. *Prevention Science, 9*(2), 99-113. https://doi.org/10.1007/s11121-008-0083-z

Karcher, M. J., Davis, C., & Powell, B. (n.d). The effects of developmental mentoring on connectedness and academic achievement. *The School Community Journal, 12*(2), 35-50. https://psycnet.apa.org/record/2003-07788-002

Kram, K. E. (1988). *Mentoring at work: developmental relationship in organizational life.* University Press of America.

Little, C. A., Kearney, K. L., & Britner, P. A. (2010). Mentorship and its influences Students' Self-Concept and Perceptions of Mentoring Relationships in a Summer Mentorship Program for Talented Adolescents. *Roeper Review,* 32(189). https://doi.org/10.1080/02783193.2010.485307

Maia-Pinto, R. R., & Fleith, D. S. (2002). Percepção de professores sobre alunos superdotados. *Estudos de Psicologia, 19,* 78-90. https://doi.org/10.1590/S0103-166X2002000100007

Ministério da Educação. (2008). *Política Nacional de Educação Especial na Perspectiva da Educação Inclusiva.* Secretaria de Educação. http://portal.mec.gov.br/arquivos/pdf/politicaeducespecial.pdf

Miranda, L., Antunes, A., & Almeida, L. (2008). O enriquecimento como resposta educativa para os alunos mais capazes. In G. Pienda, & Núñez Pérez (Eds.). *Actas do Quinto Congreso Internacional de Psicología y Educación.* Universidad de Oviedo.

Nascimento, A. C. A., & Becker, M. A. (2007). *Educação inclusiva no contexto Amazônico: Altas Habilidades/Superdotação.* EDUA.

Peddy, S. (2001). *The art of mentoring.* Bullion Books.

Pérez, S. G. P. B., & Freitas, S. N. (2012). A Mulher com altas habilidades/superdotação: À procura de uma identidade. *Revista Brasileira de Educação Esp*ecial, *18*(4), 677-694. https://doi.org/10.1590/S1413-65382012000400010

Porter, M. (1989). *Vantagem competitiva: criando e sustentando um desempenho superior* (15ª ed.). Campus.

Professor. (2020). In Wikipedia. https://pt.wikipedia.org/wiki/Professor

Ragins, B. R. (1997). Diversified mentoring relationships in organizations: A power perspective. *Academy of Management Review, 22*(2), 482-521. https://doi.org/10.2307/259331

Ragins, B. R., & Kram, K. E. (2007). The Roots and Meaning of Mentoring. In B. R. Ragins, & K. E. Kram (Eds.), *The Handbook of Mentoring at Work: Theory, Research, and Practice* (pp 3-15). SAGE Publishing.

Reilly, J. (1992). When does a student need a professional mentor? *Gifted Child Today, 15*(3), 2-8. https://doi.org/10.1177/107621759201500301

Renzulli, J. S. (2005). The three-ring conception of giftedness: A developmental model for promoting creative productivity. In R. J. Sternberg & J E. Davidson (Eds.), *Conceptions of giftedness* (pp. 246-279). Cambridge University Press.

Rhodes, J. E. (2002). *Stand by me: The risks and rewards of mentoring today's youth.* Harvard University Press.

Rhodes, J., & DuBois, D. L. (2006). Understanding and facilitating youth mentoring. *Social Policy Report: Giving Child and Youth Development*

Knowledge Away, 20(3), 1-19. http://www.srcd.org/sites/default/files/documents/20-3_youth_mentoring.pdf

Rhodes, J. E., Reddy, R., & Grossman, J. B. (2005). The Protective Influence of Mentoring on Adolescents' Substance Use: Direct and Indirect Pathways. *Applied Developmental Science, 9*(1), 31-47. https://doi.org/10.1207/s1532480xads0901_4

Robinson, A., Shore, B., & Enerson, D. (2007). *Best practices in gifted education: An Evidence-Based Guide*. Prufrock Press.

Rowley, J. B. (1999). The good mentor. *Educational Leadership, 56*(8), 20-22. http://www1.ascd.org/publications/educational-leadership/may99/vol56/num08/The-Good-Mentor.aspx

Suárez, J. T., & Wechsler, S. M. (2018). O que pensam estudantes talentosos sobre a mentoria do seu potencial? *Revista Iberoamericana de Ciencias empresariales y economia, 6*(6), 93-102. https://plataformas.ude.edu.uy/revistas/rifedu/index.php/RSEUS/article/view/48/64

Suárez, J. T. (2019). Mentoria do Talento criativo e intelectual na escola: da identificação ao desenvolvimento [Tese de Doutorado, PUC-Campinas]. Biblioteca Digital de Teses e Dissertações. http://tede.bibliotecadigital.puc-campinas.edu.br:8080/jspui/handle/tede/1212

Suárez, J. T., Wechsler, S. M. (2019). Escala de identificação de talentos por professor, ITP: evidências de validade e precisão. *Revista Educação Especial, 32*, 1-21. https://doi.org/10.5902/1984686X30814

Suárez, J. T., & Wechsler, S. M. (2019). Identification of Creative and Intellectual Talent in the Classroom. *Psicologia Escolar e Educacional, 23*. https://doi.org/10.1590/2175-35392019012483

Templin M. A. (1999). A locally based science mentorship program for high achieving students: Unearthing issues that influence affective outcomes. *School Science and Mathematics, 99*(4), 205-212. https://doi.org/10.1111/j.1949-8594.1999.tb17475.x

Torrance E. P., Goff K., & Satterfield N. B. (1998). *Multicultural mentoring of the gifted and talented*. Prufrock Press.

Urband, R. C. (2011). *Mentoria, Professores e Educação: Um Estudo de Caso na Faculdade Boa Viagem* [Dissertação de Mestrado, Universidade de Boa Viagem].

VanTassel-Baska, J. (1991). Teachers as counselors for gifted students. In R. M. Milgram (Ed.), *Counseling gifted and talented children: A guide for teachers, counselors and parents* (pp. 37-52). Albex.

Zorman, R. (1993). The life-stage mentoring model for the gifted. *Gifted International*, *8*, 4-8.

Wechsler, S. M., & Suárez, J. T. (2016). Percepção de professores em cursos de formação sobre talentos/superdotação. *Revista de Psicología*, *34*(1), 39-60. http://doi.org/10.18800/psico.201601.002

Programa de Incentivo ao Potencial Criador do Aluno Superdotado – PIPoCAS: Uma Proposta Inovadora Para o Ensino

Angela Magda Rodrigues Virgolim

A literatura moderna tem mostrado consenso sobre a importância do desenvolvimento do talento humano, no sentido de aumentar o reservatório de pessoas numa sociedade que possam ajudar a resolver os problemas contemporâneos, liderar mudanças em todas as áreas do conhecimento e contribuir para a prosperidade de suas nações. Torna-se necessário proporcionar aos indivíduos oportunidades para que seus potenciais sejam identificados e ajudá-los a alcançar seus mais altos níveis de competência. No entanto, isso só será possível se os sistemas educacionais, escolas e professores desenvolverem práticas com metodologias inovadoras que tornem o ensino mais motivador, despertem o interesse dos alunos e os incentivem a serem protagonistas de sua própria aprendizagem. O Modelo de Enriquecimento Escolar para Toda a Escola (*The Schoolwide Enrichment Model – SEM*) desenvolve a noção de que talentos e habilidades superiores podem e devem ser desenvolvidos em jovens com potencial para se beneficiarem de serviços de educação especial, através de programas que focalizem na produtividade criativa. O Programa de Incentivo ao Potencial Criador do Aluno Superdotado – PIPoCAS, na mesma linha de ação, objetiva oferecer um serviço abrangente e aprofundado que sirva de apoio para aqueles que lidam com o superdotado, seja na escola, na família ou na comunidade, na perspectiva teórica e metodológica do SEM.

Introdução

Em tempos de busca por uma educação criativa, o grande desafio da era moderna é a busca por metodologias inovadoras que tornem o ensino mais motivador e que despertem o interesse dos alunos. Todavia, para inovar metodologicamente, é necessário desconstruir o modelo pedagógico em que o professor simplesmente ensina e o aluno aprende (Gastardelli, 2017). Passa a ser necessário, conforme advogam Raabe (2016) e Righi e Lazzari (2017), valorizar as vertentes educacionais que incentivam o estudante a ocupar o espaço de protagonista de sua aprendizagem – aquelas que ultrapassam os limites do treinamento puramente técnico e mecânico, como se tem feito tradicionalmente nas escolas, para efetivamente formar um sujeito reflexivo, crítico, transformador, ético e humanizado.

Os alunos com altas habilidades necessitam de serviços educacionais diferenciados e inovadores que possam promover seu desenvolvimento acadêmico, artístico, psicomotor e social, o que inclui métodos de ensino adaptados as suas características cognitivas e afetivas específicas. Nessa ótica, esses alunos são os que melhor condição tem de entender princípios subjacentes às disciplinas acadêmicas tradicionais e aplicá-los de forma inovadora em áreas diversas, desenvolvendo soluções criativas para os problemas de amanhã (Maker & Schiever, 1984; Virgolim, 2019b).

Uma das vertentes inovadoras na educação é o Modelo de Enriquecimento Escolar para Toda a Escola – SEM, (originalmente *The Schoolwide Enrichment Model – SEM*), desenvolvido por Renzulli e Reis (1986)[14], que toma novos contornos à medida em que se insere nas novas tecnologias e em práticas educativas conectadas aos desafios do século XXI (Renzulli, 2018; Renzulli & Reis, 2014; Unesco, 2010). Embora visualizado para a educação do aluno superdotado e talentoso, os autores advogam por sua utilização na escola regular para todos os alunos. O Modelo original da década de 80 evoluiu de três propostas

[14] A primeira edição do SEM foi publicada originalmente em 1985 pela *Creative Learning Press*. Uma segunda edição se seguiu em 1997 pela mesma editora, e a terceira, bastante recente, foi lançado pela Prufrock Press em 2014.

ou modelos (O Modelo dos Três Anéis, o Modelo das Portas Giratórias e o Modelo Triádico de Enriquecimento) para uma abordagem teórica em quatro partes (Renzulli, 2012, 2016b, 2018), em que se destacam: (1) Os pressupostos teóricos do modelo, com foco na Concepção de Superdotação e os Procedimentos de Identificação (Teoria dos Três Anéis); (2) o foco na Produtividade Criativa, contendo o Modelo Triádico de Enriquecimento (Enriquecimento do Tipo I, II e III); (3) o Desenvolvimento do Capital Social, com foco na *Operação Houndstooth*; e (4) Liderança para um mundo em mudança, com foco nas funções executivas. O resultado de tudo isso é o indivíduo autorrealizado e em pleno funcionamento (Figura 1).

Figura 1 – Representação gráfica da abordagem teórica em quatro partes do SEM

Nota. Fonte: Renzulli, 2018. Figura adaptada, traduzida e reproduzida com permissão do autor.

Em sua base teórica e metodológica, o SEM desenvolve a noção de que talentos e habilidades superiores podem e devem ser desenvolvidos naqueles jovens que têm o maior potencial para se beneficiar de serviços de educação especial, por meio de programas cujo foco se encontre na produtividade criativa. Sendo assim, é primordial que a escola possa: (a) estimular o desenvolvimento do talento criador e da inteligência em todos os seus alunos, e não só naqueles que possuem um alto QI ou que tiram as melhores notas; (b) desenvolver comportamentos de superdotação em todos aqueles que têm potencial; (c) nutrir o potencial da criança, rotulando o serviço, e não o aluno; (d) desenvolver uma grande variedade de alternativas ou opções para atender as necessidades de todos os estudantes (Treffinger & Renzulli, 1986).

O modelo (SEM) tem sido largamente difundido no Brasil desde 2005, quando passou a ser formalmente adotado pelo Ministério da Educação (MEC), que também implementou os Núcleos de Atividades de Altas Habilidades/Superdotação – NAAH/S. Esse programa, desenvolvido em parceria com as Secretarias de Educação em todos os 26 estados e no Distrito Federal, como parte de uma nova política de educação especial no Brasil, tornou-se tema amplamente debatido em seminários, encontros, congressos e cursos para a formação continuada de professores da educação inclusiva. Em 2007, com o intuito de subsidiar as ações voltadas para a área e difundir informações para auxiliar nas práticas de atendimento ao aluno com altas habilidades e superdotação, desenvolvemos, a pedido da Secretaria de Educação Especial do MEC (com recursos da Unesco, do FNDE e da Universidade de Brasília – UnB), uma série de quatro volumes de livros didático-pedagógicos denominados *A construção de Práticas Educacionais para Alunos com Altas Habilidades/ Superdotação.*[15] Com esses volumes, o MEC visava oferecer atendimento educacional especializado com atividades suplementares para: (a) aprofundar e enriquecer o currículo, com vistas a ampliar e diversificar os conhecimentos que despertam curiosidade e interesse nos alunos; (b) promover a inclusão educacional e social; (c) estimular o pensamento criativo e produtivo; (d) desenvolver potencialidades e habilidades específicas; (e) propiciar experiências de resolução de problemas e formulação de hipóteses; e (f) promover o ajustamento de diferentes áreas de desenvolvimento (Barbosa, 2007; Virgolim, 2019d).

---

[15] A construção de Práticas Educacionais para Alunos com Altas Habilidades/Superdotação. Disponível em: http://portal.mec.gov.br/index.php?option=com_content&view=article&id=12679%3Aa-construcao-de-praticas-educacionais-para-alunos-com-altas-habilidadessuperdotacao&catid=192%3Aseesp-esducacao-especial&Itemid=860.

Nos anos que se seguiram à implementação dos NAAH/S, vários cursos de capacitação passaram a ser ministrados para as Secretarias de Educação, principalmente por professores universitários e membros do Conselho Brasileiro para Superdotação – ConBraSD (www.conbrasd.org), órgão não governamental de referência em nosso país. Além de divulgar a área das altas habilidades e superdotação no Brasil, os cursos visavam capacitar professores do ensino regular e especial no conhecimento de estratégias e técnicas específicas ao desenvolvimento de potenciais criativos na área da superdotação e trabalhar as metodologias de identificação de alunos que apresentam características de superdotação, tendo como base o Modelo de Enriquecimento Escolar para Toda a Escola – SEM, de Renzulli e Reis. No entanto, logo ficou evidente que precisaríamos desenvolver materiais específicos para esta tarefa e oferecer um suporte mais direto e efetivo aos professores da sala de recursos e às famílias para que pudessem ajudar essas crianças e jovens a desenvolverem seus potenciais. Seria necessário traduzir e adaptar o aporte teórico para a população brasileira, estreitar os laços de cooperação entre instituições e incentivar e desenvolver pesquisas e publicações no nosso país.

Foi a partir dessa demanda, aproveitando especificamente os recursos iniciais disponibilizados pelo Programa de Apoio à Pesquisa em Educação Especial – PROESP, que desenvolvemos, no Instituto de Psicologia da Universidade de Brasília – UnB, um programa para estimular a divulgação da área de Altas Habilidades e Superdotação no país e incentivar a capacitação de professores e outros profissionais, baseado no aporte teórico do SEM. A esse programa, denominamos Programa de Incentivo ao Potencial Criador de Alunos Superdotados – PIPoCAS (Virgolim, 2006a), que será detalhado nas seções seguintes.

O Aporte Teórico do PIPoCAS: o Modelo de Enriquecimento Escolar para Toda a Escola – SEM

O Modelo de Enriquecimento Escolar para Toda a Escola – SEM (Renzulli, 2012, 2016b, 2018; Renzulli & Reis, 2002, 2014) é composto por quatro subteorias inter-relacionadas, com o objetivo de desenvolver o que os autores chamam de "inteligência fora da curva normal" (Figura 1). Três propósitos para se desenvolver uma educação voltada a superdotados são apresentados pelo SEM: (a) proporcionar às crianças e jovens de toda a escola (e não só ao grupo identificado como superdotados) o máximo de oportunidades para a auto realização, de forma que eles possam desenvolver suas potencialidades e áreas fortes; (b) aumentar o reservatório de pessoas na sociedade que poderão ajudar a solucionar os problemas da civilização contemporânea, tornando elas em produtoras de conhecimento e arte ao invés de meras consumidoras de informação pré-existente; (c) foco na produtividade criativa para ser possível produzir a próxima geração de líderes, solucionadores de problemas e pessoas que farão contribuições importantes em todas as áreas da produção humana. Na era da expansão exponencial do conhecimento, faz-se necessário focalizar em como os nossos alunos mais hábeis acessam e fazem uso da informação, e não em como eles acumulam, armazenam e recuperam informação (Virgolim, 2019d).

A **primeira parte** do modelo, que trata da concepção de superdotação, é apresentada por meio da visão teórico-conceitual da Teoria dos Três Anéis e busca responder a seguinte pergunta: Quem são os superdotados? Quais são suas características e como identificá-los? Essa teoria, juntamente da Abordagem do Pool de Talentos, mostra como mapear e identificar os alunos superdotados para participar do programa especial. A concepção de superdotação foi descrita inicialmente por Renzulli em seu famoso artigo *What makes giftedness? Reexamining a definition* (Renzulli, 1978). Ao longo dos anos, Renzulli fez três atualizações nesse estudo para incluir novas pesquisas e alterações na identificação e no programa. Embora esse trabalho tenha sido originalmente rejeitado pelos periódicos em educação de superdotados, o artigo original e os seguimentos subsequentes foram citados aproximadamente 3.000 vezes em revistas nacionais e internacionais, sendo o artigo mais citado no campo (Renzulli, 2016a).

Aficionado por biografias e por estudos com pessoas criativas e produtivas, principalmente aquelas que obtiveram reconhecimento por suas realizações únicas, como cientistas, artistas e humanitários, Renzulli notou que esses indivíduos demonstravam uma reunião relativamente bem definida de três conjuntos de características (ou traços de personalidade), interligados. Dessa constatação surgiu a sua conhecida definição de superdotação, a base da Teoria dos Três Anéis:

> ... comportamentos de superdotação são aqueles que refletem uma interação entre três conjuntos básicos de traços humanos – habilidade acima da média, altos níveis de comprometimento com a tarefa e altos níveis de criatividade. Indivíduos capazes de desenvolver comportamentos de superdotação são aqueles que possuem ou são capazes de desenvolver este conjunto de traços e aplicá-los a qualquer área potencialmente valiosa do desempenho humano. Pessoas que manifestam ou são capazes de desenvolver uma interação entre os três conjuntos requerem uma grande variedade de oportunidades e serviços educacionais que normalmente não são proporcionados pelos programas escolares regulares. (Renzulli & Reis, 1997, p. 8, tradução livre)

Alguns pontos importantes podem ser ressaltados por essa definição. O primeiro deles é que a habilidade acima da média implica no domínio superior do potencial em alguma área específica e não precisa ser, necessariamente, muito superior. Ela envolve tanto *habilidades gerais* (traços que podem ser aplicados em todos os domínios e que implicam na capacidade de processar informação, de integrar experiências que resultem em respostas apropriadas e adaptáveis a novas situações, e de se engajar em pensamento abstrato), quanto *habilidades específicas* (aplicação de várias combinações das habilidades gerais a uma ou mais áreas especializadas do conhecimento ou do desempenho humano, como liderança, administração, química, matemática, dança, pintura, composição musical, fotografia, astronomia etc.). Deve-se ter em mente que o termo "habilidade acima da média" ultrapassa a tradicional noção de inteligência acadêmica para englobar capacidades já desenvolvidas ou o potencial para desenvolver habilidades em qualquer área do desenvolvimento humano (Renzulli, 2005).

O segundo ponto a ser destacado é que o envolvimento com a tarefa se refere à energia direcionada a um problema particular ou área específica de desempenho e pode ser entendida como perseverança, resistência, concentração, trabalho árduo, prática dedicada, autoconfiança, crença na própria habilidade de desenvolver um trabalho importante e ação específica aplicada à área de interesse. Pesquisas têm demonstrado que a motivação intrínseca, a fascinação ou interesse em se engajar em atividades pelo seu próprio valor são os alicerces do trabalho distinto e original (Amabile, 1996; Bloom, 1985; Renzulli, 2005, 2012).

O terceiro ponto a ser enfatizado é que a criatividade envolve a originalidade (novidade, inovação), a efetividade (relevância, utilidade, aplicação ética) e deve servir para algum propósito, como resolver um problema (Cropley, 2011). No processo criativo, devem convergir, segundo Chamorro-Premuzic (2009), *fatores de atenção* (maior abertura ou receptividade ao ambiente externo e a pensamentos e ideias); *fatores motivacionais* (maior predisposição para desafiar o *status quo* e produzir produtos originais); e *fatores de habilidade* (maiores níveis de habilidade cognitiva e capacidade de expressar ideias complexas e incomuns).

A Teoria dos Três Anéis foi concebida graficamente como um diagrama de Venn, no qual os três anéis se interconectam, sendo que a superdotação, resultante dessa conexão, não se dá no vácuo, mas sim de acordo com a área (geral ou específica), conforme mostra a Figura 2.

Figura 2 – Representação gráfica da definição de superdotação segundo a Teoria dos Três Anéis

Nota. Fonte: Renzulli & Reis, 1997. Traduzido e publicado com permissão dos autores.

A Figura 2 também mostra que os três anéis são dispostos sobre um fundo ou padrão xadrez (em inglês, padrão *houndstooth*), para acentuar as influência de fatores co-cognitivos na superdotação, como fatores de personalidade (autoestima, autoeficácia, coragem, força do ego, energia etc.); fatores ambientais (nível socioeconômico, nível educacional dos pais, estimulação dos interesses infantis, fatores de sorte etc.); e fatores genéticos, que ainda assim podem ser modificados e influenciados positivamente por experiências educacionais bem planejadas (Renzulli, 2014, 2018).

Nesse ponto de vista, a concepção da superdotação para Renzulli (2005, 2014, 2018; Renzulli e Reis, 2012, 2014; Virgolim, 2019c) é situacional e dinâmica, ou seja, comportamentos de superdotação podem emergir ou desaparecer a depender da época, da situação de aprendizagem e das diferentes circunstâncias da vida de uma pessoa. Assim, uma criança pode mostrar seu conhecimento adquirido em um dado momento de sua vida – por exemplo, lendo precocemente, memorizando fatos sobre dinossauros e planetas ou mostrando um interesse aprofundado pela floresta amazônica – e não demonstrar o mesmo interesse ou habilidades em momentos posteriores. É nesse contexto que Renzulli e Reis defendem que as altas habilidades aparecem em um *continuum* de habilidades: são características que existem em todos os seres humanos, mas diferem em níveis, intensidades e graus de complexidade em cada um. O Modelo de Enriquecimento Escolar para Toda a Escola sinaliza que todos os estudantes poderão ter suas potencialidades nutridas e desenvolvidas, desde que respeitados seus interesses, seus estilos preferenciais de aprender e de pensar e seu ritmo de aprendizagem.

Sendo assim, o Modelo propõe que o aluno possa ser indicado ao programa por meio de nomeações ou indicações de professores, pais, ou mesmo do próprio aluno; e por meio de uma série de instrumentos (como *checklists*, questionários, escalas de interesse, de estilos de aprendizagem e de comportamentos, testes de aptidão, de inteligência, de motivação e de criatividade), que podem ser triangulados e utilizados para adequadamente mapear e identificar os alunos que farão parte do programa de enriquecimento. Atenção especial é dada para a identificação do aluno criativo e produtivo, que tradicionalmente passa despercebido na escola, pois alguns dos seus comportamentos típicos (gostar do diferente, da ação mais do que a reflexão, do desafio e das oportunidades de usar o humor, desafiar as convenções, normas e figuras de autoridade) nem sempre são bem acolhidos em uma sala de aula tradicional. Em um ensino que prioriza o método dedutivo de ensinar, partindo da memorização e reprodução do conhecimento, das notas escolares, da disciplina e da obediência cega às normas, o aluno que "consome" o conhecimento (a que Renzulli se refere como "o tipo escolar") é mais valorizado do que aquele que cria e produz seu próprio conhecimento. O ensino indutivo é, assim, aquele que melhor se adapta ao estilo de aprender e pensar do aluno criativo-produtivo, e que melhor valoriza suas competências e habilidades específicas. Virgolim (2019d) exemplifica a diferença entre esses dois perfis de alunos, o escolar ou "consumidor de conhecimento" e o criativo-produtivo ou "produtor de conhecimento":

> Pense num estudante de arte, que esteja se interessando pelo campo da pintura. Se o seu perfil for do tipo escolar, ele vai buscar todo o conhecimento possível com relação à pintura; vai procurar conhecer os diversos movimentos artísticos, seus principais representantes, o tipo de técnica que utilizavam etc.; ou seja, provavelmente vai tentar reproduzir com perfeição as obras dos grandes autores. Mas se este aluno tem um perfil criativo produtivo, ele vai buscar dar sua marca aos seus trabalhos; vai recriar a visão de um pintor; vai criar sua própria técnica e contribuir com sua visão particular ao que estiver pintando. (p. 139)

A **segunda parte** do SEM se refere ao Modelo Triádico de Enriquecimento, que estabelece os serviços a serem oferecidos aos alunos (tanto aos estudantes da escola como um todo quanto aos identificados para o Programa) e três tipos de enriquecimento escolar, de forma a responder a seguinte indagação: Como diferenciar o currículo desses alunos? Entre os serviços oferecidos pelo SEM estão a Compactação do currículo, o Agrupamento, a Aceleração e o Enriquecimento (Renzulli, 2012; Renzulli & Reis, 2002, 2014).

A *Compactação do currículo* se refere à possibilidade de proporcionar aos estudantes mais avançados oportunidades de aprender novos materiais em um período mais curto de tempo, por meio da seleção dos aspectos mais relevantes e importantes do currículo. Dessa forma, esses alunos terão oportunidade de prosseguir de maneira mais rápida com o conteúdo que já foi dominado, eliminando a rotina dos exercícios repetitivos. Além disso, os alunos poderão tornar o ambiente de aprendizagem mais desafiador, aproveitando o tempo para o desenvolvimento de atividades de enriquecimento e aceleração (Starko, 1986).

O *Agrupamento* é uma alternativa de atendimento em que um pequeno grupo de alunos talentosos com aptidões, habilidades ou interesses semelhantes são agrupados na mesma sala de aula, o que permite ao professor diferenciar com mais eficiência as tarefas para esse grupo. A estratégia de agrupamento gera maior possibilidade de aprofundamento dos temas de acordo com o que é interessante e apropriado para cada estudante, além de colaboração com o conjunto de seus pares (Sabatella & Cupertino, 2007).

A *Aceleração*, prevista na Lei nº 9.394/1996 de Diretrizes e Bases da Educação Nacional (Brasil, 1996), significa cumprir o programa escolar em menor tempo, permitindo, por exemplo, a admissão precoce na escola, a realização de estudos do aluno em tempo inferior ao previsto, ou ainda o avanço para uma série mais adiantada. Recomenda-se que a aceleração seja feita por uma equipe multidisciplinar, na qual pedagogos, psicólogos e outros profissionais da educação e da saúde avaliem aspectos do aluno, como conhecimento acadêmico, capacidade intelectual, desenvolvimento físico e emocional, e maturidade. É preciso, também, considerar os interesses e desejos da criança/adolescente e de seus pais, a receptividade do professor com relação ao processo e as condições da escola (Virgolim, 2019d).

O *Enriquecimento*, por sua vez, pressupõe a possibilidade de diferenciar o currículo de forma mais abrangente e profunda, permitindo o desenvolvimento de habilidades que levem os alunos a serem produtores de conhecimento, mais do que simplesmente consumidores (Renzulli, 2012, 2018; Renzulli & Reis, 2014). O SEM sugere três tipos de enriquecimento (Tipo I, II e III), com o objetivo de encorajar os alunos a participar de atividades investigativas de seu real interesse e que resultarão no desenvolvimento de um produto criativo.

O Enriquecimento do tipo I tem como objetivo expor todos os alunos a uma grande variedade de disciplinas, tópicos, pessoas, lugares, eventos, ocupações e passatempos que normalmente não fazem parte do currículo da escola regular. Para isso, eles são engajados em visitas de campo, excursões, passeios, palestras, em contato com os mais variados tipos de atividades, espaços e pessoas. Por exemplo, podem ser organizadas visitas a museus, ao circo, a um centro de pesquisa agropecuária, a um atelier de pintura, ao planetário, a um centro de aeromodelismo, a um estúdio de cinema ou a um campo de escavação arqueológica. Trata-se de uma exposição a qualquer outro local de uma comunidade que desperte o interesse de alunos e que um determinado tipo de conhecimento possa ser transmitido em uma linguagem acessível aos estudantes.

As atividades do Tipo I são delineadas para que o aluno tome conhecimento do modo como determinadas áreas são desenvolvidas, exploradas ou pesquisadas na vida real, suas questões, seus problemas e suas particularidades, além do grau de envolvimento que se demanda do profissional em seu campo de estudo e atuação. Ainda, as experiências de Tipo I representam um convite para que os alunos se engajem em níveis mais avançados de interesse em tópicos ou áreas de estudo que podem ser usados como base para atividades que envolvam maior criatividade, investigação e pesquisa.

As atividades do Tipo II se referem ao "como fazer". Elas consistem de técnicas, materiais instrucionais e métodos designados à promoção de três grandes áreas: (a) o desenvolvimento dos processos de pensamento de nível superior; (b) as habilidades específicas de como conduzir pesquisas e utilizar referências; e (c) os processos relacionados ao desenvolvimento pessoal, criativo, afetivo e social do aluno. Nesse tipo de enriquecimento, o estudante é encorajado a dominar as ferramentas necessárias para desenvolver atividades de Enriquecimento do Tipo III, dependendo do tipo de projeto do seu interesse, e estimulado a utilizar seus conhecimentos para desenvolver com aproveitamento e produtividade as atividades de seu real interesse. Por exemplo, se a partir da visita ao centro de pesquisa agropecuária um estudante se interessou por plantas híbridas, uma atividade do Tipo II poderia ser ensiná-lo a desenvolver essa técnica. Agora, se o aluno se interessou pelo curta-metragem inglês *Wallace e Gromit*, ele pode vir a aprender como confeccionar personagens de massinha modelada sobre armaduras de metal, ou a filmar com técnicas de *stop motion* e *claymation*. Ele pode, também, desenvolver habilidades de pensamento criativo para criar técnicas mais inovadoras para a reciclagem de lixo ou para a resolução de problemas pela falta de água.

As atividades de Enriquecimento do Tipo III são planejadas para o estudante que demonstra um grande interesse em aprofundar uma área do conhecimento, que queira adquirir um conteúdo mais avançado e que queira participar de um processo de treinamento mais complexo, no qual assume o papel de aprendiz em primeira-mão. Quatro pontos principais caracterizam as atividades de enriquecimento Tipo III: 1) é uma aprendizagem personalizada, para cada aluno, através do *aprender fazendo*; 2) é aplicada a propósitos reais e à produção de um produto real para uma audiência real; 3) o papel do aluno desloca-se de mero *aprendiz da lição* para o de *aprendiz em primeira-mão*; 4) propõe-se à síntese e à aplicação de conteúdo um processo de grande envolvimento pessoal.

A ênfase dada às experiências de Tipo III muda da aprendizagem sobre determinado tópico para a aprendizagem do como se obtém, categoriza, analisa e avalia a informação em determinados campos. Ela envolve, ainda, o uso de métodos autênticos de pesquisa em um determinado campo de estudo. Assim, o aluno que aprendeu como fazer personagens em massinha de modelar, por exemplo, vai utilizá-los em um curta metragem desenvolvido na escola e apresentá-lo para o grupo de pré-escolares. A aluna que aprendeu a desenvolver plantas híbridas pode fazer suas próprias plantas e apresentar seus produtos na feira da cidade. Já o aluno que desenvolveu suas habilidades de pensamento criativo pode utilizar a técnica de *brainstorming* para apresentar soluções junto à reitoria sobre os problemas de estacionamento na sua universidade.

Renzulli e seus colaboradores (Renzulli 2005; Renzulli & Reis, 2012, 2014; Hernández-Torrano & Saranli, 2014; Oreck, 2020) têm assinalado repetidamente que a criatividade produtiva deve ser desenvolvida em sala de aula regular, em todos os alunos. Deve ser uma aprendizagem independente e engajada no *modus operandi* dos verdadeiros criadores da humanidade, de modo a contribuir para o encorajamento e o desenvolvimento da criatividade produtiva daqueles que possivelmente ganharão, no século XXI, papéis de destaque.

A **terceira parte** do modelo, denominada de *Operação Houndstooth*, diz respeito à educação dos superdotados, à identificação dos fatores co-cognitivos na superdotação (a que Renzulli (2012, 2016b, 2018) se refere como "inteligências fora da curva normal"), e ao modo de infundir esses fatores nos alunos para aumentar a produtividade e o capital social do país. Os fatores co-cognitivos interagem e dão origem ao desenvolvimento cognitivo, influenciando a formação de crenças, valores e atitudes do indivíduo. Entre eles, destacam-se: 1. otimismo (caracterizado pelo senso de esperança, reflete a crença de que o futuro reserva boas coisas); 2. coragem (habilidade de enfrentar dificuldades ou perigos enquanto se supera temores físicos, psicológicos ou morais, com integridade e força de caráter); 3. romance com um tópico ou disciplina (um amor real, caracterizado por desejos e emoções poderosas, que fornece a motivação a longo prazo no curso da ação); 4. sensibilidade para as questões humanas (habilidade de entender o mundo afetivo do outro e agir sensivelmente por meio do altruísmo e da empatia); 5. energia física/mental (quantidade de energia que o indivíduo está disposto e apto a investir na realização de suas metas; envolve carisma, curiosidade e comprometimento com a tarefa); e 6. visão/senso de destino (visão sobre futuras atividades, eventos e envolvimentos direciona os comportamentos e se torna um incentivo para o comportamento atual, envolvendo lócus de controle interno, motivação, vontade e auto eficácia). Esses seis fatores interagem com os demais e colaboram para o desenvolvimento construtivo das habilidades dos Três Anéis (Renzulli, 2012, 2014, 2016b, 2018).

Por fim, a **quarta parte** do modelo, *Funções Executivas*, busca incorporar os fatores não cognitivos no currículo dos alunos, fomentando traços de liderança, inteligência emocional, ética e demais traços de personalidade condizentes com os grandes líderes de amanhã. Contribuiu para essa visão as pesquisas e estudos de Sternberg (2007, 2010), quem argumenta que a sabedoria, em combinação com a inteligência e a criatividade, promove o comportamento de superdotação e o bem geral. Também colaborou com essa perspectiva os estudos de Gardner e colaboradores (Gardner et al., 2001), que estabelecem que o bom trabalho é o resultado dos fatores de excelência, ética e engajamento, além das pesquisas acerca da Psicologia Positiva (Seligman & Csikszentmihalyi, 2000), que abarca também a construção de qualidades positivas nas pessoas. Reflete Renzulli (2016c, p. 450) que

> precisamos da coragem de explorar alternativas mais ousadas e inovadoras, para que possamos proporcionar a todos os alunos experiências altamente engajadoras – o tipo de instrução disponível nas melhores escolas públicas e privadas do país. Uma

pedagogia mais engajadora, combinada com usos cada vez mais inovadores da tecnologia, pode fornecer os recursos para tornar essas alternativas possíveis.

Visão Geral do PIPoCAS

O objetivo geral do Programa de Incentivo ao Potencial Criador de Alunos Superdotados – PIPoCAS (Virgolim, 2006) é fornecer estratégias para o estímulo e desenvolvimento do potencial criador de alunos com altas habilidades e superdotação na escola, por meio de uma cuidadosa e planejada capacitação de professores, psicólogos e outros profissionais envolvidos na tarefa de educar e estimular talentos no ambiente escolar, também com vistas à orientação de pais. Além disso, o programa busca oferecer maior visibilidade à área das altas habilidades e superdotação, promovendo ações em nível nacional e internacional, chamando a atenção da sociedade para as características especiais e habilidades diferenciadas dessa população enquanto público-alvo da educação especial e inclusiva. O grande diferencial do PIPoCAS é sua meta de oferecer um serviço abrangente e aprofundado que sirva de apoio para aqueles que lidam com o superdotado, seja na escola, na família ou na comunidade, na perspectiva teórica e metodológica do SEM.

Renzulli (1988) considera que a superdotação e o talento têm componentes tanto genéticos (*gifted*) quanto ambientais (*talented*), usando a expressão superdotado e talentoso (*gifted and talented*). Da mesma forma, e para ser coerente com essa postura teórica, Virgolim (2019a) utiliza a expressão altas habilidades e superdotação com o mesmo sentido, ou seja, representando dois aspectos do mesmo fenômeno. Enquanto o termo "superdotação" faz referência aos aspectos inatos e genéticos da inteligência e da personalidade, o termo "altas habilidades" enfatiza os aspectos moldados, modificados e enriquecidos pelo papel do ambiente (família, escola, cultura).

O PIPoCAS tem os seguintes objetivos específicos (Virgolim, 2006, 2010): (a) capacitar professores do ensino regular e especial para o entendimento da superdotação em sua complexidade, e no conhecimento de estratégias e técnicas específicas ao desenvolvimento de potenciais criativos na área da superdotação, tendo o Modelo de Enriquecimento Escolar para Toda a Escola – SEM como base teórico-metodológica; (b) utilizar metodologias atuais, desenvolvidas para identificar alunos que apresentam características de altas habilidades e superdotação na educação infantil, fundamental e média, assim como no ensino superior; (c) utilizar, traduzir, adaptar e, quando necessário, desenvolver e aperfeiçoar instrumentos para a identificação, levantamento de habilidades, interesses e estilos de aprendizagem do aluno; (d) capacitar profissionais para o provimento de atividades de enriquecimento e desenvolvimento de projetos dentro da área de interesse do estudante, desenvolvendo suas áreas fortes, habilidades específicas, criatividade e expertise; (e) fornecer orientação para pais, pedagogos, professores, psicólogos, profissionais da educação e da saúde, mentores e alunos envolvidos em programas para o desenvolvimento do talento na comunidade, focalizando suas necessidades especiais do ponto de vista cognitivo, afetivo e social; (f) utilizar dados obtidos no decorrer do Programa para o desenvolvimento de pesquisas, tanto na área psicológica quanto educacional, relativos ao atendimento das especificidades educacionais, cognitivas, afetivas e sociais do aluno superdotado; (g) promover estudos sobre estratégias de avanço escolar e matrícula precoce no ensino superior, estimulando a aceleração do programa escolar para os alunos com altas habilidades/superdotação; (h) promover e incentivar a interação de alunos superdotados do Ensino Médio com mentores no sistema de ensino superior, viabilizando intercâmbios com outras instituições brasileiras e, quando possível, internacionais; (i) propiciar estudos, cursos, orientação, palestras; participar de congressos, seminários e outras atividades acadêmicas em âmbito nacional e internacional, divulgando as ações desenvolvidas no projeto e disseminando a área da superdotação e altas habilidades; (j) desenvolver parcerias com instituições, grupos, escolas, clínicas, e outros segmentos da comunidade; e (k) participar e colaborar, junto de ONGs, instituições públicas e particulares e órgãos governamentais para o desenvolvimento de políticas públicas para este grupo.

O Projeto PIPoCAS iniciou-se formalmente em 2005, na Universidade de Brasília, primariamente com recursos disponibilizados pelo Programa de Apoio à Pesquisa em Educação Especial – PROESP

(Virgolim, 2006a), por meio de Edital da CAPES. Esse incentivo foi utilizado para organizar um seminário regional sobre altas habilidades e superdotação e para apoiar o segundo Encontro do Conselho Brasileiro para Superdotação – ConBraSD, realizado em Pirenópolis, GO. Na sequência, foram produzidos folders de divulgação e materiais promocionais cedidos ao ConBraSD. No Instituto de Psicologia da Universidade de Brasília foi criada uma disciplina teórica específica para a área (Superdotação, Talento e Desenvolvimento Humano) que, junto a outras já existentes no currículo de Psicologia[16] foram ministradas, com foco dado pelo Projeto PIPoCAS no desenvolvimento das altas habilidades e do pensamento criador. Essas disciplinas específicas impactaram mais de 2000 alunos (ao longo de 13 anos, ou seja, de 2006 a 2019), provenientes de diversos cursos na UnB. Na área de Estágios (Bacharel, Licenciatura e Psicólogo), cerca de 550 alunos do curso de Psicologia receberam treinamento específico na área, realizando atividades junto ao programa de Altas Habilidades/Superdotação da Secretaria de Educação do Distrito Federal, produzindo relatórios e trazendo contribuições para o desenvolvimento desses programas.

Uma contribuição social inovadora do PIPoCAS, em anos mais recentes (2016 a 2019), foi o Programa ser ministrado como Curso de Extensão no Departamento de Psicologia dos Processos Básicos (PPB) da UnB, sendo o primeiro curso dado nessa universidade conciliando integralmente atividades de Ensino de Graduação e Extensão. Nesse formato, foram oferecidos a cada semestre cerca de 25 vagas na disciplina "Tópicos em Cognição" (60 horas, 4 créditos) para os alunos de graduação da UnB, assim como 35 vagas para a comunidade, visando primariamente professores, pedagogos e psicólogos da rede pública, atuantes na área de Altas Habilidades e Superdotação da Secretaria de Educação do Distrito Federal. Com a divulgação do curso, o público-alvo expandiu para professores e gestores da rede de ensino particular e profissionais relacionados à área de saúde (fonoaudiólogos, terapeutas ocupacionais, neuropedagogos, assistentes sociais e outros).

[16] Algumas dessas disciplinas da grade curricular: Tópicos Especiais em Desenvolvimento; Fundamentos do Desenvolvimento e da Aprendizagem; Desenvolvimento Psicológico e Ensino; Psicologia da Criatividade; Introdução à Psicologia; Tópicos em Cognição.

Houve também um semestre em que o curso acolheu pais de crianças e jovens superdotados, contando inclusive com um participante com altas habilidades de 15 anos.

Além do curso teórico de 60 horas, oferecido aos alunos de graduação, os extensionistas também cumpriram mais 20 horas práticas na modalidade à distância, recebendo o certificado como Curso de Extensão de 80 horas. Nesse formato híbrido, o curso pretendeu: (a) ampliar a formação do aluno na área cognitiva em temas relacionados à inteligência, à criatividade e à motivação; (b) aprofundar teórica e/ou metodologicamente os temas envolvidos; (c) analisar o estado da arte da área, focalizando a interseção entre inteligência, criatividade e motivação, e a correlação desses temas com a superdotação, o talento e a expertise; (d) discutir e avaliar a relação entre pesquisa básica e aplicada nos campos da inteligência, da criatividade e da motivação. Dessa forma, tanto os alunos de graduação puderam se beneficiar da rica experiência de campo dos profissionais da educação, quanto puderam igualmente se enriquecer com o aporte teórico desenvolvido para um curso de graduação de 60 horas.

As avaliações feitas pelos alunos, tanto quantitativas (por meio de portfólios, seminários, atividades de investigação e apresentação de um produto final), quanto qualitativas (por meio de comentários positivos no "Álbum da Turma", agradecimentos e relatos sobre o clima criativo, respeitoso e produtivo da sala de aula), foram altamente positivas e fundamentais para os ajustes semestrais no formato da disciplina. Outra contribuição inovadora dessa disciplina foi a produção do *Produto Final* (baseado no Enriquecimento do Tipo III de Renzulli e Reis), concebido para ser uma contribuição original do grupo para a área de altas habilidades e superdotação e destinado a finalidades reais na sociedade.

Alguns dos materiais produzidos foram: jogos pedagógicos para a sala de aula, regular e especial; jogos criativos para a divulgação das características de altas habilidades; jogos para o desenvolvimento de características socioemocionais; ciclo de palestras e seminários com convidados renomados em instituições da comunidade; dinâmicas e minicursos com professores de outras instituições de ensino da rede particular e da pública; *podcasts* de divulgação, com entrevistas de renomados estudiosos da área; poesias, canções, histórias em quadrinhos e composições de professores e de seus alunos; enquetes, pesquisas de opinião, levantamentos e questionários como metodologias de pesquisas; folders, materiais de divulgação e manuais; instrumentos de identificação e *checklists* de comportamentos; entre outras atividades inovadoras e de impacto social. Com tudo isso, o curso passou a contar pontos para a Progressão Funcional dos professores das salas de recurso para as altas habilidades e superdotação da Secretaria de Educação do DF, o que tem aumentado ainda mais a procura pelo mesmo.

Em âmbito de escolas particulares, o PIPoCAS tem sido desenvolvido junto aos professores da instituição e também em conjunto aos pais que têm filhos identificados (com o nome de PAPaiHS – Programa de Apoio aos Pais de Crianças com Altas Habilidades e Superdotação), com 20 horas (5 aulas de 4 horas). Nesses cursos, são disponibilizados os slides de cada aula, um instrumento de mapeamento das habilidades da criança, uma extensa recomendação de leituras proveniente de livros selecionados na área (tanto textos autorais quanto de renomados autores brasileiros e estrangeiros), além de artigos científicos, capítulos de livros, reportagens de interesse, indicação de sites e contatos com programas nacionais e internacionais. Todos os conteúdos são disponibilizados no Kit-PIPoCAS, que acompanha a implementação do programa e a capacitação continuada de professores, assim como no Kit-PAPaiHS.

Os pais desenvolvem um portfólio sobre o perfil criativo produtivo dos filhos e recebem instruções sobre como desenvolver atividades motivadoras e criativas com eles. A direção da escola, por sua vez, recebe treinamento para os gestores e professores, orientação e acompanhamento para a implementação dos serviços a essa população (incluindo assistência para a formulação do Plano de Ensino Individualizado (PEI) para os alunos identificados) e direcionamento para profissionais externos quando necessário, no sentido de avaliar formalmente os alunos com indicadores de altas habilidades. Nesse contexto, casos específicos são debatidos e estudados com uma equipe multidisciplinar para fornecer a melhor conduta requerida. Ademais, clínicas psicológicas recebem do projeto PIPoCAS supervisão em estudos de casos e orientação para a escrita de relatórios psicopedagógicos e laudos psicológicos.

Uma grande contribuição do projeto PIPoCAS está na divulgação do SEM por meio de livros e capítulos de livros (por exemplo, Virgolim 2007a, 2007b, 2007c, 2015, 2019d; Virgolim & Konkiewitz, 2014) e de tradução de livros (Burns, 2014); artigos (Renzulli, 2014;

Renzulli, 2018); e dos instrumentos de investigação utilizados no SEM (por exemplo, Virgolim, 2007a, 2007b, 2014). Encontra-se em fase final de revisão a tradução da obra principal de Renzulli e Reis em sua terceira edição (*The Schoolwide Enrichment Model: A how-to guide for talent development*), com permissão da Prufrock Press.

O projeto PIPoCAS tem sido divulgado em congressos, palestras, cursos e seminários em âmbito nacional (por exemplo, Virgolim, 2006a; 2010; 2013; 2019a, 2019b, 2019c). Atualmente, o projeto foi encampado pelo Instituto Virgolim, empresa limitada com parcerias expressivas na área educacional (por exemplo, com o Instituto de Otimização da Aprendizagem – INODAP, o grupo Alpha Lumen, o grupo Stones, o grupo de tecnologia Happy Code e clínicas locais).

Considerações Finais

A última década presenciou um salto qualitativo para a superdotação no Brasil, tanto pelo aumento substancial da produção teórico-científica na área quanto pela ampliação de programas de atendimento a essa população, o que nos coloca em diálogo com importantes centros de pesquisas, de estudos e atendimento ao superdotado no Brasil e no exterior. O Projeto PIPoCAS – Programa de Incentivo ao Potencial Criador do Aluno Superdotado, embasado no Modelo de Enriquecimento Escolar para Toda a Escola – SEM, tem contribuído com ações em nível nacional, estimulando profissionais a se engajarem na área por meio do conhecimento da teoria e dos resultados práticos da sua aplicação. A paixão pelo tema, o entusiasmo e a energia com que abraçamos a causa da superdotação tem sido ingredientes essenciais para iniciarmos uma transformação em maior nível. Se quisermos tirar o superdotado da invisibilidade, sejamos todos agentes dessa mudança nos comportamentos, nas crenças, atitudes, práticas e políticas em nosso país.

Referências

Amabile, T. M. (1996). *Creativity in Context.* Westview Press.

Barbosa, K. M. (2007). Implementação dos Núcleos de Atividades de Altas Habilidades/Superdotação – NAAH/S [Apresentação de trabalho]. *Seminário A construção de Práticas Educacionais para Alunos com Altas Habilidades/ Superdotação.* MEC/SEESP.

Bloom, B. (1985). *Developing talent in young people.* Ballantine.

Lei nº 9.9394, de 20 de dezembro de 1996. (1996, 20 de dezembro). Estabelece as diretrizes e bases da educação nacional. Presidência da República. http://www.planalto.gov.br/ccivil_03/leis/l9394.htm

Burns, D. (2014). *Altas Habilidades/Superdotação: Manual para guiar o aluno desde a definição de um problema até o produto final* (D. L. Araújo, & L. D. Amaral, Trad., A. Virgolim, Coord & Rev.). Juruá Editora.

Chamorro-Premuzic, T. (2009). Creative process. In B. Kerr (Ed.), *Encyclopedia of giftedness, creativity, and talent* (vol.1, pp. 191-194). SAGE Publishing.

Cropley, A. J. (2011). Definições de criatividade. In: M. A. Runco & S. R. Pritzker (Eds.), *Encyclopedia of Creativity* (2nd ed., pp. 511-524). Elsevier.

Gardner, H., Csikszentmihalyi, M., & Damon, W. (2001). *Good work: When excellence and ethics meet.* Basic Books.

Hernández-Torrano, D., & Saranli, A. G. (2014). A cross-cultural perspective about the implementation and adaptation process of the Schoolwide Enrichment Model: The importance of talent development in a global world. *Gifted Education International, 31*(3) 257-270. https://doi.org/10.1177%2F0261429414526335

Maker, C. J., & Schiever, S. W. (1984). Excellence for the future. *Gifted Child Quarterly, 28*(1), 6-8. https://doi.org/10.1177%2F0016986217738566

Oreck, B. (2020). So, you're (thinking of) starting enrichment clusters. *Teaching for high potential.* https://renzullilearning.com/wp-content/uploads/2020/02/Barry-Cluster-Article.pdf

Raabe, A. L. A., Gomes, A. S., Bittencourt, I. I., & Pontual, T. (2016). *Educação criativa: Multiplicando experiências para a aprendizagem* (Vol. 4). Pipa Comunicação.

Renzulli, J. S. (1978). What makes giftedness? Reexamining a definition. *Phi Delta Kappan, 92*(8), 81-88, 180-184. https://doi.org/10.1177/003172171109200821

Renzulli, J. S. (1988). A decade of dialogue on the three-ring conception of giftedness. *Roeper Review, 11*(1), 18-25. 1988. https://doi.org/10.1080/02783198809553154

Renzulli, J. S. (2005). The Three-Ring conception of giftedness: A developmental model for promoting creative productivity. In R. J. Sternberg, & J. E. Davidson (Eds.), *Conceptions of giftedness* (2nd ed., pp. 246-279). Cambridge University Press.

Renzulli, J. S. (2012). Reexamining the role of gifted education and talent development for the 21st century: A four-part theoretical approach. *Gifted Child Quarterly, 56*(3), 150-159. https://doi.org/10.1177/0016986212444901

Renzulli, J. S. (2014). A Concepção de Superdotação no Modelo dos Três Anéis: Um modelo de desenvolvimento para a promoção da produtividade criativa. In A. M. R. Virgolim, & E. Konkiewitz (Orgs.), *Altas habilidades/superdotação, inteligência e criatividade* (pp. 219-264). Papirus.

Renzulli, J. S. (2016a). Examining the challenges and caveats of change in gifted education. In S.M Reis (Ed.), *Reflections on gifted education: Critical works by Joseph S. Renzulli and colleagues* (pp. 3-29). Prufrock Press.

Renzulli, J. S. (2016b). Intelligence outside the normal curve: Co-cognitive factors that contribute to the creation of social capital and leadership skills in young people. In S. M. Reis (Ed.), *Reflections on gifted education: Critical works by Joseph S. Renzulli and colleagues* (pp. 129-150). Prufrock Press.

Renzulli, J. S. (2016c). Commentary on contemporary issues. In S. M Reis (Ed.), *Reflections on gifted education: Critical works by Joseph S. Renzulli and colleagues* (pp. 443-456). Prufrock Press.

Renzulli, J. S. (2018). Reexaminando o papel da educação para superdotados e o desenvolvimento de talentos para o século XXI: uma abordagem teórica em quatro partes. In A. M. R. Virgolim (Org.), *Altas Habilidades/Superdotação: Processos criativos, afetivos e desenvolvimento de potenciais* (pp. 19-42). Juruá Editora.

Renzulli, J. S., & Reis, S. M. (1986). The Enrichment Triad/Revolving Door Model: A schoolwide plan for the development of creative productivity. In J. S. Renzulli (Org.), *Systems and models for developing programs for the gifted and talented* (pp. 216-266). Creative Learning Press.

Renzulli, J. S., & Reis, S. M. (1997). *The Schoolwide Enrichment Model: A how-to guide for educational excellence* (2nd ed.). Creative Learning Press.

Renzulli, J. S., & Reis, S. M. (2002). *What Is Schoolwide Enrichment? How Gifted Programs Relate to Total School Improvement*. https://gifted.uconn.edu/schoolwide-enrichment-model/whatisem/

Renzulli, J. S., & Reis, S. M. (2012). Defensible and doable: A practical, multiple-criteria gifted program identification system. In S. L. Hunsaker (Ed.), *Identification: The theory and practice of identifying students for gifted and talented education services* (pp.25-56). Prufrock Press.

Renzulli, J. S., & Reis, S. M. (2014). *The Schoolwide Enrichment Model: A how-to guide for talent development* (3rd ed.). Prufrock Press.

Righi e Lazzari (2017). Metodologia por questionamento no Atendimento Educacional Especializado. In G. Gastardelli, (Org.), *Aprendizagem Ativa: Desafios para uma educação disruptiva* (Vol. 2). https://issuu.com/tedxsaocarlosed/docs/e-book_aprendizagem_ativa

Sabatella, M. L., & Cupertino, C.M.B. (2007). Práticas educacionais de atendimento ao aluno com altas habilidades/superdotação. In D. S. Fleith (Org.), *A construção de práticas educacionais para alunos com Altas Habilidades/ Superdotação* (Vol. 1, pp. 67-80). MEC/SEESP.

Seligman, M. E. P., & Csikszentmihalyi, M. (2000). Positive Psychology: An introduction. *American Psychologist*, 55, 5-14. https://doi.org/10.1037/0003-066X.55.1.5

Starko, A. J. (1986). *It's about time: Inservice strategies for curriculum compacting.* Creative Learning Press.

Sternberg, R. J. (2007). *Wisdom, intelligence, and creativity synthesized.* Cambridge University Press.

Sternberg, R. J. (2010). Academic intelligence is not enough! WICS: An expanded model for effective practice in school and later life. In D. D. Preiss & R. J. Sternberg (Eds.), *Innovations in educational psychology: Perspectives on learning, teaching, and human development* (pp. 403-440). Springer Publishing Company.

Treffinger, D. J., & Renzulli, J. S. (1986). Giftedness as potential for creative productivity: Transcending IQ scores. *Roeper Review, 8*(3), 150-154. https://doi.org/10.1080/02783198609552960

Organização das Nações Unidas para a Educação, a Ciência e a Cultura. (2010). *Educação: um tesouro a descobrir; relatório para a UNESCO da Comissão Internacional sobre Educação para o século XXI.* https://unesdoc.unesco.org/search/fedf4658-6074-4d78-9381-2e4de42cf0b8

Virgolim, A. M. R. (2006a). Programa de Apoio a Pesquisa em Educação Especial - PROESP/CAPES 2005: Programa de Incentivo ao Potencial Criativo de Alunos Superdotados. In S. N. Freitas (Org.), Diferentes contextos de Educação Especial/Inclusão social (pp. 181-190). Pallotti.

Virgolim, A. M. R. (2006b). Programa de Incentivo ao Potencial Criador de alunos superdotados [Apresentação de trabalho]. *Anais do 1º Encontro Nacional do Programa de Apoio à Pesquisa em Educação Especial – PROESP.* Universidade Federal de Santa Maria.

Virgolim, A. M. R. (2007a). Uma proposta para o desenvolvimento da criatividade na escola. In A. M. R. Virgolim (Org.), *Talento criativo: Expressão em múltiplos contextos* (pp. 159-185). Editora UnB.

Virgolim, A. M. R. (2007b). Enriquecimento escolar em salas de aula regular e de recursos para alunos com altas habilidades/superdotação: Uma perspectiva inclusiva. In: Secretaria de Educação Especial (Org.), *Ensaios Pedagógicos: Educação inclusiva: Direito à diversidade* (pp. 109-120). MEC/SEESP.

Virgolim, A. M. R. (2007c). *Altas Habilidades/Superdotação: Encorajando potenciais.* MEC/SEESP.

Virgolim, A. M. R. (2010). Uma experiência de ensino bem-sucedida na Universidade de Brasília [Apresentação de trabalho]. *Anais do 1º Curso de Formação de docentes no âmbito do I Programa de Reestruturação e Expansão das Universidades Federais – REUNI.* Universidade de Brasília.

Virgolim, A. M. R. (2013). Criatividade e desenvolvimento humano: contribuições de pesquisadores brasileiros [Apresentação de trabalho]. *Anais do 9º Congresso Brasileiro de Psicologia do Desenvolvimento.* Universidade Federal da Paraíba.

Virgolim, A. M. R. (2014). A contribuição dos instrumentos de investigação de Joseph Renzulli para a identificação de estudantes com altas habilidades/superdotação. *Revista de Educação Especial, 27*(50), 581-610. https://doi.org/10.5902/1984686X14281

Virgolim, A. M. R. (2015). Estratégias criativo-produtivas para crianças e jovens superdotados em salas de recurso. In M. F. Morais, L. C. Miranda, & S. M. Wechsler (Orgs.), *Criatividade: Aplicações práticas em contextos internacionais* (pp. 79-107). Vetor.

Virgolim, A. M. R. (2018). *Altas Habilidades/Superdotação: Processos criativos, afetivos e desenvolvimento de potenciais.* Juruá Editora.

*Virgolim, A. M. R. (*2019a). Os desafios para a educação dos superdotados no século XXI [Apresentação de trabalho]. *Seminário sobre Altas Habilidades/Superdotação.* Ministério da Mulher, da Família e dos Direitos Humanos.

Virgolim, A. M. R. (2019b). Os desafios de desenvolver talentos nas famílias e nas escolas do século XXI [Apresentação de trabalho]. *Anais do 6º Encontro em Diversidade e Inclusão - Entrelaçando conhecimentos*. Universidade Federal Fluminense

Virgolim, A. M. R. (2019c). O Programa de Incentivo ao Potencial Criador de alunos superdotados: Pipocas: Uma proposta inovadora [Apresentação de trabalho]. *Anais da 49ª Reunião Anual da Sociedade Brasileira de Psicologia*. Universidade Federal da Paraíba.

Virgolim, A. M. R. (2019d). *Altas habilidades/superdotação: Um diálogo pedagógico urgente* (Série Pressupostos da Educação Especial). Intersaberes.

Criatividade nas Práticas Educativas: Ampliando as Possibilidades de Aprendizagem e Desenvolvimento de Alunos Com e Sem Altas Habilidades/Superdotação

Vera Lucia Messias Fialho Capellini

Taís Crema Remoli Ferreira

Este capítulo tem como objetivo apresentar uma reflexão sobre a importância da criatividade no contexto escolar, que, além de ser essencial ao enriquecimento de alunos com Altas Habilidades/Superdotação, igualmente é importante para potencializar o desenvolvimento de todos os estudantes. O capítulo também apresenta, a partir de experiências dos projetos de extensão e de pesquisas desenvolvidos pelos membros do Grupo de Pesquisa "A inclusão da pessoa com deficiência, TGD e superdotação e os contextos de aprendizagem e desenvolvimento", exemplos da aplicabilidade de práticas pedagógicas desenvolvidas que valorizaram a criatividade na organização do trabalho pedagógico, relatando o impacto acadêmico e social para as escolas que receberam as intervenções, como por exemplo o destaque de melhor desempenho no Sistema de Avaliação de Rendimento Escolar do Estado de São Paulo (SARESP) por uma das escolas que sediou um projeto. Todas as intervenções exemplificadas nas propostas de enriquecimento curricular que cultivaram a criatividade como potencializadora de desenvolvimento humano possibilitaram a aprendizagem significativa para todos e os atores envolvidos no contexto escolar, professores e alunos, os quais compreenderam e respeitaram as diferenças, praticando diariamente a alteridade e a colaboração de forma a garantir que todos os estudantes recebessem o suporte necessário, independentemente de ser ou não público-alvo da Educação Especial.

Criatividade e Educação

> *Não haverá cultura nem história sem inovação, sem criatividade, sem curiosidade, sem liberdade sendo exercida ou sem liberdade pela qual, sendo negada, se luta. Não haveria cultura nem história sem risco, assumido ou não.*
>
> (Freire, 2000, p. 16)

O estudo da criatividade vem ganhando maior destaque ao mesmo passo que essa característica está cada vez melhor classificada na lista de habilidades essenciais para o século XXI, relacionando-se à inovação e ao favorecimento do potencial humano (Nakano & Wechsler, 2018). Tal construto pode ser analisado sob o ponto de vista individual, mas também influenciado por aspectos históricos, educacionais, sociais e culturais (Wechsler, 2017). Lin (2017) relata que a criatividade e a capacidade de resolver problemas criativamente são consideradas habilidades essenciais para que talentos futuros possam ser identificados, pois a resolução criativa de problemas é crucial para a melhoria da sociedade e para as atividades que realizamos.

A relação entre criatividade e educação pode ser observada em diferentes situações, por exemplo nas rápidas mudanças globais, verificando-se seu importante papel para as conquistas econômicas e de competitividade em diferentes áreas. No entanto, embora a educação seja um direito fundamental universal de todos os cidadãos e que abre portas para realização de todos os direitos humanos, na história da humanidade, a educação foi por muito tempo privilégio de poucos (Ranieri & Alves, 2018; Santos, 2019).

Na atualidade, com o avanço do número de matrículas e a premissa de uma educação inclusiva que respeita e valoriza a diversidade humana sem desconsiderar a singularidade de cada um – garantida amplamente na legislação –, observamos que as escolas ainda encontram sérios desafios para garantir o ensino e a aprendizagem com qualidade a todos, sejam eles público-alvo da Educação Especial ou não (Capellini, 2018; Alves & Ferrão, 2019).

Pacheco et al (2007) enfatizam que as práticas pedagógicas inclusivas precisam vivenciar e valorizar mais a diversidade, a flexibilidade, a colaboração e a criatividade, contrariamente ao que ainda ocorre nas escolas tradicionais. Assim, em uma visão otimista de possibilidades de ressignificação do contexto escolar, também a Educação Especial na Perspectiva da Inclusiva pode contribuir, uma vez que, como apontam Crochík et al. (2013), acreditamos na existência de práticas inclusivas nas escolas quando estamos diante de novos desafios.

Nesse sentido, o Grupo de Pesquisa "A inclusão da pessoa com deficiência, TGD e superdotação e os contextos de aprendizagem e desenvolvimento", cadastrado no CNPQ desde 2006, acumulou, ao longo destes anos, experiências de pesquisas por meio da opinião de professores, pais, colegas e gestores sobre a inclusão escolar. Dentre elas, vários estudos revelavam a contrariedade ao processo de inclusão escolar nas práticas atuais, outros tantos denunciaram e ainda denunciam a falta de estrutura, preparo e problemas com formação inicial e continuada. Na pesquisa de Ferreira et al. (2019), com 111 educadores, a falta de formação inicial e continuada foi apontada como um fator relevante ao não preparo docente, assim como o baixo investimento do governo em qualificação profissional.

Apesar de muitos estudos apontarem o fracasso escolar (Capellini, 2009; Alves & Ferrão, 2019), tanto de alunos do público-alvo da Educação Especial quanto dos demais, hoje já nos deparamos com resultados de algumas pesquisas interventivas e colaborativas com resultados promissores, sinalizando a necessidade de investirmos na mudança das práticas pedagógicas (Remoli, 2017; Bergamin, 2018; Carneiro et al., 2019; Arantes-Brero, 2019) também com um olhar voltado para a criatividade.

A fim de compreender mais a realidade atual, o estudo de Rosa (2019) analisou a inclusão escolar em escolas públicas consideradas Inovadoras e Criativas do Estado de São Paulo. Nos projetos das escolas, o incentivo à participação, autonomia e criatividade eram pilares essenciais. Ainda assim, a autora descreveu que, nas escolas pesquisadas, apesar de um avanço em termos de gestão, organização curricular e envolvimento com a comunidade, tais mudanças pouco refletiam nas práticas de ensino, em especial para alunos com deficiência, afirmando a necessidade de se investir na formação de professores.

Sabe-se que muitos professores não são contra a transformação das escolas, todavia ainda sentem muita dificuldade em planejar e efetivar a organização do trabalho pedagógico voltado a atender às individualidades, ou seja, a dúvida está em "como" alcançar bons resultados, especialmente se atentando às diferenças e incentivando o protagonismo e a criação.

O Olhar Individualizado e a Criatividade

Para alcançarmos o tão sonhado resultado esperado, é importante levar em conta as especificidades de todos os alunos, tendo como base a Lei Brasileira de Inclusão da Pessoa com Deficiência (Lei nº 13.146, 2015) e considerando o Desenho Universal para a Aprendizagem com medidas individualizadas e coletivas que favoreçam o desenvolvimento de todos:

> ... o Desenho Universal para a Aprendizagem (DUA) visa proporcionar uma maior variedade de opções para o ensino de todos, considerando a diversidade da sala de aula, valorizando como eles expressam seus conhecimentos e como estão envolvidos e motivados para aprender mais. (Zerbato & Mendes, 2018, p. 149)

Neste capítulo, abordamos especialmente os alunos com Altas Habilidades/Superdotação (AH/SD), os quais, embora também pertençam ao público da Educação Especial, muitas vezes são negligenciados. Nesse sentido, é importante esclarecer que o referencial teórico que utilizamos é de Joseph Rezulli, cuja proposta de enriquecimento curricular para tais alunos está amparada no Modelo de Enriquecimento Para Toda Escola, tendo por objetivo introduzir no currículo regular as oportunidades de atendimento, recursos e apoio para que os professores realizem uma aprendizagem mais investigativa na experiência de toda a escola (Renzulli, 2014).

Segundo o autor, uma das características de alunos com AH/SD é a criatividade (Renzulli, 2018), sendo esta situacional e temporal. Assim, para estimulá-la, tanto nos estudantes com essas características quanto nos demais alunos, são importantes as práticas descritas na Base Nacional Comum Curricular (BNCC): "incluindo a investigação, a reflexão, a análise crítica, a imaginação e a criatividade, para investigar causas, elaborar e testar hipóteses, formular e resolver problemas e criar soluções (inclusive tecnológicas) com base nos conhecimentos das diferentes áreas" (Ministério da Educação, 2018).

Worrell et al. (2019) relembram que área da educação da pessoa com AH/SD tem quase 150 anos. Desde então, a natureza da sociedade mudou e a educação não é mais o domínio de grupos demográficos selecionados. Todavia, a escolarização obrigatória a todos ainda não removeu as barreiras associadas ao status socioeconômico que se manifestam de várias maneiras, incluindo a divisão de tecnologia e a qualidade das escolas frequentadas pelos indivíduos. O enriquecimento curricular para alunos com AH/SD será vazio se apenas estiver disponível para indivíduos cujas famílias possam adquirir casas em comunidades com escolas e bons recursos ou pagar para que seus filhos frequentem escolas particulares especializadas e programas baseados em universidades.

Nesse contexto, qualquer que seja a proposta para o desenvolvimento de talentos de qualidade a todos os estudantes, há que ter compromisso político. Ademais, sem esse comprometimento, haverá menos produtores e artistas criativos na idade adulta, uma perda ao indivíduo e para a sociedade. Nossa esperança é que as políticas públicas reconheçam e ajam com base na ciência em relação aos recursos e opções de programas para fornecer, a todos as crianças e jovens talentosos do Brasil, a oportunidade de desenvolver seu potencial a partir de suas características e necessidades individuais, expandindo igualmente sua criatividade.

Embora quase universalmente percebida como vantajosa, benéfica e valiosa, não existe uma única definição de criatividade, tal qual ocorre para as AH/SD. Camargo (2013) apresenta a criatividade como uma atividade humana, tomando-a como fundamental por expressar a consciência, o pensamento e a linguagem.

Considerando-se o âmbito escolar, uma definição que contribui para uma visão mais palpável é a de Torrance (1962), que descreveu a criatividade como "o processo de detectar lacunas ou perturbar elementos ausentes; formar ideias ou hipóteses a respeito deles; testando essas hipóteses; e comunicar os resultados, possivelmente modificando e testando novamente as hipóteses" (p. 16). Essa definição é especialmente útil para professores e outras pessoas interessadas em desenvolver o pensamento criativo, pois identifica habilidades e procedimentos que podem ser ensinados, praticados e dominados pelos estudantes como resultado de sequências de instruções e aplicações em sala de aula. Também concordamos com Vergani (2009), que concebe uma pessoa criativa como aquela capaz de remodelar a visão do mundo ao qual pertence e, para isso, precisa ter oportunidade.

Afinal, é Possível Desenvolver a Criatividade?

Com as rápidas mudanças globais e os avanços tecnológicos, acentua-se a necessidade de criatividade e educação estarem articuladas. Portanto, é fundamental que essa habilidade seja desenvolvida a fim de melhor preparar as gerações futuras, pensamento compartilhado por diversos estudiosos (Renzulli & Reis, 1997; Nakano, 2015; Franzim et al. 2019) e que embasa programas e estudos com vistas ao desenvolvimento desse fator em diferentes áreas, especialmente na educacional.

Alencar (2015) pontua que condições no ambiente, na família, na instituição escolar ou no trabalho são importantes para o estímulo à criatividade. Vista como uma decisão por Sternberg (2003), o autor relembra que fomentá-la é, em grande parte, uma questão de incentivar certa atitude em relação à solução de problemas e sugere 21 maneiras para professores interagirem com os alunos de uma forma a maximizar as chances destes decidirem pela criatividade.

Segundo Robinson et al. (2007), a criatividade existe em todas as pessoas, ao menos potencialmente. Para os franceses Ahmadiand e Besançon (2017), é a habilidade do século XXI que ganhou mais interesse nos últimos anos por ser uma das principais competências a ser implementada. Porém, o estudo de Remoli e Capellini (2017) revisou a literatura entre 2005 e 2015 e estudos empíricos que abordassem programas de desenvolvimento da criatividade, especialmente voltados a alunos com AH/SD, não foram encontrados, confirmando os resultados de Zavitoski (2015) e Matthews (2015). Outros autores criticam a discrepância entre teoria e prática, como Dai et al. (2011). Assim, os achados apontaram para a necessidade de novos estudos acerca das oportunidades que estão sendo ofertadas atualmente e sua aplicabilidade.

Bolland et al. (2019) alertam que grupos mais vulneráveis economicamente, como de alunos com AH/SD, geralmente têm mais dificuldade em participar de programas que desenvolvam atividades sociais positivas. Tal situação no Brasil é agravada, pois quase não temos identificação de alunos com indicadores de AH/SD, os programas de enriquecimento são raros e a participação em atividades artísticas, de lazer e cultura para maioria de nossas crianças e jovens, quanto ocorre, é quase exclusivamente na escola, devido à injusta divisão de rendas em nosso país.

Não resta dúvida, portanto, em relação à importância da oferta de oportunidades de estímulos aos estudantes e à compreensão da escola como atuante potencializadora ou limitadora da capacidade criativa (Alencar, 2015). Por isso, consideramos vital a necessidade de ressignificação das práticas pedagógicas, pois constantemente se observa a perpetuação das barreiras atitudinais na e pela ação das escolas. Como podemos falar em participação, autonomia e criatividade se a maioria expressiva de nossas escolas ainda dispõe suas carteiras em um modelo "boca-nuca", ou seja, em fileiras individuais com estudantes passando horas olhando para a nuca do colega da frente?

O Papel das Escolas no Trabalho com a Criatividade

O sistema de educação bancária, conteudista e voltado ao conhecimento de saberes que "serão cobrados no vestibular" ainda impera no Brasil. Nesse sentido, Shaheen (2010) alerta sobre o quanto os professores ainda valorizam essencialmente os conteúdos, sendo uma das barreiras do trabalho com a criatividade no ambiente escolar. Tais dados vão ao encontro da pesquisa de Braga e Fleith (2016), que examinaram 156 resumos entre 2005 e 2015 e encontraram apenas 8 estudos empíricos, obtendo, como resultado, a dificuldade que professores ainda encontram para desenvolver tal habilidade em sala de aula devido, também, a barreiras emocionais, sociais e culturais.

Nem todas as pessoas se consideram criativas e esse fato pode estar relacionado à falta de estímulo ou às péssimas experiências em que a imaginação e a expressão foram tolhidas no processo educacional para que se encaixassem em um modelo predeterminado. Logo, verifica-se que a criatividade não brota apenas se a regarmos com amor e carinho; ela demanda boa formação docente e, sobretudo, que nas relações entre todos os envolvidos na comunidade escolar permeiem sim o amor e o afeto, o entusiasmo, o respeito, o diálogo, a curiosidade e a possibilidade de diferentes formas no fazer, isto é, que a oportunidade de experimentar todas as linguagens seja garantida. Dessa forma, a mediação pedagógica intencional de qualidade é essencial para que o aluno possa avançar criativamente. Todavia, não é fácil, visto que a escola ainda está muito presa em padrões homogeneizadores (Bahia, 2016; Franzim et al., 2019).

Sendo assim, as crenças dos professores quanto à criatividade ou às habilidades podem afetar o desenvolvimento da criatividade e da autoestima dos alunos Bolland et al. (2019). Por isso, motivar o potencial dos estudantes é importante e pode ser realizado por meio de altas expectativas, apoio, visão aberta e tolerância à ambiguidade, por exemplo (Ahmadiand & Besançon, 2017).

Cramond (2017) sugere que os educadores podem ajudar os alunos a se tornarem adultos criativos e produtivos, realizando as seguintes ações:

- expô-los a uma variedade de experiências de aprendizagem para que possam encontrar o que amam e fazem bem;
- ensiná-los a avaliar seu próprio trabalho de modo a inoculá-los contra críticas falsas ou incorretas;
- orientar alunos e/ou encontrar mentores para auxiliá-los em sua área de interesse;
- valorizar sua singularidade, ensinando-os a trabalhar em cooperação com os outros.

Nota-se que fomentar a criatividade em sala de aula pode ser mais simples do que se imagina, em atos como o de exibir uma atitude positiva e modelar comportamentos criativos, estratégias e técnicas de ensino a fim de promover um ambiente de aprendizado seguro e com diversos recursos (Sumners, 2017). Os resultados de Santos e Fleith (2015) complementam essa visão, pois obtiveram dados positivos quanto aos escores de criatividade e percepção do clima para a criatividade a curto e médio prazo em alunos de professoras formadas para desenvolver tal habilidade, concluindo que é viável e eficaz implementar programas de criatividade no contexto escolar.

Entretanto, o estudo de revisão sobre criatividade no contexto escolar do período de 1995-2009, de Silva e Nakano (2012), levantou 82 trabalhos e, embora tenha havido aumento em relação ao número de estudos sobre o Ensino Fundamental nos anos iniciais, ainda há lacuna em relação à investigação de amostras minoritárias, como alunos com deficiência ou AH/SD e em espaços não formais de aprendizagem.

Avaliando o papel da educação para alunos com AH/SD no século XXI, Renzulli (2012) ressalta que é de comum acordo que os objetivos devem se pautar no desenvolvimento de talentos, na maximização das oportunidades de autorrealização dos jovens e no aumento de pessoas capazes de resolver problemas criativos e produzir conhecimento para a sociedade. Portanto, destaca que programas e serviços deveriam se voltar à ampliação da capacidade criativa dos estudantes, não apenas à aquisição de conteúdo.

Programas direcionados para o contexto educacional elaborados nos últimos anos com intuito de potencializar a criatividade têm sido considerados eficazes, ilustrando mudanças possíveis nas práticas pedagógicas. Um exemplo disso é trabalho de Cetinkaya (2013) com a criatividade para além do conteúdo regular na Turquia em um programa extracurricular de Ciências, que promoveu impacto positivo nas habilidades criativas dos estudantes com AH/SD.

Que Tal Conhecer Algumas Intervenções Brasileiras e suas Aplicações?

Remoli (2017) elaborou um programa de desenvolvimento da criatividade por meio da Língua Inglesa com estudantes com e sem AH/SD do 2° ao 5° ano em intervenções realizadas de forma coletiva e que também estimulassem a criatividade.

Ao elaborar o programa de intervenção, a autora procurou utilizar a área de Linguagens da BNCC (Ministério da Educação, 2015) como referencial principal a ser seguido. A partir do tema

"Práticas da Vida Cotidiana", ela objetivou o desenvolvimento de atividades nas quais o trabalho com a língua fosse significativo. Destaca-se, ainda, que a abordagem utilizada nas aulas foi a *Communicative Approach* (Abordagem Comunicativa), a qual promove exercícios que facilitam os aprendizes a atingirem objetivos curriculares e permite o engajamento na comunicação, propiciando a interação (Richards & Rodgers, 2001).

A intervenção foi elaborada de forma flexível, passando por algumas modificações devido ao ritmo de aprendizado dos alunos. Durante as atividades, a participação, o lúdico e a possibilidade de criação foram aspectos valorizados. Nos encontros realizados, Remoli (2017) dividiu o trabalho nos seguintes momentos:

1) Aquecimento: retomando conteúdos da aula anterior de forma motivadora e divertida, com uso de música, jogos, criação de diálogos coletivos etc.
2) Ensino formal: focando no conteúdo programático por meio de leitura de diferentes tipologias textuais, prática escrita e oral, atividades de fixação de conteúdo etc.
3) Elaboração de produto final: praticando o conteúdo aprendido por meio da exploração de materiais diversificados, com os estudantes livres para explorá-los e criarem (como tinta, cola colorida, purpurina, recortes de revista, papéis com diferentes tamanhos e texturas, massa de modelar etc., tendo como objetivo elaborar histórias em quadrinhos, máscaras, quadros representando rotinas, autorretrato/autodescrição etc.).

Devido à escassez de material de Língua Inglesa destinado ao desenvolvimento da criatividade ao público-alvo, alguns recursos simples foram criados e adaptados por Remoli (2017) para as intervenções, exemplificados nas Figuras 1 a 3.

Figura 1 – Desenho e recorte de partes de animais selecionadas aleatoriamente, utilizando papel de diferentes cores e texturas, para construção de animal coletivo

Nota. Fonte: Remoli (2017, p.136).

Figura 2 – Elaboração de paisagem coletiva idealizada por alunos

Nota. Fonte: Remoli (2017, p. 137).

Figura 3 – Confecção de cenas de rotinas diárias elaboradas pelos alunos a partir de recortes de revista

Nota. Fonte: Remoli (2017, p. 138).

A intervenção foi matéria de uma reportagem da TV Unesp em 2015 (Figura 4), que destacou o pioneirismo desse tipo de intervenção.

Figura 4 – Reportagem da TV Unesp a respeito do projeto realizado com os estudantes com e sem AH/SD

Nota. Fonte: TV Unesp (2015).

Como resultados, por meio do Teste de Torrance e do Teste de Criatividade Figural Infantil, obteve-se que ambos os grupos apresentaram ampliação em diferentes medidas de criatividade, com resultados mais elevados para o grupo com AH/SD, mas com maior rendimento para o grupo sem tais características. Isso revelou que o trabalho com

Língua Inglesa em grupo heterogêneo se mostrou eficaz para o desenvolvimento da criatividade, afinal, no trabalho em conjunto com os demais estudantes, todos se beneficiam, independentemente de suas individualidades (Thomä, 2016).

Carneiro, Bergamin e Zanata (2019a) desenvolveram atividades de enriquecimento curricular a alunos com e sem AH/SD na área de Ciências com uma turma do 5º ano do Ensino Fundamental em uma escola estadual de Bauru-SP, que contribuíram ao desenvolvimento de sua criatividade e pensamento crítico. Os autores realizaram a aplicação de questionários de identificação de áreas de interesses e questionário adaptado para os conteúdos de Ciências dessa faixa etária. A partir dos dados obtidos, os alunos foram divididos em três grupos: Vida e Ambiente, Terra e Universo e Ciência, Tecnologia e Ambiente. Cada grupo trabalhou com autonomia durante o desenvolvimento das atividades.

A Tabela 1 apresenta os temas trabalhados, o objetivo central e as questões abordadas em cada atividade dos grupos de Enriquecimento:

Tabela 1 – Atividades de Enriquecimento desenvolvidas com alunos de 5º ano

Grupo	Tema	Objetivos	Questões Abordadas
Vida e Ambiente	A botânica no cotidiano	Compreender a importância das plantas no cotidiano. Registrar e classificar as plantas da escola.	Quantas plantas utilizamos direta e indiretamente todos os dias? Qual a importância de aprender botânica? Como podemos classificar as plantas?
Vida e Ambiente	Conservação de material biológico	Valorizar a importância dos trabalhos científicos de catalogação e classificação de material biológico.	Por que devemos registrar a diversidade dos organismos vivos?
Vida e Ambiente	Classificação e características dos vertebrados	Demonstrar as diferentes adaptações dos seres vivos. Comparar as características dos principais grupos de vertebrados.	Quais as diferenças e semelhanças entre os animais que temos contato cotidianamente?

Grupo	Tema	Objetivos	Questões Abordadas
Ciência, Tecnologia e Ambiente	Conceito de eletricidade e corrente elétrica	Esclarecer como a eletricidade é gerada e como funciona o conceito de corrente elétrica.	O que é eletricidade? O que significa condutor de eletricidade? Quais materiais conduzem eletricidade para as nossas casas?
Ciência, Tecnologia e Ambiente	Energia mecânica	Demonstrar a atuação de forças físicas naturais no cotidiano. Esclarecer a importância da transformação de energia mecânica em elétrica.	Como é gerada a energia elétrica que chega em nossas casas?
Ciência, Tecnologia e Ambiente	Eletricidade estática	Apontar as interações com cargas elétricas que estão ao nosso redor, explicar o conceito de descarga elétrica na forma de relâmpagos.	Por que podemos levar choques mesmo se tocarmos em objetos que estão fora da tomada? Como é possível atrair objetos metálicos sem tocar neles?
Ciência, Tecnologia e Ambiente	Cargas elétricas e o conceito de átomo	Apresentar o conceito de átomo e a suas diferentes representações ao longo da história.	História da ciência, carga elétricas positivas e negativas, partículas atômicas, interações entre cargas elétricas, modelos atômicos.
Terra e Universo	Fenômenos atmosféricos e astronômicos	Apontar os fenômenos que podem ser observados no céu a olho nu, diferenciar atmosfera de espaço sideral.	O que são estrelas, meteoros, cometas, nebulosas e outros fenômenos celestes? De onde vem a chuva, o calor e as tempestades? Qual a importância da astronomia para a humanidade?
Terra e Universo	Escala de tamanho do sistema solar	Evidenciar as diferenças de tamanho e composição dos planetas do sistema solar.	Escalas de grandeza, configuração do sistema solar, especificidades e diferenças entre os planetas do sistema solar.
Terra e Universo	A física por traz dos veículos espaciais	Demonstrar a aerodinâmica dos foguetes.	Por que explorar outros planetas? Como a astronáutica influencia o nosso cotidiano?

Nota. Fonte: Adaptado de Carneiro, Bergamin e Zanata (2019a, pp. 3-4).

A partir do trabalho realizado com os grupos, a apropriação de conceitos de modo significativo foi observada de forma gradual ao longo do projeto por meio das respostas nos questionários e atividades desenvolvidas na escola. Destaca-se dois momentos importantes: a) apresentação dos grupos na Feira de Ciências, na qual foi possível avaliar as explicações dos alunos para o público, descrevendo maquetes, estudos e experiências que realizaram com desempenho exemplar e aprofundamento pelos estudantes entre 9 e 10 anos, que impressionou os visitantes; b) entrevista realizada ao final das atividades, quando foram confrontados com perguntas a respeito dos conteúdos trabalhados ao longo de todo o ano e mostraram aprendizado do que havia sido proposto, relacionando os conteúdos com a realidade em que vivem e reconhecendo a importância do desenvolvimento científico na sociedade.

O projeto de Carneiro et al. (2019a) permitiu a equipe concluir, ao término do ano, que a parceria com a escola foi fundamental à concretização da proposta de enriquecimento curricular aos oito alunos com AH/SD e aos demais colegas desde o momento do contato inicial com a apresentação do projeto ao apoio na realização das atividades. Outro aspecto relevante foi acreditar no potencial dos alunos. Essa conclusão está igualmente presente no estudo de Worrell et al. (2019) como sendo essencial para o desenvolvimento de talentos.

Bergamin (2018) ofereceu enriquecimento curricular baseado no Modelo de Enriquecimento Escolar de Renzulli para sua turma do Ensino Fundamental dos anos iniciais a partir das necessidades de um estudante com AH/SD. A autora considerou a singularidade dos demais alunos e possibilitou aprendizagem, participação e melhora no desempenho acadêmico da turma. De acordo a pesquisadora, para o aluno com AH/SD, houve a preocupação de compactar os conteúdos quando necessário e avançar em outros, além de frequentemente oferecer atividades desafiadoras e diversos materiais. Entretanto, tais adaptações não foram apenas para esse aluno, visto que, conforme os demais terminavam a atividade proposta para o dia, podiam se apropriar do enriquecimento. Mais que essa dinâmica do dia a dia, havia também horários para o enriquecimento para todos na rotina semanal da pesquisadora.

A Figura 5 ilustra algumas situações do enriquecimento permanente com materiais planejados conforme o mapeamento de interesses e habilidades da turma, que incentivam os estudantes a se arriscarem além do conteúdo programático convencional.

Figura 5 – Enriquecimento com jogos em turma de Ensino Fundamental

Nota. Fonte: Bergamin (2018, p. 80).

Na oferta de materiais para o enriquecimento, os alunos tiveram acesso a diversos jogos, livros, revistas, enciclopédias, atlas, globo terrestre, fantoches, brinquedos de montar e criar, entre outros materiais. Foi o primeiro passo para atender de imediato às necessidades expressas da turma e provocar a aprendizagem de uma maneira mais desafiadora para todos.

Com o fortalecimento do desenvolvimento da autonomia e da aprendizagem cooperativa, foi possível explorar outros ambientes fora da sala de aula, até mesmo em excursão para exposição de artes. Atividades como a elaboração de uma peça teatral – desde a escrita do texto até a produção do cenário e do figurino – e trabalhos envolvendo as diferentes expressões da arte e linguagens por meio da interdisciplinaridade possibilitaram o desenvolvimento criativo a partir de diferentes projetos e produtos eficazes no processo de ensino e de aprendizagem dos alunos no estudo de Bergamin (2018).

Quando as crianças e jovens são expostos a diferentes materiais e metodologias, que valorizam produções próprias e não atividades xerocopiadas, é possível notar a criatividade aflorando, conforme exemplos apresentados a seguir. A Figura 6, obra de três alunos do estudo de Bergamin (2018), denominada "Camuflagem", representa uma borboleta pousando sobre folhas secas e a Figura 7 destaca uma demonstração de experiência da erupção dos vulcões.

Figura 6 – Quadro "Camuflagem" com folhas secas

Nota. Fonte: Bergamin (2018, p. 89).

Figura 7 – Demonstração da experiência da erupção dos vulcões

Nota. Fonte: Bergamin (2018, p. 85).

Os resultados desse trabalho de intervenção se mostraram benéficos até mesmo em avaliações institucionais padronizadas, como o Sistema de Avaliação do Rendimento Escolar do Estado de São Paulo (SARESP), sendo o desempenho da turma que passou pela intervenção o melhor da escola. Assim, além do mapeamento de interesses e habilidades, nota-se que o olhar do professor e o desenvolvimento de uma proposta desafiadora e instigante foram essenciais para resultados satisfatórios, que contou com o fortalecimento do protagonismo dos estudantes na construção do conhecimento. O fruto dessa pesquisa foi um livro digital intitulado "Enriquecimento curricular na classe comum a partir das necessidades de alunos com altas habilidades/superdotação", junto de orientações para professores com acesso gratuito e irrestrito no Repositório Institucional UNESP.

A temática da pesquisa de outro trabalho de Carneiro, Bergamin e Marques (2019b) foi escolhida devido ao diferente foco de intervenção, uma vez que atualmente o conteúdo de Ciências que impera nas escolas aborda a fauna, muitas vezes omitindo o papel fundamental da flora no ambiente natural e na estruturação das sociedades humanas (Salatino & Buckeridge, 2016). Sendo assim, a abordagem de Carneiro, Bergamin e Marques (2019b) envolveu a classificação de 32 plantas em alimentícias (14), medicinais (09) e ornamentais (09). Em seguida, discutiu-se os tópicos etnobotânicos, favorecendo a investigação de problemas reais e a produção de exsicatas das plantas da escola com todos alunos, estimulando a curiosidade frente aos conteúdos relativos à Botânica e permitindo o envolvimento com as atividades práticas, o que ampliou a motivação durante o processo de aprendizagem.

Em um estudo sobre metodologias ativas, de Bello (2017), ao utilizar como intervenção pedagógica a Aprendizagem Cooperativa como uma proposta didático-metodológica inclusiva nos anos iniciais do Ensino Fundamental, observou-se que, após a intervenção, todos os alunos melhoraram o desempenho acadêmico, afetivo, criativo e se tornaram mais autônomos e responsáveis pelo seu processo de ensino-aprendizagem. Outro estudo recente, de Arantes-Brero (2019), revelou que o enriquecimento curricular oferecido para a toda a turma pode trazer benefícios para os estudantes, especialmente para aqueles com AH/SD, na medida em que, após a intervenção, nota-se melhora das turmas quanto ao desempenho intelectual, à criatividade e à motivação.

Impacto Social da Criatividade

Os diversos exemplos práticos apresentados neste capítulo demonstram o impacto social da criatividade no meio educacional, que refletem em ganhos motivacionais e acadêmicos dos alunos. Além disso, respondem ao questionamento de educadores a Burnett & Garra (2017): "Como faço para trazer criatividade para a minha sala de aula?", os quais costumam responder à indagação referindo-se ao grande professor e pesquisador, E. Paul Torrance, e suas habilidades criativas. Inspirados em Torrance, com pequenos saltos os professores podem fazer grandes mudanças para trazer habilidades de pensamento criativo para as salas de aula, incorporando essas habilidades nos planos de ensino e transmitindo seu entusiasmo pelo aprendizado, gerando frutos duradouros capazes de se repercutirem no ambiente no qual estão inseridos.

Dessa forma, mesmo com os desafios da falta de formação adequada e desvalorização profissional que ainda temos no Brasil, acreditamos que a escola aberta às boas parcerias, que entende o enriquecimento como possibilidade de desenvolvimento e aprendizagem de todos os alunos, pode potencializar a aprendizagem e incentivar a autonomia, a participação e a criatividade. Como afirmam Moraes et al. (2019), o ambiente escolar é um espaço privilegiado na promoção da habilidade da criatividade, sendo a facilitação de um clima criativo em sala de aula uma das formas mais eficazes de operacionalizá-la.

No contexto escolar, o ato criativo deve ser estimulado por meio de atividades que valorizem os interesses e os diferentes estilos de aprendizagem e de expressão dos alunos. Assim, torna-se uma experiência de aprendizagem prazerosa, algo característico do processo criativo e que proporciona bem-estar emocional. Por meio da resolução de problemas imprevisíveis, os estudantes utilizam-se da imaginação para analisar as consequências e criar hipóteses, com respostas a desafios e dificuldades que podem lhes auxiliar em futuras situações na vida social, acadêmica e profissional.

No cenário atual, em que a criatividade deixou de ser um tema estratégico apenas para quem atua em áreas como ciência, tecnologia, comunicação e entretenimento, é extremamente importante que ela seja abordada e incentivada de maneira substancial em muitas outras esferas, como o da escola. Para alcançar as condições de aflorar e produzir o impacto social desejado por meio dos frutos realizados por crianças e jovens, como os apresentados neste texto, precisamos inserir a criatividade no cotidiano das instituições de ensino de forma intencional, com desafios que engajem o aluno, o educador e o gestor, garantindo espaço para o risco, para o erro e para a inovação. Logo, a escola para todos, aquela que sonhamos, será realmente um local de desenvolvimento integral do aluno e capaz de impactar de forma significativa a sociedade quando assumir a criatividade como um catalisador para o cumprimento de sua nobre missão.

Considerações Finais

Este capítulo buscou apresentar diferentes iniciativas implementadas nos últimos anos, revelando que o enriquecimento na classe comum se constitui em alternativa potente para o processo de ensino e aprendizagem de todos os alunos. Nesse processo, quando os atores envolvidos no contexto escolar, gestores, professores e alunos, compreendem e respeitam as diferenças, praticam diariamente a alteridade e a colaboração, todos encontram o suporte necessário, independente se o aluno é público-alvo da Educação Especial ou não.

Sendo assim, as propostas de intervenção de enriquecimento, desenvolvidas a partir do mapeamento de habilidades e interesses para organizar o trabalho pedagógico e a intervenção por meio de metodologias ativas, mostram-se relevantes para identificar novos talentos e proporcionar aprendizagem significativa e criativa a todos. Com base na aceitação das diferenças, essas propostas acolhem igualmente as características de cada aluno, valorizando os diferentes talentos e as Múltiplas Inteligências.

Os resultados particulares de cada pesquisa apresentada foram significativos e espelharam em instrumentos como Testes de Criatividade, Avaliação da Aprendizagem em Processo e Sistema de Avaliação do Rendimento Escolar do Estado de São Paulo, revelando a importância do processo de investigação de características e interesses para um trabalho voltado a toda turma a partir de suas especificidades. Esses dados corroboram com a possibilidade de trabalhar de maneira mais significativa com os diferentes estudantes, concomitantemente ao desenvolvimento das habilidades e expectativas, sem deixar de lado a promoção da criatividade no ambiente escolar. Sem dúvida, foi possível observar evidências científicas quali e quantitativamente nos exemplos de intervenções compartilhados, bem como nas demais experiências indicadas para conhecimento, que são inenarráveis quanto ao impacto social. Além disso, outras escolas do munícipio em que as pesquisas foram realizadas agora desejam iniciar igualmente propostas de enriquecimento devido aos resultados alçados nas escolas que se abriram à parceria.

Por fim, não podemos deixar de destacar o papel dos professores. Cabe ressaltar que não é necessário ter AH/SD para trabalhar com alunos com essas características, mas estar aberto ao novo e ao desafio. Assim, se os olhos não brilharem no desenvolvimento das atividades, se a relação não for dialógica, se nossos atos não ensinarem mais que nossas palavras, se não respeitarmos as diferenças de todas as formas, se ficarmos atrelados a práticas pedagógicas do século XIX, não obteremos os frutos desejados.

Esperamos, então, incentivar outros educadores a terem esse olhar cuidadoso em sua sala de aula, buscando não apenas trabalhar conteúdos, mas formar cidadãos ativos, interessados e protagonistas de sua aprendizagem e, para isso, oportunizando novas iniciativas, descobertas e respostas divergentes assentadas na promoção da criatividade.

Referências

Ahmadi, N., & Besançon, M. (2017). Creativity as a Stepping Stone towards Developing Other Competencies in Classrooms. *Education Research International*, 1-9. https://doi.org/10.1155/2017/1357456

Alencar, E. M. L. S. (2015). Promoção da criatividade em diferentes contextos: entraves e desafios. In M. F. Morais, L. C. de Miranda, & S. M. Wechsler (Org.), *Criatividade:* aplicações práticas em contextos internacionais. Vetor.

Alves, M. T. G, & Ferrão, M. E. (2019). Uma década da prova brasil: evolução do desempenho e da aprovação. *Estudos em Avaliação Educacional (São Paulo)*, *30*(75), 688-720. https://doi.org/10.18222/eae.v0ix.6298

Arantes-Brero, D. R. B. (2019). *Enriquecimento escolar para estudantes com altas habilidades/superdotação em uma escola pública por meio da consultoria colaborativa* [Tese de Doutorado, Universidade Estadual Paulista].

Bello, M. M. S. (2017). *A Aprendizagem Cooperativa como uma proposta didático-metodológica inclusiva nos anos iniciais do ensino fundamental* [Dissertação de Mestrado, Universidade Estadual Paulista].

Bergamin, A. C. (2018). *Enriquecimento curricular na classe comum a partir das necessidades de alunos com altas habilidades/superdotação* [Dissertação de Mestrado, Universidade Estadual Paulista].

Braga, N. P., & FLEITH, D. S. (2016). Análise da Produção Científica Brasileira sobre Criatividade e Docência na Educação Superior. *Anais do Congresso Internacional da Associação Nacional para o Estudo e Intervenção na Sobredotação (ANEIS).* Universidade de Coimbra.

Bahia, S. (2016). Criatividade na avaliação e intervenção na sobredotação. In F. H. R. Piske, T. Stoltz., J. M., Machado, & S. Bahia (Org.), *Altas habilidades/superdotação (AH/SD) e criatividade:* identificação e atendimento. Juruá Editora.

Bolland, C. A., Besnoy, K. D., Tomek, S., & Bolland, J. M. (2019). The Effects of Academic Giftedness and Gender on Developmental Trajectories of Anneliese Hopelessness Among Students Living in Economically Disadvantaged Neighborhoods. *Gifted Child Quarterly, 63*(4), 225–242. https://doi.org/10.1177/0016986219839205

Burnett, C., & Garra, J. (2017). Little Leaps: Weaving Creativity into the Classroom. *Torrance Journal for Applied Creativity, 1*, 16-21. http://www.centerforgifted.org/TorranceJournal_V1.pdf

Camargo, D. (2013). Imaginação, criatividade e escola. In F. H. R. Piske, & S. Bahia. (Org.), *Criatividade na escola: o desenvolvimento de potencialidades, altas habilidades/superdotação (AH/SD) e talentos.* Juruá Editora.

Capellini, V. L. M. F. (2009). O direito de aprender de todos e de cada um. In E. A. Maranhe, M. S. S. Moraes (Org.), *Introdução conceitual para educação na diversidade e cidadania.* Universidade Estadual Paulista.

Capellini, V. L. M. F. (2018). *Adaptações Curriculares na inclusão escolar: contrastes e semelhanças entre dois países.* Appris.

Carneiro, K. E. L., Bergamin A. C., & Zanata, E. M. (2019a). Altas habilidades/ superdotação na classe comum: práticas de enriquecimento curricular. *Anais do 7ª Congresso Brasileiro de Educação 2019.* Universidade Estadual Paulista.

Carneiro, K. E. L., Bergamin, A. C., & Zanata, E. M. (2019b). Combate à Cegueira Botânica através de atividades de enriquecimento curricular em uma turma do 5º Ano do Ensino Fundamental. *Anais do 24º Congresso de Biólogos - CONBIO*. Universidade Federal da Grande Dourados, Universidade Estadual de Mato Grosso do Sul.

Cetinkaya, C. (2013). Creative Nature Education Program for Gifted and Talented Students. *Anthropologist, 16*(3), 691-699. https://doi.org/10.1080/09720073.2013.11891395

Cramond, B. (2017). E. Paul Torrance, the Scholar, the Teacher, the Man. *Torrance Journal for Applied Creativity, 1*, 1-10. http://www.centerforgifted.org/TorranceJournal_V1.pdf

Crochík, J. L., Kohatsu, L. N., Dias, M. A. L., Freller, C. C., & Casco, R. (2013). *Inclusão e discriminação na educação escolar.* Alínea.

Dai, D., & Renzulli, J. (2008). Snowflakes, living systems, and the mystery of giftedness. *Gifted child quarterly, 52*(2), 114-130. https://doi.org/10.1177/0016986208315732

Duarte, A. A. da Silva (2018). *Enriquecimento Curricular para alunos com Altas Habilidades/Superdotação no Ensino Médio: Práticas de Leitura* [Dissertação de Mestrado, Universidade Estadual Paulista].

Ferrando, M., Sáinz, M., Soto, G., Fernández, M. C., & Valverde, J. (2015). Estratégias para incentivar a criatividade na educação infantil. In M. F. Morais, L.C. de Miranda, & S. M. Wechsler (Orgs.), *Criatividade: aplicações práticas em contextos internacionais.* Vetor.

Ferreira, T. C. R., Capellini, V. L. M. F., Zanata, E. M., Caramano, E. S. S., Rodrigues, L. M., ... Zacarias, R. A. (2019). Giftedness: a survey about brazilian children and educator`s (mis) conception. *European Journal of Special Education Research, 5*(1), 23-32. http://doi.org/10.5281/zenodo.3463907

Franzim, R., Lovato, A. S., & Bassi, F. (2019). *Criatividade: mudar a educação, transformar o mundo* (1ª ed.). Ashoka, Instituto Alana. https://escolastransformadoras.com.br/materiais/criatividade-educacao-mundo/

Freire, P. (2000). Pedagogia da indignação: cartas pedagógicas e outros escritos. São Paulo: Editora UNESP.

Lei nº 13.146, de 6 de julho de 2015. (2015, 6 de julho). Institui a Lei Brasileira de Inclusão da Pessoa com Deficiência (Estatuto da Pessoa com Deficiência). Presidência da República.

Lin, C. (2017). Threshold Effects of Creative Problem-Solving Attributes on Creativity in the Math Abilities of Taiwanese Upper Elementary Students. *Education Research International*, 1-9. https://doi.org/10.1155/2017/4571383

Matthews, M. S. (2015). Creativity and leadership's role in gifted identification and programming in the USA: a pilot study. *Asia Pacific Education Review, 16*(2), 247-256. http://doi.org/10.1007/s12564-015-9373-x

Ministério da Educação. (2015). *Base Nacional Comum Curricular, Área de Linguagens.* http://basenacionalcomum.mec.gov.br/#/site/conhecaDisciplina?disciplina=AC_LIN&tipoEnsino=TE_EF

Ministério da Educação. (2018). *Base Nacional Comum Curricular - Educação é a Base.* http://basenacionalcomum.mec.gov.br/images/BNCC_EI_EF_110518_versaofinal_site.pdf

Morais, M. F. Viana, F. L.; Fleith, D. De S., & Dias, C. (2019). Escala clima para criatividade em sala de aula: evidência de validade fatorial no contexto português. *Trends Psychol, 27*(4), 837-849. https://pesquisa.bvsalud.org/portal/resource/pt/biblio-1059172

Nakano, T. C. (2015). Sugestões práticas e estratégias para o desenvolvimento e treinamento de características associadas à criatividade. In M. F. Morais, L.C. de Miranda, & S. M. Wechsler (Orgs.), *Criatividade: aplicações práticas em contextos internacionais.* Vetor.

Nakano, T. C., & Wechsler, S. M. (2018). Criatividade e inovação: competências para o século XXI. *Estudos de Psicologia (Campinas), 35*(3), 237-246. http://doi.org/10.1590/1982-02752018000300002

Pacheco, J., Eggertsdóttir, R., & Marinósson, G. L. (2007). *Caminhos para a inclusão: um guia para o aprimoramento da equipe docente.* Artmed.

Ranieri, N. B. S., & Alves, A. L. A. (2018). *Direito à educação e direitos na educação: em perspectiva interdisciplinar.* Cátedra UNESCO de Direto à Educação da Universidade de São Paulo (USP).

Remoli, T. C. (2017). *A eficácia no desenvolvimento da criatividade em alunos com e sem superdotação por meio de suplementação em língua inglesa* [Dissertação de Mestrado, Universidade Estadual Paulista].

Remoli, T. C., & Capellini, V. L. M. F. (2017). Relação entre Criatividade e Altas Habilidades/Superdotação: uma Análise Crítica das Produções de 2005 a 2015. *Revista Brasileira de Educação Especial (Marília), 23*(3), 455-470. https://doi.org/10.1590/S1413-65382317000300010

Renzulli, J. S. (2012). Reexamining the Role of Gifted Education and Talent Development for the 21st Century: A Four-Part Theoretical Approach. *Gifted Child Quarterly, 56*(3), 150-159. https://doi.org/10.1177/0016986212444901

Renzulli, J. S. (2014). A concepção de superdotação no modelo dos três anéis: um modelo de desenvolvimento para a promoção da produtividade criativa. In A. M. R Virgolim, & E. C. Konkiewitz. (Orgs.), *Altas habilidades/superdotação, inteligência e criatividade: uma visão multidisciplinar.* Papirus.

Renzulli, J. S. (2018). Reexaminando o papel da educação para superdotados e o desenvolvimento de talentos para o Século XXI: uma abordagem teórica em quatro partes. In A. M. R. Virgolim. (Org.), *Altas habilidades/superdotação: processos criativos, afetivos e desenvolvimento de potenciais.* Juruá Editora.

Renzulli, J. S., & Reis, S. M. (1997). *The schoolwide enrichment model: a how-to guide for educational excellence.* Creative Learning Press.

Richards, J. C., & Rodgers, T. S. (2001) *Approaches and methods in language* teaching. Cambridge University Press.

Robinson, A., Shore, B. M., & Enersen, D. L. (2007). *Best practices in gifted education and evidence based-guide.* Prufrock Press.

Rosa, E. A. C. (2019). *Escolas inovadoras e criativas e inclusão escolar: um estudo em educação matemática.* [Tese de Doutorado, Universidade Estadual Paulista].

Salatino, A. & Buckeridge, M. (2016). Mas de que te serve saber botânica? *Estudos Avançados, 30*(87), 177-196. http://doi.org/10.1590/S0103-40142016.30870011

Santos, F. C. G., & Fleith, D. S. (2016). Alternativas de identificação de alunos superdotados. In F. H. R. Piske, T. Stoltz., J. M., Machado, & S. Bahia (Orgs.), *Altas habilidades/superdotação (AH/SD) e criatividade: identificação e atendimento.* Juruá Editora.

Santos, *E.* (2019). A educação como direito social e a escola como espaço protetivo de direitos: uma análise à luz da legislação educacional brasileira. *Educação & Pesquisa (São Paulo), 45(0)*, 1-15. http://doi.org/10.1590/s1678-4634201945184961

Silva, T. F., & Nakano, T. C. (2012). Criatividade no contexto educacional: análise de publicações periódicas e trabalhos de pós-graduação na área da psicologia. *Educação & Pesquisa (São Paulo), 38*(3), 743-759. http://doi.org/10.1590/S1517-97022012005000013

Shaheen, R. (2010). Creativity and Education. *Journal Creative Education, 1*(3), 166-169. http://doi.org/10.4236/ce.2010.13026

Sternberg, R. J. (2003). The development of creativity as a decision-making process. In R. K. Sawyer. *Creativity Development.* Oxford Press.

Sumners, S. (2017). Visions of the Future: The Work of E. Paul Torrance. *Torrance Journal for Applied Creativity*, *1*, 11-15. https://www.centerforgifted.org/TorranceJournal_V1.pdf

Thomä, S. (2016). Eine begabungsfördernde Fachdidaktik für den Englischunterricht: Wie können sprachbegabte Schüler/innen gefördert werden? *OZBF*. https://www.oezbf.at/wp-content/uploads/2017/12/Dossier-Sprachbegabung-FD-Englisch-.pdf

Torrance, E. P. (1962). *Guilding creative talent*. Prentice·Hall.

Vergani, T. (2009). *A criatividade como destino: transdisciplinaridade, cultura e educação*. Livraria da Física.

Wechsler, S. M. (2017). Criatividade e inovação: visualizando o futuro. *Anais do 2º Congresso Internacional de Criatividade e Inovação - Teorias e Práticas em contextos interdisciplinares*. PUC-Campinas.

Worrell, F. C., Subotnik, R. F., Olszewski-Kubilius, P., & Dixson, D. D. (2019). Gifted Students. *The Annual Review of Psychology*, *70*(1), 551-576. https://doi.org/10.1146/annurev-psych-010418-102846

Zavitoski, P. (2015). *Superdotação e criatividade: análise de dissertações e teses brasileiras* [Dissertação de Mestrado, Universidade Estadual Paulista].

Zerbato, A. P., & Mendes, E. G. (2018). Desenho universal para a aprendizagem como estratégia de inclusão escolar. *Educação Unisinos*, *22*(2), 147-155. https://doi.org/10.4013/edu.2018.222.04

Práticas Docentes na Educação Superior: Um Processo Criativo

Nívea Pimenta Braga
Denise de Souza Fleith

A criatividade tem sido apontada como uma competência não apenas desejável, mas também fundamental para atuar face à complexidade do século XXI. No contexto educacional, destacam-se três aspectos relacionados ao desenvolvimento do potencial criativo: a importância de desenvolver a criatividade dos alunos, o ato de ensinar de maneira criativa e o próprio ensino da criatividade. Na educação superior, busca-se criar condições para o pleno desenvolvimento dos estudantes tanto para o exercício da cidadania quanto em relação à qualificação para o trabalho. À vista disso, o professor desempenha um papel fundamental nesse processo. Refletir, elaborar e implementar estratégias estimuladoras da criatividade de sala de aula implica considerar as práticas docentes também como um processo criativo. O objetivo deste capítulo é, a partir da apresentação de resultados de um estudo conduzido com professores da educação superior acerca de como esses educadores associam suas práticas docentes ao processo criativo, sugerir e discutir estratégias para o desenvolvimento da criatividade nesse nível de ensino. A criatividade precisa figurar como elemento catalisador de práticas pedagógicas, capaz de promover não só a criatividade do aluno como também a do próprio docente.

Introdução

A virada do século XX para o século XXI tem exigido, de toda a sociedade, soluções inovadoras para antigos problemas da humanidade.

Entre os principais desafios atuais figuram o agravamento das questões ambientais, políticas e econômicas, o acelerado desenvolvimento tecnológico e a circulação em fluxo do capital, realidades que exigem soluções rápidas e interdisciplinares de profissionais e instituições (Beghetto, 2018; Fleith, 2019; Morais & Almeida, 2019; Morin, 2015; Schwab, 2015).

Romo (2015) ressalta que, em menos de um século, os avanços científicos e tecnológicos superaram os últimos 6.000 anos de nossa civilização já vividos, em volume de dados e em informações produzidas. Isso nos conduz a um contexto complexo, pautado pela lógica das redes e interações mediadas por dispositivos eletrônicos, que exigem não só profissionais competentes, mas cidadãos aptos a responder, rapidamente, aos problemas que se apresentam. Por isso, a criatividade se torna não só um elemento importante, mas também imprescindível aos dias atuais (Morais & Almeida, 2016).

Nesse sentido, indaga-se: Estariam as crianças, desde a educação infantil, estimuladas a expressar-se criativamente, com um ensino que valoriza, de fato, a curiosidade e o questionamento? Essa postura continua sendo nutrida pelas instituições até a idade adulta, em particular na educação superior, quando o indivíduo se prepara para ingressar no mundo do trabalho e atuar ativamente na sociedade? Em um contexto em que empresas de tecnologia testam um DNA capaz de armazenar dados biológicos e 1 trilhão de gigabytes de dados em um grama, o conhecimento científico gerado também precisa ser vivo, criativo, inovador e dinâmico (Condiliffe, 2016). Se médicos são formados por meio de simuladores de cirurgia e pilotos de avião por meio de jogos, a educação também deve ser atual, vibrante e realmente capaz de preparar os cidadãos do futuro.

Na educação superior, a educação criativa é de grande importância, pois costuma ser um dos últimos estágios antes do ingresso no mundo do trabalho. No entanto, não se restringe a esse universo. Talwar e Hancock (2010) conduziram um estudo com 486 especialistas de 58 países e concluíram que a maioria das profissões do futuro sequer foram inventadas. Entre elas estão *nanomédicos*, *farmagranjeiros*, fabricantes de partes de corpo (medicina regenerativa), cirurgiões para aumento de memória, guias turísticos espaciais, especialistas sobre reversão de mudanças climáticas e organizadores de vida eletrônica. Nas mais de

100 novas ocupações mapeadas, urge a necessidade de se combinar avanço tecnológico, criatividade e trabalho colaborativo.

Por tudo isso, parece impossível que o ensino universitário possa se concentrar unicamente na preparação profissional. Ribeiro (2012) assinala que a função da universidade não deve ser a de reproduzir o ambiente do mundo do trabalho. Isso porque as empresas já preparam o aluno bem para isso. O papel que a universidade faz melhor que ninguém é explorar as significações, os subtextos e as relações de poder. Em outras palavras, seu papel é de prover uma base sólida para que, diante de mudanças inevitáveis, o aluno possa se situar e "saiba navegar" (p. 102) em um mundo em constante transformação.

Bisinoto e Marinho-Araujo (2014) reconhecem que a preparação profissional dos alunos é importante, mas lembram que essa é apenas uma das faces da educação superior. O compromisso fundamental necessita estar ligado à produção do conhecimento, equilibrando-se competência técnica com a consciência ética, além do desenvolvimento de competências transversais, como autonomia e criatividade. É preciso que haja o desenvolvimento pleno dos estudantes tanto para o exercício da cidadania quanto em relação à qualificação para o trabalho.

Também importante é destacar o cenário da educação superior no Brasil. Questões como ociosidade de vagas, baixo índice de conclusão de cursos e altos índices de evasão ainda são questões que requerem atenção especial. Dos alunos que se matriculam, 25% não concluem o curso para o qual ingressaram (Gilioli, 2016). Entre os principais fatores de abandono escolar na educação superior, continuam figurando: a insegurança do aluno em relação ao curso que não correspondeu às expectativas, as dificuldades de adaptação à vida universitária, desmotivação e dificuldade de conciliação dos horários de trabalho. Condições socioeconômicas continuam sendo apontadas em estudos recentes, bem como a falta de perspectiva em relação ao mundo do trabalho (Silva & Marques, 2017). Além disso, a diversidade de alunos que têm acessado esse nível educacional é marcante. Ao lado dos nativos digitais, de pessoas que incorporam rapidamente inovações tecnológicas e são familiarizadas com plataformas digitais de ensino e aprendizagem, nota-se a emergência de pessoas oriundas de classes sociais menos favorecidas economicamente. Isso sem contar que as conquistas trazidas pela educação inclusiva exigem das instituições uma capacitação adequada para suprir as novas demandas que se apresentam.

Nesse contexto, é importante que o docente reflita sobre sua ação pedagógica, passando a agir de forma inovadora e compatível com a realidade em que atua. Haveria, portanto, um deslocamento do polo de reprodução do conhecimento para a produção ativa de soluções pedagógicas, que não são generalistas, mas dimensionadas para cada necessidade que se apresenta. A criatividade precisa figurar como elemento catalisador de práticas pedagógicas, capaz de promover não só a criatividade do aluno, mas também a do próprio docente (França et al., 2012).

Todos os dias surgem problemas no âmbito educacional que podem ser resolvidos criativamente. Como apresentar determinada teoria? Como aplicá-la ao contexto atual? Como lidar com questões de relacionamento? Como promover a inclusão? Como lidar com os limites e as deficiências da própria formação? Como criar mecanismos capazes de proporcionar sua atualização constante? Como integrar o conhecimento produzido pelos alunos, tornando-o um facilitador de um processo cada vez mais dinâmico?

O objetivo deste capítulo é, a partir da apresentação de resultados de um estudo conduzido com professores da educação superior acerca de como esses educadores associam suas práticas docentes ao processo criativo, sugerir e discutir estratégias para o desenvolvimento da criatividade nesse nível de ensino. O capítulo está estruturado em quatro seções. Inicialmente busca-se contextualizar a pesquisa do ponto de vista teórico e metodológico. Na segunda seção são anunciados os resultados no que tange (a) à percepção do professor de suas práticas docentes como um processo criativo, e (b) às principais barreiras apontadas/identificadas pelos professores para a expressão da sua criatividade. Já a terceira seção discute as implicações práticas dos resultados, apontando possibilidades de ação pedagógica no contexto da educação superior que possam favorecer o desenvolvimento da criatividade. A última seção, por sua vez, analisa o impacto social da promoção da criatividade no ensino superior.

Contextualização do Estudo

O Modelo Componencial de Criatividade proposto por Amabile (1996) foi o objeto de embasamento da pesquisa. O objetivo desse modelo é explicar como os fatores cognitivos, motivacionais, sociais e de personalidade contribuem para o processo criativo. Nele, estão em interação: (a) habilidades de domínio (os conhecimentos ligados à área de interesse, as habilidades técnicas requisitadas, além de algum especial tipo de talento); (b) processos criativos relevantes (quebra de barreiras perceptuais e cognitivas, abertura a grande quantidade de novas informações, suspensão do julgamento, concentração em um mesmo trabalho por longos períodos etc); e (c) motivação (harmonia entre interesses, prazer, satisfação e compensações, recompensas, reconhecimentos). Um dos apontamentos interessantes é o fato de a autora alertar para a perspectiva heurística e não algorítmica dos processos. Essa visão, que privilegia o pensamento lateral, pressupõe etapas em que a redefinição de problemas, a avaliação de alternativas e a decisão estão presentes.

O modelo de processo criativo proposto por Amabile (1996) é composto por cinco estágios. O primeiro pressupõe a identificação do problema ou da tarefa. Caso o indivíduo revele um alto nível de motivação intrínseca, esse interesse será suficiente para engajá-lo no processo. O segundo estágio relaciona-se à preparação, em que o indivíduo seleciona toda a gama de possibilidades para a resolução do problema. Acentua-se, nesse estágio, o desenvolvimento das habilidades de domínio apresentadas. O terceiro compreende a geração de respostas, em que a originalidade de um produto ou resposta é reforçada. O quarto refere-se à comunicação da resposta e sua validação. Por fim, a ideia ou resposta é testada e, mesmo que represente um total fracasso, o processo cumpriu sua finalidade. Isso porque cada resultado obtido contribui para retroalimentar o processo, que se reinicia a partir de novas informações.

Algumas ideias importantes para a dimensão do processo podem ser extraídas do modelo de Amabile (1996). Entre elas estão: (a) nenhum esforço criativo é em vão – mesmo que uma resposta produzida seja parcial, ela representa um avanço para a resolução dos problemas; (b) todo conhecimento produzido é incorporado às habilidades de domínio; (c) o processo é cíclico e sempre existirá, desde que haja engajamento com a tarefa; (d) experiências prévias alimentam o processo; e (e) as etapas referidas anteriormente não acontecem em uma ordem lógica, sempre alimentados por altos índices de motivação.

Esse modelo foi escolhido por três razões. A primeira diz respeito ao fato de o modelo abarcar a esfera da motivação, essencial para o florescimento da criatividade no ambiente escolar. A segunda refere-se à sua adequação às demandas da criatividade cotidiana. Trata-se de uma proposta ajustada não apenas para responder às demandas da dimensão eminente da criatividade, mas também de sua aplicabilidade às questões cotidianas. Ao alinhar as habilidades de domínio, as habilidades criativas e a motivação, o modelo responde muito bem à dimensão de processo, que caracteriza as práticas docentes. Em terceiro lugar, o modelo tem grande abertura às influências do ambiente social para o desenvolvimento da criatividade.

O estudo contou com a participação de 17 docentes que lecionavam em instituições de educação superior (IES), divididos da seguinte forma: sete professores oriundos de uma universidade pública federal e 10 de um centro universitário da região centro-oeste. Em relação ao perfil da amostra, a média etária dos participantes foi de 45,9 anos. Dez docentes relataram ser do gênero masculino (58,82%) e sete do gênero feminino (41,18%). O tempo médio de docência era de 14,9 anos, com variação de dois meses de docência a 25 anos. Do universo pesquisado, sobre a titulação máxima, 11 relataram possuir doutorado, quatro afirmaram possuir mestrado e apenas dois são especialistas. Em relação à área de graduação, 10 (59%) são oriundos da área de Humanidades, quatro (23,5%) da área de Ciências da Vida e três (17,5%) da área de Ciências Exatas. Utilizou-se uma entrevista semiestruturada, de caráter exploratório, com o objetivo de identificar: (a) em que medida os professores percebem suas práticas docentes como processos criativos, (b) se eles se percebem criativos ou não, e (c) quais as limitações o professor encontra para exercitar a criatividade em sua profissão. Os professores foram selecionados aleatoriamente e contatados por meio de e-mails, telefonemas ou presencialmente, e a aplicação dos instrumentos foi agendada, conforme a disponibilidade e a concordância em participar da pesquisa. As entrevistas foram realizadas individualmente, gravadas em áudio e transcritas posteriormente. O tempo médio de duração foi de 32min14s. A variação ocorrida foi de 14 minutos a mais rápida e 1h42min a mais longa. Os dados obtidos nas entrevistas foram submetidos à análise de conteúdo, seguindo-se os pressupostos de Bardin (2002).

Resultados: Práticas Docentes Como Um Processo Criativo

Criatividade na Prática Docente: Apesar de haver o reconhecimento da maior parte dos professores (*n*=15) de que as práticas docentes podem ser um processo criativo, os momentos em que o docente se percebe como criativo são diferentes. Seis subcategorias de respostas se destacaram: (a) ser criativo no preparo das aulas (*n*=11); (b) ser criativo enquanto ministra aulas (*n*=9); (c) ser criativo no preparo de exercícios avaliativos (*n*=7); (d) ser criativo no processo de pesquisa (*n*=6); (e) ser criativo na extensão universitária (*n*=2); e (f) ser criativo em outros momentos (*n*=3), por exemplo, na forma de integrar o aluno ao mundo do trabalho, no *feedback* original para os alunos no final do semestre, e nas atividades de integração que acontecem fora do espaço da instituição. Alguns docentes se julgam criativos em mais de uma categoria. Uma fala ilustra esse extrato:

> Domingo mesmo eu peguei uma aula que eu já tinha pronta, elaborada e resolvi refazer, porque achei que ela não estava interessante. Busquei fontes novas, outras imagens, reconstruí tudo. Então assim..., eu fico procurando a todo instante qualquer tipo de informação, tanto acadêmica, como o que possa vir da própria experiência do aluno para eu agregar às aulas. Claro que dentro de um escopo que me interessa. Ao longo do tempo, eu vou criando processos de transformação. (Professor 3)

Preparação para o Semestre Letivo: Os professores costumam se preparar para a(s) disciplina(s) que ministram de várias formas. Nota-se que esse processo foi vivenciado por todos os entrevistados antes do começo do semestre letivo. Em relação à periodicidade, destacam-se a preparação semestral e semanal. Checar a bibliografia (*n*=15), buscar artigos científicos atualizados (*n*=9), incorporar sugestões de alunos (*n*=8), atualizar aulas antigas (*n*=6), assistir filmes (*n*=2) e ouvir músicas (*n*=2) foram as principais unidades de resposta que surgiram para essa categoria. Alguns participantes citaram mais de uma categoria nas suas respostas. Algumas falas ilustram tal percepção.

> ...trago uma música, uma reportagem, um filme, algo que me tocou profundamente em relação ao tema que vamos discutir.

> Na semana anterior à aula, eu me alimento desses livros, músicas, de um repertório que é muito amplo. Isso é muito importante para mim. Eu não quero que esse repertório seja exclusivamente de textos acadêmicos. ... Depois eu tento uni-lo à questão conceitual. Qual o conceito nós vamos discutir a partir desse repertório que nós nos sensibilizamos? (Professor 15)

Eu acho que uma das características que eu tenho é que eu sempre estou buscando publicações recentes. Tanto para ajudar no processo de orientação, quanto também para eu me atualizar não só sobre conteúdos, mas também sob o ponto de vista de práticas, de intervenção. Então é muito comum eu estar no meio do semestre e surgirem publicações que acabaram de sair e eu trago para minha prática. Tanto é que nos últimos anos, a gente aumentou substancialmente a nossa produção porque passamos a acompanhar, o que tem sido de conhecimento de maior impacto na nossa área. Então não dá para fazer isso de tempos em tempos. Você não pode fazer uma atualização só no início do semestre. (Professor 13)

Processo de Preparação das Aulas: O processo de preparação das aulas foi uma etapa do processo que suscitou boa parte da reflexão dos entrevistados. De maneira geral, costumam dedicar, no mínimo, uma semana para preparar as aulas que ministram. Todavia, as estratégias que adotam costumam diferir de docente para docente. Entre os principais padrões de resposta, destacam-se: (a) preparar as aulas ao longo do semestre (n=12), e (b) preparar as aulas antes de o semestre iniciar (n=5). Embora a contagem de respostas consiga delinear um padrão, foi recorrente a fala de professores de que existe uma preparação prévia antes de começar o semestre, em que são modificados os programas, as atividades externas e os exercícios. Já as aulas são atualizadas na medida em que são ministradas. Uma resposta ilustra essa questão:

> Primeiro atualizo os conteúdos com base nos livros que eu recebo das editoras. Essa é a primeira fonte que eu busco para atualização. Faço isso, obrigatoriamente, nas férias de janeiro. Semestralmente, as editoras publicam material e me mandam. Eu trabalho também com algumas assinaturas de revista da área. Também trabalho com recursos de internet, obviamente, com fontes confiáveis... eu faço isso, obrigatoriamente, em to-

> das as minhas férias de janeiro e de julho. E sazonalmente, no meio do semestre eu faço uma avaliação com os meus alunos... dependendo do resultado eu tenho que me atualizar, atualizar conteúdo... a forma da última avaliação do semestre. É hora que às vezes eu até mudo meu plano de ensino. (Professor 1)

Motivações para Modificar a Aula: A necessidade de incorporar estratégias criativas nas práticas docentes, notadamente no tocante às aulas, surge na fala dos entrevistados com uma distinção. Destacam-se, nessa categoria, dois tipos de comportamento: (a) mudanças na disciplina são motivadas por pressões externas, como baixa assiduidade, desinteresse da turma (*n*=11); e (b) mudanças na disciplina fazem parte do processo de elaboração sistemática das aulas (*n*=6).

> Eu não consigo preparar duas aulas da mesma forma. Posso até trabalhar o mesmo autor. Mas vou mudando, sempre mudando... incorporando o retorno dos estudantes ... eu assisto os filmes que eles trazem... eu escuto as músicas que eles falam... e quando eu chego na aula "Você escutou a música, professor?" Eu digo: "Claro que eu escutei". E o filme? "Assisti também". Posso não assistir amanhã, mas no meu caminhar, eu vou assistir. Eu vejo a aula como laboratório. Um laboratório com falas, com sugestões. ...Eu não preparo a aula... eu me preparo para a aula... a partir da leitura dos textos clássicos, dentro de um sistema e fora do sistema. Trago muita coisa da literatura, do cotidiano... (Professor 17)

Influência dos Próprios Professores

Muitos entrevistados (*n*=15) fizeram referência aos seus próprios professores de graduação e pós-graduação, demonstrando marcas positivas que esses deixaram em sua prática docente. Nessa categoria, houve mais de uma resposta por entrevistado. Entre elas estão: (a) organização e domínio de conteúdo (*n*=7), (b) respeito pelo aluno (*n*=6), (c) generosidade ao compartilhar o que sabe (*n*=4), (d) uso de todo o tempo da aula (*n*=2), e (e) criatividade e capacidade de correr riscos (*n*=1).

> Eu lembro que eu tinha uma professora que fazia uma fichinha comentando os textos, os trabalhos dos alunos. Eu tenho

até hoje uma tentativa que, no final da disciplina, eu consiga escrever uma carta para cada aluno, fazendo uma ampla leitura dos textos que ele escreveu... fiz isso durante muitos anos. Hoje, afetada pela falta de tempo, já não consigo fazer com tanta intensidade... mas eu escrevo sim para cada um... eu carrego muito dessa professora em mim. (Professor 15)

Entre os aspectos negativos, a arrogância dos professores figurou com grande destaque (n=10), seguido de rigidez (n=4), desorganização (n=4) e falta de humor (n=1). Houve mais de um aspecto assinalado pelo mesmo professor. Um relato ilustra essa questão:

> Eu nunca gostei de professores que negavam a participação dos alunos. Eu tive um professor que os alunos tinham medo de fazer qualquer pergunta, inclusive eu. Professores que se recusavam responder porque a pergunta era considerada idiota. Eu incorporei isso como algo que nunca deveria fazer. O meu aluno pode perguntar o que quiser, mesmo quando eu mentalmente penso. "Meu Deus, como ele tá perguntando isso?" (Professor 2)

A Importância do Erro: Feedbacks negativos dados pelos alunos foram apontados como marcos importantes para remodelar a prática docente. Grande parte dos professores (n=10) recordaram-se de alguma situação em que tiveram que mudar a forma de agir, ante a reação dos alunos. Uma resposta ilustra essa percepção:

> Às vezes, o retorno do aluno não é verbal. Vou te dar um exemplo de uma disciplina do semestre passado. É uma disciplina que tem muita reprovação, tem muito abandono. A gente foi vendo os alunos faltando, desestimulados, tudo mais e não dava pra continuar. Aí a gente teve a ideia de inserir rapidamente atividades diferentes daquelas que estavam previstas. A gente vai pautar o aluno, pedir para cobrir um evento. ...Funcionou superbem, eles conseguiram render muito! No semestre que vem vamos dar essa mesma disciplina, eu e o outro professor, e vamos repetir a estratégia porque deu muito certo. ...quando fizemos a avaliação, esse foi o ponto que eles mais destacaram. (Professor 3)

Tempo Livre: Cultivar o hábito de desligar-se de suas atividades práticas profissionais tem sido apontado pela literatura de criatividade como um hábito salutar, que corresponde aos períodos de incubação. Por isso, foi perguntado aos entrevistados se estes dedicavam algum tempo livre a outras atividades que não estivessem diretamente ligadas à docência. As atividades que mais pontuaram foram leitura (n=8), música (n=5), viagens (n=2) e exercício físico (n=2). Outros hobbies como cuidar do jardim (n=1), brincar com o filho (n=1) e cozinhar (n=1) também figuraram como respostas. Alguns professores citaram mais de um hobby.

> O que eu não consigo deixar de fazer é ler, uma literatura que não tenha a ver com a academia. Antes de estudar, eu preciso ler mais ou menos 20 páginas de qualquer outro assunto que é pra eu aquecer os motores. (Professor 8)

Insight e Elaboração: A presença do *insight* na prática docente figura nos relatos de alguns professores de maneira consciente (*n*=9). Para esses que disseram perceber, com nitidez, quando surge o "estalo", como foi dito em alguns casos, o processo posterior de elaboração acontece da seguinte forma: (a) anotar para não esquecer (*n*=3), (b) usar como exemplo nas aulas seguintes (*n*=3), (c) comentar com o colega (*n*=2), e (d) gravar (*n*=1).

> ...às vezes você está verbalizando algo em alguma aula e a ideia surge, a compreensão chega e você diz "ah, tem sentido isso agora" e aí de repente você já lança como algo que já sabia, mas que, na verdade, não estava formatado de um modo tão claro. (Professor 7)

Ser ou Não Criativo: As respostas obtidas foram: (a) sim (*n*=7), (b) em algumas áreas, sim (*n*=5), (c) não tanto quanto eu gostaria (*n*=3), e (d) não (*n*=2). Seguem algumas falas que ilustram o tópico abordado: "Eu não sou criativo tanto quanto eu gostaria... mas eu procuro algumas situações em que eu possa trazer algum dinamismo..." (Professor 1).

> Eu me considero, muito, muito. Porque criatividade é como você sai de encrencas, como você é capaz de se livrar das encrencas que você não se mete mas que te arrumam [risos]. Por isso eu gosto tanto de dar aulas... os alunos me dizem "seu entusiasmo é impressionante". Eu vejo colegas que não têm. Colegas que estão muito letárgicos mesmo. (Professor 11)

Os resultados obtidos pela questão de pesquisa 1 apontam para o fato de que os professores, em grande parte, relataram ser criativos em algum momento da sua prática docente. Essa reflexão foi se consolidando à medida em que respondiam às perguntas. Nota-se que eles não se sentem criativos nos mesmos momentos: alguns se percebem criativos ao preparar e ministrar aulas, outros no processo de pesquisa, alguns na extensão e até mesmo em situações particulares, como na tentativa de inseri-los no mundo do trabalho. O processo de preparação para o semestre letivo e para as aulas também apresentaram diferenciações. Enquanto alguns partem de um plano consolidado e realizam pequenos ajustes, ao longo da disciplina, conforme a demanda, outros relataram rasgar o plano em busca de uma abordagem diferenciada. A influência de professores desses docentes também foi marcante. Grande parte apontou que a arrogância é um traço que eles não gostariam de trazer nas práticas atuais. Já a organização e o domínio da disciplina figuraram com grande destaque positivo. Curioso observar que apenas um professor inspirador foi citado pelo fato de ser criativo. O erro é uma marca que tem alimentado os processos desses docentes e, por mais dolorosos que pareçam ter sido, foram relembrados com gratidão e apontados como fonte de aprendizado. Observa-se que, entre as definições de criatividade que surgiram, a faceta da novidade, de trazer à tona algo novo, destaca-se, seguido da ideia de resolução de problemas. Outros aspectos como correr risco, adaptar-se e fazer conexões improváveis figuram com menos frequência.

Resultados: Barreiras Apontadas pelos Professores Para Expressão da Sua Criatividade

Desinteresse do aluno (n=9): Muitos docentes relataram que é difícil se manter motivado, animado, quando a turma não demonstra interesse pelas aulas. Estar diante de uma turma desestimulada foi apontado como uma das maiores dificuldades para a expressão da criatividade dos entrevistados.

> É bem difícil (ser criativo) quando estou em período inicial de semestre. Tenho que passar alguma situação de muita informação e se torna muito maçante. Aí percebo que a maior parte

> da turma vai se desligando... Aí eu paro e penso. "O erro tá comigo". Aí fico pensando na próxima aula, o que tenho que fazer para que não ocorra esse desinteresse. (Professor 1)

Interação mediada pela tecnologia (n=7): O uso da tecnologia na prática docente emergiu não como dificuldades no uso propriamente dito das ferramentas (vídeos, fóruns, plataformas), mas sim em relação aos desafios que surgem das novas formas de mediação como, por exemplo, a comunicação assíncrona, a motivação dos alunos via web, sem o contato presencial e as interações online. Sete entrevistados confessaram que as novas formas de interação e comunicação exigem deles, notadamente na Educação a Distância (EaD), competências que eles nem sempre possuem.

> Eu brinco assim com os alunos... isso aqui quando não tinha o WhatsApp era melhor que televisão. Vocês tinham que prestar atenção. Mas com o WhatsApp, a gente fica aqui falando para as paredes. Meu sonho é entrar no WhatsApp de vocês... aí eu posso falar da minha casa. (Professor 11)

Performance versus Realidade (n=4): Uma das questões emocionais trazidas pelos entrevistados relaciona-se com a forma como eles imaginam que será sua performance nas aulas e como ela, de fato, se dá.

> Às vezes, eu me frustro porque tento um caminho e dá tudo errado. Aí eu vou ficando tão triste, tão triste, que se tiver alguém na sala que leia gestos, que leia postura corporal, na mesma hora ele vai identificar isso. Porque na hora, quando eu não estou gostando daquilo que eu estou fazendo... não consigo conversar com o aluno olhando no olho... que é o meu normal. Estou sempre dando aula assim, com aquele tesão gigantesco! Mas quando me retraio, tenho até vergonha de olhar para o meu aluno. Fico morrendo de vergonha. (Professor 9)

Barreiras de Disponibilidade de Tempo: Um número expressivo de professores assinalou que possui menos tempo do que necessita para amadurecer os processos criativos em sala de aula, atualizar os conteúdos e dedicar-se à atividade docente (n=11).

> Acho que o tempo é uma das coisas que a gente faz dele um elástico. Estica. Mas eu acho que a gente precisaria mais de

> tempo para aplicar o que criamos, perceber a resposta, ver se está funcionando. ... Tanto um tempo para conceber, quanto para ver como isso está chegando no aluno, qual está sendo a recepção e até que ponto isso está sendo significativo assim. Mas não é assim. Eu vejo o tempo como uma coisa extremamente engessada. Mal começa o semestre e ele está acabando. Então a temporalidade, o tempo em si, é um problema. (Professor 4)

Questões administrativas (n=9): Desafios ligados à infraestrutura, estrutura de departamentos, busca constante de inovação que nem sempre garantem o tempo necessário para a maturação de processos marcaram a fala de parte dos entrevistados.

> A estrutura dos departamentos não favorece a criatividade. Eu até vejo a necessidade dela... já fui chefe de departamento... mas ela cria mais problema que resolve. Ela não permite muito facilmente integração entre áreas. Outra coisa são as condições de infraestrutura... Nossa inovação demanda tarefas de laboratório que dependem de equipamentos. Eles precisam ser repostos ao longo do tempo e não são... e isso é uma dificuldade enorme! (Professor 10)

Relacionamento com os alunos (n=6): Na percepção dos docentes, a presença de disciplinas que exigem grande aporte teórico dificulta muito o seu relacionamento com os alunos, pois eles não as percebem como muito significativas, e há um grande volume de conteúdo a ser estudado.

> Na percepção deles, existe uma dificuldade com a teoria. "Ah, professora, o conteúdo é muito pesado, a gente tem que estudar muito. É muito conteúdo pra pouco tempo de aula, isso podia ser dividido em duas disciplinas... ou diminuir, reduzir... Querem colocar a mão na massa. Mas eu digo, gente, eu preciso dar aulas expositivas, tem prova! Por isso, eu faço a primeira parte (do semestre) mais teórica e eles aplicam depois o que viram na parte prática. ... Fica mais fácil pra eles assim. (Professor 5)

Relacionamento com outros professores (n=3): O relacionamento com outros professores foi um ponto importante apontado pelos entrevistados. Ao longo da pesquisa, a interação com os colegas foi apontada como um ponto positivo, alicerçado em depoimentos de muitas trocas. No entanto, o lado negativo dessa interação é ressaltado aqui como uma barreira interpessoal. Muitos apontaram as dificuldades em interagir com os colegas e relataram sentir falta de um convívio mais próximo em muitas ocasiões.

> Eu já trabalhei em outros lugares em que se fazia mais integração de conteúdo... aqui é cada um por si e Deus contra todos. ...Se você me perguntar "Você sabe o que o professor da noite tá dando de conteúdo?" Vou te responder. "Eu não." Aí você me pergunta. "Você foi atrás deles?" Aí vou ter que te dizer. "Também não fui." Não dá tempo! (Professor 11)

Conclui-se, com essa questão de pesquisa, que várias barreiras, de diversas naturezas, influenciam o processo criativo dos entrevistados, destacando-se as emocionais e motivacionais, bem como as barreiras interpessoais.

Implicações Práticas: Possibilidades de Ação Pedagógica Favoráveis a Criatividade na Educação Superior

Compreender em que medida a prática docente é um processo criativo complexo e multifacetado pode relativizar a percepção de que o foco do professor é somente a sala de aula e que os docentes criativos são apenas aqueles que fazem uso de recursos muito chamativos, como encenações, multimídia e a tecnologia apenas como fim. Promover a criatividade docente e discente na educação superior envolve muito mais (Fleith & Braga, 2019). Para Wisdom (2007), é preciso ajudar os professores a compreenderem, nutrirem sua própria criatividade e reconhecê-la como parte integrante da sua profissão, assim como garantir um clima institucional que encoraje a reflexão e o desenvolvimento pessoal de docentes e discentes. Como caminhos possíveis ao desenvolvimento da criatividade no contexto universitário são apresentadas as recomendações a seguir.

1. Criação de espaços colaborativos dentro das instituições de ensino, para além da sala dos professores. Em tais espaços, pode

haver formação docente continuada, orientada para a criatividade, que não se restringe às semanas de capacitação pedagógica.

2. Oferta de aulas em que dois docentes possam dividir a mesma disciplina, de forma que um possa observar a prática docente do colega. Dessa forma, propõe-se repensar estratégias que o professor possa trabalhar de maneira colaborativa com a própria equipe.
3. Compartilhamento de iniciativas criativas individuais ao longo do semestre sob forma de colóquios, painéis, vídeos para intranets, valorizando e apoiando as iniciativas dos docentes.
4. Incorporação do tema criatividade ao longo da formação desses professores, como um assunto de vital importância e não apenas como um aspecto adicional da formação docente.
5. Planejamento de atividades de aprendizagem que incluam definição e solução de problema, reflexão, e tópicos capazes de despertar a atenção dos estudantes.
6. Elaboração de um desenho curricular flexível, que contemple a interdisciplinaridade, esteja em consonância com o perfil, pontos fortes e interesses do estudante, e permita ao discente ser o ator na construção de sua trajetória acadêmica.
7. Postura do professor de modelo e apoio ao estudante.
8. Fornecimento de feedback informativo pelo docente, apontando pontos positivos e caminhos para aprimoramento do trabalho discente.
9. Encorajamento da flexibilidade de pensamento em sala de aula, evitando posturas dogmáticas.
10. Promoção da cultura de reconhecimento e valorização da criatividade no contexto da educação superior.
11. Desenvolvimento de habilidades de trabalho em grupo e de comunicação.
12. Formas de avaliação que não foquem exclusivamente em produtos pré-determinados.
13. Reflexão do professor sobre a sua ação pedagógica, passando a agir de forma compatível e criativa diante dos desafios encontrados.

14. Adoção de metodologias que impliquem maior liberdade de ação e de interação por parte dos alunos. É preciso dar mais ênfase ao uso das tecnologias não apenas como meio de informação e comunicação, mas também como incentivo às expressões próprias por parte dos alunos, tais como blogs, de wikis, de vídeos, de games. Salas de aula virtuais e aplicativos como Kahoot já propõem a unificação de vários aspectos acima citados – da gamificação à interação mediada por dispositivos móveis.
15. Ao estudante deve ser possibilitado exercer o papel de ator efetivo no seu processo de aprendizagem com o auxílio da tecnologia ao invés de ser um mero usuário das tecnologias que lhe são disponibilizadas.
16. Professor deve escolher quais recursos deseja utilizar, e não o fazer apenas por modismos ou pressões institucionais. Ele precisa reconhecer a importância de dialogar horizontalmente com o seu aluno, no papel de facilitador.

Impactos Sociais: Por que Desenvolver a Criatividade na Educação Superior?

A necessidade de prover respostas rápidas, holísticas e integradas aos múltiplos desafios sociais, econômicos e ambientais que atualmente são enfrentados, exige a revisão imediata das formas tradicionais de se ensinar. É preciso alinhar as necessidades de alunos e professores em torno de uma aprendizagem que promova a inclusão e mobilize as habilidades, atitudes e comportamentos do cidadão rumo ao crescimento sustentável.

A reflexão do professor acerca do seu processo criativo é essencial, mas não é a única forma de melhorar a promoção da criatividade no ambiente escolar. Mudanças na cultura organizacional, políticas públicas de valorização docente e formação continuada são alguns dos pontos que precisam ser contemplados. Também é premente a necessidade da difusão de novas perspectivas sobre criatividade, para que ela possa ser vista não como um ideal inatingível, mas como algo que está presente nas menores atividades do dia a dia e acessível a todos.

Reforçar a ideia de que o professor é um facilitador e um canal para que os saberes possam se confrontar, na perspectiva dinâmica e processual, é um desafio dos tempos atuais. É algo inerente ao ser humano e não algo que está fora, à parte, desmembrado das práticas docentes. Não é um conjunto de técnicas a ser apenas incorporada; perpassa também atitudes, posturas e uma busca do desenvolvimento pessoal (Braga & Fleith, 2018).

Criatividade e aprendizado figuram na literatura a partir de uma relação muito estreita. Beghetto e Schreiber (2017) apresentam as duas dimensões interconectadas, reforçando que a criatividade é parte do processo de aprendizado, e que o aprendizado de algo novo pode resultar em contribuições criativas. Os autores recordam que o aprendizado pode ser intencional ou não intencional, além de intrinsecamente motivado ou extrinsecamente motivado. Em todas essas dimensões, segundo os autores, a criatividade pode e deve estar presente. Na educação superior, um dos grandes desafios enfrentados pelos educadores é a necessidade de preparar os alunos para pensar de forma criativa e independente, respeitando a individualidade e o ritmo de aprendizado de cada um. Por outro lado, são poucas as oportunidades que os docentes têm de refletir, dialogar e discutir a respeito de suas práticas pedagógicas e sua articulação com a criatividade (Alencar et al., 2017).

Castro (2012) recorda que, mesmo em ambientes mediados pela tecnologia, o professor continua sendo o epicentro do processo de ensino. Não por concentrar as informações, mas por gerar o ambiente ideal para que ocorra o aprendizado, que tem se tornado cada vez mais horizontal. Nesse sentido, para que isso ocorra, o autor destaca três dimensões importantes: (a) o docente precisa conhecer bem o conteúdo a ser ministrado, lidando com as fronteiras do conhecimento – que devem ser sempre expandidas, (b) o docente precisa se apropriar de sua didática, conhecer a sua forma de ensinar, e (c) o docente precisa ter consciência de que professores não nascem prontos – aprender continuamente é parte do seu ofício.

Antes disso, Renzulli (1992) já propunha, teoricamente, uma estrutura capaz de abarcar o desenvolvimento da criatividade a partir das interações entre quem aprende, quem ensina e o currículo. Na dimensão do estudante, são destacadas as habilidades, os interesses e os estilos de aprendizagem. O conhecimento do professor sobre o conteúdo ministrado, as técnicas instrucionais (didática) e um romance com a disciplina compõem a dimensão docente. Quanto ao currículo, o autor destaca a estrutura das disciplinas, o conteúdo e a metodologia, e o apelo à imaginação dos estudantes. Dentro dessa estrutura, Renzulli assinala a importância que professor possui como um elemento singular, capaz de ampliar seu papel como mentor e modelo, com uma significância particular dentro da vida dos jovens, expandindo os potenciais existentes. Renzulli (2017) enfatiza que o professor precisa ser criativo, não como poetas ou inventores, mas precisa investir no que ele chama de ato criativo de ensinar. Não deve apenas estimular os alunos a serem criativos ou concentrar-se no ensino da criatividade. "Você (o professor) deve ser a mudança que deseja ver em seus alunos. Em outras palavras, as coisas que você faz em seu ato de ensinar devem refletir exemplos do seu processo criativo em ação" (p. 4).

Vislumbra-se a era da robótica avançada, de transportes automatizados, do uso da inteligência artificial e o crescimento da aprendizagem mediada pela tecnologia. Em tais contextos, as habilidades mais valorizadas atualmente são aquelas que ainda não podem ser manifestadas por máquinas – e a criatividade é a principal delas (Schmidt & Cohen, 2013; Schwab, 2015). Diante dessa realidade, o professor universitário precisa, mais do que nunca, ser capaz não só de preparar seus alunos para o mundo do trabalho, mas também de instigá-los, criativamente, em relação à resolução de problemas complexos e em como lidar com cenários inesperados. Refletir, elaborar e implementar estratégias estimuladoras da criatividade de sala de aula implica considerar as práticas docentes também como um processo criativo.

Dias et al. (2018) apontam a educação superior como oportunidades para os jovens desenvolverem seus talentos e adquirirem competências necessárias à vida social e profissional. Para Almeida (2019), "o ensino superior tem sido assumido como fator de coesão social e de reforço da democracia, da participação social e exercício da cidadania" (p. 21). A criatividade, sem dúvida, é um elemento chave para evolução de uma sociedade mais ética, justa e participativa.

Referências

Alencar, E. M. L. S., Fleith, D. S., & Pereira, N. (2017). Creativity in higher education: Challenges and facilitating factors. *Temas em Psicologia, 25*(2), 553-561. http://doi.org/10.9788/TP2017.2-09

Amabile, T. M. (1996). *Creativity in context.* Boulder, CO: Westview Press.

Almeida, L. S. (2019). Ensino superior: Combinando exigências e apoio. In L. S. Almeida (Ed.), *Estudantes do ensino superior: Desafios e oportunidades* (pp. 17-33). ADIPSIEDUC.

Bardin, L. (2002). *Análise de conteúdo* (L. A. Reto & A. Pinheiro, Trad.). Edições 70.

Beghetto, R. A. (2018). Taking beautiful risks in education. *Education Leadership, 76*(4), 18-24. http://www.ascd.org/publications/educational-leadership/dec18/vol76/num04/Taking-Beautiful-Risks-in-Education.aspx

Beghetto, R. A., & Schreiber, J. B. (2017). Creativity in doubt: Toward understanding what drives creativity in learning. In R. Leikin, & B. Sriraman (Eds.), *Creativity and giftedness: Interdisciplinary perspectives from mathematics and beyond* (pp. 147-162). Springer International Publishing.

Bisinoto, C., & Marinho-Araujo, C. (2014). Sucesso acadêmico na educação superior: Contribuições da psicologia escolar. *Revista E-Psi, 1*(4), 28-46. https://revistaepsi.com/artigo/2014-ano4-volume1-artigo2/

Braga, N. P., & Fleith, D. S. (2018). Relação criatividade, professor e educação superior: Revisão de literatura. *Psicologia, Educação e Cultura, 22*, 170-185.

Castro, C. M. (2012). Educação: Soluções simples para problemas complexos. In J. P. R. Velloso (Ed.), *Desenvolvimento humano, indústrias criativas, favelas e os estatutos do homem* (pp. 35-53). José Olympio Editora.

Condiliffe, J. (2016). Microsoft testa DNA que pode armazenar 1 trilhão de gigabytes em um grama. *Gizmodo Brasil.* http://gizmodo.uol.com.br/microsoft-armazenamento-dna/

Dias, D., Soares, D., Marinho-Araújo, C. M., & Almeida, L. S. (2018). O que se "ensina" no ensino superior: Avaliando conhecimentos, competências, valores e atitudes. *Meta-avaliação, 10*(29), 318-337. https://doi.org/10.22347/2175-2753v10i29.1592

Fleith, D. S, (2019). The role of creativity in graduate education according to students and professors. *Estudos de Psicologia (Campinas), 36.* https://doi.org/10.1590/1982-0275201936e180045

Fleith, D. S., & Braga, N. P. (2019). Criatividade no ensino superior. In L. S. Almeida (Ed.), *Estudantes do ensino superior: Desafios e oportunidades* (pp. 215-232). ADIPSIEDUC.

Gilioli, R. S. P. (2016). *Evasão em instituições federais de ensino superior no Brasil: expansão da rede, SISU e desafios.* Câmara dos Deputados. http://bd.camara.gov.br/bd/handle/bdcamara/

Morais, M. F., & Almeida, L. S. (2016). Perceções sobre criatividade: Estudo com estudantes do ensino superior. *Revista Portuguesa de Educação, 29*(2), 141-162. https://doi.org/10.21814/rpe.7385

Morais, M. F., & Almeida, L. S. (2019). "I would be more creative if...": Are there perceived barriers to college students' creative expression according to gender? *Estudos de Psicologia (Campinas), 36.* https://doi.org/10.1590/1982-027520193e180011

Morin, E. (2015). *Introdução ao pensamento complexo* (E. Lisboa, Trad., 5ª ed.). Sulina.

Renzulli, J. S. (1992). A general theory for development of creative productivity through the pursuit of ideal acts of learning. *Gifted Child Quarterly, 36*, 170-182. https://doi.org/10.1177/001698629203600402

Renzulli, J. S. (2017). Developing creativity across all areas of the curriculum. In R. A. Beghetto & J. C. Kaufman (Eds.), *Nurturing creativity in the classroom* (pp. 23-44). Cambridge University Press.

Ribeiro, R. J. (2012). Educação de qualidade e emprego. In J. P. R. Velloso (Ed.), *Desenvolvimento humano, indústrias criativas, favelas e os estatutos do homem* (pp. 97-104). José Olympio.

Romo, M. (2015). Prefácio. In M. F. Morais, L. C. Miranda, & S. M. Wechsler (Eds.), *Criatividade: Aplicações práticas em contextos internacionais.* Vetor.

Schmidt, E., & Cohen, J. (2013). *A nova era digital: Como será o futuro das pessoas, das nações e dos negócios.* Intrínseca.

Schwab, K. (2015). *A quarta revolução industrial.* Edipro.

Silva, H. F. D., & Marques, W. (2017). Evasão na educação superior no Brasil: Desafio à gestão acadêmica. *Quaestio - Revista de Estudos em Educação, 19*(1), 197-208. http://doi.org/10.22483/2177-5796.2017v19n1p197-208

Talwar, R., & Hancock, T. (2010). The shape of jobs to come: Possible new careers emerging from advances in science and technology (2010-2030). *Fast Future.* https://www.di3a.unict.it/sites/default/files/files/Fast-Future_Shapeofjobstocome_FullReport1.pdf

Wisdom, J. (2007). Developing higher education teachers to teach creatively. In N. Jackson, M. Oliver, M. Shaw, & J. Wisdom (Eds.), *Developing creativity in higher education* (pp. 183-196). Routledge.

Criatividade no Ensino Superior: Contornos de Uma Prática Para a Formação de Educadores

Maria de Fátima Morais[17]

Criatividade é, atualmente, uma palavra-chave na Educação. Por seu lado, o Ensino Superior se impõe como um patamar de formação para a excelência, a liderança e a especialização nos mais variados contextos profissionais. A sensibilização e o treino, face a competências criativas nos futuros profissionais (alunos universitários), tornam-se cada vez mais uma necessidade social e pessoal. Após centrar o conceito de criatividade em causa no capítulo e sua relevância para o contexto educativo, ele descreve exemplos de uma prática na formação de educadores. Nessa prática, os alunos programam aulas que, em simultâneo, integram conhecimentos curriculares e desenvolvem processos criativos. Alguns resultados descritivos são ainda apresentados e, sobretudo, refletidos no sentido dessa prática se expandir. O impacto social da experiência passa, necessariamente, pela permissão que um exercício criativo atual tem na sensibilização e na prática de criatividade futura em diferentes contextos educativos. O Ensino Superior mostra, assim, um convite explícito à inovação no futuro profissional.

---

[17] Este trabalho é financiado pelo CIEd – Centro de Investigação em Educação, Instituto de Educação, Universidade do Minho, projetos UIDB/01661/2020 e UIDP/01661/2020, através de fundos nacionais da FCT/MCTES-PT.

Introdução

O desafio colocado para este livro é a partilha da importância da criatividade em relação a sua aplicação prática, materializada, aplicabilidade essa com um impacto que vai além do indivíduo e de um tempo pontual. São desafiados testemunhos e incentivos que visam o desenvolvimento de uma das competências mais significativas deste século (Ketter et al., 2018)

Necessariamente, a prática aqui narrada, num primeiro passo, será contextualizada a nível teórico – não há boas práticas alicerçadas em concepções falsas ou frágeis. Porém, o núcleo do capítulo corresponderá à descrição de uma experiência inovadora no âmbito do Ensino Superior em Portugal, no sentido de sensibilizar futuros educadores para uma criatividade articulável com o desenho das suas atividades profissionais futuras – e isso em diferentes áreas, como no ensino da Música, da História, da Matemática ou em tarefas pré-escolares.

Não se trata, contudo, da apresentação de uma experiência controlada, isto é, com pré e pós-avaliação, ou com um N para cada área abordada e tratamento dos dados com significância estatística. É, por enquanto, um estudo recente, embora praticado há anos sem o objetivo de investigação; é, por isso, ainda um estudo exploratório. O olhar muito positivo dos alunos e de colegas face à experiência pedagógica que caminhava sendo desenvolvida fez com que se realizasse uma avaliação ainda muito limitada, num dos grupos, e que fossem iniciadas divulgações. Tais divulgações podem constituir, como se deseja no livro, um testemunho de que é possível usar o cotidiano das aulas e outras formações do Ensino Superior para contagiar nos formandos o desejo e a intencionalidade da promoção de criatividade.

Após a contextualização teórica, apresentar-se-á então a metodologia da prática efetuada, assim como se a ilustra com vários exemplos de produtos criativos que são tarefas de aulas planificadas. Alguns resultados mais formais são ainda refletidos. Por fim, retomando o tecido teórico de fundamentação, refletir-se-á se o impacto social que experiências desse gênero podem ter no encorajamento à presença de criatividade num dos espaços privilegiados à inovação, ou seja, nas universidades (Barnett, 2020).

Criatividade: do Conceito à Formação de Educadores

A criatividade é pensada como fundamental na atualidade. É mesmo considerada como uma competência do século XXI (Nakano & Wechsler, 2018; Runco, 2018). Criatividade é um dos principais requisitos da inovação (Williams et al., 2016) e o futuro não é pensável sem pensamento inovador, dados os desafios da imprevisibilidade, da rapidez, da incerteza ou da globalização, os quais se colocam a todas as áreas profissionais (Alencar, 2015) e a todos os indivíduos – afinal, criatividade é uma condição importante para o bem-estar e para a saúde mental (Wechsler et al., 2015).

Aqui, o conceito de ideia ou de produto criativo referem-se à simultaneidade da originalidade e da eficácia que traduzem num dado tempo e contexto (Kaufman, 2016; Runco, 2014). Refere-se criatividade, portanto, ao encontro difícil e rico da diferença, que por si não marca qualidade, com o sentido e utilidade que tal ideia ou produto podem fazer. Encara-se, ainda, a criatividade como sendo multifacetada, que apela a uma coincidência de fatores emocionais, cognitivos e sociais (Morais & Fleith, 2017; Romo, 2019), não sendo esse esquema plural incompatível com o aprofundamento de cada um dos tipos de componentes como, por exemplo, os processos cognitivos criativos.

Têm sido identificados processos cognitivos típicos de pessoas cotidianas socialmente reconhecidos como criativos, isso no sentido de serem utilizado mais vezes e melhor por essas pessoas na resolução de problemas. Trata-se de formas específicas de tratar a informação em diferentes fases do processamento mental: desde a captação da informação que nos rodeia (como na maior flexibilidade com que os estímulos são percepcionados ou usando um registo sinestésico), no tratamento interno da informação (de uma forma analógica ou metafórica, por exemplo) até na emissão da resposta (por exemplo: produzindo alternativas). São os processos cognitivos criativos (Morais & Fleith, 2017; Romo, 2019).

Como serão as ferramentas criativas a usar/infundir na criação de aulas em espaços de formação de educadores? Apresenta-se de forma breve os processos cognitivos criativos então trabalhados. Um processo cientificamente estudado a nível relativamente recente (Teixeira, 2018) corresponde a um pensamento sinestésico. Esse pensamento refere-se ao cruzamento de diferentes registos sensoriais: uma cor lembra um som, um som leva a um paladar ou a uma temperatura e assim por diante (Teixeira, 2018; Ward & Simner, 2020). Dessa forma, associações múltiplas e remotas são produzidas na nossa percepção do mundo. Não é por isso surpreendente que tal processo se associe à criatividade (Bergantini, 2019; Mulvenna, 2013) e que vá tendo aplicações na educação curricular em diferentes áreas (eg. Gómez, 2016).

Por seu lado, e ainda numa fase de captação de informação, pessoas criativas têm uma maior flexibilidade perceptiva, por exemplo, diante de figuras ambíguas. Autores como Wiseman et al. (2011) ou Dohertt (2012) mostram isso empírica e estatisticamente. Pessoas mais criativas extraem com maior facilidade diferentes sentidos dos estímulos visuais, absorvem mais informações e consequentemente têm mais referência a associar, facilitando competências de resolução criativa de problemas.

Já a nível da representação da informação e seu processamento cognitivo, salienta-se a imagética, ou seja, a capacidade de representar e manipular mentalmente imagens, (re)ver o mundo na mente (Finke, 2014). Trabalhos de Finke e colegas (Finke, 2014; Ward et al., 1995) têm mostrado, várias vezes experimentalmente, propriedades da forma imagética como facilitadoras da resolução de problemas em geral e da criativa em particular (facilitando a comparação, a representação de conceitos abstratos, a evocação de informação não conscientemente processada ou a possibilidade de uso de um *zoom* mental, por exemplo). Mais uma vez, ganha-se com esse processo o acesso a mais informações que remotamente se podem associar. Também a imagética, permitindo a síntese percetiva, isto é, a junção de estímulos num significado novo, ajuda a divergir e a inovar, como Ward et al. (1995) começaram por provar. Essa poderosa ferramenta está, assim, presente em vários métodos de desenvolvimento de competências criativas e em diferentes contextos (Palmiero et al., 2016; Thomas, 2019).

Outro processo cognitivo poderoso e aplicável a variados domínios (literatura, engenharia, arquitetura, música) perante a criatividade é o uso de metáforas (Evci & Usal, 2017; Gibbs, 2018). Trata-se de encontrar significantes criativos face a significados, havendo o transporte de um conceito para outro conceito ou contexto, sendo então perspectivado novamente e emergindo propriedades não óbvias: entender uma coisa no contexto de outra. Pode e deve ser usado na formação escolar com o intuito da promoção da resolução criativa de problemas. (Evci & Usal, 2017).

Por fim, o *problem finding* surge como um passo para a resolução de problemas e nele cabe a descoberta assim como a criação ou formulação do próprio problema, ambos processos particularmente apelativos à criatividade (Abdulla & Cramond, 2018). Fala-se aqui sempre de um processamento que envolve um problema mal definido (encontrá-lo quando ele ainda não existe ou antecipá-lo, por exemplo indagando "e se..."?) com estratégias de resolução heurísticas, ou seja, sem um caminho previamente definido que resolve um problema se bem aplicado (eg. Sternberg, 2018). Compreende-se então estudos de metanálise que comprovam correlações estatisticamente significativas desses dois processos com criatividade, analisando diferentes áreas do saber e idades (Abdulla et al., 2018).

Por sua vez, o contexto educativo, nomeadamente o escolar, surge há décadas como um dos privilegiados na investigação da criatividade e como um importante nicho de possibilidades para a sua promoção nos indivíduos (Fleith, 2019; Starko, 2018). É um contexto no qual o indivíduo passa grande tempo da sua vida, muito valorizado socialmente, em que se cruza constantemente a aprendizagem de conteúdos, as atitudes e os comportamentos, em momentos formais e não formais (Alencar & Fleith, 2016). Ora, emerge assim, nesse contexto, a facilidade e a relevância da intencionalidade de uma articulação dessas aprendizagens, muitas vezes em domínios do conhecimento específico, com a modelagem de competências criativas (Baer, 2016). O percurso escolar corresponde a um caminho longo e esse apelo à criatividade manifesta-se desde o nível pré-escolar ao universitário (Alencar & Fleith, 2016; Nakano & Wechsler, 2018). Contudo, apesar do apelo, surgem ainda muitos obstáculos nesse percurso, nomeadamente no Ensino Universitário (Fleith, 2019; Morais & Almeida, 2019), tópico que no final do capítulo será aprofundado.

Para objetivar a promoção de criatividade no contexto escolar, é fundamental que esse conceito seja encarado como alvo de desenvolvimento intencional. Nesse sentido, tem-se assistido a afirmações de que essa promoção tem resultados positivos (Cropley, 2015; Lubart, 2017)

Como afirma Runco, um potencial criativo pobre estimulado sistemática e intencionalmente é mais produtivo do que um potencial rico negligenciado (Runco, 2014). Consequentemente, surgiram vários programas sistemáticos de treino de competências criativas, alguns deles aplicados à escola. É o caso do *Incubation Model of Teaching* (Torrance & Safter, 1990), ou do *Future Problem Solving International* (Torrance et al., 1978), os quais têm a particularidade de a sua aplicação poder ser materializada no cruzamento com conteúdos curriculares. São aproveitados tais conteúdos para o treino de competências criativas específicas (como originalidade, flexibilidade, produção de alternativas) e, no caso do segundo programa, num percurso explícito de resolução de problemas (desde a formulação do problema e de possíveis soluções à verificação da implementação de uma delas). Por outro lado, para criatividade acontecer, independentemente da ação mais ou menos sistematizada que se use para promovê-la, tem de estar garantido um clima criativo em sala de aula (Alencar & Sobrinho, 2017; Fleith & Morais, 2017), assim como características que fazem os contornos de um educador criativo, ou seja, que visa promover criatividade nos seus alunos (Glaveanu, 2018; Miller & Dumford, 2014).

Um clima criativo pauta-se, por exemplo, por diversidade de metodologias, de tipos de tarefas ou materiais, por uma gestão de conteúdos e de tarefas que carreguem os interesses e as vivências dos alunos, pela ausência de uma rotina que entedia, por uma segurança psicológica permissora de riscos e de erros. Tal percepção de segurança ajuda ainda a autonomia, a crítica e a participação em geral. A diversidade e a articulação de interesses, por sua vez, estimula imaginação, abertura à experiência e auxiliam numa motivação predominantemente intrínseca que se operacionaliza em compromissos (Ahmadi & Besançon, 2017; Beghetto & Kaufman, 2016). Um educador criativo é um elemento fundamental – ele cria, gere e avalia o clima criatuvo (Omdal & Graefe, 2017). Não só o entusiasmo que o educador demonstra, mas também a sua competência científica, a sua disponibilidade interpessoal perante os alunos na sala de aula e fora dela, são exemplos de características que devem operacionalizar uma formação que tem a criatividade dos alunos como objetivo intencional e paralelo ao da aprendizagem de conteúdos escolares. O educador criativo estimula também a curiosidade, a autonomia, a autoconfiança e a autorregulação do aluno, tal como valoriza e incentiva a expressão de ideias, a divergência e a flexibilidade (Miranda & Morais, 2019; Sale, 2020a, 2020b)

Ora, no presente estudo que visa a promoção de processos cognitivos criativos no Ensino Superior em espaços de formação de futuros educadores através de tarefas curriculares que ele próprios criam para seus formandos futuros, as características de um ambiente e de um educador criativos estão necessária e permanentemente em causa. Essas características são permissoras e são consequência, em simultâneo, face ao trabalho de intencionalização dos processos criativos em conteúdos escolares planificados.

Por fim, ainda um comentário sobre a formação de educadores, tão em causa neste estudo, e a relevância nela da criatividade. Docentes têm valorizado explicitamente a criatividade na sua formação (Bahia, 2016) e resultados positivos e transferíveis da sensibilização à criatividade na sala de aula a partir do contexto de formação parecem surgir nos educadores (Park et al., 2006). Como referem Vale e Barbosa (2015, p. 109), "os futuros professores devem eles mesmos transformarem-se em pensadores criativos e devem estar conscientes para agirem dessa forma com os seus próprios estudantes" – é exatamente tal preocupação que norteou a experiência descrita em seguida.

A Experiência Pedagógica

Objetivo: incentivar e treinar futuros educadores (professores na maioria e educadores de infância num grupo mais pequeno) a criarem aulas de infusão curricular, ou seja, aulas que simultaneamente lecionem conteúdos programáticos obrigatórios e promovam o desenvolvimento de competências nos alunos. Nesse caso, as competências a infundir são os processos cognitivos criativos acima apresentados: pensamento sinestésico, flexibilidade percetiva, imagética, pensamento metafórico, descoberta e criação de problemas. Ao mesmo tempo que os futuros educadores visam o desenvolvimento criativo dos seus futuros alunos, estão já proporcionando competências criativas neles mesmos nas planificações que desenham.

Participantes: ao longo de vários anos, esta experiência tem sido realizada sem qualquer controle de avaliação formal, por meio de diferentes contornos de formação (em pequenos conjuntos de aulas, semestres inteiros, *workshops* de 3h ou de 15h, formações de 50h) e com uma diversidade enorme de públicos (professores em serviço ou em formação inicial de quase todas as áreas curriculares, educadores de infância, universitários de diferentes campos do conhecimento). A presente narrativa se restringe apenas a um grupo de formandos mais recente, com menor diversidade de áreas (Música, História e Geografia, Matemática, Educação de Infância) e a partir dos quais existem materiais ilustrativos mais disponíveis para partilha. O grupo em questão compreendia cerca de 100 formandos universitários, que realizaram o trabalho em disciplinas de graduação e/ou pós-graduação no âmbito da Psicologia da Educação e do Desenvolvimento. A esse grupo pertencia um ainda mais restrito, de 38 estudantes de pós-graduação em Ensino da Música, o qual fez separadamente (dois subgrupos) a experiência em dois semestres letivos e ao qual se aplicou um questionário sobre essa vivência. Note-se que todos os alunos que efetuaram esta experiência pedagógica (incluindo os que preencheram o questionário) autorizaram a futura divulgação de resultados e produtos deste trabalho em contexto científico.

Procedimentos: a) foram lecionadas uma ou duas aulas, nas quais foram revistos os conceitos de fundamentação para o trabalho a propor (conceitos de criatividade; resolução criativa de problemas; processos cognitivos criativos – os anteriormente indicados, sendo esses abordados na sua definição e ilustrados em situações que possibilitavam treino em diferentes domínios); ensino, professor e alunos criativos; aulas de infusão curricular). No final dessa(s) aula(s), os alunos já dominavam exemplos de criação de aulas, em diferentes domínios, que lecionam conteúdos curriculares de forma a promover os processos criativos em causa; b) houve a exposição dos objetivos e da metodologia do trabalho, assim como a constituição dos grupos de alunos, tendo a constituição desses grupos entre 4 a 6 elementos; c) em quatro ou cinco aulas de 90 minutos, os grupos foram construindo/planificando uma aula de também 90 minutos para futuros alunos. Tinham inicialmente que definir o tema de uma unidade curricular específica de um ano de escolaridade (no caso dos futuros educadores de infância, escolhiam um tema e a idade das crianças), o processo criativo a promover e o número de futuros alunos a trabalhar. A estrutura da aula a criar implicaria para todos: (1) uma tarefa inicial de 15 minutos de introdução/motivação ao tema a lecionar e ao processo criativo a treinar; (2) um número de tarefas à escolha pelo grupo que ocuparia 50 minutos de aula, sendo as respectivas durações apontadas e correspondendo essas tarefas já à lecionação dos conteúdos e ao treino de competências em simultâneo; e (3) uma fase final de 5 minutos na qual era proposta uma tarefa para realizar em casa e a rever numa próxima aula. Todos os alunos tinham esse guia da estrutura da aula e, consequentemente, de um posterior relatório escrito sobre ela. Durante essa etapa, o docente analisava detalhadamente as tarefas construídas e oferecia constante *feedback*. Nessa monitorização, tomava os critérios: tradução, nas tarefas criadas, do treino do processo criativo e do conteúdo programático escolhidos; criatividade na estruturação das tarefas e dos materiais; viabilidade temporal e adequação à faixa etária dessas tarefas. Tais critérios foram fornecidos aos alunos previamente. Essa fase implicou trabalho além das aulas e, em alguns casos, os grupos aplicaram no terreno a aula criada (por exemplo, no caso de trabalhadores estudantes que já lecionavam); d) houve apresentação oral das aulas criadas à turma (com cerca de 30 minuto cada uma), estando o docente atento a: (1) clareza e interesse colocados na comunicação e consequente motivação suscitada na turma; (2) gestão do tempo de apresentação; e (3) tradução sintética de todas as tarefas criadas; e) houve a elaboração, fora do espaço de aula, de um relatório escrito descritivo das tarefas.

Avaliação (apenas do grupo de estudantes de Ensino da Música): cada aluno respondeu, no final da apresentação oral, a um questionário elaborado especificamente para a experiência pedagógica que tinha vivido. O questionário continha 18 questões. Dentre elas, encontravam-se treze de resposta em escala *likert* de 5 pontos (1 = "nada", 5 = "muito") e três com resposta dicotômica (sim/não), organizadas por três temáticas: motivação face ao trabalho, dificuldades sentidas na realização e na perspectivação (ou vivência) da aula, tomando o ponto de vista de futuros/atuais alunos. Havia ainda duas questões abertas acerca do que o universitário gostou menos e mais no trabalho e outra para especificar dificuldades. Os dados foram trabalhados, calculando percentagens de respostas. Os restantes participantes apenas foram confrontados, no final da experiência, com um debate informal (e não registado) sobre a motivação e as dificuldades sentidas no trabalho.

Aulas Planificadas ou Exemplos de Produtos Criativos

Esta parte do capítulo será descritiva e ilustrativa, contando com as tarefas que os formandos de diferentes áreas curriculares criaram para aulas que simultaneamente treinassem processos criativos. Mostrar-se-á sempre um exemplo (em figura) para cada processo treinado no caso dos alunos de música, avaliados formalmente, exceto para a flexibilidade perceptiva – processo que os alunos acharam mais difícil de transpor para conteúdos musicais. Outros exemplos criados em diferentes áreas serão mostrados quer em figuras quer, sobretudo, em descrições verbais. São apenas *exemplos* de aulas totalmente planificadas (e algumas aplicadas).

Começa-se pela flexibilidade percetiva. Educadores de infância queriam sensibilizar crianças mais velhas para o alfabeto e para os algarismos – objetivo formal, curricular. E como fazê-lo treinando uma percepção mais flexível? Desenharam personagens de circo de forma a *esconderem* letras e algarismos, e cada criança observava a imagem (exemplo: Figura 1), ao lado de uma lista com letras e algarismos, e sublinhava todos esses elementos que nela encontrasse (por exemplo, 7 ou 3 ou 4 ou H ou T ou E no centro do vestido). Posteriormente, o grupo de crianças veria em *power point* os personagens e o educador iluminaria nos slides todas essas possibilidades para o grupo. Ainda na sensibilização a algarismos e letras, mostrariam associações de cada letra/algarismo a algo cotidiano (exemplo: 6 a um caracol, zero a um pneu) e depois pediriam para as crianças desenharem elas mesmas e um algarismo ou letra que *simultaneamente* representasse outra coisa, ou seja, flexibilizassem o olhar sobre o mundo (por exemplo, um T poderia ser também um avião).

Figura 1 – Trabalho realizado para crianças do nível pré-escolar, elaborado por universitários de Educação de Infância

Figura 2 – Trabalho realizado para crianças do nível pré-escolar, elaborado por universitários de Educação de Infância

Também professores de matemática planificaram o ensino dos conceitos de simetria, rotação e translação a partir de figuras de Escher, fazendo com que futuros alunos os isolassem nas figuras e, em trabalho de casa, tirassem fotos na cidade onde viviam de forma que cada uma delas tivesse pelo menos dois desses conceitos a isolar posteriormente. Como os colegas, sem esse treino intencional em processos criativos, aqueles alunos apreenderiam os conceitos, mas também promoveriam a sua criatividade. Professores de Ciências pensaram em estimular os alunos a identificar animais (para depois aprenderem sobre eles) em figuras ambíguas, e docentes de matemática usaram figuras geométricas iguais para servirem de forma diferente a constituição de diferentes figuras complexas.

Para treinar um pensamento sinestésico, os universitários do Ensino de Música queriam ensinar a crianças pequenas as escalas de tom maior e menor. Dois exemplos de tarefas foram: 1) pedir para cada criança escolher uma cor face aos tons (menores e maiores) que ouviam aleatoriamente (cf. Figura 3) e 2) solicitar que subissem num estrado com degraus baixos, avançando enquanto ouviam as respetivas escalas – um degrau se escutassem um tom menor e dois se o tom fosse maior (cf. Figura 4).

Figura 3 – Conjunto de cores para associação entre sons e cor, elaborado no contexto de mestrado em Ensino da Música

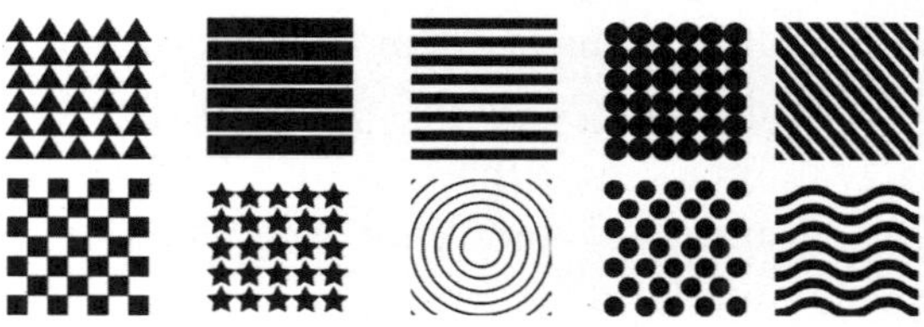

Figura 4 – Esquema de estrado com degraus baixos para a associação entre sons e movimento, elaborado no contexto de mestrado em Ensino da Música

Também discutiriam com os alunos questões como: Que imagem (ou paladar ou odor ou textura) você escolheria para esta música? E para o compositor Y? Que música/compositor poderia ser escolhido para esta imagem/textura/ paladar? Já docentes de História planificaram perguntar e discutir indagações como: Qual o cheiro da Idade Média? Que músicas poderiam ser escolhidas para a 2ª Guerra Mundial? Isso seguindo a orientação dos conteúdos a lecionar sobre esses tópicos. Mais uma vez, esses alunos sairiam a perceber os conteúdos, mas com o *plus* de terem treinado um processo criativo.

Educadores de infância, por sua vez, fizeram com que as crianças associassem um objeto, odor, paladar ou textura a uma lista de substâncias desenhadas e a nomear. Essa tarefa foi aplicada e, como exemplos de respostas, tiveram: "fogo" associado a uma laranja aberta, "batom" associado a uma banana descascada, "isopor" associado a amendoins, "nuvens" a chantilly e "terra" a chocolate em pó. Nessas associações é fácil identificar as sinestesias entre cores, paladares, formas ou texturas. Ainda nesse contexto infantil e de cruzamento sensorial, as crianças foram convidadas a completar frases como "domingo tem...". Algumas respostas foram: "...cheiro de crianças", "...calor de praia", "...aperto de sapato", "...sabor de McDonalds".

Já no treino da imagética, futuros professores de música quiseram abordar a peça *Pedro e o Lobo*, de Prokofiev (conteúdo escolar), de modo que os alunos identificassem os personagens primeiro e os desenhassem separadamente. Depois, apelando à síntese perceptiva e ouvindo de novo a peça, desenhariam uma história com diferentes personagens, explicando-a no final (por exemplo, aparecendo o Pedro em uma corrida com o lobo e o pato).

Figura 5 – Trabalho realizado no contexto do mestrado em Ensino da Música

Figura 6 – Trabalho realizado no contexto do mestrado em Ensino da História e Geografia

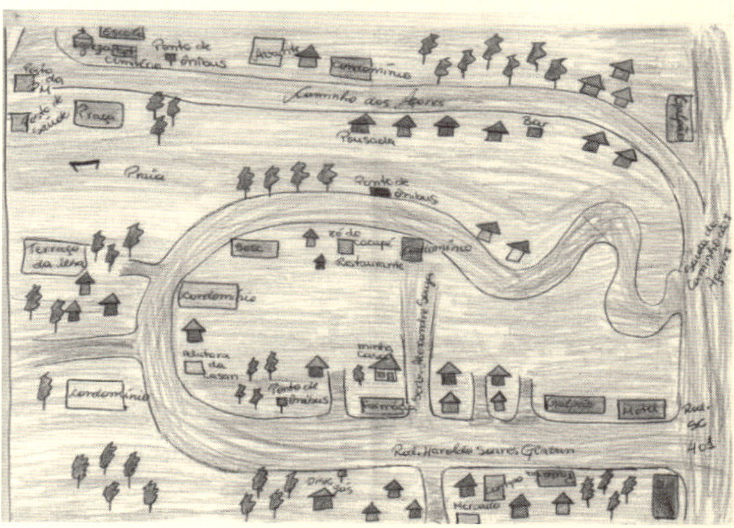

Um grupo de alunos do mestrado de Ensino da Música concebeu, também, uma tarefa para o melhoramento da interpretação da peça *O lago dos Cisnes*, de Tchaikovski (objetivo curricular): os futuros alunos teriam de segmentar na pauta partes cada vez mais pequenas e a cada uma delas atribuir uma imagem, para que no final pudessem contar uma história detalhada, enquanto se ouvia a música e a pauta passava em vídeo. A propriedade de *zoom* mental era aqui muito evidente quando um segmento da pauta/imagem mental maior poderia ser "o cisne a aproximar-se do grupo", e dentro dela existir uma menor em que "o cisne para porque se sente rejeitado", e uma ainda menor dentro dessa última "o cisne encolhe-se e mergulha o pescoço".

Essa também foi uma tarefa aplicada e a interpretação da peça foi melhorada: uma aluna de violino desenvolveu a sua capacidade de ver mentalmente. Futuros docentes de geografia pediram aos alunos para desenharem com o máximo detalhe o caminho de casa até a escola (estando em causa evocação da informação, comparação, evocação de informação consciente e inconsciente se forem pensadas as propriedades da imagética) para introduzir os conceitos de mapa e de escala (desenhos na aula abordariam depois o mesmo caminho de forma mais sintética). Também esses futuros docentes (noutro ano de escolaridade) trabalharam na planificação de tarefas para alunos usarem *zoom* mental, abordando os conceitos curriculares de província, distrito e conselho de Portugal, usando sucessivos mapas e sugerindo ao aluno que completasse zonas em branco (numa província, com os distritos faltavam, e num distrito, com os concelhos que faltavam). Muitas outras tarefas foram criadas usando a construção de *puzzles*, o preenchimento mental de casinha de bonecas, plantas, mapas e gráficos.

O pensamento metafórico não foi trabalhado com futuros educadores de infância devido à idade dos alunos. Universitários do ensino da música pensaram, por exemplo, em pedir aos alunos para criar extratos de música de acordo com quadros (música como metáfora para outras metáforas visuais), como foi o caso de Frida Khalo (cf. Figra 7): Como tocar o sofrimento da pintora? Em relação ao quadro *Aí penduro o meu vestido*, como tocar Nova York? Isso provocaria a criação de metáforas, e também foram pensadas tarefas para sua interpretação: Ouvindo esse trecho, que títulos sugeriam? E que sentimentos? Diante de *As quatro estações*, de Vivaldi, qual era a estação que ouviam naquele momento? Por quê?

No caso dos universitários de História e Geografia, para abordar especificamente o conteúdo da II Guerra Mundial, planificaram uma tarefa de grupo, na qual os alunos teriam de completar um *puzzle* a partir da produção de um *cartoon* (uma metáfora) e dar-lhe um título (cf. Figura 8). Outros futuros docentes planificaram a construção ou a discussão de metáforas como "um gráfico constante é segurança" (Matemática) ou "o melro é o despertador do grupo" (Ciências Naturais).

Figura 7 – Quadro de Frida Khalo, alvo de criações musicais por mestrandos em Ensino da Música

Figura 8 – *Puzzles* construídos no contexto de mestrado em Ensino da História e Geografia

Já no *problem finding*, mais especificamente quando o problema já existe e é necessário sagacidade para encontrá-lo, um exemplo de tarefa planificada é adequável a qualquer área de formação, correspondendo à Figura 9: um jogo preparado para uma aula de História e de Geografia (para o tema específico das revoluções agrícola, industrial e tecnológica). A estrutura desse jogo é a do típico "Jogo da Glória" – em que se arremessa um dado e avança casas de acordo com o número revelado –, mas cada casa (quadrado) *não tem*, neste caso, um problema a resolver, mas sim uma resposta a qual o aluno terá de descobrir o problema que a suscita. Podem ser respostas de conteúdos musicais, de história ou de matemática. Não se programou esse tipo de jogo com crianças mais pequenas e sim, por exemplo, tarefas de descoberta de erros em figuras. Também a descoberta de erros, paradoxos ou o confronto com situações problemas com informação a menos e a mais foram atividades pensadas no contexto da música, da matemática e da da história e geografia.

Figura 9 – Jogo construído no contexto de mestrado em Ensino da História e Geografia

Por fim, há que ilustrar a criação de problemas quando o problema não existe e tem de ser formulado. Nos universitários do Ensino da Música, observou-se muito a criação de tarefas de improvisação para os futuros alunos (improvisação individual ou em grupo: um aluno começaria um excerto e o outro continuava). A pauta em branco (cf. Fig. 10) significa essa criação, mais pobre ou rica em função do nível de ensino; normalmente, aqui estavam em causa futuros alunos mais velhos, de níveis mais avançados. Também a problematização, a colocação exaustiva de perguntas sobre um compositor ou um excerto musical ("e porquê?"," e se?", "e quando"?) aconteceu nas programações de aulas de música, já sendo esse tipo de tarefa desenhada para alunos mais e menos preparados, adequando-se o grau de dificuldade.

Figura 10 – Pauta em branco significativa da formulação/criação de problemas/temas musicais por mestrandos de Ensino da Música

Figura 11 – Trabalho realizado por crianças do nível pré-escolar, elaborado por universitários de Educação de Infância

O desenho anterior representa a Branca de Chuva. A Helena representou a Branca de Chuva fazendo a Branca de Neve e os 7 anões à chuva, e desenhando os bonecos na cor azul, dado que, para ela, a cor que melhor representa a água é o azul.

Continuando com exemplos, a colocação exaustiva de questões foi ainda pensada para o tema específico da História "A conquista de Ceuta", em que cada aluno seria um espião infiltrado na corte de D. João I e teria de obter o máximo de informações. Tarefas utilizando "e se?" serviram ainda várias áreas curriculares, quer levando os futuros alunos a pensarem em consequências problemáticas, quer levando-os a criarem suposições de "e se?", tarefa esta mais complexa. Em ambas, estimula-se nos futuros alunos a problematização (logo, a criatividade) e o aprofundamento dos conteúdos a aprender. Questões como "e se os Aliados tivessem perdido a II Guerra Mundial?", "e se Colombo tivesse sido apoiado por Portugal?" ou "e se todos fossemos surdos?" foram alguns exemplos de respostas em aulas aplicadas.

Os futuros educadores de infância também desenharam atividades para as crianças formularem problemas e questões. Por exemplo, partindo da Branca de Neve, pedia-se às crianças para formularem novos temas ("Branca de Chuva", "Branca de Vento", "Branca de Sol", como exemplos de resposta) e desenhá-los. Estimular-se-iam ainda perguntas à Branca de Neve e à bruxa que seriam fantoches recriando a história (exemplos de respostas: "Porque és tão branca?", "Qual o teu anão mais querido?", "Como fizeste o veneno?", "Porque és tão má?"). Levantar suposições ("e se?") foi também considerado (exemplos de respostas: "E se ela não comesse a maçã?", "E se o príncipe não acordasse?", "E se o príncipe fosse feio?"). Para essas crianças ainda os futuros educadores pensaram em tarefas que desenvolvessem o tema obrigatório da água ("e se a terra fosse impermeável?", "E se a água desaparecesse?") ou que suscitassem uma entrevista a uma escova de dentes, ao coração ou às estações do ano.

Todas as aulas criadas (aplicadas ou não) exigiram competências criativas e o desenvolvimento de conhecimentos do domínio de saber dos universitários e, *em espelho*, permitiram ou permitiriam o desenvolvimento de competências criativas e a aprendizagem de conteúdos nos futuros alunos. Foi a ilustração do desafio que continuará com futuros universitários.

Resultados (apenas do grupo de estudantes de Ensino da Música): como se observa na Tabela 1, as primeira quatro questões diziam respeito à motivação dos universitários de acordo com: a) o trabalho de planificação da aula; b) a apresentação oral; c) os trabalhos apresentados pelos colegas; d) a possibilidade de aplicar a aula ou a aplicação já efetuada. As cinco seguintes questões tinham relação com as dificuldades sentidas: 1) clareza da proposta pelo docente; 2) cumprimento do prazo para a finalização da tarefa; 3) criar a articulação entre o conteúdo a lecionar e o processo criativo; 4) (re)criação de materiais; 5) ter ideias criativas. As últimas questões centraram-se nos futuros alunos a quem as aulas eram dirigidas e avaliavam face a esses alunos (reais ou imaginários): i) motivação; ii) participação na aula; iii) compreensão dos conteúdos; iv) criatividade estimulada.

Tabela 1 – Percentagens de resposta dos alunos face à experiência pedagógica

Itens	1	2	3	4	5
1. Motiv. realização	0%	0%	4%	54%	42%
2. Motiv. apresenta	0%	0%	4%	39%	57%
3. Motiv. colegas	0%	3%	33%	31%	33%
4. Motiv. aplicação	0%	0%	0%	19%	79%
5. Clareza proposta	0%	7%	10%	51%	32%
6. Dific. prazo	30%	29%	19%	22%	0%
7. Dific.articulação	7%	22%	34%	19%	18%
8. Dific.materiais	14%	29%	26%	23%	8%
9. Dific. criatividade	17%	35%	16%	22%	10%
10. Motiv. alunos	0%	0%	4%	50%	46%
11. Particip. alunos	0%	0%	4%	57%	39%
12. Compree. alunos	0%	0%	4%	56%	40%
13. Criativid. alunos	0%	0%	0%	36%	64%

Ao analisar a Tabela 1, verifica-se que motivação suscitada nos alunos aparece como muito elevada, considerando a realização e a apresentação dos trabalhos (seus e dos colegas), assim como – e particularmente – face à perspectiva de poderem aplicar/terem aplicado a aula criada no terreno. Quanto às dificuldades percebidas, a proposta de trabalho foi clara e há distribuição mais ou menos equivalente das respostas pelas várias classificações, parecendo a maior dificuldade surgida no cumprimento do prazo acadêmico. Dessa heterogeneidade de respostas nas dificuldades, comenta-se que elas (quando existem) são compreensíveis pela novidade envolvida. Perspectivando, ou recordando, a vivência dos futuros/atuais alunos, esperam ou observaram reações muito positivas deles em relação à aula em termos motivacionais, comportamentais e cognitivos. Questionou-se aos alunos que viveram tal experiência sobre sentir dificuldade na aplicação das aulas: 89% respondeu que não, num esquema dicotômico de resposta (sim/não). Este dado não é surpreendente, tanto pela motivação envolvida, como pelo fato de que quem aplicou a aula está já habituado à atividade docente.

Nas respostas qualitativas, salientaram ter gostado na experiência a possibilidade de repensar o papel docente (13 alunos), ser um trabalho muito prático (6 alunos), possibilitar o treino da criatividade neles próprios (6 alunos), a abordagem do tema "criatividade" (5 alunos) e a dinâmica viva da turma (5 alunos). Nos aspetos menos apreciados, quase não apareceram respostas, sugerindo apenas um maior aprofundamento.

Conclusões e... Que Impacto Social?

Diante dos resultados restritos, quer em N quer em tipo de formação de universitários (estudantes de Ensino de Música), pode-se comentar que o objetivo de sensibilização face à relevância da criatividade no cotidiano do professor e face aos conteúdos curriculares serem excelente veículo para promoção de competências criativas, parece ter sido atingido. A viabilidade desse tipo de trabalho parece também ter sido integrada pelos futuros professores (vários alunos informalmente referiram que de início a proposta foi uma surpresa, mas que acabaram motivados para aplicá-la). Foi ainda oportunidade para o treino de competências criativas nos futuros professores, aspecto reconhecido informalmente pela maioria (além das respostas do questionário). Os alunos que não foram alvo do questionário referiram informalmente também a grande motivação perante o tipo de trabalho proposto e a vontade de reproduzi-lo com futuros alunos (alguns chegaram a fazê-lo). Quer-se acreditar que esta proposta de trabalho tem tornado o dia a dia da universidade *um campus mais criativo* (Pachuck et al. 2008), de forma pontual e humilde, mas persistente.

A importância do Ensino Superior é fácil e largamente reconhecida enquanto o espaço de preparação para os profissionais altamente especializados (Abrahão & Schmidt, 2015). É, assim, o patamar imediatamente anterior à *força de trabalho criativa* e à liderança nos mais variados contextos sociais, como afirma MacLaren (2012). A presença das competências criativas nesse nível de ensino é requerida há vários anos – seja em práticas, seja em investigação (Weschler & Nakano, 2011) –, e continua sendo na atualidade.

Particularizando essa necessidade, relembra-se que os alunos na universidade devem exercitar competências que permitam flexibilidade e inovação em relação ao futuro, já que as aprendizagens de conteúdos são cada vez mais efêmeras (Morais & Almeida, 2015). Têm de ser formados para, frente aos desafios, serem curiosos, proativos, confiantes, flexíveis, comprometidos e motivados (Dau, 2018; Morais & Almeida, 2016) e, no caso de educadores, intencionalmente reproduzirem essas características nos futuros educandos. Ora, todas essas características são facilitadoras da criatividade e inovação, como se viu anteriormente.

A ênfase nas metodologias (de lecionação e de avaliação) e no desenho curricular nas várias áreas universitárias, incluindo a formação de educadores passa, então, por uma necessária e urgente flexibilidade. À diversidade de conhecimento, de perspectivas (mesmo contraditórias, mesmo ambíguas), de metodologias, de tarefas e de materiais, tem de estar alocada a sintonia de todas essas escolhas aos interesses dos alunos e ao que se impõe na sociedade (Masetto, 2012)

Por seu lado, a valorização, por docentes e alunos, da criatividade, deve ser estimulada e explícita (Abrahão & Schmidt, 2015), além de não ser facilmente mascarada em panóplias de novas tecnologias, contando apenas as velhas ideias em novas roupagens e não se saindo da *powerpoint tradition*, como ironizaram Nordstrom e Korpelaine (2011). A figura de docente deve se aproximar a de um monitor, um colaborador, um orientador que lidera, mas que partilha ideias; aquele que às vezes vê o erro ou a ausência de conhecimentos específicos para associações flexíveis e não rotineiras. Como é magnificamente ilustrado nas expressões de McWilliam (2008), numa época digital e global não há mais espaço para a posição do aluno *aos pés do guru*: a universidade tem de, constantemente, *editar a realidade*. As universidades precisam ser mais criativas, uma vez que a criatividade e inovação é intrínseca à existência de tais instituições (Barnett, 2019; Lund & Arndt, 2018)

O Ensino Superior, porém, continua a reproduzir modelos tradicionais de lecionação e de avaliação. O apelo à memorização e à reprodução, mais ou menos disfarçada, o medo do risco e da diferença frente ao que é estabelecido a reforçar as rotinas, a não resistência frequente à somativa e convergente nas respostas, o distanciamento diante das necessidades prementes da sociedade, permanecem na atualidade (McCown, 2018; Soares & Miranda, 2019). Também mitos, entorno de docentes e alunos, acerca do que é criatividade enquanto imutável, imediata numa inspiração ou própria de gênios ou superdotados, mina as possibilidades de explicitamente a valorizar e promover em práticas operacionalizadas (MacLaren, 2012; Morais & Almeida, 2019).

O contexto social, por sua vez, apostando na produtividade e na rapidez, pode colaborar com essa postura resistente da universidade à inovação – quando, paradoxalmente, admite que sem ela não evolui ou mesmo existe (Morais & Almeida, 2019). Não há frequentemente tempo para repensar aulas, para escutar (não só atender) alunos, para incubar novas perspectivas e práticas, para refletir.

O impacto social de experiências como a aqui narrada passa obviamente pela sensibilização face à criatividade no Ensino Superior, particularmente nos alunos e, mais particularmente ainda, nos alunos futuros educadores. Se tal sensibilização for atingida, eles serão *sementes intencionais* da inovação *na replicação* das suas atividades profissionais. Note-se, ainda, que a sensibilização aqui em causa materializa-se na articulação do que dia a dia o educador faz; logo, uma sensibilização que parte da facilidade e da intencionalidade e não de requisitos complexos, exigentes de novas aprendizagens ou longas formações.

Como limitações à experiência pedagógica que aqui foi apresentada, sumariamente aponta-se a raridade de propostas no sentido de criação de tarefas e a novidade da infusão curricular de competências criativas terem suscitado provavelmente algumas das dificuldades referidas pelos alunos. O prazo do trabalho será difícil de alargar no contexto acadêmico existente, mas seria importante um maior aprofundamento e debate anterior à planificação das aulas. Quanto ao estudo em geral, poderia avaliar-se representações de criatividade (mitos, sua modificabilidade etc.) antes e depois da experiência. Também o questionário foi limitado nas questões e devia separar, nas respostas, quem aplicou a aula planificada. Todos os alunos, de diferentes áreas, deveriam ter ainda sido avaliados (nas suas representações e em suas competências criativas). Há estudos no Ensino Superior, especialmente em Portugal, que mostram representações de criatividade (com o que isso implica de atitudes e comportamentos) a oscilar com o gênero, o ciclo de estudos e a área de saber dos alunos (Morais & Almeida, 2015; Morais & Almeida, 2016; Morais & Almeida, 2019). Essa diferenciação deveria ter sido tomada. Fica aqui, contudo, visando espalhar criatividade futura pelo contexto social que os formandos transportarão quando o seu percurso acadêmico tiver terminado, um testemunho de que a prática da criatividade é possível e não complexa na universidade.

Referências

Abdulla A. M., & Cramond, B (2018). The creative problem finding hierarchy: A suggestes model for understanding problem finding. *Creativity: Theories, research, Applicatios, 5(*2) 197-22.

Abdulla, A. M., Paek, S. H., Cramond, B., & Runco, M. A. (2018). Problem finding and creativity: A meta-analytic review. *Psychology of Aesthetics, Creativity, and the Arts, 14*(1), 3-14. https://doi.org/10.1037/aca0000194

Alencar, E. M. L. S. (2015). Promoção da criatividade em distintos contextos: Entraves e desafios. In M. F. Morais, L. Miranda, & S. Wechsler (Orgs.), *Criatividade: Aplicações práticas em contextos internacionais* (pp. 15-32). Vetor.

Alencar, E. M. L. S., & Fleith, D. S. (2016). Relationships between motivation, cognitive styles and perception of teaching practices for creativity. *Estudos de Psicologia (Campinas), 33*(3), 503-513. https://doi.org/10.1590/1982-02752016000300013

Baer, J. (2016). *Domain specificity of creativity*. Academic Press.

Bahia, S. (2016). Especificidades da formação de professores de artes e de humanidades. *Sisifo - Revista de Ciências da Educação, 8*, 101-102. http://sisifo.ie.ulisboa.pt/index.php/sisifo/article/view/137/231

Barnett, R. (2020). Towards the creative university: Five forms of creativity and beyond. *Higher Education Quarterly, 74*(5), 5-18. https://doi.org/10.1111/hequ.12231

Beghetto, R. A., & Kaufman, J. C. (2016). Classrooms contexts for creativity. *High Ability Studies, 25*(1), 53-69. http://doi.org/10.1080/13598139.2014.905247

Bergantini, L. (2019). Sinestesia nas artes. *ARS (São Paulo), 17*(35), 225-238. https://doi.org/10.11606/issn.2178-0447.ars.2019.151267

Cropley, A. (2015). *Creativity in education and learning. A guide for teachers and educators*. Routledge.

Dau, S. (2018). Creative knowledge work and the impact of instruction. In B. Lund, & S. Arndt (Eds.), *The creative university* (pp. 65–84). Brill/Sense

Evcil, A. N., & Usal S. S. Y. (2017). An experience on anlogy and metafhor: Creative design tools to increase student´s creativities. *New Trends and Issues Proceedings on Humanities and Social Sciences, 4*(4), 50-55.

Finke, R. (2014). *Creative imagery-Discoveries and inventions in visualization*. Psychology Press.

Fleith, D. S. (2019). The role of creativity in graduate education according to students and professors. *Estudos de Psicologia (Campinas), 36*. https://doi.org/10.1590/1982-0275201936e180045

Fleith, D. S., & Morais, M. F. (2017). Desenvolvimento e promoção da criatividade. In L. S. Almeida (Ed.), *Criatividade e pensamento crítico: conceito, avaliação e desenvolvimento* (pp. 45-73). CERPSI.

Gibbs Jr, R. W. (2018). Words making love together: Dynamics of metaphoric creativity. In E. Winter-Froemel, & V. Thaler (Eds.), *Cultures and traditions of wordplay and wordplay research* (pp. 23-46). De Gruyter.

Glaveanu, V. P. (2018). Educating which creativity? *Thinking Skills and Creativity, 27*(1), 25-32. http://doi.org/10.1016/j.tsc.2017.11.006

Gómez A. (2016). Proyecto interdisciplinar "Sinestesia: flipando en colores". Experiencia de aula. *Didáctica. Lengua Y Literatura, 28*,113-130. https://doi.org/10.5209/DIDA.54092

Kaufman, J. C. (2016). *Creativity 101*. Singer Publishing Company.

Kettler, T., Lamb, K. T., Willerson, A., & Mullet, D. R. (2018). Teachers' perceptions of creativity in the classroom. *Creativity Research Journal, 30*(2), 164-171. http://doi.org/10.1080/10400419.2018.1446503

Lubart, T. (2017). Enhancing creativity. In T. S. Yamin, K. W. MacCluskey, T. Lubart, D. Ambrose, K. C. MacCluskey, & S. Linke. (Eds.), *Innovation Education* (pp. 119-128). The International Centre for Innovation in Education.

Lund, B., & Arndt, S. (2018). What is a creative university? In B. Lund, & S. Arndt (Eds.), *The creative university* (pp.1-0). Brill/Sense.

MacLaren, I. (2012). The contradictions of policy and practice: Creativity in higher education. *London Review of Education, 10*(2), 159-172. http://doi.org/10.1080/14748460.2012.691281

Masetto, M. (Ed.). (2012). *Inovação no ensino superior.* Edições Loyola.

McCowan, T. (2018). A "desagregação" do Ensino Superior. *Reveduc, 12*(2), 464-482.

McWilliam, E. (2008). Unlearning how to teach. *Innovations in Education and Teaching International, 45*(3), 263-269. https://doi.org/10.1080/14703290802176147

Miller, A. L., & Dumford, A. D. (2014). Creative cognitive processes in Higher Education. *The Journal of Creative Behaviour, 50(4)*, 282-293. https://doi.org/10.1002/jocb.77

Miranda, L. & Morais, M. F. (2019). Creatividad y motivación: un estudio exploratorio en docentes. *Revista de Estudios y Investigación em Psicología y Educación, 6*(2), 114-125. http://doi.org/10.17979/reipe.2019.6.2.5277

Morais, M. F., & Almeida, L. S. (2015). Perceções de obstáculos à criatividade em universitários de diferentes áreas curriculares e níveis de graduação. *Revista de Estudios e Investigacion en Psicologia y Educación, 2*(2), 54-61. http://doi.org/10.17979/reipe.2015.2.2.1358%20

Morais, M. F., & Almeida, L. S. (2016). Perceções sobre criatividade: Estudo com estudantes do Ensino Superior. *Revista Portuguesa de Educação, 29*(2), *14-162*. https://doi.org/10.21814/rpe.7385

Morais, M. F., & Almeida, L. (2019). "I would be more creative if...": Are there perceived barriers to college students' creative expression according to gender? *Estudos de psicologia (Campinas), 3.* https://doi.org/10.1590/1982-0275201936e180011

Morais, M. F., & Fleith, D. S. (2017). Conceito e avaliação de criatividade. In L. S. Almeida (Ed.), *Criatividade e pensamento crítico: conceito, avaliação e desenvolvimento* (pp. 19-44). CERPSI

Mulvenna, C. (2013). Synesthesia and creativity. In J. Simner, & E. Hubard (Eds.), *Oxford handbook of synesthesia* (pp. 609-630). Oxford University Press.

Nakano, T. C., & Wechsler, S. M. (2018). Creativity and innovation: Skills for the 21st Century. *Estudos de Psicologia (Campinas), 35*(3), 237-246. https://doi.org/10.1590/1982-02752018000300002

Nordstrom, K., & Korpelainen, P. (2011). Creativity and inspiration for problem solving in engineering education. *Teaching in Higher Education, 16*(4), 439-450. https://doi.org/10.1080/13562517.2011.560379

Omdal, S. N., & Graefe, A. K. (2017). Investing in creativity in students: The long and short (term) of it. In J. A. Pluckert (Ed.), *Creativity & innovation: Theory, research, and practice* (pp. 205-221). Prufrock Academic Press.

Pachucki, M. A., Lena, J. C., & Tepper, S. J. (2010). Creativity narratives among college students: Sociability and everyday creativity. *The Sociological Quarterly, 51*(1), 122-149. https://doi.org/10.1111/j.1533-8525.2009.01161.x

Palmiero, M, Piccardi, L., Nori, R, Palrmo, L, Salvi, C, & Guariglia, C. (2016). Editorial: Creativity and imagery. *Frontiers of Pshychology*, 7. https://doi.org/10.3389/fpsyg.2016.01280

Park, S., Lee, S. Y., Oliver, J. S., & Cramond, B. (2006). Changes in Korean science teachers' perceptions of creativity and science teaching after participating in an overseas professional development program. *Journal of Science Teacher Education, 17*(1), 37-64. https://doi.org/10.1007/s10972-006-9009-4

Romo, M. (2019). *Psicología de la creatividad: Perspectivas contemporáneas.* Ediciones Paidós.

Runco, M. A. (2014). *Creativity: theories and themes: Research, development and practice.* Academic Press.

Runco, M. A. (2018). Authentic creativity: Mechanisms, definitions, and empirical efforts. In R. J. Sternberg, & J. C. Kaufman (Eds.), *The nature of human creativity* (p. 246-263). Cambridge University Press. https://doi.org/10.1017/9781108185936.018

Sale, D. (2020a). Metacognitive capability: The superordinate competence for the twenty-first century. In D. Sale (Org.), *Creative teachers: Self-directed learners* (pp. 7-129). Springer. https://doi.org/10.1007/978-981-15-3469-0

Sale, D. (2020b). Creative teaching competence: The SHAPE of creative teachers. In D. Sale (Org.), *Creative teachers: Self-directed learners* (pp. 155-206). Springer. https://doi.org/10.1007/978-981-15-3469-0

Soares, S. R., & de Miranda, D. L. (2019). Reflexão dos docentes sobre a sua prática pedagógica: implicações para o seu desenvolvimento profissional. *Em aberto, 32*(106), 106-118. http://emaberto.inep.gov.br/ojs3/index.php/emaberto/article/view/4228

Starko, A. J. (2018). *Creativity in the classroom: Schools of curious delight.* Routledge.

Sternberg, R. J. (2018). Successful intelligence in theory, research, and practice. In R. J. Sternberg (Ed.), *The nature of human intelligence* (pp. 308-321). Cambridge University Press. https://doi.org/10.1017/9781316817049.020

Teixeira, J. (2018). As cores no processamento do significado: provérbios e sinestesia. *Revista Galega de Filoloxia, 19*, 131-149. https://doi.org/10.17979/rgf.2018.19.0.4950

Thomas, V. (2019). Using mental imagery to enhance creative and work related processes. Routledge. https://doi.org/10.4324/9781315189055

Torrance, E. P., & Safter, H. T. (1990). *The incubation model of learning and teaching: Getting beyond ah.* Bearly Limited.

Torrance, E. P., Torrance, L. P., Williams, S. J., & Horng, R. Y., (1978). *Handbook for training future problem solving.* University of Georgia.

Vale, I., & Barbosa, A. (2015). Matemathics creativity in elementary teacher training. *Journal of the European Teacher Education Network, 10*, 101-109. https://etenjournal.com/2020/02/08/mathematics-creativity-in-elementary-teacher-training/

Ward, J., & Simner, J. (2020). Synsthesia: The current state of the field. In K. Sathian & V. S. Ramachandran (Eds.), *Multisensory perception-from laboratory to* clinic (pp. 283-300). Academic Press.

Ward, T. B., Finke, R., & Smith, S. (1995). *Creativity and the mind.* Springer Verlag.

Wechsler, S. M., & Nakamo, T. C. (2011). Criatividade: Encontrando soluções para os desafios educacionais: In S. M. Wechler, & V. L. T. Souza (Orgs.), *Criatividade e aprendizagem. Caminhos e descobertas em perspectiva internacional* (pp. 11-32). Loyola.

Wechsler, S. M., Oliveira, K. S., & Tonete-Suarez, J. (2015). Criatividade e saúde mental: desenvolvendo as forças positivas do carácter. In M. F. Morais, S. M. Wechsler, & L. C. Miranda (Orgs.), *Criatividade: aplicações práticas em contextos internacionais* (pp. 59-76). Vetor.

Williams, R., Runco, M., & Berlow, E. (2016). Mapping the theme, impact, and cohesion of creativity research over the last 25 years. *Creativity Research Journal, 28(*4), 385-394. http://doi.org/10.1080/10400419.2016.1230358

Wiseman R., Watt, C., Gilhooly, K., & Georgiou, G. (2011). Creativity and ease of ambiguous figure reversal. *British Journal of Psychology, 102*(3), 615-622. https://doi.org/10.1111/j.2044-8295.2011.02031.x

Criatividade no Ensino Superior: Desafios Para o Futuro

Felipe Zamana

O presente capítulo constitui um estudo exploratório que visa apresentar uma análise crítica sob a criatividade em contexto educacional, mais especificamente no Ensino Superior (Universitário). Este capítulo teve como objetivo identificar os principais elementos para a estimulação da criatividade em sala de aula. Para tal, buscou-se compreender como é definido o potencial criativo dos estudantes e enfatizar a relação entre o estudante e o contexto educacional, nomeadamente a sala de aula e o professor, que exercem grande influência no desenvolvimento criativo. Por fim, apresentam-se os resultados do estudo exploratório, bem como novos desafios do professor contemporâneo e as perspectivas futuras em relação à estimulação da criatividade e seu possível impacto na Educação.

A Criatividade na Educação

Para entender a criatividade, precisamos primeiro de entender seu significado e seu surgimento. O estudo da criatividade é relativamente recente; só nasce oficialmente quando, em 1950, J. P. Guilford aponta para a importância de explorá-la como um campo do conhecimento independente (Guilford, 1950; Amabile, 2012; Cropley, 2012; Runco, 2017). A busca do significado do fenômeno criativo trouxe novas ideias para seu estudo, mas, apesar de qualquer pessoa julgar-se capaz de reconhecer a criatividade quando a vê, ainda não existe um consenso em relação à sua definição, uma vez que as compreensões de criatividade são *filtradas* através da cultura, contexto, experiências, valores, crenças e outras características particulares do indivíduo (Garcês, 2016; Alencar, 2016; Richardson & Mishra, 2017).

Podemos interpretar a criatividade tanto como um fenômeno individual quanto social; ao mesmo tempo em que se manifesta como uma ideia, ação ou produto desenvolvido por um ou mais indivíduos, ela precisa ser reconhecida pela sociedade ou grupo, e a educação exerce um papel crucial nesse desenvolvimento criativo. A educação tem um papel imprescindível na construção do futuro. Contudo, parece que os estudantes ainda não estão sendo preparados para esse futuro adequadamente. A maioria dos jovens tem o desejo de fazer algo que tenha significado e faça a diferença no mundo, mas a realidade é que parece que a maioria das escolas e universidades não está preparando os estudantes para serem criativos e inovadores (Wagner, 2012).

Para Alencar, poucos estudantes são realmente capazes de ser inventivos e originais, e "é preciso preparar o educando para solucionar problemas que ainda nem surgiram – e isso só é possível através do estímulo à criatividade" (2016, p. 18). O desempenho criativo não parece ser uma prioridade nas escolas, apesar de o desenvolvimento da criatividade do estudante ser crucial para o avanço econômico, científico, social, artístico e cultural (Richardson & Mishra, 2017). Por isso, é preciso que o sistema educacional seja reestruturado em torno de disciplinas que envolvam mais grupos de colaboração, improvisação e processos criativos, onde o estudante possa responder melhor às necessidades e desafios do mundo atual (Alencar, 2016). Nesse sentido, é impossível considerar a existência da criatividade sem a influência da educação, pois a criatividade interage diretamente com a forma como a pessoa enxerga e aprende o mundo.

O Valor da Criatividade no Ensino

A preocupação em estimular a criatividade em sala de aula cresce conforme se identifica que, por meio do processo educacional, o estudante pode tornar-se capaz de desenvolver produtos e ideias inovadoras, constituindo o professor um agente motivador para esse desenvolvimento criativo (McCarthy & Blake, 2017). Apesar de ser comumente considerada misteriosa e desconhecida, e, por isso, impossível de ser ensinada, a criatividade envolve processos de pensamento comuns, o que torna o pensamento criativo algo comum a todos (DaVia et al., 2017). Entretanto, para desenvolver a criatividade, é importante compreender e considerar os diversos sub-processos do processo criativo, a fim de permitir que ocorram de forma natural e que sejam estimulados em sala de aula, sendo eles: analisar e articular a natureza do desafio apresentado; recolher informações e melhorar as habilidades necessárias para confrontá-lo; gerar ideias; testar e validar a solução escolhida e comunicá-la para os outros (Amabile, 2012). Porém, esses subprocessos não podem ser vistos como uma sequência rígida, uma vez que podem acontecer em qualquer sequência e serem repetidos quantas vezes for necessário até que o resultado desejado seja alcançado (Morais & Almeida, 2019).

O principal objetivo no estímulo da criatividade em sala de aula é atender as demandas da vida moderna, dando a possibilidade de o estudante aproveitar suas oportunidades de desenvolvimento (Alquatahni, 2016). Por isso, é necessário investir na formação de estudantes que sejam capazes de usufruir de seu potencial criativo em plenitude. Para Alencar (2016, p. 7):

A consciência de que é necessário investir na formação de indivíduos aptos a fazer uso mais pleno do potencial criativo cresceu de forma exponencial, devendo as instituições escolares preparar os estudantes para um futuro incerto em uma sociedade complexa, marcada por numerosos desafios e exigências.

Dessa forma, é preciso algo que facilite o ensino da criatividade e os seus métodos de aprendizado e que seja transversal a todas as áreas e para todas as idades. O desenvolvimento do pensamento criativo dos estudantes possibilita que tenham as ferramentas necessárias para buscar o conhecimento e aprenderem por conta própria futuramente (Alquatahni, 2016). Assim, a educação tem de renovar-se continuamente e procurar constantemente novas maneiras de ensinar, focando-se em *como* os estudantes aprendem.

A criatividade requer a confluência de uma série de componentes para acontecer (Richardson & Mishra, 2017). É importante para o potencial criativo que sejam estimulados elementos como a motivação do indivíduo, adaptação e domínio das habilidades, capacidade de pensar criativamente e um ambiente que apoia e incentiva a criatividade, algo que iremos explorar em seguida.

Motivação

A motivação é uma força transformadora que inclui o senso de si e o senso do que o indivíduo almeja realizar, mantendo-o ativo para estabelecer as habilidades ou informações essenciais e trazer uma atitude mental que permite que os requisitos da tarefa aconteçam (Runco et al., 2016; Runco, 2017). Além disso, é mais provável que o indivíduo seja mais criativo quando motivado intrinsecamente pela tarefa, através do interesse, prazer, satisfação e desafio, ou enquanto sentir que sua atividade tem *significado* (Amabile, 2012).

Existem diferentes caminhos para a motivação e diferentes razões para incentivar o potencial criativo. A motivação pode vir por meio da recompensa pelo desempenho criativo, incentivando o indivíduo a se expressar criativamente com maior frequência (Eisenberger & Byron, 2011). Outras vezes, a motivação pode ser vista como o resultado de uma necessidade ou uma resposta a um problema (Richardson & Mishra, 2017). Em outros casos, a motivação que gera o esforço criativo se dá pelo desejo de imortalidade; como sabemos que um dia vamos morrer, fazemos uso da criatividade para sermos lembrados ao deixar uma marca no mundo (Runco, 2017).

A motivação influencia diretamente características como curiosidade, disposição para correr riscos, tolerância, dedicação, energia, concentração e fascinação pela tarefa, fundamentais para o pensamento criativo (Morais & Almeida, 2019). Os estudantes, se estimulados criativamente, são motivados pela sua própria curiosidade e fascinação por uma questão, evento, problema ou atividade que os encoraje a inventar e/ou inovar através de sua imaginação, fantasia e gostos pessoais (Alencar, 2016). Para Wagner (2012), a motivação do estudante é uma combinação de *diversão, paixão e propósito*: o aprendizado baseado na descoberta leva o estudante a encontrar e perseguir suas paixões. Dar ao estudante a oportunidade de ser autônomo e afirmar suas próprias vontades permite o desenvolvimento da independência e individualidade, reforçando sua motivação pela tarefa ou desafios (Sinek, 2012). O professor, ao valorizar e promover essas características, possibilita que o estudante desenvolva não só suas capacidades de pensamento criativo, mas também sua inteligência emocional (Alencar, 2016).

Adaptação

A adaptação envolve grande parte das influências que moldam a relação entre o indivíduo, a cultura e o ambiente, assim como elementos cognitivos, emocionais e motivacionais, sendo a adaptação uma das questões mais relevantes para a análise da criatividade (Cohen, 2012). Ela pode, dependendo da situação, contribuir para bloquear ou estimular a criatividade, pois definirá se o indivíduo irá se conformar diante de um ambiente, ou se irá se ajustar criativamente ao mesmo (Runco et al, 2017).

O indivíduo pode também moldar o ambiente de acordo com suas necessidades e desejos ou se mudar para um ambiente mais propício para o desenvolvimento de suas habilidades e interesses, baseado em sua experiência prévia. No geral, adaptar-se permite ao indivíduo ser tolerante perante as incertezas ou ambiguidades do mundo, aceitar não ter sempre as respostas, estar errado, e tentar novas alternativas (Harari, 2017). Para Sinek (2012, p. 96):

> A maioria das pessoas que nascem e crescem em uma cultura vão, por razões óbvias, terminar se adaptando razoavelmente bem nessa cultura. Nós nos sentimos melhor em culturas com as quais nos adaptamos bem. Nós nos sentimos melhor em lugares que refletem as nossas próprias crenças e valores.

Cultura é a combinação de tradição, valores, costumes, regras, comportamentos e crenças, bem como as questões políticas, econômicas e tecnológicas que impactam um grupo em determinado tempo e espaço (Cohen, 2012). Para se adaptar bem a essa cultura, o indivíduo deve contribuir para transformar o meio com produtos ou ideias de valor. Adaptar-se significa encontrar uma forma útil e gratificante de se viver, mas exige instrução e desenvolvimento suficientes em um ou mais campos para ser alcançada (Morin, 1999). Entretanto, para que o indivíduo alcance este equilíbrio entre suas habilidades e o ambiente, é necessário que o meio ofereça as oportunidades e o suporte para o desenvolvimento dessas capacidades como também ter seus talentos reconhecidos e incentivados com a instrução e os materiais apropriados (Morais & Almeida, 2019).

Enriquecendo a maneira como o estudante experimenta o mundo, ele estará mais bem preparado para o futuro, levando em consideração o seu contexto cultural (Cohen, 2012). Neste caso, as instituições de ensino devem proporcionar ao estudante uma forma para reconhecer suas próprias estratégias e estilos de trabalho e pensamento, bem como diferentes formas de aprendizado.

Abertura, Conectividade, Interdisciplinaridade

Todo o indivíduo transita em diversos meios, culturas e ambientes e, consequentemente, está conectado a eles. Os seres humanos e as sociedades são *multidimensionais*: um ser humano é um ser biológico, psicológico, sociológico, emocional e racional; já a sociedade inclui dimensões históricas, econômicas, sociológicas e religiosas (Morin, 1999). Pensando nisso, a adaptação criativa envolve dinâmicas altamente complexas que dependem de uma ampla gama de restrições situacionais e culturais e, durante a adaptação criativa, todas as faculdades humanas são utilizadas em problemas e oportunidades ambientais e culturais (Cohen, 2012).

A criatividade envolve a mudança de contexto, o que permite ao seu criador ver o mundo de outra maneira, mas, para isso, é preciso que ele esteja aberto e atento para tal, pois nesse processo a conexão entre novas e antigas perspectivas da situação não é sempre diferenciável (Morais & Almeida, 2019). A abertura para o novo e a conectividade de ideias são características do indivíduo que gosta ir além do convencional, que é atraído pelo inesperado, e que normalmente procura explicações alternativas (Runco, 2017).

Do ponto de vista do ensino, a abertura e conectividade são mais valiosas para a estimulação da criatividade do que mecanismos puramente competitivos, porque dar espaço para o indivíduo criar gera confiança (Tang & Werner, 2017). Essa confiança vem de se fazer parte de uma cultura ou de um grupo com um conjunto comum de crenças e valores, que se mantêm quando essas são gerenciadas de forma ativa e colaborativa (Fleith, 2019). O desenvolvimento da confiança para encorajar e motivar os estudantes é a melhor estratégia a longo prazo porque, segundo Sinek, "quando você compete contra todos, ninguém quer parar para ajudá-lo, mas quando você compete contra si mesmo, todos querem te ajudar" (2012, p. 220).

Além da confiança, a interdisciplinaridade em sala de aula potencializa o entendimento da criatividade, visto que ela abre espaço para a novidade criadora (Sawyer, 2006). A capacidade criativa surge quando diferentes disciplinas intelectuais colidem, quebrando os moldes do costume e estendendo as possibilidades do pensamento e da percepção, emergindo em grande parte da recombinação de conhecimento existente, o que constitui, no fundo, um acréscimo a esse conhecimento (Tang & Werner, 2017).

A criatividade não é um processo isolado, mas sim transversal entre muitas áreas e atividades. Normalmente, somos ensinados a separar, compartimentar e isolar o aprendizado ao invés de fazer conexões e, como consequência, nosso conhecimento pode se tornar um "quebra-cabeças ininteligível perdido entre diferentes disciplinas" (Morin, 1999, p. 17, tradução livre). Nesse sentido, a escola não pode ser um ambiente fechado; precisa estar aberta e dialogar constantemente com outras instâncias.

A criatividade necessita, de uma forma geral, que o indivíduo se relacione com o seu ambiente cultural a partir de uma visão multidisciplinar e global, baseando-se na observação e na experiência (Garcês et al., 2016). Essa receptividade às novas ideias e a experimentação demandam que aprendamos a considerar e, muitas vezes, procurar maneiras de desafiar as convicções atuais. Quanto mais descobrimos, mais compreendemos quão incompleto é o nosso conhecimento, cabendo ao professor tentar ampliar esse interesse pelo novo, propondo objetivos desafiadores e, principalmente, tomar precauções para que ele mesmo permaneça aberto a novas experiências.

Fatores Sociais

Os ambientes sociais exercem importante influência no desenvolvimento da criatividade. Parte do que é determinado naquele meio como criativo é referente a quem está avaliando o ato, uma vez que tendemos a julgar como mais criativo os produtos de criadores que compartilham da nossa percepção sociocultural (Garcês et al, 2016).

Esses fatores sociais e culturais estão relacionados com valores e crenças compartilhadas pelos indivíduos de uma sociedade, sendo eles transmitidos inicialmente pela família e, a seguir, pela escola no decorrer do processo de socialização (Alencar, 2016).

Um ambiente educacional permissivo pode facilitar a criatividade do estudante, mas ele deve ter uma atenção e apoio do professor, que precisa fazer com que o estudante esteja atento ao seu próprio potencial (Runco et al., 2017). O professor deve não só incentivar a abertura, mas também eliminar possíveis bloqueios, pois tem o importante papel de intermediar o processo de aprendizado através de pistas, orientação e retificação. Através dessas interações com o professor, o estudante internaliza os processos de solução de problemas e aprendizagem, o que o tornará melhor preparado para lidar com problemas e desafios no futuro (Alencar, 2016). Com o tempo, conforme desenvolve sua capacidade de generalizar e transferir o que aprendeu, o professor passa mais a encorajá-lo do que orientá-lo.

Nesse cenário, os colegas são essenciais para a realização da criatividade individual, porque a criatividade não existe até que aquele determinado grupo reconheça que dado indivíduo contribui com ideias e produtos originais para o meio (Tang & Werner, 2017). Além disso, os professores que se demonstram interessados em incentivar a criatividade normalmente se dão bem com todos os estudantes, mas são particularmente mais efetivos com estudantes criativos, pois oferecem um modelo para o comportamento criativo. Além disso, esse professor pode servir como refúgio quando o estudante é criticado por colegas, familiares ou outros professores (Cropley, 2012). Eles também apoiam a maneira única do estudante enxergar o mundo, enquanto outros professores podem apontar como não sendo o *jeito certo* de se fazer as coisas.

A criatividade envolve escolhas, algumas com efeitos mais profundos que outras. A cultura emerge da interação entre indivíduos, conectando-os e criando valor, e aqueles com grande potencial criativo carregam maior responsabilidade sobre as possíveis consequências dos seus pensamentos, pois moldam o seu entorno (Morin, 1999). Assim, é mais indicado que esses estudantes contem com a facilitação de professores com conhecimento apropriado, capazes de dar o suporte e auxílio, cronstruindo seu conhecimento e experiência para lidar com esse potencial.

O Papel do Professor Criativo

Muito se fala em preparar os estudantes no âmbito da criatividade, mas se esquece a necessidade de também preparar o professor para esse desenvolvimento. Como todos foram estudantes em algum momento na vida, existe sempre uma opinião acerca dos professores e do ensino, mas nem todos tiveram a oportunidade de vivenciar como é ser professor (Mullet et al., 2016). Assim como o estudante, o professor também precisa estudar e se preparar para poder ensinar criativamente, desenvolvendo suas técnicas de ensino e sua criatividade, o que influenciará diretamente a qualidade do aprendizado do estudante.

A maioria dos professores concorda com o princípio de que a criatividade beneficia tanto a sociedade quanto o indivíduo, porém, o sucesso da criatividade na educação está amplamente dependente das crenças e convicções de criatividade do professor, tendo sido observado uma incongruência entre essas crenças e a prática em sala de aula (Bereczki & Kárpáti, 2017). Eles acreditam que a criatividade requer originalidade – não adequação –, que ela é um talento inato e majoritariamente relacionado com as artes e humanidades, e que, apesar de poder ser ensinada, não são todos os estudantes que têm a capacidade para aprendê-la.

Segundo Eisenberger & Byron (2011), as principais características que os professores devem promover em seus estudantes são: bagagem cultural e conhecimento geral; proficiência em mais de uma área; imaginação ativa; capacidade de reconhecer, descobrir e inventar problemas e soluções; enxergar conexões lógicas, similaridades e sobreposições (pensamento convergente); capacidade de fazer associações distantes, enxergar o inesperado (pensamento divergente); capacidade de se auto avaliar; e habilidade para comunicar suas ideias para os outros. Além de promover essas características, é importante que o professor ofereça o modelo comportamental criativo, porque o ensino-aprendizagem que estimula a criatividade dos estudantes requer um ato de criatividade do próprio professor (Soh, 2016). Nas palavras de Eisenberger & Byron (2011, p. 317, tradução livre):

> Quando as pessoas recebem treinamento ou o exemplo de comportamento criativo, elas aprendem a ser mais criativas. Além de aprenderem novas habilidades, o treinamento e o

> exemplo também ajudam a esclarecer as expectativas sobre o que é valorizado . . . as pessoas são mais propensas a ser criativas quando entendem que a criatividade é esperada e considerada desejável... elas entendem que também devem ser criativas.

O simples fato de sempre chamar o estudante pelo nome, cumprimentá-lo, elogiá-lo por seu desempenho ou fazer referência a uma de suas qualidades, ajuda a criar um sentido de valor pessoal; entretanto, o desenvolvimento da maturidade criativa envolve tanto uma transformação externa de um campo específico quanto uma transformação interna do *eu* (Alencar, 2016). A transformação externa exige sensibilidade para o contexto, atenção às limitações desse campo e o desejo de trabalhar arduamente para modificá-lo, o que já se relaciona com alguns aspectos da transformação interna, envolvendo a abertura e disposição para mudar a forma de pensar atual para uma nova perspectiva (McCarthy & Blake, 2017). Os indivíduos que desenvolvem essa maturidade criativa se adaptam das duas maneiras, externa e internamente, modificando o meio para caber em seus planos e teorias, e a si mesmo, para serem capazes de se ajustar a esse novo ambiente.

Os Desafios do Professor Criativo

O primeiro desafio do professor é relativo às maneiras existentes de se avaliar a criatividade. Embora existam muitos testes para medi-la, não se pode até o presente avaliar o potencial de criatividade sem usar os dados aparentes, como a ação concreta da pessoa, uma vez que há dificuldades de mensuração e operacionalização, decorrentes da complexidade da própria definição de criatividade (Runco, 2017). Todavia, Campanario explica que "a única maneira de saber se uma pessoa é criativa é observando-a a aplicar seus talentos num determinado âmbito" (2014, p. 88, tradução livre).

Acredita-se, por um lado, que a criatividade está presente em todo indivíduo e emerge espontaneamente se não for inibida ou bloqueada; por outro lado, acredita-se que o indivíduo não é naturalmente divergente e fantasioso, e precisa ser ensinado a ser criativo (Morais & Almeida, 2019). Se o estudante, à primeira vista, nada apresenta de criativo, a avaliação tenderá a caracterizá-lo como um estudante com potencial muito baixo; contudo, uma avaliação permite começar a influir no comportamento. Para Predebon (2010, p. 100):

> A observação que fiz foi de muitos casos de transformações em alunos que não apresentavam nenhuma ação criativa em suas vidas e se julgavam incapacitados para exercer qualquer tarefa que exigisse imaginação. Entretanto, ao lhe serem fornecidos recursos para vencer bloqueios e para aproveitar e desenvolver o potencial criativo, tornavam-se outros. Apresentavam níveis excepcionais de criatividade, apesar dos antecedentes.

O segundo desafio para o professor se refere à sala de aula. Parece ter havido poucas mudanças desde a criação do modelo educacional no século XIX, e ainda podemos observar que elementos como a lousa, o giz, as carteiras enfileiradas e a lista de chamada ainda são comumente encontrados numa sala de aula (Runco, 2017). Além disso, a profissão de professor tem sido tradicionalmente avessa a correr riscos, e têm sido utilizados sistemas e testes que exacerbaram essa tendência (Wagner, 2012). Porém, com as novas tecnologias, o planeta se tornou o espaço de aprendizado, e o perfil do estudante mostra-se completamente diferente do que era no passado.

Nesse sentido, podemos compreender a educação como a integração de grupos, sociais ou culturais, nos quais cada membro contribui para transformá-los. A sala de aula é apenas um dispositivo para isso acontecer, mas nem sempre representa o melhor dispositivo para se aprender (Runco et al, 2017). A educação deve deixar de estar centrada no ensino tradicional para estar centrada na relação entre os indivíduos, em que aprender é algo que acontece através da *colaboração*, um dos mais valorizados requisitos para a nova educação (Wagner, 2012). A qualidade da relação do professor com o estudante e dos instrumentos que a medeiam é o que torna possível transformar a informação em conhecimento. O professor deve levá-lo a descobrir soluções conjuntas para os problemas; o que não faz sentido se ambos não trabalharem juntos (DaVia et al, 2017). O principal objetivo para adquirir conhecimento e desenvolver habilidades deve ser propor desafios que incentivem o estudante a gerar um novo entendimento. Os estudantes compreendem melhor e retêm mais informação quando esse conhecimento está inserido em um contexto interdisciplinar, no qual o estudante é desafiado e encorajado a descobrir por conta própria (Wagner, 2012). Assim, o papel do professor passa a ser de facilitador do conhecimento, que provoca ação para gerar processos cada vez melhores e mais efetivos de aprendizado, levando em consideração o ritmo e o tempo daquele grupo (Mullet et al., 2016).

Essa ação nasce das experiências de que o estudante participa, que podem ser de imersão, de exploração, de incubação, de elaboração ou de exposição frente a diferentes estímulos. Contudo, a maioria desses estímulos não surge espontaneamente; alguém tem que criá-los (Campanario, 2014). Ao criar essas experiências, o professor mostra para o estudante diferentes maneiras de se obter o conhecimento, guiando-o por um caminho estimulante, motivador e que dê voz e vez ao estudante, para que exista a possibilidade de aprenderem juntos. Dessa forma, o professor aprende com o estudante e o estudante aprende com o professor (Predebon, 2010). Para Morais & Almeida (2019), o simples fato de expor o estudante a exemplos de respostas criativas já demonstrou resultados positivos. Outra forma é ensinar técnicas de pensamento criativo, incentivando que os estudantes vejam o mundo através de uma nova perspectiva. Estimular a criatividade é eliminar bloqueios que façam com que o indivíduo esconda esse potencial criativo.

Metodologia

Nesta parte do capítulo é explicada a metodologia utilizada no estudo exploratório. São igualmente identificados os objetivos que conduziram a investigação bem como os instrumentos e procedimentos referentes a recolha e tratamento da informação. O material recolhido traz conhecimentos que servem de referência ao campo de interesse. É de suma importância esclarecer que esta investigação tem caráter exploratório, ou seja, é uma investigação de pesquisa empírica cujo objetivo é aumentar a familiaridade do pesquisador com um ambiente, fato ou fenômeno para a realização de uma pesquisa futura mais precisa ou para modificar e clarificar conceitos. Nesta investigação, utilizou-se como instrumento um questionário, recorrendo, portanto, a uma metodologia quantitativa, haja vista que esta oferece a vantagem de atingir um maior número de estudantes.

Objetivos de Estudo

O objetivo geral do presente estudo, de caráter essencialmente exploratório, centra-se em descobrir como estudantes do ensino superior português percebem a estimulação da criatividade. Já como objetivos específicos, pretende-se:

a) Compreender se o estudante se percebe como uma pessoa criativa ou não;
b) Compreender como o estudante percebe o ambiente criativo, nomeadamente através do ensino-aprendizagem em sala de aula.

Caracterização Sociodemográfica da Amostra

Optou-se por investigar estudantes do ensino superior português que, até a realização do estudo, possuíam idade igual ou superior aos 18 anos e encontravam-se frequentando qualquer curso ou ciclo em uma das nove universidades portuguesas que aparecem no ranking mundial das universidades segundo o *Times Higher Education*[18]. A dimensão da amostra e as respostas obtidas não permitem tirar conclusões generalizáveis, o que, aliás, não prejudica o estudo, dado que este é exploratório.

Técnicas, Instrumentos e Procedimentos

Para responder aos objetivos propostos, procurou-se analisar a percepção dos estudantes que, até à realização do estudo, encontravam-se a frequentar o ensino superior português. Para tal, foi concebido pelo próprio investigador um questionário online destinado a esses estudantes. O projeto foi analisado pela Comissão de Ética da Universidade Fernando Pessoa, não tendo merecido qualquer comentário negativo. O questionário foi disponibilizado online por um período de 30 dias após a sua aprovação pela Comissão de Ética.

---

[18] Ranking na íntegra: https://www.timeshighereducation.com/world-university-rankings/2018/world-ranking#!/page/0/length/25/locations/PT/sort_by/rank/sort_order/asc/cols/stats.

O questionário foi acedido pela população em meio digital. Sua veiculação foi feita através de um Pedido de Colaboração aos gabinetes de Comunicação e/ou Relações Públicas das instituições universitárias portuguesas selecionadas, tendo sido solicitado que elas divulgassem o *link* para acesso junto aos estudantes da instituição. O estudo contou com 57 respostas de estudantes de universidades da região norte, norte interior e região sul de Portugal.

O questionário foi veiculado através da ferramenta do *Google Docs*, que ofereceu uma coleta de dados segura e anônima. Essa ferramenta permitiu limitar o questionário a uma única resposta por usuário, solicitando ao usuário que, para poder preenchê-lo, estivesse *logado* em sua conta de e-mail. Entretanto, embora fosse possível solicitar que a ferramenta do Google registrasse os endereços eletrônicos dos estudantes que respondessem ao questionário, o investigador não ativou essa opção, garantindo, assim, o anonimato e a confidencialidade dos participantes. Assim, através do questionário, foi possível explorar melhor a percepção dos estudantes acerca da estimulação da criatividade em sala de aula, uma vez que o questionário permitiu obter respostas mais rápidas e precisas, liberdade nas respostas em razão do anonimato e menor risco de distorção pela não influência do investigador, concedendo a escolha do momento mais oportuno para se responder.

Instrumentos de Recolhimento de Informação

O questionário online é composto de um total de 17 questões divididas em três seções de análise, são elas:

- Seção 1 – Caracterização sociodemográfica do estudante: idade; sexo; designação do curso; ano e ciclo de estudos.
- Seção 2 – Percepção do estudante sobre as características da pessoa criativa; processos criativos; interesse; curiosidade; autoimagem; abertura à experiência; autoconfiança; autonomia; independência; iniciativa; adaptação; originalidade.
- Secão 3 – Percepção do estudante sobre a criatividade na sala de aula: estimulação da criatividade por parte dos professores; a sala de aula como ambiente criativo; interdisciplinaridade; motivação.

Nas seções 2 e 3, as respostas são em escala *likert*, com opções desde o *Discordo Totalmente; Discordo em Parte; Nem Discordo/Nem Concordo; Concordo em Parte* ao *Concordo Plenamente*. Entretanto, ainda na seção 2, foram listados 30 itens e pediu-se que o estudante selecionasse 5 (cinco) opções que julgasse mais pertinentes para a questão, não importando sua ordem hierárquica, podendo também citar na opção *Outra* alguma que acredite não estar listada.

Análise e Discussão dos Resultados

Após se ter procedido à recolha dos dados, realizou-se uma análise quantitativa das informações recolhidas junto dos participantes. A organização da apresentação dos resultados obtidos no estudo seguiu a mesma linha de pensamento que conduziu a elaboração do questionário, estruturado por temas e subtemas de análise, indo ao encontro do cumprimento dos objetivos da investigação.

Figura 1 – Seção 1: Dados Sociodemográficos

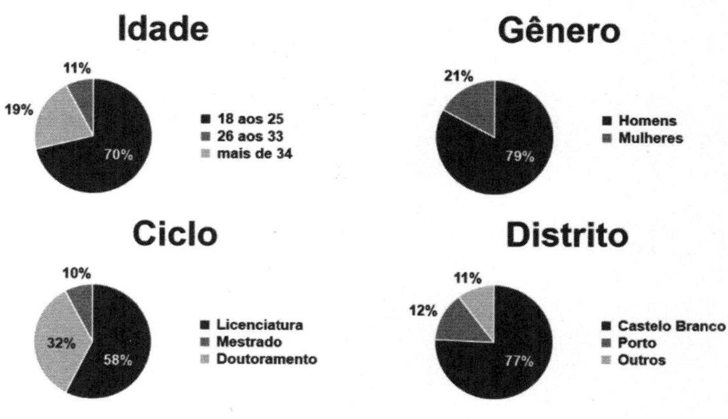

Figura 2 – Seção 2: Considero-me uma perssoa com potencial criativo

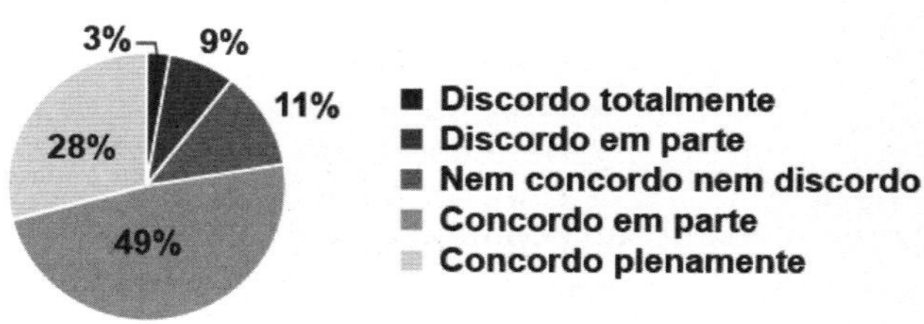

Figura 3 – Seção 3: Normalmente procura formas de aprender para além dos conteúdos apresentados em sala de aula

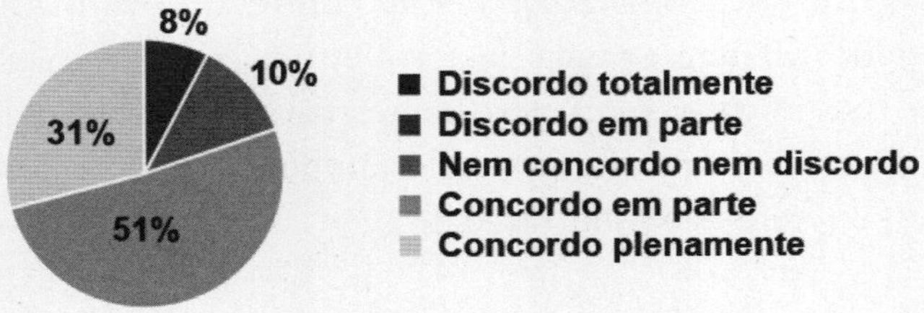

Figura 4 – Seção 2: Quando tenho que desempenhar uma tarefa, não me sinto confortável em correr riscos

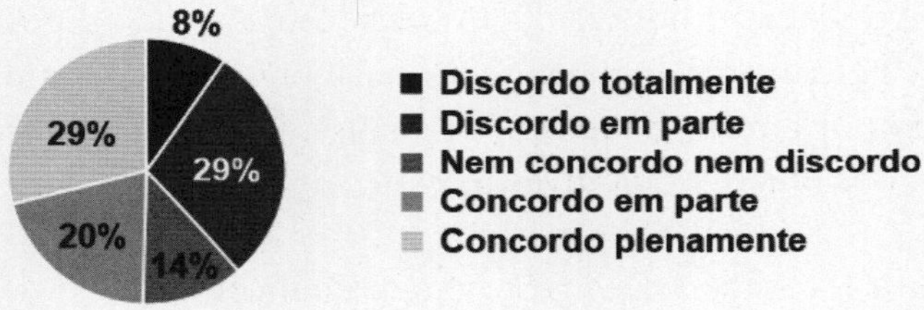

Figura 5 – Seção 2: Não costumo desistir de tarefas difíceis sem antes ter tentado diversas alternativas

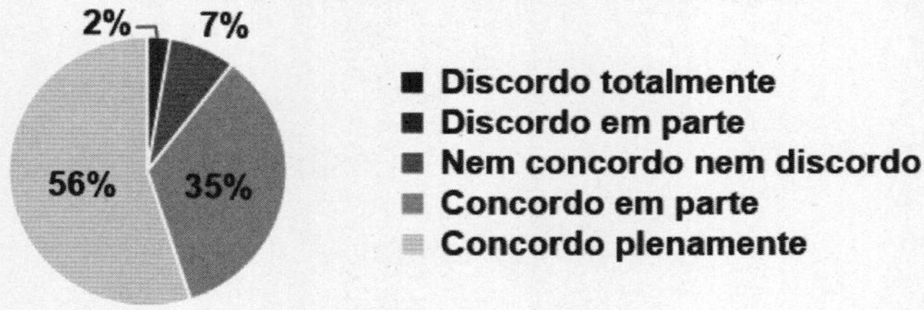

Figura 6 – Seção 2: Sinto-me atraído a explorar novos caminhos e áreas do conhecimento

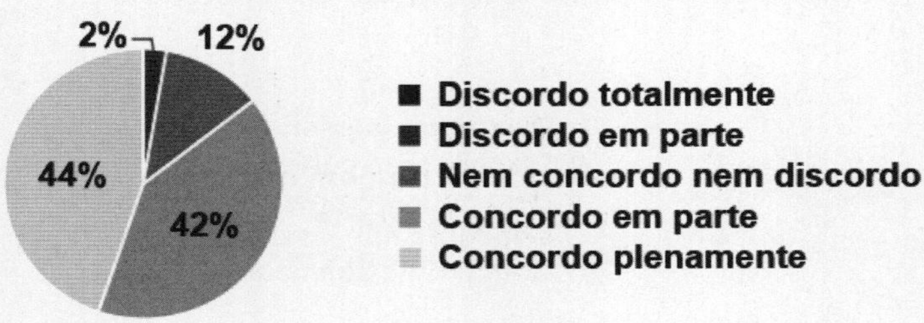

Figura 7 – Seção 2: Quando tenho uma tarefa ou trabaljo, prefiro que o professor me diga exatamente como o fazer

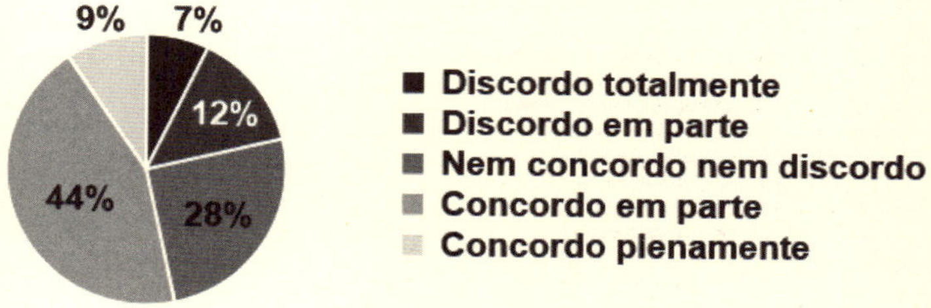

Figura 8 – Seção 2: Quando sou criticado por um colega ou professor, sinto-me desanimado e desmotivado

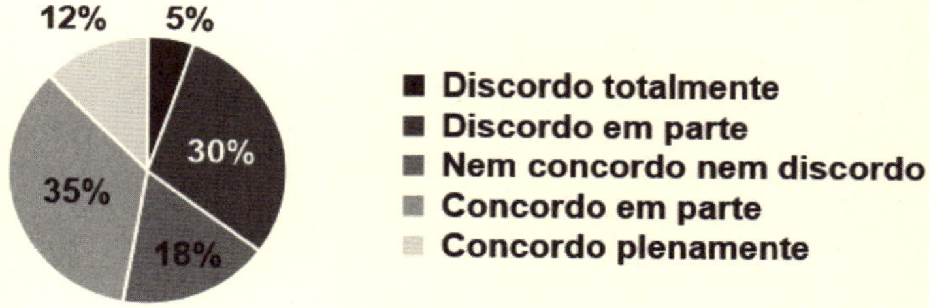

Figura 9 – Seção 2: Tenho tendência para seguir as regras à risca

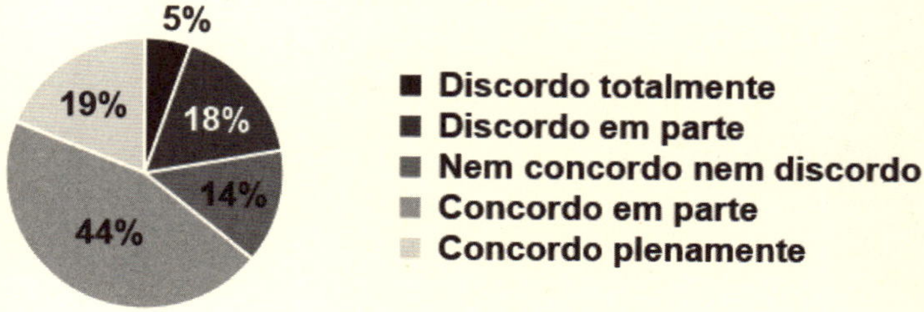

Figura 10 – Seção 2: Procuro fazer um trabalho que se destaque dos demais, mesmo que isso implique correr riscos

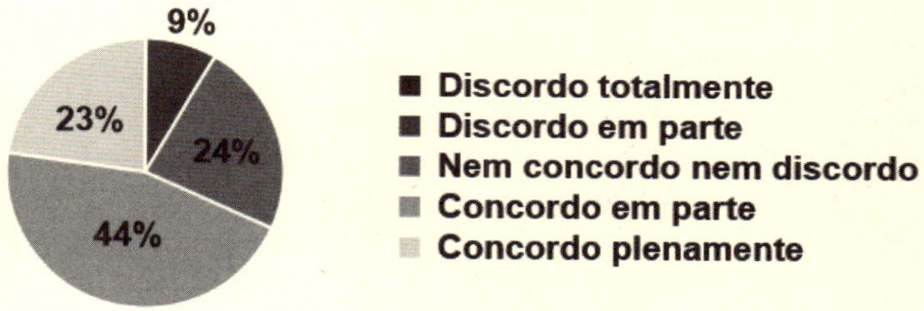

Figura 11 – Características criativas

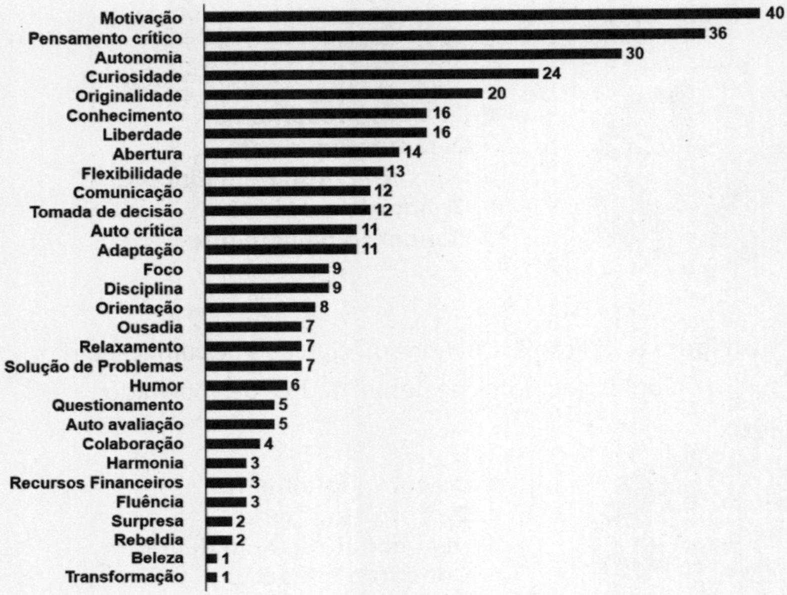

Figura 12 – Seção 3: Sinto-me mais confortável em estudar numa sala com muitos alunos do que numa sala com poucos alunos

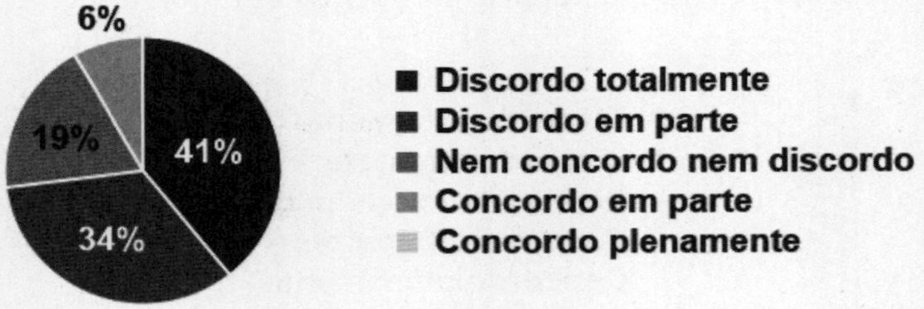

Figura 13 – Seção 3: Normalmente costumo pedir a opinião de outras pessoas da sala sobre as minhas ideias

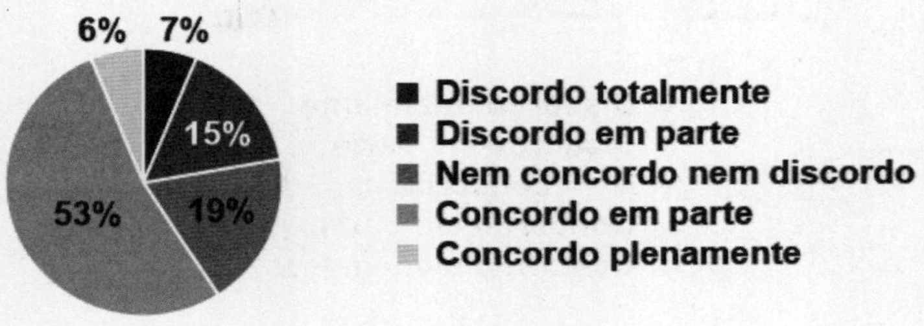

Figura 14 – Seção 3: Sinto-me mais à vontade em fazer tarefas que envolvam mais do que uma cadeira

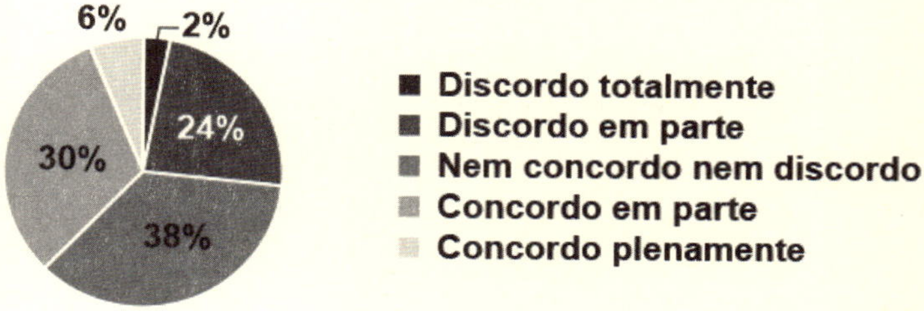

Figura 15 – Seção 3: Interesso-me mais pela aula de um professor que se demosntra atento às minhas necessidades particulares

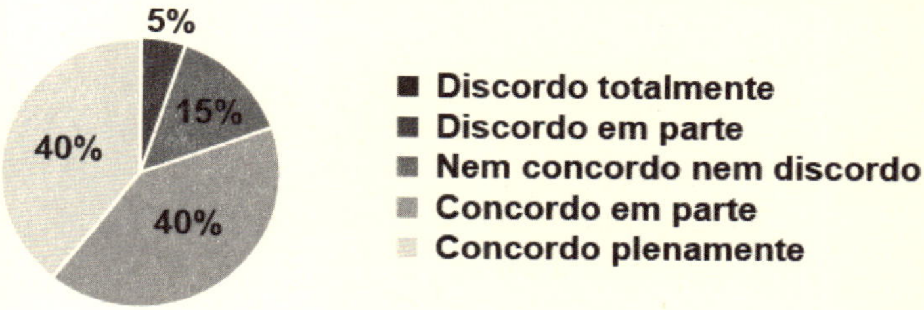

Figura 16 – Seção: Acho que alguns professores, apesar de dominarem o conteúdo, têm dificuldade em passa-lo de forma compreensível

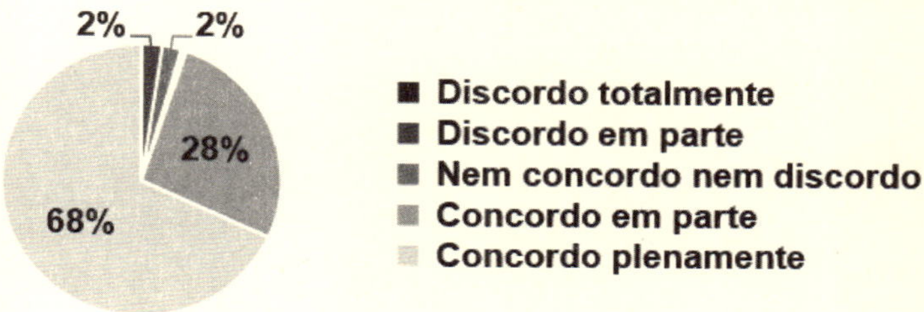

Figura 17 – Julgo que provas e testes são mais eficientes para avaliar do que apresentações de trabalhos

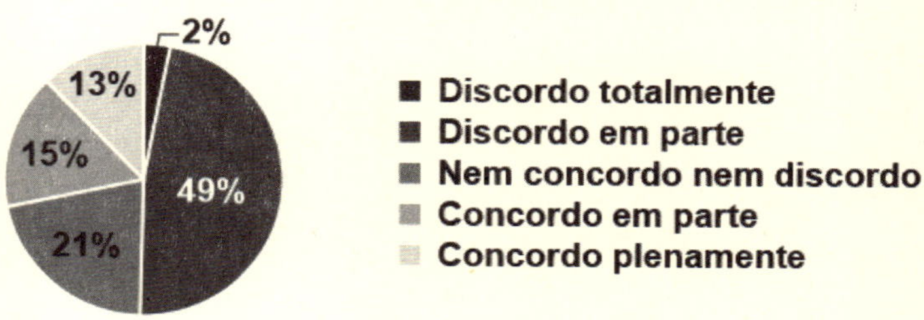

Análise Geral dos Dados

Nesta análise, pretende-se, de uma maneira geral, explorar os resultados que mais se destacaram em cada seção do questionário. Na Seção 2, buscou-se descobrir como o estudante percebe sua criatividade pessoal. Assim, os estudantes se identificaram como portadores de um potencial criativo, bem como cientes da sua importância para o desenvolvimento pessoal e social. Contudo, existem contradições entre essa percepção e alguns resultados, principalmente os que dizem respeito, direta ou indiretamente, à autoconfiança e a se arriscar.

Assim, conforme as características indicadas pela amostra como as mais importantes para a criatividade, pode-se interpretar essa discrepância como uma consequência de dois cenários possíveis: o primeiro cenário seria um ambiente educacional orientado para o convencional, onde esses estudantes não possuem espaço para se expressarem livremente; no segundo cenário, os estudantes estariam motivados, buscando autonomia e perseguindo a sua curiosidade através dos desafios propostos, ainda que não compreendam totalmente como o podem fazer, pois se veem sem uma orientação que atenda suas necessidades e dificuldades particulares. Na Seção 3, buscou-se descobrir como o estudante percebe a criatividade em sala de aula. Os estudantes identificaram a necessidade de um ambiente educacional mais centrado em seus interesses, onde, diante de um ambiente mais permissivo, possam ser os protagonistas do seu próprio aprendizado.

Perspectivas Para a Educação no Século XXI

O que era considerado uma boa educação há 50 anos não é mais o suficiente para a realidade do século XXI. É preciso desenvolver padrões e avaliações que não se limitem a medir se os estudantes são capazes de preencher um teste, mas que possuam habilidades do século XXI, como a comunicação, o pensamento crítico, a solução de problemas, o empreendedorismo, a colaboração e, principalmente, a criatividade (Obama, 2009). Acreditamos que nosso mundo é conhecível, otimizável e controlável, e essa convicção leva ao excesso de confiança e à dependência de *especialistas* (Kauffman, 2016).

A disponibilidade para admitir ignorância tornou a ciência moderna mais dinâmica, flexível e inquisitiva do que qualquer tradição de conhecimento anterior, partindo do princípio de que os seres humanos não conhecem as respostas para as perguntas mais importantes (Harari, 2017). Porém, ao contrário da ciência, a escola moderna não incentiva o questionamento e o pensamento livre, e admitir que não se saiba algo é o pior erro que o estudante pode cometer. A escola deve promover meios para a criação e o surgimento do novo, mas o surgimento da criação não pode ser conhecido de antemão, caso contrário não seria criação (Morin, 1999). Nesse sentido, não podemos simplesmente exigir que professores e universidades promovam esses meios; o ambiente educacional deve inspirar e encorajar seus professores a serem criativos, permitindo que incentivem o desenvolvimento de habilidades que estimulem a criatividade e os levem a criar formas para tal.

Para Wagner (2012, p. 68), as cinco práticas essenciais para os professores estimularem a criatividade são: colaboração ao invés de conquistas individuais; aprendizado multidisciplinar ao invés de especialização; tentativa e erro ao invés de evitar o erro; criar ao invés de consumir; motivação intrínseca ao invés de extrínseca. Nessa perspectiva, a criatividade na educação se tornou imprescindível na sociedade moderna, e entender o seu passado não nos permite apenas compreender o seu futuro, mas também ampliar nossos horizontes e visualizar que nossa situação atual não é constante e imutável, uma vez que temos muitas mais possibilidades à nossa frente do que aquelas que imaginamos (Harari, 2017). Para Sawyer (2006, p. 5, tradução livre):

- Ensinar a criatividade pode nos ajudar a identificar e reconhecer os talentos criativos únicos de cada indivíduo. Se desejarmos solucionar todos os problemas de nossa sociedade e do nosso planeta, precisamos aproveitar todos os talentos criativos possíveis;
- Ensinar a criatividade pode nos ajudar a criar líderes criativos, capazes de responderem melhor aos desafios da sociedade moderna. Líderes criativos causam maior impacto porque são mais eficientes em motivar pessoas, além de lidarem melhor com desafios por possuírem um pensamento não convencional;

- Ensinar a criatividade pode nos ajudar a sermos melhores em solucionar problemas. Nossa sociedade enfrenta problemas como poluição, pobreza e terrorismo, e alguns desses problemas podem ser solucionados simplesmente com um indivíduo tendo uma boa ideia, ou com grupos trabalhando juntos criativamente;
- Ensinar a criatividade pode nos ajudar a compreender a importância de experiências positivas para a saúde mental. Durante atividades positivas intensas é possível alcançar o auge criativo, contribuindo para uma vida mais feliz e significativa;
- Ensinar a criatividade pode nos ajudar a atingir uma maior satisfação intelectual. Isso nos guiará a uma sociedade mais criativa, aumentando o potencial criativo de nossas famílias, ambientes de trabalho, e nossas instituições;
- Ensinar a criatividade pode nos ajudar a formar educadores mais efetivos. A criatividade não é só importante no aprendizado em sala de aula, mas também para a aprendizagem informal que ocorre fora dela.

Em ordem a pertencer a esse futuro, o indivíduo deverá ser criador e carismático, capaz de reconhecer padrões e criar significado. Se o estudante deixar a escola sem saber como continuamente criar e inovar, ele estará despreparado para os desafios da sociedade, e o desenvolvimento dessa compreensão é uma tarefa para a educação do futuro (Morin, 1999).

Conclusões Gerais do Estudo

Esta investigação, como um todo, possibilitou explorar a temática da criatividade que ainda carece de alguma atenção. Este trabalho visou compreender melhor como a criatividade é percebida em contexto educacional, também se preocupando em trilhar um caminho que possibilite trazer novos conhecimentos sobre a sua importância e situação atual. De forma geral, acredita-se que os objetivos propostos foram alcançados.

No mais, conclui-se este estudo com a expectativa de que esteja clara a importância de explorarmos cada vez mais essa temática. Almeja-se, ainda, que todo o conhecimento aqui presente possa ser agregado ao estudo da criatividade e incentive futuras pesquisas acerca deste tema. Por fim, espera-se que uma melhor compreensão do que a criatividade pode nos oferecer permita que o objetivo da educação seja alcançado, ou seja, possibilite que seja construída uma sociedade mais justa e criativa, composta por indivíduos mais satisfeitos, realizados e que colaborem ativamente para o crescimento e o avanço social.

Destaque Para o Impacto Social

Com a criatividade como elemento fundamental para o futuro, talvez toda a ideia sobre educação precise de uma transformação. As instituições educacionais devem possibilitar questionar o status quo, oferecendo um espaço seguro para compartilhar ideias, construir confiança e amizade, renunciando à necessidade de controle e estabilidade para abrir espaço para experimentação, enfatizando a empatia, a colaboração e a comunicação. Cabe ao professor, como principal agente dessa mudança, preparar os alunos para o futuro, lembrando-os que é preciso ter esperança e que as mudanças, mesmo as radicais, trazem novos começos.

Assim, a educação do futuro precisa levantar dúvidas e provocar os alunos a formularem boas questões, e não limitar o aluno à "resposta certa". Devemos nos preparar para as mudanças da melhor maneira possível, e a educação deve inspirar os alunos de hoje e de amanhã a criar novas visões e paradigmas para tornar este mundo um lugar melhor.

Referências

Alencar, E. (2016). *Como desenvolver o potencial criador.* Vozes.

Alquatahni, A. (2016). Do Saudi EFL Teachers Promote Creativity in Their Classrooms? *English Language Teaching, 9*(4), 11-23. https://doi.org/10.5539/elt.v9n4p11

Amabile, T. (2012). Componential Theory of Creativity. In Kessler, E. (Ed.), *Encyclopedia of Management Theory* (pp.134-139). SAGE Publishing.

Bereczki, E., & Kárpáti, A. (2017). Teachers' beliefs about creativity and its nurture: A systematic review of the recente research literature. *Educational Research Review, 23*, 25-56. https://doi.org/10.1016/j.edurev.2017.10.003

Campanario, S. (2014). *Ideas en la Ducha: Todas las técnicas para ser más creativos*. Sudamericana.

Cropley, A. (2012). *Creativity in Education and Learning: A Guide for Teachers and Educators*. Routledge.

Cohen, L. (2012). Adaptation and creativity in cultural context. *Revista de Psicologia, 30*(1), 5-18. http://www.scielo.org.pe/pdf/psico/v30n1/a01v30n1

DaVia, L., Ridgley, L., Callan, G., Karami, S. & Ehlinger, J. (2018). How teachers perceive factors that influence creativity development: Applying a Social Cognitive Theory perspective. *Teaching and Teacher Education, 70*, 100-110. https://doi.org/10.1016/j.tate.2017.11.012

Eisenberger, R., & Byron, K. (2011). Rewards and creativity. In Runco, M. e Pritzker, S. (Eds.), *Encyclopedia of creativity* (Vol. 2, pp. 313-318). Academic Press.

Fleith, D. S. (2019). The role of creativity in graduate education according to students and professors. *Estudos de Psicologia (Campinas)*, 2019, *36*. http://doi.org/10.1590/1982-0275201936e180045

Garcês, S., Pocinho, M., Neves de Jesus, S., & Viseu, J. (2016). The impact of the creative environment on the creative person, process, and product. *Avaliação Psicológica, 15*(2), 169-176. https://doi.org/10.15689/ap.2016.1502.05

Guilford, J. P. (1950). Creativity. *American Psychologist, 5*(9), 444-454. https://doi.org/10.1037/h0063487

Harari, Y. (2017). *Sapiens: História Breve da Humanidade*. Elsinore.

Kauffman, S. (2016). *Humanity in a Creative Universe*. Oxford University Press.

McCarthy, C. & Blake, S. (2017). Is This Going to be on the Test? No Child Left Creative. *SRATE Journal, 26*(2). https://files.eric.ed.gov/fulltext/EJ1152452.pdf

Morais, F., & Almeida, L. (2019). "I would be more creative if...": Are there perceived barriers to college students' creative expression according to gender? *Estudos de Psicologia (Campinas), 36*. http://doi.org/10.1590/1982-0275201936e180011

Montopoli, B. (2009). Obama's Remarks On Education. *CBS NEWS*. https://www.cbsnews.com/news/obamas-remarks-on-education/

Morin, E. (1999). *Seven Complex Lessons in Education for the Future*. Unesco Publishing.

Mullet, D., Willerson, A., Lamb, K., & Kettler, T. (2016). Examining teacher perceptions of creativity: A systematic review of the literature. *Thinking Skills and Creativity, 21*, 9-30. http://doi.org/10.1016/j.tsc.2016.05.001

Predebon, J. (2010). *Criatividade: abrindo o lado inovador da mente*. Atlas.

Richardson, C., & Mishra, P. (2017). Learning environments that support student creativity: Developing the SCALE. *Thinking Skills and Creativity, 27*, 45-54. https://doi.org/10.1016/j.tsc.2017.11.004

Runco, M. (2017). *Creativity and Education 4v*. SAGE Publishing.

Runco, M., Acar, S., Cayirdag, N. (2016). A closer look at the creativity gap and why students are less creative at school than outside of school. *Thinking Skills and Creativity, 24*, 242-249. https://doi.org/10.1016/j.tsc.2017.04.003

Sawyer, K. (2006). *Explaining Creativity: The Science of Human Innovation*. Oxford University Press.

Sinek, S. (2012). *Porquê? Como motivas pessoas e equipes a agir*. Editora Saraiva.

Soh, K. (2016). Fostering student creativity through teacher behaviors. *Thinking Skills and Creativity, 23*, 58-66. Elsevier.

Tang, M., & Werner, C. (2017). An interdisciplinary and intercultural approach to creativity and innovation: Evaluation of the EMCI ERASMUS intensive program. *Thinking Skills and Creativity, 24*, 268-278. https://doi.org/10.1016/j.tsc.2017.04.001

Wagner, T. (2012). Calling All Innovators. *Educational Leadership, 69*, 66-69. https://www.ascd.org/el/articles/calling-all-innovators

Educação Criativa: Princípios da Criatividade Para a Educação e o Ensino e Aprendizagem da Arte

Erick Orloski

Stela Maris Sanmartin

Este trabalho situa a Criatividade sob uma perspectiva sociocultural e apresenta princípios axiológicos (valores), epistemológicos (conhecimento), metodológicos (princípios e procedimentos) e sínteses de modelos teóricos existentes, amparados na dialética eu/mundo para a Educação Criativa. A partir da formação específica em criatividade (habilidades de domínio), da possibilidade de praticar métodos clássicos de criatividade em prática docente por mais de 20 anos, na graduação e pós-graduação, os autores apresentam suas motivações de continuidade da investigação e compartilhamento de aspectos que consideram essenciais para a Educação Criativa e a prática pedagógica na formação de professores de arte. O texto dialoga com abordagens contemporâneas para o Ensino de Arte, que incorporam a contextualização da arte e sua fruição, devolvendo a dimensão da arte como conhecimento ao seu ensino que, em sua abordagem modernista, se pautava basicamente em atividades práticas com cunho de autoexpressão, na qual a criatividade era enaltecida, mas destituída do sentido. Apresenta as orientações recentes sobre o ensino de arte em justaposição as teorias psicológicas da criatividade direcionadas à convergência de aspectos individuais com sociais, ou seja, atrelando fatores conativos, que dizem respeito aos modos preferenciais e habituais de se comportar, à interlocução efetiva com componentes do domínio (expertise específico) e do campo (especialistas da área).

Introdução

O testamento, dizendo ao herdeiro o que será seu de direito, lega posses do passado para um futuro. Sem testamento ou, resolvendo a metáfora, sem tradição - que selecione e nomeie, que transmita e preserve, que indique onde se encontram os tesouros e qual o seu valor - parece não haver nenhuma continuidade consciente no tempo, e portanto, humanamente falando, nem passado nem futuro, mas tão-somente a sempiterna mudança do mundo e o ciclo biológico das criaturas que nele vivem.

(Arendt, 2009, p. 31)

É no passado que se apoia o presente e a partir dele se projeta o futuro. Com base nessa premissa iniciamos esta reflexão sobre Criatividade e sua relação com a Educação e especificamente sobre o Ensino de Arte.

A Criatividade é um fenômeno complexo que faz parte do dia a dia. Porém, com relativa frequência, tem sido negligenciada, tratada muito superficialmente e cercada de muitos mitos e equívocos na Educação e no Ensino de Arte. Felizmente, a psicologia da criatividade se consolidou como área e, para além dos pioneiros, temos muitos novos pesquisadores se dedicando aos estudos e investigações em criatividade com apoio institucional para pesquisa e difusão das construções teóricas em diferentes contextos socioculturais (Fleith & Neves-Pereira, 2020).

Configurar o futuro pode ser entendido como uma missão da Criatividade que, potencialmente, origina produção inovadora. A Criatividade pode mudar o estado de Pessoas, Processos, Produtos e do Ambiente, seja cultural, econômico, político, organizacional, educacional ou qualquer outro que constitua nossa sociedade. É a imaginação criadora que, diante dos desafios, propõe o que não existe, e é por meio da ação criadora que se materializa as ideias em novos conhecimentos contribuindo para a construção da história.

O tema Criatividade é inevitável, pois como nos diz Ostrower (1987), o homem não cria porque quer, mas porque precisa ordenar esse "caldeirão" de informações que acessamos cotidianamente. Precisamos ordenar e significar as coisas do mundo para dar sentido a nossa existência, e a Educação pode contribuir nessa ordenação e atribuição de sentido por meio das práticas e teorias.

Ainda, a Criatividade parece ser uma saída privilegiada para esse contraditório panorama atual, de crise radical em vários âmbitos, sobretudo de valores. Em tempos de avanços tecnológicos e transformações de toda ordem, a adaptação ao novo é condição de sobrevivência e ao mesmo tempo um risco de perder identidade para quem não assume o protagonismo das mudanças desejadas nas respectivas áreas de conhecimento e atuação profissional.

Assim, investigar o papel da Criatividade na Educação e especialmente no Ensino de Arte é fundamental, pois a Educação Criativa possibilita *um espaço educativo*[19] ímpar para que professores e estudantes sejam criativos e produzam novos conhecimentos. A Arte, como área de conhecimento, tem enorme potencial para cumprir um papel humanizador ao permitir que, tanto o artista/produtor quanto o espectador, por meio da experiência estética que se dá junto das obras – seja na produção e/ou na fruição – amplie seu campo de percepção sobre si mesmo e sobre o mundo, na medida da possibilidade de vivenciar outras realidades, crenças, concepções, sentimentos, valores e visão de época e de mundo, do seu e de outros povos. Nesse sentido, a arte pode nos colocar no lugar do outro e, por conseguinte, aproximar-nos do sentimento de empatia, vital nestes tempos egoicos, de intolerância e exacerbada violência.

Para o filósofo estadunidense John Dewey (2010), tanto produzir como perceber uma obra de arte são experiências similares, embora distintas, conforme veremos adiante. Igualmente, aprender a fazer arte permite vivenciar processos criativos e criadores: criativos no exercício da imaginação e criadores ao operar com matéria e linguagem específica (visual, musical, cênica, corporal) para originar o resultado novo.

Em arte, os conteúdos de expressão, os temas que em geral emergem, tratam das questões que nos tocam e nos atravessam, pelo

---

[19] A expressão *espaço educativo*, tal qual entendida nesse texto, será desenvolvida a seguir.

caráter universal e atemporal intrínseco à arte. Esse termo nos remete ao filósofo de educação espanhol Jorge Larrosa (2011) que, assim como Dewey, conceitua a experiência para além do senso comum. Para Larrosa, experiência e sujeito da experiência podem ser entendidos como territórios, onde há um duplo e mútuo atravessamento de caráter transformador.

Pensamos na Criatividade presente em todos os níveis da Educação, inclusive no Ensino Superior, uma vez que nas palavras de Ricardo Marín Ibañez (1993, p. 15): "La dimensión más típica de la universidad es la investigación, gracias a ella impulsa y dilata el âmbito del saber. Formular y responder a las preguntas más urgentes y decisivas es la tarea primera del intelectual".

Propomos, em primeiro lugar, justificar a importância de continuar investigando a Criatividade na contemporaneidade, aproximando as ideias de alguns pioneiros expoentes na pesquisa dessa temática com autores que pensaram e pensam sobre a Criatividade na Educação, sobretudo numa perspectiva mais contemporânea. Num segundo momento, apresentaremos os conceitos de *experiência*[20] como princípios para a *aprendizagem significativa*[21] como princípios gerais para o ensino e aprendizagem e especificamente relacionados ao ensino e aprendizagem da arte e, finalmente, apontamos alguns aspectos a serem considerados para reposicionar a Criatividade na Educação indicando princípios e métodos para uma *Educação Criativa.*[22]

Por que Estudar Criatividade?

A espécie humana, desde sua origem e nas diferentes culturas, parece não ter se contentado em fabricar instrumentos que apenas suprissem suas necessidades, e tratou de melhorá-los, transformá-los ou de inventar outros mais complexos. Assim, podemos dizer que a

---

[20] Trataremos o conceito Experiência na perspectiva de John Dewey (2010).

[21] A aprendizagem significa na abordagem de Ausubel (2003).

[22] Sobre Educação Criativa, citaremos as ideias de Torrance (1915-2003) e a concepção de Educação Criativa proposta por David de Prado Díez (1999; 2006).

Criatividade sempre existiu na vida diária, mas se impõe como conceito no início do século XX. Já "o reconhecimento do termo criatividade" na literatura psicológica e seu emprego habitual ocorreu meio século depois, quando já havia mais de 200 publicações sobre imaginação e invenção (Torre, 1993, p. 27).

A maior parte das publicações sobre o tema aparece inicialmente nos EUA, porque a criatividade se apresentava como uma exigência daquele tempo, mais do que outros. Nascia na liberdade presente na América distante da ideologia fascista que dominava a Europa no século XX, no impulso de desenvolvimento da Psicologia e dos investimentos em pesquisas na América do Norte e por conta da crise da Educação Tecnicista que origina mudança de atitude dos educadores, desenhando novas metodologias e recursos pedagógicos.

A Conferência de J. P. Guilford em 1950, ao tomar posse na Associação Americana de Psicologia, marca e impulsiona as investigações sistemáticas sobre Criatividade. Dentre as diferentes teorias psicológicas, Torre destaca o mérito de Guilford, dizendo que foi necessária "uma mente poderosa que reunisse a experiência de um pesquisador, a originalidade de um inovador e os conhecimentos de um cientista, para dar uma visão nova, integradora, rigorosa das atividades mentais" (Torre, 1996, pp. 227-228).

Segundo Wechsler e Nakano (2020, p. 17), Guilford impactou os pesquisadores com outra grande contribuição, o modelo para representar a estrutura da inteligência. O modelo fatorial do intelecto de Guilford (1968), ilustrado graficamente por um cubo, classifica as habilidades da inteligência em três ângulos, entrecruzando suas categorias. A primeira via de classificação aponta as operações mentais: simples cognição, memória, produção divergente, produção convergente e avaliação. A segunda indica conteúdos, sem as quais não se pode realizar as operações: figurativos, simbólicos, semânticos e comportamentais. Em terceiro lugar, os produtos que descrevem a informação sob um ponto de vista formal e podem se apresentar na forma de unidades, classes, sistemas, relações, transformações e implicações. A conjugação dessas três dimensões ou categorias nos proporciona uma rede de 120 fatores teóricos. Na época, esse modelo fatorial do intelecto proposto por Guilford surpreendeu aqueles que concebiam a inteligência como uma faculdade única (Torre, pp. 223-231).

A criatividade, segundo o modelo de Guilford, seria uma operação de pensamento divergente e poderia ser reconhecida pela fluência (quantidade de ideias), flexibilidade (qualidade das ideias), originalidade (ideias incomuns) e elaboração (desenvolvimento e enriquecimento das ideias). Nesse contexto, Ellis Paul Torrance[23] desenvolve pesquisas para medir e desenvolver a Criatividade em testes e programas educativos.

Conforme Wechsler e Nakano (2020), Torrance, bacharel em Artes (1940) e mestre em Psicologia Educacional (1944), estimulado e influenciado por Guilford, inicia suas pesquisas criando medidas para avaliar a criatividade, e vai além do proposto por ele ao somar aos fatores cognitivos de Guilford, fatores emocionais que poderiam predizer realizações criativas na vida adulta. Torrance, mais do que pesquisador, atuou também como professor no período de 1978 a 1984 na University of Georgia, quando desenvolveu o Programa de Resolução Criativa de Problemas Futuros e o modelo de incubação para o ensino criativo, que mencionaremos mais adiante.

A Criatividade pode ser o norte em um momento como o atual, diante da sociedade em crise de todas as ordens: Política (desconfiança, ineficácia, tensões, disputas de poder etc); Econômica (descontentamentos, falta de trabalho, salários baixos etc); Educativa (falta de direcionamento, retrocessos, escassez de recursos, desinvestimentos em pesquisas etc); Axiológica (transformação de escala de valores, normas, costumes, instituições, tensões generalizadas etc); Social (lutas por eliminar ou manter diferenças etc); Religiosa (relegada ou super estruturada, dogmáticas etc).

Ao que tudo indica, há uma urgência em recorrer a todas as potencialidades humanas para tratar a crise como condição que precede a mudança. Ainda, se a crise não for superada adequadamente, ela pode deixar marcas profundas e, muito provavelmente, não serão as respostas de senso comum que darão conta, pois os desafios são novos. Dessa forma, torna-se fundamental identificar as necessidades para resolver os problemas e os desafios sem precedentes com proposição de novas

---

[23] Ver: Nakano T. C. & Wechsler S. M. (2020). Dimensões da criatividade segundo Paul Torrance. In Neves-Pereira, M. S. & Fleith, D. (Orgs.), *Teorias da criatividade* (pp. 16-46). Alínea.

visões, perspectivas e ações inovadoras que só são possíveis com a criatividade. Como nos diz Saturnino de La Torre: "Temos que olhar a sociedade futura, não como algo misterioso, senão como o resultado de ideias criativas postas em prática" (1993, p. 18).

O potencial criativo está presente em todas as pessoas e pode ser desempenhado por todos e em todas as áreas do conhecimento, não apenas por alguns ditos eleitos, ou privilegiados gênios, artistas ou inovadores. A criatividade está na sociedade como potência construtiva e essencial para o seu desenvolvimento. Portanto, não deve ser reprimida, nem atrofiada pelas pressões sociais.

A Criatividade se desenvolve no exercício diário, nos encontros e embates das pessoas com os desafios que a vida propõe. Mas a Educação, como portadora e transformadora dos saberes culturais, é responsável pelo seu desenvolvimento. A Criatividade pode ser *motor e mote* da sociedade futura, e a Educação Criativa, além de dar acesso ao saber já produzido pela humanidade, pode impulsionar a criação de novos conhecimentos quando encorajada e desenvolvida na escola por meio de programas que indiquem princípios e métodos criativos específicos.

No entanto, dada a pequena quantidade de textos relacionando criatividade na arte e na educação[24], e da prevalência de práticas modernistas do Ensino de Arte[25], parece ainda carecer nos sistemas de ensino professores que incorporam os princípios da Educação Criativa em uma perspectiva sistêmica (Csikszentmihalyi, 2014) ou mesmo na perspectiva da recente abordagem da psicologia cultural (Glaveanu, 2010), teorias com enfoque socioculturais que implicam as habilidades e ações dos sujeitos com os elementos do domínio e a influência do campo.

A abordagem pedagógica modernista em arte se traduziu no deixar fazer livremente, acreditando que assim desenvolveria a criatividade. Afastou o conhecimento arte do ensino de arte, quitou os limites, suprimiu orientações sob o pretexto de retirar a "liberdade de expressão". Entendemos que essa concepção que leva para o extremo oposto os princípios da escola tradicional é tão prejudicial quanto a

---

[24] Levantamento feito pelo Grupo de Pesquisa Criatividade, Educação e Arte – GPCEAR em 2019, inscrito no CNPQ.

[25] Ver: Iavelberg, R. (2017). *Arte/Educação modernista e pós-modernista*. Penso.

concepção do ensino que prima pela recepção passiva de informações, privilegia a memorização e a repetição de modelos. Estas atitudes dicotomizadas tendem a conduzir a um equívoco educacional e, portanto, entendemos fundamental atualizar o conceito criatividade na educação; para mudar a ideia que se tem sobre ela como dom natural e direcionar sua compreensão para um potencial que pode ser encorajado e desenvolvido.

Além disso, consideramos importante enfatizar que a criatividade depende do equilíbrio entre os fatores pessoais (características de personalidade, estilo de pensamento, repertório, motivação, entre outros) e de sua interação com o contexto social, pois a validação da produção criativa depende da aceitação do campo de especialistas da área em questão. O conhecimento é ponto de partida para a imaginação criadora vislumbrar o que ainda não existe e gerar resultados com valor para o meio. Nesse contexto, a sociedade precisa, mais do que nunca, de mentes criadoras, e estas não se improvisam.

Espaço Educativo: Oportunidade Para a Experiência e Aprendizagem Significativa

> *No espaço da Educação cabem valores, modos de ser e agir no mundo e, do mesmo modo, cabem conhecimentos como resultado da ação criadora desse homem no mundo.*
> (Sanmartin, 2013, p. 14)

A expressão *espaço educativo* aqui apresentada cria a imagem de um *lócus* para a experiência e aprendizagem significativa que inferimos como resultado que se espera de uma Educação Criativa. Sanmartin (2013) diz que a generalidade do termo "espaço" nos leva a uma ideia abstrata e que o termo ganha identidade quando se "configuram lugares", ainda conceitua a expressão *espaço educativo* como lugar da pesquisa e experimentação implicados nos processos de ensino e aprendizagem.

> A expressão espaço educativo pode designar os espaços ampliados da educação em que ocorrem as relações interativas que caracterizam os processos de ensino e de aprendizagem

> de maneira intencional e sistematizada, mas particularmente vinculada a esta expressão está a qualidade do encontro entre professor, aluno e objeto de conhecimento, destacadas as orientações didáticas que as situações de aprendizagem significativa demandam. (Sanmartin, 2013, p. 14)

Assim, parece-nos fundamental delimitar a concepção de Educação que pautamos, como também discorrer sobre o papel do professor e do estudante na construção do conhecimento, antes de apresentarmos princípios (teorias) e indicar ações (orientações metodológicas) que configurem um projeto pedagógico de Educação Criativa.

Sobre a concepção de Educação, em consonância com o documento produzido pela Secretaria de Desenvolvimento Social do Estado de São Paulo (SDS, 1994), discordamos do:

> caráter utilitário, a função instrucional, a transmissão de um saber universal, o treino de habilidades, o acúmulo de conhecimentos, a dicotomia entre teoria e prática e entre razão e percepção, ou seja, toda a fragmentação ou compartimentalização da vivência e do conhecimento. (p. 11)

Para tal, buscamos compreendê-la "como transformadora, de forma atuante no sentido de reformular e criar novas práticas e novos saberes leva a construção e exercício da consciência e do crescimento do indivíduo, sujeito social." (p. 12).

Sobre o papel do professor, também discordamos de concepções de ensino centradas apenas na transmissão de conteúdos, tal qual a "educação bancária", tão mencionada por Paulo Freire (2011, p. 10), tendo em vista que "sua tônica reside fundamentalmente em matar nos educandos a curiosidade, o espírito investigador, a *criatividade* [ênfase adicionada]" e que "sua 'disciplina' é a disciplina para a ingenuidade em face do texto, não para a indispensável criticidade". Afinal, concordamos com o autor que "não se mede o estudo pelo número de páginas lidas numa noite ou pela quantidade de livros lidos num semestre", pois "estudar não é um ato de consumir ideias, mas de criá-las e recriá-las" (p. 14).

Sobre o estudante, valorizamos a criança, o adolescente e o jovem, com suas possibilidades de autocompreensão e relação com o outro, a identificação com o que eles produzem, reconhecendo-se como produtores e participantes da sua cultura, de seu tempo. Segundo a professora estadunidense e referência internacional de pesquisa em educação e cultura visual Kerry Freedman (2006, p. 49), "o conhecimento deriva de uma variedade de fontes externas à escola, incluindo a cultura visual", considerando que as referências podem ser "fragmentadas, muitas vezes contraditórias, multidisciplinárias e interculturais podem ter mais a ver com a compreensão de uma matéria escolar por parte dos alunos que o currículo embasado na estrutura de disciplina".

> Sobre a arte na educação:
>
> A Arte no espaço educativo vem colaborar com o rompimento do pensamento lógico quando o processo de cognição se dá, também, através dos sentidos . . . A vivência com a Arte possibilita: um trabalho com a diferença, o exercício da imaginação, da descoberta e da invenção; a autoexpressão; novas experiências perceptivas, a experimentação da pluralidade, multiplicidade e diversidade de valores, sentidos, intenções propostas e pesquisas, revelando a sua relação com o pensamento contemporâneo. (SDS, 1994, p. 12)

O trabalho educativo com arte sistematizado proposto no documento produzido pela Secretaria de Desenvolvimento Social do Estado de São Paulo (1994) indica procedimentos e se caracteriza como "se constituindo a partir da pesquisa, invenção e descoberta sem com isto perder de vista as suas possibilidades educativas, dando ênfase assim a um sentido da vivência enquanto experimentação" (p. 04). Sanmartin (2013) explica que o sentido da vivência enquanto experimentação poderia ser entendido inicialmente como "ações exploratórias, investigativas, mas também de descobertas, de proposições, de solução de problemas artísticos e estéticos, que em seu conjunto configuram as experiências com a arte" (p. 57).

Rejane Coutinho discorre sobre a importância das vivências profundas que geram experiências significativas com arte. Para a autora:

> Ter uma experiência é uma ação reflexiva do sujeito no mundo que se situa no próprio ato da experimentação quanto no efeito de experimentar-se. Ou seja, tanto o sujeito quanto o objeto

da ação se modificam no decurso da experiência. (Coutinho, 2004, p. 153)

Importante salientar que a palavra experiência possui diferentes concepções em distintas abordagens epistemológicas, que descolam o termo de seu significado no senso comum, o qual poderíamos entender como vivências cotidianas e/ou acontecimentos pessoais, assim como o acúmulo desses. Coutinho fundamenta sua ideia de experiência a partir de Jonh Dewey que faz – ainda na primeira metade do século XX – um verdadeiro tratado sobre o tema na obra *Arte como experiência* (2010).

Para Dewey, a experiência está presente no próprio ato de viver e muitas das nossas experiências são interrompidas e se dispersam ao longo da vida. No entanto, o autor afirma que também vivemos experiências diferenciadas que "ganham nome", aquelas que tratamos como *uma* experiência, singular, que tem unidade e qualidade estética. Experiências que indicam um percurso iniciado e consumado, algo que se desloca para um desfecho e chega ao seu fim.

> Talvez possamos ter uma ilustração geral, se imaginarmos que uma pedra que rola morro abaixo tem uma experiência. Com certeza, trata-se de uma atividade suficientemente "prática". A pedra parte de algum lugar e se move, com a consistência permitida pelas circunstâncias, para um lugar e um estado em que ficará em repouso – em direção a um fim. Acrescentemos a esses dados externos, à guisa de imaginação, a ideia de que a pedra anseia pelo resultado final; de que se interessa pelas coisas que encontra pelo caminho, pelas condições que aceleram e retardam seu avanço, com respeito à influência delas no final; de que age e sente em relação a elas conforme a função de obstáculo ou auxílio que lhes atribui; e de que a chegada final ao repouso se relaciona com tudo o que veio antes, como a culminação de um movimento contínuo. Nesse caso, a pedra teria uma experiência, e uma experiência com qualidade estética. (Dewey, 2010, pp. 115-116)

Na citação, o autor faz uma síntese de seu conceito de forma metafórica ao apresentar uma experiência de uma pedra rolando morro abaixo. Contudo, vale acrescentar que, para Dewey (2010, p. 109), "a experiência ocorre continuamente, porque a interação do ser vivo com as condições ambientais está envolvida no próprio processo de viver", elucidando a importância do contexto na experiência, que se conectada a algo externo ao ser. O autor ainda parte desse aspecto exterior em direção ao interior, ao enunciar que "nas situações de resistência e conflito, aspectos do eu e do mundo implicados nesta interação modificam a experiência com emoções e ideias, de modo que emerge a intenção consciente" (p. 109). Nesse sentido, parte fundamental da qualidade estética da experiência advém da fruição – e da reflexão – dessa no decorrer do processo, até a sua consumação.

De acordo com Dewey, a percepção pressupõe a receptividade, mas esta não é sinônimo de passividade, que deve haver um ato de atividade reconstrutora de maneira consciente. Nessa perspectiva, perceber e produzir arte se aproximam:

> Para perceber, o espectador ou o observador tem de criar sua experiência... Sem um ato de recriação, o objeto não é percebido como obra de arte. O artista escolheu, simplificou, esclareceu, abreviou e condensou a obra de acordo com seu interesse. Aquele que olha deve passar por essas operações, de acordo com seu ponto de vista e seu interesse. Em ambos ocorre um ato de abstração, isto é, de extração daquilo que é significativo. (Dewey, 2010, p. 137)

No que diz respeito ao ensino de arte, o trabalho pedagógico propõe organizar situações didáticas em que as crianças, adolescentes e jovens não só experimentem materiais, elementos da linguagem na produção de seus trabalhos, mas também a si mesmas, na eleição dos conteúdos a serem expressos. Elaborar trabalhos artísticos, exercitar a apreciação, dialogar com referências da arte e refletir sobre as questões evocadas por suas próprias produções podem e devem constituir experiências significativas com arte.

O acesso às práticas culturais e artísticas objetivando a pesquisa e criação permite que as crianças e jovens se eduquem para o exercício criador e fruam do que é produzido em seu tempo, sua época, como também entrem em contato com a visão de mundo de outros tempos, por meio da produção sócio-histórica. A produção artística permite ao sujeito imaginar e apresentar sua visão de mundo para os outros, assim como manifestar as transformações que deseja comunicar.

Arte como pesquisa no espaço educativo indica experimentação de materiais, de procedimentos, pesquisa como prática e invenção. Ação que produz aprendizado tanto para professores como para os estudantes, mas necessita ser enriquecida com conteúdo e reflexão. "A prática gera aprendizado e saberes, mas não pode ser apenas autorreferenciada, necessita de conteúdos e formas de desenvolvimento teóricos específicos" (Fernandes, 2007, p. 29). A reflexão sobre as práticas é alimentada pelas teorias para gerar novas práticas e assim se configurou a práxis dos educadores, que lhes permite atuar de maneira crítica e transformadora.

> O trabalho com arte no espaço educativo remete-nos à linguagens específicas, que configuram os conteúdos e suas ações. Ao produzir formas artísticas no teatro, nas artes plásticas, na música, na dança, no circo e na literatura, incorporam-se os processos de pensamento, os processos emocionais e de percepção da criança, numa síntese entre a razão, a percepção e ação. Esse contato com as linguagens possibilita experienciar os recursos expressivos e conteúdos específicos de cada uma, a utilização de materiais e técnicas, bem como a sua descoberta. Além disso, proporciona o desenvolvimento da capacidade criadora. Nesse trabalho um enfoque relevante diz respeito aos elementos triádicos: Projeto-processo-resultado, sem que se dê a preponderância de um sobre o outros, considerando que os resultados geram novos processos. [...] Outro aspecto a ser considerado nesta proposta educacional é a vertente lúdica nas perspectivas: como produto e como processo, como conteúdo e forma. Além disso, compreendemos o lúdico como parte integrante do universo da cultura e do ser criança (SDS, 1994, pp. 12-13).

Em *Imaginado um futuro para a educação artística* (2009, p. 1), o professor e pesquisador espanhol Imanol Aguirre inicia suas reflexões alertando para o fato de que "vivemos tempos de mudanças profundas em todas as dimensões de nossa vida em sociedade" e, para dificultar, "em tempo de mudança, fica muito difícil fazer prognósticos confiáveis sobre o futuro e adotar medidas efetivas, ante as questões, às quais enfrentamos em cada momento do presente". Para Aguirre (como citado em Orloski, 2015, p. 76), "educar desde e para a experiência permite formar indivíduos com uma bagagem e um nível de competências pessoais, na interação com o mundo e os demais sujeitos que pode ser muito importante". Possivelmente o principal diferencial em "formar *desde e* (também) *para a experiência* não é formar um tipo de pessoa que está obtendo informação sobre o mundo, porque esta informação vai se tornar obsoleta imediatamente", mas "o que está fazendo é adquirir as competências para interagir com outros sujeitos, e neste interagir com os outros sujeitos. . . abordando e enfrentando as situações que se vão apresentando diante do caminho".

Uma educação criativa é, em nossa concepção, certamente uma educação para a experiência, mas não apenas isso. É também uma educação "desde e para a experiência" (Orloski, 2015). Desse modo, o ensino de arte se destaca como um *lócus* privilegiado para a pesquisa, o desenvolvimento e a experimentação de propostas de educação criativa para o século XXI, servindo como referência para outras áreas do conhecimento.

Educação Criativa: Alguns Princípios

Para abordar e refletir sobre alguns princípios da Educação Criativa mencionamos os modelos teóricos de Paul Torrance e David de Prado Diéz pois, inconformados com os resultados do modelo tradicional da educação, propõem o desenvolvimento da criatividade pessoal com métodos criativos, alternativas viáveis para transformar a forma de ensinar e aprender.

Segundo Wechsler e Nakano (2020, pp. 32-34), Paul Torrance propôs o modelo de incubação para o ensino criativo baseado na intuição, imaginação e revelação, demonstrando que o encontro criativo não será súbito, mas resultado de estudo, concentração e esforço. O modelo constitui de três estágios com atividades específicas, mas que podem fazer parte das aulas de qualquer disciplina.

O estágio 1 pretende aumentar a antecipação, ou seja, está relacionado à motivação para estudar e aprender. As estratégias de ensino direcionam a criar a vontade de aprender, aumentar as expectativas, chamar a atenção, elevar a curiosidade, estimular a imaginação e apresentar as finalidades.

O estágio 2 objetiva aprofundar as expectativas e está associado ao momento de pesquisa e coleta de dados. As estratégias de ensino direcionam a diagnosticar as dificuldades, obter informações, experimentar, levantar hipóteses, focar no essencial, dar saltos mentais, arriscar-se mais e tentar novos horizontes.

O estágio 3 pretende manter o entusiasmo ao sugerir que se encontre significado pessoal do que se aprende conectado ao que se projeta para o futuro. As estratégias de ensino orientam a exercitar a autoria, fantasiar, encontrar energia e projetar o futuro.

Encontramos nesse modelo um método divergente e criativo que tenta encorajar a criatividade na sala de aula, permitindo que os estudantes façam conexão do que aprendem com seus projetos de vida. Consideramos esses princípios metodológicos coerentes com a aprendizagem significativa. Tomamos também como referência para esta reflexão as ideias do professor e pesquisador espanhol David de Prado Díez (1999, p. 175):

> La educación creativa se propone transformar real y sustancialmente la educación que se lleva a cabo en las aulas de cada centro educativo, mucho más allá de los cambios accidentales o formales de las reformas educativas que no afectan la sustancia nuclear de la educación. Educrea se centra en la transformación real de las mentes y las actitudes o mentalidades, las concepciones y las prácticas de cada profesor y sus alumnos; sin este cambio radical y personal no hay reforma educativa posible.

O professor Díez, doutor em Ciências da Educação, licenciado em Filosofia pura, poeta, professor de métodos de educação criativa e de relaxamento criativo na Universidade de Santiago de Compostela, editor de *La Revista Recrearte* e promotor do Projeto de Educação Criativa *Educréate,* foi diretor do Master Internacional de Criatividade Aplicada Total na faculdade de Filosofia e Ciências da Educação, na Universidade de Santiago de Compostela (formação da coautora deste capítulo).

O Master da Espanha, MICAT como era conhecido, formou sua primeira turma em 1994 e foi desenvolvido na Universidade de Santiago de Compostela até o ano 2001. Na sequência, o programa foi desenvolvido virtualmente sob a direção científica do Dr. Prado Díez e, assim, realizou-se o 1° Master europeu de Criatividade e Inovação virtual da Universidade Fernando Pessoa no Porto – UFP. No ano de 2010, a Fundação Armando Alvares Penteado – FAAP, em São Paulo, no Brasil, também se conveniou a UFP, e a Professora Stela Maris Sanmartin foi convidada a estruturar o curso FAAP/UFP conducente ao mestrado em Criatividade e Inovação, um programa de 120 horas presenciais constituído de disciplinas de fundamentação teórica e práticas que conduziria ao mestrado em Portugal. Após aprovar os projetos de pesquisas em bancas de qualificação, os estudantes se matriculavam como alunos regulares na UFP para desenvolver suas pesquisas e elaborar as dissertações a serem defendidas presencialmente em Portugal.

Luiz Alberto de Souza Aranha Machado (2012), ex-professor e diretor da faculdade de Economia da FAAP, fez o mestrado em Criatividade e Inovação na UFP e, em sua dissertação[26], relata a trajetória da Criatividade na Fundação Armando Alvares Penteado, desde a iniciativa da diretoria mantenedora capacitar os professores em criatividade para melhorar suas didáticas; a criação da disciplina criatividade para os cursos de graduação e pós-graduação; a criação do Centro de Criatividade depois expandido para o Empreendedorismo e Inovação; de três cursos internos de extensão e um de especialização intitulado Master em Tecnologia Educacional para formar outros docentes em Criatividade e finalmente ao curso conducente ao mestrado em Criatividade e Inovação vinculado à Universidade Fernando Pessoa.

Esses programas formaram profissionais das mais diferentes áreas em Criatividade, que continuam investigando e atuando em instituições das mais diferentes naturezas. Esses cursos aproximaram profissionais e permitiram constituir diferentes redes de especialistas, como o Instituto Avançado de Criatividade Aplicada Total – IACAT, sediado em Santiago de Compostela, na Espanha, e a Associação Brasileira de Criatividade e Inovação, CRIABRASILIS, presidida pela Dra. Solange Wechsler, sediada em Campinas.

Para Díez (2016), há necessidade de reinvenção da escola, e os agentes do sistema educativo, professores, estudantes e pais, são os protagonistas da mudança. Para tanto, é necessário acentuar o conhecimento e a prática da criatividade por meio da Educação Criativa que

---

[26] Machado, L. A. de S. A. (2012). *A criatividade, disciplina e instrumento chave na formação universitária: o caso de 20 anos criativos na FAAP* [Dissertação de Mestrado, Universidade Fernando Pessoa].

é distinta e única. É preciso mudar os hábitos da educação tradicional para transcender obstáculos e direcionar a ação para o desenvolvimento da criatividade que gera inovação. O estudioso aponta como grandes males estruturais a serem superados (2016, p. 2):

a) O silêncio e a obediência, que gera seres dependentes e sem iniciativa;
b) A reprodução e imitação de modelos pré-estabelecidos e a memorização que incapacita para a inovação;
c) A passividade que gera seres inertes e sem motivação;
d) Falta de interesse e significado para aprender.

Professor Díez (1999) sinaliza que muitos professores simplesmente não conhecem na prática escolar a riqueza dos processos criativos por não serem trabalhados conteúdos sobre criatividade nos cursos superiores de formação de professores e também por não vivenciarem um ensino criativo nesse contexto universitário.

Refletindo sobre a criatividade no ensino superior, Formiga Sobrinho e Sanmartin (2014) afirmam:

> Se o professor tiver experiências criativas importantes e carregadas de sentido seja num campo específico, seja em sua didática, terá mais chance de adaptar sua prática pedagógica às necessidades dos alunos, trabalhando com propriedade sua área de conhecimento. (Formiga Sobrinho & Sanmartin, 2014, p. 93)

Díez (2016) entende que a Educação Criativa tem basicamente como principais objetivos, tanto para professores quanto para estudantes: a) desenvolver os talentos especiais de cada pessoa; b) estimular e potencializar ao máximo as capacidades imaginativas, tais como visualização mental, inovação e projeção de desafios futuros, de forma inventiva e original; c) desenvolver integradamente a linguagem em sua totalidade (gestual, visual, sonora e verbal); d) desenvolver ensino e aprendizagem intuitivos e vivos, de forma aplicada e útil, ou seja, interessantes e motivadores, especialmente através de miniprojetos de ação criativa; e e) buscar cotidianamente a autorrealização de forma integral, de ações da vida, da escola, do trabalho e do lazer, no exercício de todas as capacidades pessoais.

> Debemos promover la autonomía y libertad de pensamiento y de expresión. Fomentar iniciativas y motivaciones personales y grupales. Ser y sentirse libre para pensar, decidir y comunicar lo que uno quiere, ganando en la autonomía para dirigirse a sí mismo en la vida, encontrando los motivos y razones de cada momento y acción de la existencia. Pero también engarzar con los intereses, motivos e iniciativas de los demás, camino de proyectos grupales y comunitarios. En definitiva, sentirse único e irrepetible, apreciando las aportaciones diferenciales de los demás. (Dìez, 2016, pp. 2-3)

No entanto, uma dúvida fundamental pode ser apontada sobretudo por professores: como fazer da educação uma Educação Criativa? Todos os elementos aqui levantados até então corroboram para a ideia de que não há fórmulas prévias e/ou únicas para tal, pois o modelo seria contrário justamente às próprias orientações dos processos criativos. Todavia, alguns princípios podem nortear os planejamentos de procedimentos para atividades consonantes com a Educação Criativa por parte de professores, como propõe Díez (1999, pp. 177-178):

a) Libertar automaticamente os conteúdos de uma necessária e prévia consciência sobre o tema, tendo como ponto de partida um *brainstorm* – tempestade de ideias –, além de imagens e emoções, sem censura ou rejeição inicial.

b) Problematizar cada tema abordado, inclusive fazendo uso da "intuição" e também declarando os defeitos, os inconvenientes, os perigos e dificuldades do objeto de investigação, numa "sensibilização" em relação aos problemas. Vale o comentário que a perspectiva educacional pautada pela problematização é presente em algumas tendências pedagógicas contemporâneas, dentre as quais: pedagogia freireana e a pedagogia de projetos proposto por Fernando Hernández (2000).

c) Visualizar os conteúdos e vivências passadas pelo estudante, no que Díez chama de "imaginação rememoradora". Curiosamente, outra aproximação com as ideias de Paulo Freire (2011), entre outros, que ressalta a importância da valorização do conhecimento do educando num processo educacional crítico.

d) "Analogizar", o que nas palavras do autor significa estabelecer relações de similaridade de cada conteúdo com outros, o que Díez também chama de "metáfora deslumbrante".

e) Planejar desafios utópicos e aparentemente impossíveis de realizar, de grande profundidade, voltados à melhoria da vida, para imaginar como alcançá-los. Para o autor, seria como transformar um deserto em um pomar cheio de árvores, o que chama de "utopia humanizadora".

f) Inventar algo para cada tema ou questão, buscando novos processos e instrumentos de conhecimento, assim como novas utilidades e aplicações, enfim, novos sentidos, o que Díez nomeia como "empreendedorismo inventivo".

g) Por fim, expressar-se em relação a cada ponto com linguagem total, ou seja, dizer por meio de palavras, imagens, gestos, sons, entre outras possibilidades, numa "expressão viva", numa comunicação que seria "autêntica de verdade".

Na abordagem de Díez, a aplicação de apenas um dos processos imaginativos citados em cada experimentação pedagógica pode resultar numa educação parcialmente criativa, pois seria necessário a aplicação técnica de todos esses processos e métodos cotidianamente para então proporcionar uma Educação Criativa mais global e humanista, potencializadora dos talentos.

Díez (2011, pp. 20-21) indica dez elementos essenciais dos métodos criativos, são elas:

1. Universais: válidos para sempre e para todos;
2. Pragmáticos: ferramentas úteis e aplicáveis;
3. Dialéticos/sintéticos: integram o diverso, o confuso, o contrário de modo harmonioso;
4. Criativos: fomentam a divergência, a inovação, a invenção e a transformação substancial de tudo que abordam;
5. Personalistas/autobiográficos: recolhem e refazem o passado avaliando desde a perspectiva do presente;
6. Prospectivos: miram o futuro com otimismo construtivo, tanto para si mesmo quanto para o outro;

7. Autônomo: estimulam a liberdade para pensar e expressar, decidir e fazer por si mesmo de modo individual ou grupal;
8. Expressão: conectam as inteligências e o pensamento com as múltiplas linguagens que favorecem a comunicação;
9. Socioemocionais: conectam diretamente ideias às emoções, tornando-as claras para si mesmo e para os outros;
10. Axiológico: tem valores essenciais, universais e permanentes que afetam a ética (o bem e a bondade), a estética (beleza e harmonia) e a epistemologia (a verdade e a compreensão profunda da realidade).

Em nosso entendimento, essas são orientações metodológicas de grande coerência com uma Educação Criativa e certamente podem ser entendidas como referências, parâmetros ou princípios para a criação de novos processos e práticas para o ensino e aprendizagem. Nesse sentido, retomamos aqui um já bastante difundido pensamento de Ana Mae Barbosa – arte/educadora e precursora da pesquisa sobre o ensino da arte no Brasil – que, ao rever conceitualmente a Abordagem Triangular[27], rechaça o termo "Metodologia Triangular", como ficou popularmente conhecida, ao dizer: ". . . depois de anos de experimentação, estou convencida de que metodologia é a construção de cada professor em sua sala de aula" (1998, p. 33).

O mesmo se aplica em relação à Educação Criativa e em qualquer área do conhecimento. Os princípios como liberdade ideativa, suspensão do julgamento no início dos processos de geração de ideias, exercício da imaginação e da fantasia em processos divergentes, permitem que os professores criem estratégias didáticas para suas aulas e novos métodos adequados ao contexto educacional do qual fazem parte.

Métodos Criativos: Aplicações e Impacto Social

Apresentaremos duas propostas para exemplificar a aplicação prática dos princípios da Educação Criativa indicados anteriormente:

---

[27] A abordagem triangular para o ensino de arte proposta por Ana Mae Barbosa orienta o exercício do fazer (prática artística), do conhecer (contextualização histórica da arte) e do apreciar (leitura da obra) como elementos fundamentais para aprender arte.

1) "Procedimentos criativos para ativar a intuição em situações preocupantes", proposto por David de Prado e publicado por Abrantes e Sanmartin (2018), por considerarmos importante e adequado para enfrentar os desafios deflagrados pela pandemia de COVID-19, com referência no ano de 2020, e 2) a proposta "Projetos Utópicos", desenvolvida ao longo de muitos anos pela autora, com alunos de suas turmas da disciplina Criatividade, na graduação da FAAP.

Procedimentos Criativos Para Ativar a Intuição em Situações Preocupantes

Os procedimentos a seguir são apresentados por Abrantes e Sanmartin (2018, pp. 174-176), com base nas proposições de David de Prado:

1. Abrindo um espaço interior para sentir seu corpo e relaxar.

   Respire profundamente e relaxe... Preste atenção em seu interior, seu corpo e, principalmente, em seu estômago e peito. Espere para ver o que sairá dali como resposta à sua pergunta: Como está? Deixe que seu corpo responda.

2. Percebendo o sentido amplo do problema, conflito ou preocupação.

   Escolha uma preocupação sobre a qual se concentrar, porém mantenha-se distante dela. O que você sente em seu corpo quando se lembra do cenário, das pessoas envolvidas nessa preocupação? Sente incômodo ou sensação em alguma parte de seu corpo?

3. Agarrando-se a uma sensação concreta de uma frase ou imagem.

   Qual é a qualidade dessa sensação que você sentiu? Deixe que uma palavra, uma frase ou uma imagem surja dessa sensação.

4. Variando as ressonâncias emotivas e visuais da sensação.

   Mobilize a sensação, imagem ou frase. Observe-as sob distintas perspectivas. Como ressoam e dialogam entre si? Comprove os sinais do corpo em que elas se traduzem, suas mudanças e variações.

5. Questionando e tomando posse do problema.

   "O que tem esse problema de particular? O que o faz especial?" Familiarize-se com ele. Quando pensar nele, toque-o, acaricie-o, empurre-o, quebre-o, tome posse dele. Se surgirem imagens de alternativas rápidas e luminosas, receba-as como liberação ou presente. Alegre-se. Celebre.

6. Recebendo com gosto o fluir do que acontece.

   Receba com agrado o que aparece. Sinta-se bem diante do problema. Deixe-o descansar. Imagine que ele arde e evapora. Escute as alternativas eficazes ou absurdas de solução. Vão surgir soluções definitivas de sua sabedoria interior intuitiva: mudanças de rota e de meta.

7. Voltando expressivamente com vontade ao problema, divertindo-se e reinventando-o.

   Sempre será diferente. Com o poder da imaginação, você se sentirá seguro. Busque novos enfoques e novas visões. Se ocorrerem novas atividades e alternativas para melhorar ou transformar radicalmente a situação, ensaie em sua imaginação. Desenhe. Descreva. Dramatize.

Projetos Utópicos

Esta proposta de solução criativa foi inspirada no trabalho do artista russo Ilya Kabakov (1933), por observar a potência transformadora do exercício que seu trabalho artístico implica quando há o encontro de si mesmo com o outro, orientado à melhoria da qualidade de vida e interação social.

O artista Ilya Kabakov nasceu em 1933 na Ucrânia e atualmente vive e trabalha em Long Island (Nova York, EUA). De 1945 a 1951 estudou na Escola de Arte em Moscou e em 1957 se formou na VI Surikov State Art Institute, onde se especializou em design gráfico e livro ilustração.

Antes de criar as instalações, pelas quais Kabakov é conhecido em todo o mundo, criou álbuns de ficção. Cada álbum conta a história sobre um personagem que é, muitas vezes, capaz de superar a banalidade da existência cotidiana. Assim, cria personagens diferentes para explicar a sua percepção do mundo. De acordo com Gallucci e Muriel (2001), o foco de sua pesquisa estética remete à detalhes autobiográficos que o artista apresenta sempre sob uma ótica filosófica ligada à relação sujeito/solidão/mundo.

Na instalação *The palace of projects* (1998), Kabakov constrói uma estrutura de madeira com paredes e teto translúcidos e iluminados que lembram um caracol. O pavilhão é composto por dois andares e com salas nas quais apresenta projetos e protótipos, que levam os visitantes a refletir sobre a própria existência ou sobre questões importantes para a vida. Os espaços estão organizados em:

1. Projetos de melhoria de vida de outras pessoas;
2. Projetos estimulando a criatividade, auxiliando na criação, no surgimento dos próprios projetos;
3. Projetos que visam o aperfeiçoamento individual.

Proposição Para Processo de Trabalho

1. Apresentar o artista Ilya Kabakov e a instalação O palácio dos projetos (1998);
2. Escolher três projetos para exemplificar e inspirar os estudantes a estruturarem os próprios projetos utópicos;
3. Indicar a estrutura do projeto em duas partes: a primeira com a identificação do problema a ser resolvido e justificada relevância em resolvê-lo, e a segunda com a proposta de solução detalhando o memorial descritivo para execução do objeto e suas instruções de uso.

Os projetos utópicos são metáforas que nos permitem relacionar as situações concretas da vida com caminhos ou ações possíveis para a transformação pessoal e/ou para a melhoria do mundo.

Estamos convencidos de que ter projeto próprio, concebê-lo e levá-lo a sua realização é uma maneira de exercitar nosso potencial criador, de dar sentido e significado para a nossa existência. Ao incorporar métodos criativos em sala de aula, para além dos conteúdos específicos das diferentes áreas de conhecimento, possibilitamos que os estudantes encontrem estímulos para suas próprias fantasias, que despertem sua imaginação e, acima de tudo, que forneçam impulso para suas próprias atividades criativas em uma 'direção positiva'.

Algumas Considerações Finais

Talvez não seja mero acaso a escolha de dois professores pesquisadores na área da criatividade na educação: Paul Torrance (Estados Unidos) e David de Prado Díez (Espanha) para levantar princípios da Educação Criativa. Nesses países foram desenvolvidas muitas pesquisas e desenvolvidos importantes programas de formação e desenvolvimento da Criatividade.

Inicialmente sediado no campus da State University of New York (SUNY), em Buffalo, a Creative Education Foundation (CEF) realiza o Creative Problem Solving Institute (CPSI), evento anual que reúne centenas de especialistas e interessados em criatividade e, mais especificamente, em solução criativa de problemas. Além do CPSI, a Alliance for Learning (IAL) também reunia professores e profissionais da área de treinamento empresarial para conferências anuais, ambos com abordagem pragmática na apresentação de modelos. Já na Europa, o Máster Internacional de Criatividade Aplicada Total, sediado na Universidade de Santiago de Compostela, representou um marco de uma formação em Criatividade em uma perspectiva humanista, e também formou muitos profissionais de diferentes áreas. Relacionamos o modelo de incubação para o ensino criativo proposto por Torrance baseado na intuição, imaginação e revelação, com questões de interesse dos autores, temas recentemente trabalhados em livro sobre Intuição e Criatividade (2018)[28] e desenvolvido em capítulo de livro que procura distinguir *insights* dos *flashes* intuitivos (2019).[29]

A imaginação criadora é imprescindível para os processos criativos, pode ser exercitada e diz respeito à atividade mental consciente

---

[28] Abrantes, A. & Sanmartin, S. M. (2018). *Intuição e Criatividade na tomada de decisões*. Trevisan Editora.

[29] Sanmartin, S. M. (2019). *O processo criativo: insights x flashes intuitivos*. In Cirilo, J., Belo, M. & Grando, A. (Orgs). Nuvens no papel: impressões sobre o processo de criação (1ª ed). UFES, PROEX.

e intencional. A incubação, por sua vez, é a etapa do processo criativo que requer o mergulho profundo no inconsciente e de onde emergem intuições e *insights*, processados de maneiras diferentes. Assim, entendemos que no *insight* há um processo cognitivo capaz de permitir a emergência súbita da solução pronta que pode ser racionalmente avaliada, enquanto a intuição se apresenta como impressão sutil, um saber espontâneo, uma sensação que não conseguimos explicar. Avaliamos que essas atividades mentais são desenvolvidas e exercitadas e, para tanto, há uma preparação necessária que requer dedicação, estudo e esforço.

Sobre os princípios delineados por Díez aqui apresentados, corroboramos com o investimento no desenvolvimento do potencial criativo individual a partir dos ativadores criativos sempre em projetos que vislumbrem resultados com valor para o contexto sociocultural.

Pautamos que a formação em criatividade pode revolucionar a maneira de ensinar e aprender, além de ressignificar o lugar da escola como um *espaço educativo*, atraente e estimulante, em que se aprende por meio da experiência. Afinal, tanto os professores quanto os estudantes precisam ser criativos e, incorporados os princípios divergentes, terão autonomia e autoria nos seus processos de ensino e de aprendizagem. Isso significa para professores inventar e propor novos procedimentos adequados para suas turmas e, já em relação aos estudantes, praticar os processos e linguagens artísticas. Logo, a prática reflexiva – de professores e estudantes – pode ser um princípio a ser incorporado no sentido de ampliar a consciência, sobre quais práticas podem ser mantidas e alteradas para dar sentido e ressignificar o *espaço educativo*.

Outro ponto chave a ser destacado é a noção de que o conhecimento não pode ser cristalizado em verdade absoluta, mas entendido como repertório necessário para que a imaginação criadora produza novos conhecimentos. A criatividade aplicada à realidade pode trazer contribuições ímpares para os processos educativos, para a investigação, para a experimentação e para a sistematização das experiências seja para ensinar ou para fazer arte. Além disso, compreender a dimensão social da criatividade implica assumir que o comportamento criativo poderá influenciar e caracterizar o ambiente com atitudes de respeito e tolerância, otimismo e colaboração, autovalorização, coprodução e cocriação, pois a criatividade é generosa e contribui para a construção conjunta de projetos inovadores valiosos para o meio sociocultural.

Ao apresentarmos princípios (teorias) e indicar ações (orientações metodológicas) que configuram um projeto pedagógico de uma Educação Criativa, enfatizamos a importância de conhecer e desenvolver a criatividade do profissional da educação a partir de abordagens teóricas consistentes que sustentem proposições metodológicas criativas para o ensino e para a aprendizagem significativa. Esperamos, com nossa abordagem, contribuir para desconstruir o mito da criatividade como dom inato e fundamentar a importância de sua presença na educação, para que esse fenômeno complexo possa ser conhecido e desenvolvido, de modo que a atuação gere impactos e benefícios para a sociedade.

Referências

Abrantes, A., & Sanmartin, S. M. (2018). *Intuição e Criatividade na tomada de decisões*. Trevisan Editora.

Aguirre, I. (2009). Imaginando um futuro para a educação artística. In I. Tourinho, & R. Martins. *Educação da cultura visual: narrativas de ensino e pesquisa* (pp. 157-188). UFSM.

Arendt, H. (2009). *Entre o passado e o futuro*. Perspectiva.

Ausubel, D. (2003). *Aquisição e retenção de conhecimentos: Uma perspectiva cognitiva*. Editora Plátano.

Barbosa, A. M. (1998). Arte-educação pós-colonialista no Brasil: aprendizagem triangular. In A. M. Barbosa (Org.), *Tópicos utópicos*. C/Arte.

Coutinho, R. (2004). Vivências e experiências a partir do contato com a arte. In D. Tozzi, M. M. Costa, & T. Honório. *Educação com arte* (pp. 144-158). FDE.

Csikszentmihalyi, M. (2014). *The systems model of creativity: The collected works of Mihaly Csikszentmihalyi*. Springer.

Dewey, J. (2010). *Arte como experiência*. Martins Fontes.

Díez, D. (1999). *Educrea: la creatividad, motor de la renovación esencial de la educación*. Universidad de Compostela, Servício de Publicacións e Intercambio Científico.

Díez, D. (2011). *Fundamentación científica de la creatividad ¿cómo investigamos en/con la creatividad?* (2ª ed). Meubook.

Díez, D. (2016). La escuela creativa para todos. *Cuadernos de Pedagogía, 467*, 74-77.

Fernandes, R. S. (2007). O perfil do educador. In M. da G. Gohn (Org.). *Não fronteiras: universos da educação não formal*. Itaú Cultural.

Freedman, K. (2006). *Enseñar la cultura visual: Curriculum, estética y la vida social del arte*. Octaedro.

Fleith, D., & Neves-Pereira, M. S. (2020). *Teorias da criatividade*. Alínea.

Formiga Sobrinho, Asdrúbal Borges e Sanmartin, Stela Maris. (2014). *A criatividade no ensino superior: uma abordagem possível*. In A. C. Versuti, R. Beraldo, V. Gosciola (Orgs.), *Formação de professores: transmídia, conhecimento e criatividade*. Editora UFPE.

Freire, P. (2011). *Ação cultural para a liberdade e outros escritos*. Paz e Terra.

Gallucci, L., & Muriel, N. (2001). Ilya Kabakov: uma meta-reflexão entre arte e a loucura [Apresentação de trabalho]. *Disciplina Fundamentos teóricos e clínicos da arte terapia*. IA/IFCH, UNICAMP.

Glaveanu, V. P. (2010). Paradigms in the study of creativity: Introducing the perspective of cultural psychology. *New Ideas in Psychology, 28*(1), 79-93. https://doi.org/10.1016/j.newideapsych.2009.07.007

Hernández, F. (2000). *Cultura visual, mudança educativa e projeto de trabalho*. Artmed.

Iavelberg, Rosa. (2017). *Arte/Educação Modernista e Pós-Modernista*. Penso.

Ibañez, R. M. (1993). Prólogo. In S. de La. Torre. *Creatividad Plural: sendas para indicar sus múltiples perspectivas*. PPU.

Larrosa, J. (2011). *Experiência e alteridade em educação. Revista Reflexão e Ação, Santa Cruz do Sul, 22*(2), 04-27. https://doi.org/10.17058/rea.v19i2.2444

Lubart, T. (2007). *Psicologia da Criatividade*. Artmed.

Marin, R., & Torre, S. de la. (1991). *Manual de la creatividad: aplicaciones educativas*. Vicens Vives.

Machado, L. A. de S. A. (2012). *A criatividade, disciplina e instrumento chave na formação universitária: o caso de 20 anos criativos na FAAP* [Dissertação de Mestrado, Universidade Fernando Pessoa].

Orloski, E. (2015). *O pescador e o professor: As jornadas da experiência: uma abordagem sobre educação desde e para a experiência junto a estudantes de arte* [Tese de Doutorado, Universidade Estadual Paulista].

Ostrower, F. (1987). *Criatividade e Processos de Criação*. Vozes.

Romo, M. (1997). *Psicología de la creatividad*. Paidós.

Sanmartin, S. M. (2013). *Arte no espaço educativo*: práxis criadora de professores e alunos [Tese de Doutorado, Universidade de São Paulo].

Sanmartin, S. M. (2019). *O processo criativo: insights x flashes intuitivos*. In J. Cirilo, M. Belo, & A. Grando (Orgs.), *Nuvens no papel: impressões sobre o processo de criação* (1ª ed., pp. 71-79). UFES, PROEX.

Secretaria de Desenvolvimento Social do Estado de São Paulo. (1994). *Arte no espaço educativo: análise e conceituação*.

Torre, S. de La. (1993). *Creatividad Plural: sendas para indicar sus múltiples perspectivas*. PPU.

Torre, S. de La. (2005). *Dialogando com a criatividade: Da identificação à criatividade paradoxal*. Madras.

Wechsler, S. M., & Nakano, T. C. (2020). Dimensões da Criatividade segundo Torrance. In D. Fleith, & M. S. Neves-Pereira (Orgs.), *Teorias da criatividade*. Alínea.

Os autores

Organizadores

SOLANGE MUGLIA WECHSLER

Graduada em Psicologia (PUC-RJ), mestrado e doutorado pela *University of Georgia* (EUA) e pós-doutorado pelo *Torrance Center of Creative Studies*. Foi a fundadora e é atual presidente da Associação Brasileira de Criatividade e Inovação (CRIABRASILIS). Recebeu vários títulos honoríficos em nível internacional e nacional: *Creative Scholar* (Estados Unidos), *Personalidad Destacada en las Artes y Ciencias* (Venezuela), *Distinguished International Psychologist* (Estados Unidos), Professora Honorária da *Universidad Nacional Federico Villareal* (Peru), Menção de Honra em Avaliação Psicológica (IBAP-Brasil) e Honra ao mérito pela Federação de Entidades de Psicologia. (Brasil). Participa na diretoria da *International Testing Commission* como representante do países Ibero-Latinos e é Fellow da *International Society for the Study of Creativity and Innovation*. É bolsista de produtividade CNPQ A2. Exerceu o cargo de editora chefe da revista Estudos de Psicologia (Campinas), sendo co-editora da Revista Ibero-Americana de Criatividade e Inovação (RECRIAI). É professora permanente do curso de pós-graduação em Psicologia da Pontifícia Universidade Católica de Campinas. Possui uma vasta publicação em artigos, livros e testes psicológicos na área da avaliação e desenvolvimento da criatividade, altas habilidades, superdotação, temperamento e estilos de pensar e criar.

TATIANA DE CASSIA NAKANO

Docente permanente do programa de pós-graduação stricto sensu em Psicologia da PUC-Campinas, pesquisadora da linha de Instrumentos e processos em avaliação psicológica. Visiting scholar na *University of California, Berkeley* como bolsista Fapesp. Pós-Doutorado na Universidade São Francisco (2009) e Doutorado em Psicologia como Profissão e Ciência (2006) pela PUC-Campinas. Pesquisadora produtividade nível 2 CNPq. Presidente passado da Associação Brasileira de Criatividade e Inovação (Criabrasilis, 2014-2017), membro colaborador do Conselho Brasileiro para Superdotação (Conbrasd, 2018-2020) e membro do grupo de trabalho Psicologia Positiva e Criatividade na Anpepp. Editora associada da Revista Estudos de Psicologia e Revista Iberoamericana de Criatividade e Inovação. Atua principalmente na área de Avaliação Psicológica, Criatividade, Altas Habilidades /Superdotação, Inteligência, Competências Socioemocionais, Psicologia do Esporte e Psicologia Positiva.

SERGIO FERNANDO ZAVARIZE

Doutor em Psicologia pela Pontifícia Universidade Católica de Campinas, PUC-Campinas; Diretor Acadêmico e Professor da Faculdade Mogiana do Estado de São Paulo – UNIMOGI; Coordenador do Centro de Assistência Holística da Prefeitura de Mogi Mirim; Editor-chefe das Revistas Faculdades do Saber e Revista Ibero-Americana de Criatividade e Inovação – RECRIAI; Membro fundador da Associação Brasileira de Criatividade e Inovação – CRIABRASILIS.

Autores colaboradores

ANDERSON MARTELLI

Mestre em Ciências Biomédicas; Especialista em Laboratório Clínico pela Faculdade de Ciências Médicas-UNICAMP, Diretor de Meio Ambiente do município de Itapira-SP; Editor Adjunto da Revista Científica Faculdades do Saber; Docente do Curso de Graduação em Educação Física da Faculdade Mogiana do Estado de São Paulo.

ANGELA MAGDA RODRIGUES VIRGOLIM

Graduada e Mestre em Psicologia, ambos pela Universidade de Brasília. Obteve seu PhD em Psicologia Educacional pela University of Connecticut (Uconn) nos EUA, especializando-se, nesta universidade, em Psicologia da Superdotação pelo National Research Center on Gifted and Talented (hoje Renzulli Center for Creativity, Gifted Education, and Talent Development). Fez pós-doutorado na área de testes psicológicos no Laboratório de Avaliação e Medidas Psicológicas da PUC-Campinas. É atualmente professora adjunta do Departamento de Processos Psicológicos Básicos (PPB) do Instituto de Psicologia da Universidade de Brasília. Foi sócia fundadora e primeira presidente do Conselho Brasileiro para Superdotação - ConBraSD e Editora-Chefe da Revista Brasileira de Altas Habilidades/Superdotação. Foi eleita presidente desta instituição para o biênio 2019-2020. Sua produção bibliográfica versa principalmente sobre os temas relacionados à inteligência, motivação, criatividade e superdotação. Recebeu o Prêmio Jabuti 2015 na categoria Educação e Pedagogia pela obra organizada "Altas Habilidades/Superdotação, inteligência e criatividade",

DENISE DE SOUZA FLEITH

Psicóloga e Mestre em Psicologia pela Universidade de Brasília e Ph.D. em Psicologia Educacional pela University of Connecticut. É professora titular do Departamento de Psicologia Escolar e do Desenvolvimento e orientadora do Programa de Pós-graduação Psicologia do Desenvolvimento e Escolar do Instituto de Psicologia da Universidade de Brasília. É pesquisadora e membro do Comitê Assessor em Psicologia do Conselho Nacional de Desenvolvimento Científico e Tecnológico (CNPq) e do Comitê Técnico-científico da Rede Nacional Ciência para Educação. Foi presidente do World Council for Gifted and Talented Children;

ERICK ORLOSKI

Graduado em Licenciatura Plena em Educação Artística (1998), mestrado em Artes Visuais (2005) e doutorado em Artes pela Universidade Estadual Paulista Júlio de Mesquita Filho - UNESP (2015), tendo realizado um doutorado sanduíche junto à Universidad Pública de Navarra, em Pamplona, Espanha (2013). É professor do Departamento de Artes Visuais (DAV) da Universidade Federal do Espírito Santo/UFES. Leciona no ensino superior desde 2005 e tem experiência na área de arte/educação, também no ensino não-formal, em ações educativas de museus e instituições culturais, atuando principalmente nos seguintes temas: arte, educação, arte/educação, cultura, mediação cultural, metodologia científica e formação educadores. Pesquisador integrante do Grupo de Pesquisa em Criatividade, Educação e Arte (GPCEAr), da UFES

FELIPE ZAMANA

Professor de Criatividade e Pesquisador Acadêmico dedicado a explorar a Criatividade aplicada à Educação e ao Crescimento e Desenvolvimento Humano. É Mestre em Criatividade e Inovação pela Universidade Fernando Pessoa em Portugal, e Graduado em Design Gráfico pela Universidade Presbiteriana Mackenzie. Atualmente é Coordenador Pedagógico e Líder Nacional de Portugal do Dia Mundial da Criatividade. É também palestrante TEDx, Fundador do Criatividade a Sério e Diretor da Universidade Criativa. O seu trabalho visa trazer uma compreensão mais clara e prática da Criatividade e de como aplicar o pensamento criativo às áreas da Educação, Desenvolvimento Humano e Processos Criativos.

ISABEL CRISTINA CAMELO DE ABREU

Doutoranda em Psicologia pela Pontifícia Universidade Católica de Campinas. Possui graduação em psicologia pela Pontifícia Universidade Católica de Campinas (2014). Mestrado em Psicologia (2018) como Profissão e Ciência pela Puc-Campinas. Tem experiência na área de Psicologia, atuando principalmente nos seguintes temas: aptidão cognitiva, avaliação psicológica e envelhecimento

JANAINA CHNAIDER

Mestranda em Psicologia pela Pontifícia Universidade Católica de Campinas. Psicóloga pela Universidade Mogi das Cruze (UMC) Atuou como Monitora da Disciplina de Avaliação Psicológica, realizou estágio extracurricular em Psicologia do Esporte, estágio extracurricular em Psicologia da Saúde, com atendimento direcionado à Terceira idade (psicoeducação, avaliação psicológica, atendimentos em grupo), Psicologia Escolar, Necessidades Especias com foco em grupoterapia e psicoeducação para pais e familiares de Pessoas com Necessidades Especias. Atuou como auxiliar de pesquisa com idosos.

JANETE TONETE SUÁREZ

Doutora e mestre em psicologia como profissão e ciências pela PUC-Campinas. Formada em Letras e Psicologia e pós-graduada em Metodologia do Ensino Superior e Psicopedagogia. Participou do grupo de pesquisa do Laboratório de Avaliação e Medidas Psicológicas (LAMP) e foi bolsista CAPES e CNPQ. Atua como psicóloga educacional com ênfase em estudantes com altas habilidades/ superdotação e é docente temporária na Universidade de Brasília - UNB, onde leciona no Departamento de Psicologia Escolar e do Desenvolvimento. É autora da Coluna "Família e Educação Responsável" e palestrante em escolas, instituições e empresas. Pesquisa a identificação e desenvolvimento do talento por meio da mentoria por professores

KARINA NALEVAIKO ROCHA

Psicóloga graduada pela PUC PR, Doutoranda e Mestre na identificação e desenvolvimento de potenciais pela PUC Campinas, linha de pesquisa em avaliação psicológica, com foco em estudos da criatividade. Especialista no desenvolvimento de potenciais nas organizações pela PUC Campinas. Membro da Criabrasilis, Pesquisadora e Professora universitária, atua na área de talentos nas organizações e no atendimento clínico e avaliação psicológica de crianças, adolescentes e adultos, com pesquisas na área de superdotação/ altas habilidades.

LEANDRO S. ALMEIDA

Doutor em Psicologia (Psicologia da Educação) pela Universidade do Porto. Professor catedrático no Instituto de Educação da Universidade do Minho. Leciona disciplinas relacionadas com a cognição e aprendizagem, psicologia da educação e metodologia de investigação. Os temas mais representados na sua investigação versam os estudantes do ensino superior e a excelência. Diversas publicações nacionais e internacionais no formato de livros, capítulos e artigos. Autor ou coautor de várias provas psicológicas validadas em países de língua portuguesa e espanhola. Presidente do Conselho de Psicologia da Educação da Ordem dos Psicólogos Portugueses. Em 2019 foi distinguido com o Prémio de Mérito Académico da Universidade do Minho

MARIA CECÍLIA PIRES DE CAMPOS

Economista pela Unicamp, com especialização em Gestão da Sustentabilidade (Unicamp) e Comunicação Organizacional (PUC Campinas). Atualmente atua como Assessora de Ciência, Tecnologia e Inovação na Prefeitura de Campinas, onde desenvolve um programa na área de Economia Criativa. É Agente de Desenvolvimento em articulação junto ao Sebrae e membro do Conselho Municipal de Ciência, Tecnologia e Inovação e do Conselho dos Direitos da Mulher.Atuou na Secretaria de Cultura como Coordenadora da Estação Cultura por três anos, com a criação do projeto Laboratório de Produção Cultural, que tornou o local referência em feiras, shows e eventos culturais e de economia criativa no período entre 2014 e 2016.Colabora como voluntária há 13 anos na rede dos Pontos de Cultura com foco nas áreas de gestão e políticas públicas para cultura e educação.

MARIA DE FÁTIMA MORAIS

Licenciada em Psicologia pela Universidade do Porto e doutorada em Psicologia da Educação pela Universidade do Minho. Nesta última Universidade, é Professora Auxiliar do Instituto de Educação, lecionando disciplinas de graduação e pós-graduação. É membro integrado do Centro de Investigação em Educação (CIEd) na Universidade do Minho. É membro da Associação Nacional para o Estudo Intervenção na Sobredotação (ANEIS) e da Rede Internacional de Investigação, Intervenção e Avaliação em Altas Capacidades Intelectuais (REINEVA). Faz parte da Conselho Consultivo Científico-Pedagógico do Torrance Center Portugal, tendo desenvolvido e monitorizado pesquisa e formação nesse contexto. É membro do Conselho Científico e Editorial de algumas revistaso. É autora e co-autora de várias escalas de avaliação. Tem publicações nacionais e internacionais e tem orientado teses de mestrado, doutoramento e pos-doutoramento sobre criatividade

MARÍA JOSÉ RUIZ MELERO

Doctora en Psicología por la Universidad de Murcia. Master en Psicología de la Educación y en Formación del Profesorado: Orientación Educativa. Es investigadora del Grupo de Investigación de Altas Habilidades de la Universidad de Murcia. Profesora Asociada de la Universidad de Murcia y de Isen Centro de Formación Universitaria. Su tesis doctoral versó sobre la Creatividad de Dominio General y Específico, y sobre los perfiles creativos de los alumnos en distintos dominios. El grupo de investigación al que pertenece ha adaptado, validado y baremado diferentes pruebas de creatividad de domino específico como son el Test de Pensamiento Científico-Creativo de Hu y Adey y el C-SAT. Cuenta con diferentes publicaciones en revistas de impacto, entre otras a nivel nacional e internacional. Es coautora de diferentes capítulos de libro sobre estos tópicos y ha participado en congresos relevantes en el área.

NÍVEA PIMENTA BRAGA

Possui graduação e mestrado em Comunicação Social pela Pontifícia Universidade Católica de Minas Gerais. É doutora em Processos de Desenvolvimento Humano e Saúde pelo Instituto de Psicologia da Universidade de Brasília. Professora universitária do Instituto de Educação Superior de Brasília no curso de Publicidade e Propaganda. Leciona disciplinas na área de criatividade, redação publicitária e novas mídias. É coautora do livro "Como Desenvolver o Potencial Criador" com Eunice Alencar.

ROSARIO BERMEJO GARCÍA

Doctora en Psicología y Profesora Titular de Psicología Evolutiva y de la Educación en la Universidad de Murcia. Es investigadora del Grupo de Investigación de Altas Habilidades de la Universidad de Murcia. Su investigación se centra en el ámbito de las Altas Habilidades: identificación, evaluación y respuesta educativa a este tipo de alumnado; Evaluación y Enseñanza de la creatividad de dominio general y específico (científico, matemático y verbal). El grupo de investigación al que pertenece ha adaptado, validado y baremado diferentes pruebas de creatividad de dominio general (Test de Torrance, TTCT-Figurativa) y específico (el Test de Pensamiento Científico-Creativo de Hu y Adey y el C-SAT), y traducido y adaptado el Inventario de Cociente Emocional de Bar-On: Versión para jóvenes (EQ-i: YV). Tiene publicaciones de impacto en revistas nacionales e internacionales.

STEVEN I. PFEIFFER

Professor Emérito na Florida State University, onde atuou como Diretor de Treinamento Clínico. Antes de sua gestão no Estado da Flórida, o Dr. Pfeiffer foi professor na Duke University e diretor do programa de talentos da Duke, TIP. Ele também atuou como Diretor do Instituto de Treinamento e Pesquisa Clínica de Devereux, com sede em Villanova, PA, onde ocupou cargos docentes na Penn em Psiquiatria e Educação. Com formação clínica, ele desfrutou de uma prática clínica ativa e é um palestrante popular nos EUA e internacionalmente. Autor de 200 artigos e capítulos de livros e 11 livros, ele é o autor principal de Gifted Rating Scales (GRS ™ 2), publicado pela MHS. Testemunhou na Casa Branca e perante o Parlamento italiano em nome das necessidades sociais e emocionais não satisfeitas de crianças e jovens. O eminente estudioso Alan Kaufman, de Yale, considera o Professor Pfeiffer "entre o pequeno grupo dos maiores especialistas do mundo no campo (talentosos)".

RODOLFO FINATTI

Geógrafo, doutor em ciências humanas pela Universidade de São Paulo e especialista em Geoprocessamento pelo Centro Universitário

SENAC. Atualmente é pesquisador pós-doutoral (Programa PNPD) pelo Departamento de Políticas Públicas / Programa de Pós-Graduação em Estudos Urbanos e Regionais da Universidade Federal do Rio Grande do Norte. Tem experiência em análise e diagnóstico socioeconômico e regional, planejamento de áreas urbanas e espaços produtivos, bem como ensino, usos e aplicações de Sistemas de Informação Geográfica (SIG) e na comunicação cartográfica. Já atuou em mais de 30 projetos de planejamento regional, diagnóstico socioeconômico, licenciamento ambiental e planos diretores.

STELA MARIS SANMARTIN

Graduada em Licenciatura Plena em Educação Artística pela FAAP (1989), Máster em Criatividade pela Universidade de Santiago de Compostela (1999), Mestre em Artes pela Unicamp (2004) e Doutora em Educação pela Universidade de São Paulo (2013). Autora dos livros "Criatividade e Inovação na empresa: do potencial à ação criadora" (2012), "Criatividade nos processos de *coaching*" (2013) e Intuição e Criatividade na tomada de decisões" (2017). Líder do Grupo de Pesquisa Criatividade, Educação e Arte, GPCEAr, financiado pela FAPES, membro do Instituto Avançado de Criatividade Aplicada Total, IACAT e da Associação Brasileira de Criatividade e Inovação, Criabrasilis. Atualmente é Professora da Graduação em Artes Visuais, do mestrado no Programa de Pós-Graduação em Arte e chefe do Departamento de Artes Visuais do Centro de Artes da Universidade Federal do Espírito Santo – UFES.

TAÍS CREMA REMOLI FERREIRA

Licenciada em Letras e Pedagogia. Mestra em Psicologia do Desenvolvimento e Aprendizagem pela UNESP de Bauru e Doutora em Educação pela UNESP de Marília. Pesquisa a relação da Criatividade com Altas Habilidades/Superdotação e aprendizado de segunda língua desde 2015. Atualmente, atua como coordenadora da escola bilíngue canadense Maple Bear na cidade de Bauru.

VERA LUCIA MESSIAS FIALHO CAPELLINI

Licenciada em Pedagogia pela Unimep, Mestre e Doutorada em Educação Especial pela Ufscar. Pós-doutorado na Espanha na Univesidade Alacala de Enare. Livre docente em Educação Inclusiva. Professora Pesquisadora do CNPQ. Professora do Departamento de Educação e dos Programas de Pós-graduação em Psicologia do Desenvolvimento e da Aprendizagem e Docência para Educação Básica e Vice-diretora da Faculdade de Ciências da Unesp- Câmpus-Bauru.Atual Presidente da Comissão de Acessibiidade da Unesp. Presidente da Associação de Pesquisadores em Educaçao Especial.

Construindo ideias
e conectando mentes

Este livro foi composto com tipografia Bembo Std
e impresso em papel Pólen Soft 80g.
na Promove Artes Gráficas em outubro de 2022.